U0819214

权威·前沿·原创

皮书系列为
“十二五”“十三五”国家重点图书出版规划项目

河南民办教育蓝皮书
BLUE BOOK OF
PRIVATE EDUCATION IN HENAN

河南民办教育发展报告（2018）

ANNUAL REPORT ON PRIVATE EDUCATION OF HENAN
(2018)

主　编／胡大白
副主编／杨雪梅　王建庄

社会科学文献出版社
SOCIAL SCIENCES ACADEMIC PRESS (CHINA)

图书在版编目(CIP)数据

河南民办教育发展报告. 2018 / 胡大白主编. -- 北京：社会科学文献出版社，2018. 8
（河南民办教育蓝皮书）
ISBN 978 - 7 - 5201 - 3089 - 9

Ⅰ. ①河… Ⅱ. ①胡… Ⅲ. ①社会办学 - 研究报告 - 河南 - 2018 Ⅳ. ①G522. 74

中国版本图书馆 CIP 数据核字（2018）第 159454 号

河南民办教育蓝皮书
河南民办教育发展报告（2018）

主　　编 / 胡大白
副 主 编 / 杨雪梅　王建庄

出 版 人 / 谢寿光
项目统筹 / 任文武
责任编辑 / 王玉霞

出　　版 / 社会科学文献出版社 · 区域发展出版中心（010）59367143
　　　　　地址：北京市北三环中路甲 29 号院华龙大厦　邮编：100029
　　　　　网址：www. ssap. com. cn
发　　行 / 市场营销中心（010）59367081　59367018
印　　装 / 三河市龙林印务有限公司

规　　格 / 开 本：787mm × 1092mm　1/16
　　　　　印 张：25. 25　字 数：380 千字
版　　次 / 2018 年 8 月第 1 版　2018 年 8 月第 1 次印刷
书　　号 / ISBN 978 - 7 - 5201 - 3089 - 9
定　　价 / 98. 00 元

皮书序列号 / PSN B - 2017 - 642 - 1/1

主要编撰者简介

胡大白 黄河科技学院创办人，教授，中国当代教育名家。第十届全国人大代表，享受国务院政府特殊津贴。中国民办教育协会监事会主席，河南省民办教育协会会长。曾荣获第三届“中国十大女杰”“全国三八红旗手”“60年60人中国教育成就奖”“中国好人”“中国好校长”“世界大学女校长终身荣誉奖”“河南省劳动模范”“河南省道德模范”“河南省优秀共产党员”等荣誉称号。

中国当代民办高等教育的开创者，黄河科技学院董事长，河南民办教育研究院院长。主持全国教育科学“十一五”规划课题“民办高校实施内涵式发展战略研究”、中国高等教育学会“十一五”教育科学规划重点课题“民办本科高校培养目标定位和育人模式改革的研究与实践”“当代民办高校大学章程建设研究”等哲社科研项目；出版《民办高校现代大学制度建设》《民办高校内涵式发展战略研究》《改革开放以来河南民办教育发展及趋势研究》等专著多部；发表《中国共产党的民办教育理论与实践探析》《关于民办高校董事会建设问题的思考》《民办高校法人治理结构初探》《我国民办高等教育的现状和前景》等论文50余篇。获河南省发展研究奖、省级教学成果奖等。

新华社、中央电视台《东方之子》《半边天》《对话》栏目、中央电视台英语新闻频道、中国教育电视台、《人民日报》、《光明日报》、《中国教育报》、《华盛顿邮报》等中外知名媒体都曾专题报道过其先进的办学理念和管理经验。

《河南民办教育发展报告（2017）》主编，总报告课题负责人。

杨雪梅　黄河科技学院校长、教授、博士生导师，北京大学博士后。第十二届、十三届全国人大代表；第十届河南省政协常委，民建中央委员、民建河南省委常委、文化委员会主任；全国青联常委，河南省青联副主席；中国民办教育协会副会长，河南省民办教育协会常务副会长兼秘书长；河南中华职业教育社副主任；河南省高校创新创业协会会长；河南省督学；河南省教育评估中心首批评估专家，河南省高等学校设置评议委员会委员。曾荣获“全国五一劳动奖章”“全国五一巾帼奖章”“全国青年五四奖章”“全国三八红旗手”“全国女职工建功立业标兵”“河南省青年联合会杰出贡献奖”等荣誉称号。

从事民办高校管理工作，致力于民办高等教育领域理论研究。出版专著7部，主编著作（丛书）10余部（套），主持省级以上课题15项，发表论文40余篇，荣获国家级教学成果二等奖、河南省社会科学优秀成果一等奖、河南省发展研究奖一等奖等10余项省部级以上教学科研奖，入选教育部全国万名优秀创新创业人才导师、河南省学术技术带头人、河南省十大科技领军人物。

《河南民办教育发展报告（2017）》副主编。

王建庄　河南民办教育研究院首席研究员。河南省教育厅学术技术带头人，河南省优秀教师。曾任河南省高校就业工作评估专家组成员、河南省高校德育评估专家组成员、河南省高校办学水平评估专家组成员、河南省民办高校年检专家组组长、河南省函授教育评估专家组组长。

主编《大学语文》《职业生涯规划》《现代社交礼仪》等大学教材10部。在2008、2009、2012、2016、2017五年的河南蓝皮书《河南社会形势分析与预测》中分别发表关于河南省高等职业教育、义务教育和职业教育现状与发展的研究报告。主持的研究项目获河南省科技进步奖、河南省政府发展研究奖和河南省社会科学优秀成果奖。多次获得河南省教学成果奖。

《河南民办教育发展报告（2017）》副主编，总报告执笔人。

摘　要

本书由河南省民办教育协会、黄河科技学院主持编撰，对 2017 ~ 2018 学年河南民办教育面临的发展环境、具备的发展基础、积累的发展优势和面临的发展问题进行了梳理和概括，展示了河南民办教育对河南经济和社会发展的贡献，明确了河南民办教育在全国民办教育和在河南全省教育中的地位，分析了内外部环境和主客观因素并对未来的发展提出了对策建议。

全书由总报告、学段教育篇、人力资源篇、运营管理篇、专题研究篇、案例篇、综述篇七个部分组成，系统反映了河南各级各类民办教育的基本情况。总报告由河南省民办教育协会课题组撰写，统领全书各篇。总报告认为，改革开放 40 年来，在当代中国社会发展的大背景下，乘着教育改革发展的东风，河南的民办教育从萌芽到发展壮大，克服了底子薄弱、经费紧缺、社会认知度不高等困难，一步一个脚印，逐步走在了全国前列，实现了跨越式发展。2017 ~ 2018 学年，河南民办教育的规模和人才培养质量均已稳居全国领先地位，形成了形式多样、种类齐全的教育体系；不但大大减轻了政府的财政负担，而且为全省近 620 万名学生提供了读书的机会，为千百万家庭解决了子女上学的问题，更重要的是为教育改革提供了重要的理论和实践经验。现代学校制度正在初步构建；党建和思想政治工作不断加强；参与决策的水平不断提高；民办教育研究实现重大突破；专业设置更加贴近发展实际；人才培养模式不断创新，为在新时代实现健康发展奠定了坚实厚重的基础。发展的主要问题是不平衡、不充分，是一直没有得到彻底解决的政策、资金、师资队伍建设等问题和面对由规模扩张向质量提升的转型过程中产生的占位不高、思路不新以及管理体制陈旧和行政化倾向、认识模糊、评价不科学等问题。新时代河南民办教育要更加注重自身建设，政府要鼓励支持发展民办教育，加强分类管理，加大扶持力度，使民办教育健康持续发展。

学段教育篇结合全省民办教育的现状，对河南各级各类民办学校的现状进行了分析，从不同的方面提出了对策建议。人力资源篇重点讨论了民办学校的师资队伍建设和人才培养模式创新问题。运营管理篇从新的《民办教育促进法》出发，就民办学校在分类管理背景下的“营”“非”选择、管理机制、融资机制、品牌建设等问题进行了探讨。专题研究篇就民办学校的党建、实训、发展路径提出了建议。根据2017年9月1日实施的新的《民办教育促进法》关于“民办学校中的中国共产党基层组织，按照中国共产党章程的规定开展党的活动，加强党的建设”的规定，本篇增加了关于民办学校党建工作研究的比重。案例篇关注省辖市民办教育的发展和民办学校在某些方面的特色。综述篇就2017年全国民办教育研究和各省市出台的配合新的《民办教育促进法》落地的实施意见进行了研读和分析归纳，并提出了一些看法。

关键词： 河南　教育体系　民办教育

目 录

Ⅰ 总报告

Ⅱ 学段教育篇

Ⅲ 人力资源篇

Ⅳ 运营管理篇

Ⅴ 专题研究篇

Ⅵ 案例篇

Ⅶ 综述篇

皮书数据库阅读**使用指南**

总 报 告

General Report

B.1 进入新时代的河南民办教育

——2017～2018学年河南民办教育现状与发展预测

河南省民办教育协会课题组*

摘 要： 改革开放40年来，河南的民办教育从萌芽到发展壮大，逐步走在了全国前列。具备一定规模和质量特色又面临许多发展问题的河南民办教育，在新时代具有哪些发展优势，又要克服哪些困难，是各级政府、社会各界特别是民办教育自身迫切关注的问题。本报告在分析发展背景、发展优势的基础上，提出了发展思路。

关键词： 民办教育 教育产业 河南

* 课题负责人：胡大白。课题组成员：汤保梅、寿先华、王道勋、贾全明、陈冠玉、樊继轩、王建庄。执笔：王建庄。

2017～2018 学年，对河南民办教育来说，注定是一个不平凡的学年。2017 年 9 月 1 日新学年开学之日就是新的《民办教育促进法》实施之时。自 2016 年 11 月 7 日全国人大常委会通过新的《民办教育促进法》（以下简称“新法”）修正案后，新法释放的对民办教育规范管理和分类管理的强烈信号，引起了许多猜想、顾虑、争论和担心，也有明确和笃定。新法到底会对河南民办教育产生什么样的长远影响，人们不得而知。但在新法实施当年人们对民办教育发展规模的担忧，对民办学校稳定过渡的顾虑，随着新学年开学的钟声，一切尘埃落定。

在新法实施一个学期后，随着 2018 年 2 月 2 日《河南省人民政府关于鼓励社会力量兴办教育进一步促进民办教育健康发展的实施意见》发布，人们的心态渐趋平静。

这应该是河南民办教育进入新时代的第一个重大历史节点。那么，进入新时代的河南民办教育，有着怎样的发展背景？自身又具有怎样的发展条件呢？

一　背景和主体

经过近四十年的发展，中国的民办教育整体上已经实现了规模的扩张，进入以提升人才培养质量为主题的内涵发展时期。

（一）顶层设计：校正航向，拓宽航道

2016 年 11 月 7 日，十二届全国人民代表大会常务委员会第二十四次会议通过关于修改《中华人民共和国民办教育促进法》的决定。明确了对民办教育进行规范管理和分类管理的方向，并决定修订后的《民办教育促进法》于 2017 年 9 月 1 日起施行。

2016 年 12 月 29 日，国务院发布《关于鼓励社会力量兴办教育促进民办教育健康发展的若干意见》，共 30 条，从指导思想、基本原则、加强党的建设、创新体制机制、完善扶持制度、加快现代学校制度建设、提高教育教学质量、提高管理服务水平等方面提出了具体要求。

同一天，中共中央办公厅下发了《关于加强民办学校党的建设工作的意见（试行）》，要求加强民办学校党建工作，充分发挥民办学校党组织政治核心作用，推进党的组织和党的工作有效覆盖。并明确提出，要选好管好民办学校党组织书记，建立健全党组织参与决策和监督机制，做好发展党员和党员教育管理工作。同时要求搞好思想政治教育和德育工作，加强对民办学校党建工作的领导。制定了新时代民办学校党建工作的纲领。

2016 年 12 月 30 日，教育部、人力资源社会保障部、民政部、中央编办、工商总局等五部门联合印发了《民办学校分类登记实施细则》，为深入贯彻党中央、国务院的决策部署，稳妥推进民办学校分类管理改革，奠定了政策基础。

同一天，教育部、人力资源和社会保障部、工商总局联合印发了《营利性民办学校监督管理实施细则》，为确保分类改革的有序推进设计了路径。

在不到两个月的时间内，如此密集地出台新法、决定、意见、细则，足以看出国家对民办教育的重视，同时传递出两个鲜明的信号：国家要以法律、法规、政策来促进民办教育的健康发展；同时实现对民办教育的分类管理。

这是当代中国民办教育发展史上的重要节点，是民办教育由规模扩张走向内涵提升的历史拐点。

（二）地方政府：政策规范，措施保障

全国人大常委会关于修改《民办教育促进法》的决定要求省、自治区、直辖市结合新法制定实施办法。2017 年 9 月 30 日，辽宁率先出台实施意见；2017 年 10 月安徽出台；2017 年 11 月甘肃出台；2017 年 12 月天津、云南、湖北、上海、浙江、河北出台；2018 年 1 月陕西出台；2018 年 2 月河南、海南、青海出台；2018 年 4 月广东公布。截至 2018 年 4 月 30 日，全国 32 个省级单位中，已有 16 个出台了实施意见。

河南省人民政府于 2017 年 7 月即组织有关方面专家学者，起草了第一稿实施意见。后经反复征求意见，讨论修改，于 2018 年 2 月 2 日以豫政〔2018〕6 号文件发布了《河南省人民政府关于鼓励社会力量兴办教育进一

步促进民办教育健康发展的实施意见》（以下简称《意见》）。

《意见》从指导思想和基本原则、加强党的领导、创新体制机制、完善扶持制度、加强现代学校制度建设、提高教育教学质量、提高管理服务水平七个方面提出了27条具体实施意见。强调切实加强民办学校党建工作，实现民办学校基层党组织全覆盖、党建工作上水平。在此基础上，提出了建立分类管理制度，建立差别化政策体系，完善准入机制，探索多元主体合作办学等体制机制创新方面的措施。承诺要加大公共财政对民办教育的扶持力度，形成政府扶持民办教育发展的长效机制，落实同等资助、税费优惠、差别化用地、保障依法自主办学、保障学校师生权益等措施。要求民办学校完善法人治理结构、建全资产管理和财务会计制度、规范办学行为、落实安全管理责任、提高教育教学质量。要求改进政府管理方式、健全监督管理机制、强化部门协调机制，发挥行业组织作用，上下合力，全省同心，营造良好发展环境，支持民办教育健康发展。

我们注意到，已出台的16个省份的意见，标题基本上是套用国务院的，只是把“若干意见”改成了“实施意见”，河南、甘肃等省还在“促进民办教育健康发展”之前加了“进一步”。但主要内容基本一致。关于过渡期的规定，湖北省时间最短，要求原则上在2020年9月1日前完成；内蒙古最晚，定于2023年8月31日前完成。河南的规定和其他省（区、市）不同，将不同学段的过渡期交由不同管理层面决定。规定存量民办高等学校在2022年底前完成分类登记，其他学段由市县制定。在完善扶持制度方面，河南省政府明确提出，省财政要加大对民办教育的支持力度，市县级政府要结合本地实际，专门安排资金支持民办教育发展。除了其他方面与国务院意见和兄弟省份意见大体一致外，河南还明确了教育项目和资金的评审评估评价中应有一定比例的民办教育专家参加；用人单位招聘时，对民办学校学生与公办学校学生要一视同仁。同时明确表示，支持符合条件的民办本科院校申报学士、硕士和博士学位授予单位。

新法和一系列的配套文件，都强调了“鼓励”和“促进”，而“鼓励”和“促进”的目的是使民办教育“健康发展”。改革开放40年来，我国的民办教育事业蓬勃发展，已经由教育事业的必要补充发展成为推动教育改革的重要力量。但毋庸讳言，民办教育在规模扩张过程中，还存在一些不规范的办学行为。要使民办教育真正在中国教育舞台乃至世界教育舞台上华丽地展示，则必须以科学发展观为指导，匡正方向，健康发展。只有在遵循教育规律的基础上，坚持社会主义办学方向，坚持改革创新，才能真正提升人才培养质量，办出特色，办出水平。

（三）民办教育：契合时代，科学发展

河南的民办教育，在当代中国社会发展的大背景下，特别是改革开放以来，乘着中国教育改革发展的大潮，在底子薄弱、经费困难、社会认知度不高的情况下一步一个脚印，实现了跨越式发展。

规模大，质量好，社会信誉度较高，各方面评价趋佳已是目前河南民办教育发展的不争事实，这样的局面，为在新时代实现健康发展奠定了坚实厚重的基础。而在更深的层面，在人们看不到的地方，河南民办教育也已经做好了充分准备。

1. 现代学校制度正在初步构建

河南各级各类民办学校在办学实践中，越来越感觉到建立现代学校制度的重要性和必要性。出于发展的需要，这种制度多是自发建立起来的，当然仍处于初级阶段，既不完善，也不圆满。这种适应时代要求的，与当前改革发展相适应的规则体系，在理论尚不完善、引导亦不到位的情况下，正在探索中建立。

全省 37 所民办普通高校均已建立健全了董事会（理事会）和监事会制度。这样的制度，在黄河科技学院、郑州科技学院、郑州工业应用技术学院、郑州升达经贸管理学院、郑州工商学院、新乡医学院三全学院等 17 所民办本科学院已经进入正常运转的轨道。校务委员会等机构进入决策层面，学校《章程》实现了全覆盖。专科学校如郑州澍青医学高等专科学校、郑州电力职业技术学院、周口科技职业学院、郑州理工职业学院、郑州黄河护理职业学院、郑州城市职业学院等 20 所民办院校也已经或正在完善。

在规模较大的民办普通高中、初中、小学和幼儿园中，多数实现了办管

分离，创办人在很大程度上不再过问学校事务，由担任校长和副校长的专家来运作。一些学校建立了专家委员会，将社会相关专家引入管理和评价体系。同时，学校的董事会（理事会）和监事（会）成员依据国家政策、学校章程规定的权限和程序共同参与学校的办学和管理。

2. 党建和思想政治工作不断加强

加强党的建设，坚持正确的办学方向，是河南民办教育的优良传统和发展秘籍。黄河科技学院在创办初期，创办人胡大白就有强烈的“找党”愿望。1984 年，不仅在河南，就是在全国都没有民办学校建立党组织的先例。当时，关于民办学校能否建立党组织、如何建立党组织、隶属关系如何理顺等，国家并没有明确规定。胡大白奔波于区、市、省的有关部门，先是建立临时党支部，到 1994 年 6 月，学校党组织关系终于挂靠在市科委党委，虽然尚未完全理顺，但经上级组织部门的批准，学校建立了党总支，党的活动实实在在地开展起来。“十年找党”的佳话，已经传遍了中国民办教育界。正是有了党的领导，坚持正确的办学方向和育人导向，黄河科技学院才创造了当代中国民办教育史上的奇迹，成为全国民办教育发展的一面鲜艳旗帜。

2018 年 2 月 3 日，中国民办教育协会在无锡召开了党建工作推进会。10 天后，2018 年 2 月 13 日，农历腊月二十八，春节的气氛已经十分浓厚，河南省民办教育协会在黄河科技学院召开会长扩大会，认真传达了中共中央办公厅《关于加强民办学校党的建设工作的意见（试行）》和全国民办教育党建工作推进会的精神，成立了河南省民办教育协会党建工作委员会，安排布置了 2018 年全省民办学校的党建和思想政治工作。2018 年 4 月 14 日，协会召开了五届四次会员代表大会暨全省民办学校党建工作促进会，总结了一年来协会的工作，进行了党建工作交流并成立了河南民办教育党建工作研究中心。党建工委和研究中心根据河南省情和民办教育发展实际，制定了调研方案和工作计划，并有序地开展工作。

在多年的发展实践中，胡大白“十年找党”的精神激励着每一个民办教育人。2016 年 12 月 30 日，汝州市西雅图幼儿园建立了中国共产党支部委员会。在幼儿园的发展过程中，党建工作时刻走在前面。他们整合利用国内外资源，从“回顾历史”“品读幸福”两条主线入手，在园内创设了21个文化点，将党建文化融入校园、融入育人过程。利用党建文化宣传廊、亲子阅读吧、红色气息触摸墙、英雄故事绘本等载体营造育人环境。结合幼儿生理和心理特点，将活动与游戏有机结合起来，通过“爬雪山”“过草地”“巧渡金沙江”“强渡大渡河”“飞夺泸定桥”等户外体育游戏，促进幼儿心智发育，培养孩子品质，增强幼儿体能，实现幼儿身心同步健康发展。这样的教育，不说教，不生硬，如春雨润物，如朝阳普照。西雅图幼儿园园长张锦娜手机里珍藏着一张珍贵的图片：一个小女孩在国旗下敬礼，真切，庄重，无一丝做作。这张图片曾在当地广为传播，所有看到的人均为之动容。后经寻找，得知小女孩是西雅图幼儿园的学生。这一图片展示了稚嫩的小女孩童真的心灵、庄严的敬礼、厚重的希望。据张园长介绍，西雅图幼儿园的许多小朋友都自觉养成了听见国歌立正、看见国旗敬礼的习惯。中国儿童不仅应该而且必须对国旗、国徽、国歌尊重。

黄河科技学院、郑州工业应用技术学院、新乡医学院三全学院、信阳学院、民权县九九高中等单位在全省民办学校党建工作促进会上做了典型发言。郑州工商学院、河南大学民生学院、商丘工学院、联大教育集团、洛阳科技职业学院、安阳学院、安阳深蓝高中、焦作市宇华实验学校、许昌五女店实验学校、驻马店天中实验小学、南阳市格瑞特教育培训学校、南阳市张衡中等职业学校、淮滨县第二高中、尉氏县博奥双语学校、河南枫叶国际学校等71家单位进行了书面交流。

不少民办学校在实践中创新党建工作方法，结合自身特点，取得了很好的效果。黄河科技学院发扬“以党建为核心，全面加强思想政治工作”的优良传统，彰显思政工作品牌效应，唱响黄河科技学院好声音。学校党委认真落实发挥政治核心作用的“四项机制”，即党委书记与董事长、校长沟通机制，党政领导联席会议机制，共同负责分工协作机制，党委中心组理论学习机制，积极参与学校的重大决策，充分发挥了“把方向、管大局、保落实”的作用。郑州科技学院党委成立了十九大精神宣讲红色小组，集合马克思主义学院骨干教师，成立了“十九大精神宣讲团”，开展巡回宣讲15

场，场场满员。郑州工业应用技术学院党委注重引导师生做社会主义核心价值观的积极传播者、模范践行者，坚持以“大学生素质教育”为抓手，并将其纳入本科专业人才培养方案，设置了“素质拓展”教育平台，开展了“五个一”工程主题教育活动，将“天天学雷锋、人人做好事”作为重要载体，编印了《大学生“日行一善”100例》，拍摄制作了《日行一善》微电影，共100集，学校涌现出了一大批先进典型。安阳市深蓝高中围绕中心抓党建，促发展，提炼出“双建，五带，两促进”的经验：加强学校党组织与机关社区互联共建；带出一支素质过硬的党员队伍，带出一支专业过硬的教师队伍，带出一支甘于陪伴的导师队伍，带出一支充满活力的团员队伍，带出一支素质全面的校长助理队伍；促进学校精神文明建设，促进学校健康发展。巩义市第二幼儿园开展“一个党员一面旗”活动，使党员在平凡的岗位上发挥了先锋模范作用。联大教育集团认为“党建做实了就是生产力，做强了就是竞争力，做细了就是凝聚力”，充分发挥每个党员的作用，推动了工作的开展。

党建工作不仅是民办学校规范管理的重要环节，而且是贯穿始终的主线。不少民办学校都认识到并十分重视这一问题，在推进党建工作的过程中净化了发展风气，厘清了发展思路，匡正了发展方向，实现了发展成果。所以民办学校开展党建工作，在很大程度上源于民办教育的需要和自觉，也与党中央的要求高度契合。2018年1月17日，宇华教育集团举行了习近平新时代中国特色社会主义思想“进教材、进课堂、进师生头脑”工作大会，这是全国首家开展落实“三进”工作的大型民办教育集团，而从中小学到大学全面推进“三进”工作，这在全国民办教育领域也属首例。2018年4月，河南民办教育研究院、河南民办教育党建工作委员会和黄河科技学院联合对155个民办教育机构创办人和主要负责人以及民办教育研究人员进行了问卷调查。问卷设计了9个问题（8个选择题、1个问答题）。原来担心这样的问卷未必会引起重视，结果出乎意料。调查组发出问卷155份，收回有效问卷153份，数据显示：

认为在民办学校（教育机构）开展党建工作很有必要的121份，占79.08%；认为必要的32份，占20.92%；认为无所谓的0份。

所在学校（教育机构）已经建立党组织的有96份，占62.75%；尚未建立的有56份，占36.60%；1人未填。

所在学校（教育机构）党员数：在100人以上的35份，在50~99人的5份，在30~49人的6份，在20~29人的8份，在10~19人的24份，9人以下的57份，0人的14份，不知道的4份。

所在学校（教育机构）曾多次开展党建活动的34份，占22.22%；曾经开展过的29份，占18.95%；不清楚的40份，占26.14%；50人未填。

被调查人基本上都认真地就“您对开展民办学校（教育机构）党建工作有何建议”提出了自己的看法，书面提出了十三个方面18条建议，这些建议涉及民办学校党建工作的方方面面，具有重要的参考价值。

3. 参与决策的水平不断提高

河南省民办教育协会常务副会长、黄河科技学院校长杨雪梅，河南省民办教育协会副会长、宇华教育集团董事长李光宇，河南省民办教育协会副会长、周口科技职业学院董事长李海燕都是全国人大代表，他们结合河南民办教育实际和自身的工作与体会，站在全国教育事业的高度，在深入调研和缜密思考的基础上，向“两会”提交了关于教育公平、体制改革、政策扶持、法律修订、人才培养等民办教育改革和发展等方面的议案和建议，引起了广泛反响。河南省民办教育协会推荐专家参与起草河南省人民政府关于落实新法的实施意见，一稿列出33条，受到主管部门的高度肯定。胡大白会长等应邀参加河南省人民政府《意见》定稿的征求意见座谈会，高屋建瓴地提出了完善建议，被广泛吸收。

2018年4月9日，河南省民办教育协会组织二七区优智实验学校、高新区艾瑞德国际学校、孟津县育才实验学校、洛宁明善学校、开封市顺河区侨星幼儿园、夏邑县育才学校、沁阳永威学校、上蔡中学等学校创办人在黄河科技学院举行座谈会，向教育部发展规划司调研组就《民办教育促进法实施条例》提出了修订意见，受到与会专家和领导的重视。同期河南民办教育研究院与黄河科技学院、河南省民办教育协会共同书面提交的修改意见也被广泛吸纳。

河南民办教育已从全国跟跑的位置走向前列，河南民办教育人也在政治生活中发挥着越来越重要的作用。当选省、市、县各级人大代表、政协委员的民办教育工作者积极参政议政，建言献策，使各级各类民办教育进一步进入政府议程和社会视野。良好的发展环境正在逐步形成。

4. 民办教育研究实现重大突破

持续在全省开展民办教育研究工作。2017 年省协会收到民办教育研究课题结项申请 836 份，结项 671 项。课题数量实现了历史新高，研究范围涉及各级各类民办学校的方方面面。在数量增加的同时，研究质量也在不断提高，2017 年共评出民办教育优秀研究项目一等奖 42 项、二等奖 83 项、三等奖 93 项。

河南省民办教育协会和黄河科技学院研创的全国第一部由社会科学文献出版社出版的省级民办教育蓝皮书《河南民办教育发展报告（2017）》，于 2017 年 9 月 28 日举行了发布会。全国人大常委、全国人大教科文卫委员会副主任委员、中国民办教育协会会长王佐书等领导专程到会祝贺并讲话；社会科学文献出版社副总编辑、皮书研究院院长蔡继辉，山西省民办教育协会秘书长张忠泽，浙江大学民办教育研究中心主任吴华等专家给予了高度评价和鼓励，认为河南民办教育蓝皮书开了这个领域的先河。

河南民办教育研究院在协会的指导下，搭建了河南省民办教育协会网、河南民办教育研究网和《河南民办教育》《民办教育研究》“两网两刊”平台，研究民办教育进程，培养民办教育研究新人，取得了很好的成效。2018 年初，研究院组织专人对 2017 年全国民办教育研究成果进行了梳理，形成了《2017 年民办教育研究综述》；同时对已经出台《实施意见》的全国 16 个省级单位的配套政策进行了梳理，形成了《地方政府落实〈民办教育促进法（新法）〉实施意见综述》。两个综述受到了同行、专家的高度评价。

5. 专业设置更加贴近发展实际

在规模发展的过程中，一些学校对专业建设的重视仅仅停留在“热门”层面，看到哪个专业好招生，就积极申报，一拥而上。这样做的结果虽然扩大了教育规模，但带来了人才培养的失衡，导致一些专业人才过剩，原来热门的专业经过两个周期左右的“拥堵”培养后，毕业生就业专业对口率大幅下降，有些甚至出现了“就业难”的现象。进入以质量提升为主的发展期后，许多民办学校把专业设置的目光放得更远，针对国民经济发展出现的新行业，瞄准了社会发展即将出现的新专业进行战略布局，科学设置。黄河科技学院根据中原经济区和郑州航空港经济综合实验区建设对人才的需求，瞄准了技术前沿与市场需求，获批数据科学与大数据技术和智能科学与技术专业，成为河南省唯一开设此类专业的高校。同时挖掘学校教育科研资源，及时增设了材料成型与控制、城市轨道交通运营管理等专业，整合了物流管理、电子商务、物联网等专业，停招信息与计算科学等专业；重点培育电子信息类、生物医药类、文化创意类、机械材料类、经济管理类五大专业群，实现了专业群与区域产业链的紧密对接，明显提升了专业集群服务经济社会发展的贡献度。2017 年机械设计制造及其自动化、材料加工工程、通信与信息系统、生药学、区域经济学等获批河南省重点学科。郑州科技学院新增 2 个本科专业纳入招生，2018 年新增 6 个专业申报和 33 个专科专业录入全国高职院校专业设置管理服务平台。机械设计制造及其自动化省级重点学科顺利通过了教育厅验收。郑州澍青医学高等专科学校形成了以健康服务为特色的专业群，为养老、养生、健康饮食、合理用药及康复医疗服务提供了人才支撑。康复治疗技术专业成为“全国职业院校残疾人康复人才培养改革试点专业”、河南省高等学校“专业综合改革试点”项目。郑州财经学院制定了《“十三五”专业建设发展规划》，成功获批了 5 个本科专业。河南大学民生学院以“稳定发展规模、注重内涵建设、做强优势专业、突出应用技能”为专业建设目标，以专业建设引领特色发展为任务，并取得显著成效。黄河交通学院围绕“交通”做文章，建立了交通运输、机械工程、土木工程、物流管理等优势学科专业。郑州电力职业技术学院 2017 年度申报并通过了省教育厅评估的 2 个省级品牌专业，申报新专业 4 个，全部通过省教育厅的审批。商丘学院机械设计制造及其自动化、会计学 2 个专业获准立项建设。风景园林学院植物栽培与景观应用实验教学示范中心获准立项建设为第十批河南省高等学校实验教学示范中心。中牟外国语学校开设了太极、乐器、创客、国学、书法、阅读等六大特色课程。建业教育集团在支持孩子自然成长理念的引领下，创造性地提出了“STAR 教育体系”，通过自主研发和专家指导，以支持、信任、欣赏、尊重的师幼关系定位和教育理念命名，包含理念框架、理论框架、课程框架、执行框架的完整系统。洛阳第二外国语学校围绕新课改要求，举办了课改展示课、研讨课、复习课、“青蓝杯”比赛课共计120余节，家长反映：“课堂变得欢快了，学生发言积极了，课堂交流增多了，课堂效率提高了。”

6. 人才培养模式不断创新

新时代对教育目标的实现提出了新的要求，要想适应这个要求，就要不断创新人才培养模式。黄河科技学院着力抓好人才培养“试验田”，探索建立跨院系、跨学科、跨专业交叉培养应用型创新人才的新机制。设立临床医学、数据科学与大数据技术等创新班，提供全额奖学金，开展全英教学，免费开展海外研修。郑州澍青医学高等专科学校从2014年以来实施“基本技能+一技之长”的“特色教育工程”，在人才培养上，强调学生在掌握本专业的基本知识、基本技能的基础上，掌握一门适合自己兴趣、体现专业特色，同时又是岗位急需的实用技术，以提高就业竞争力。郑州电力职业技术学院组织召开校企合作洽谈会及人才培养模式研讨会，开展专业人才需求和专业设置调研工作，制定了《关于编制2017级专业人才培养方案的指导意见》，并最终修改完成了2017级人才培养方案的编制和印刷工作。多数民办学校能够根据当地经济和社会发展需要，紧贴时代需求，认真制订人才培养方案，不断创新人才培养模式。

二　现状与分析

新法实施前，不少人在解读时有一定的担心。随着大幕拉开，人们看到，让人担忧的“退出潮”和不稳定现象并没有出现，虽然在最后的选择到来之前还会有观望和忧虑，但是河南民办教育2017～2018学年的表现已经有了肯定的回答。

（一）规模发展势头稳健

1. 与上年相比增幅明显

2017～2018学年，河南民办教育各级各类学校的基本情况较上一学年，除民办中等职业学校校数外，其他数据都有明显增长。

2017～2018 学年，河南民办教育各级各类学校数达到 19328 所，比 2016～2017 学年增加了 1559 所。其中增量最大的是民办幼儿园，比上学年增加了 1440 所，占到总增量的 92.37%；其次是民办普通小学，增加了 59 所；民办普通初中、普通高中等层次的学校数都有增加；民办高校连续四年保持原有校数；民办中等职业学校较上年减少了 4 所。全省民办学校招生数没有下滑，反而出现了强劲增长，比上学年多招了 104335 人。招生增加最多的居然是长期以来发展缓慢的初中和小学层次。全省民办普通初中招生比上年增加 28242 人，总招生数是上学年的 1.11 倍。其次是民办普通小学，也是多年来发展缓慢的环节，招生数比上年增加了 25103 人。最后是其他层次如幼儿园、普通高校、普通高中等都有较大幅度的增长，就连学校数减少的中等职业学校，招生数也比上年增加了 19120 人（见表 1）。

表 1　2017～2018 学年河南民办教育基本情况与上年对照表

单位：所；人

类别	学年	校数	毕业生数	招生数	在校生数
合　计	2016～2017	17769	1544948	1718047	5662720
	2017～2018	19328	1673581	1822382	6183793
普通高校	2016～2017	88(37)	98279	131592	417180
	2017～2018	88(37)	116341	144575	461736
普通高中	2016～2017	242	87494	125738	330981
	2017～2018	263	94073	136783	367835
中等职业学校	2016～2017	190	47698	85358	196205
	2017～2018	186	54633	104478	233035
普通初中	2016～2017	758	221191	257814	740792
	2017～2018	801	240960	286056	809184
普通小学	2016～2017	1748	219258	200765	1290041
	2017～2018	1807	238134	225868	1439581
幼 儿 园	2016～2017	14743	871028	916780	2687521
	2017～2018	16183	929440	924622	2872422

数据来源：《河南省教育统计提要》。

近十年间，河南民办教育的学校数、招生数和在校生数都有了大幅增加。

表 2　10 年间河南各级各类民办学校数

单位：所

	2008～2009学年	2009～2010学年	2010～2011学年	2011～2012学年	2012～2013学年	2013～2014学年	2014～2015学年	2015～2016学年	2016～2017学年	2017～2018学年
总校数	6134	7014	8423	10497	12718	14191	15288	16653	17718	19277
普通高校	12	23	28	33	34	35	37	37	37	37
普通高中	197	182	176	174	196	196	208	219	242	263
中职学校	272	299	305	254	234	218	215	205	190	186
普通初中	517	506	529	572	584	627	693	716	758	801
普通小学	1019	1091	1177	1242	1344	1429	1550	1652	1748	1807
幼儿园	4117	4913	6208	8222	10326	11686	12585	13824	14743	16183

数据来源：《河南省教育统计提要》。

表 3　10 年间河南各级各类民办学校招生数

单位：人

	2008～2009学年	2009～2010学年	2010～2011学年	2011～2012学年	2012～2013学年	2013～2014学年	2014～2015学年	2015～2016学年	2016～2017学年	2017～2018学年
合计	860051	944537	1014572	1320150	1568457	1757563	1782026	1941874	1718137	1822382
普通高校	77903	82207	83068	8404	95651	108585	115292	120040	131592	144575
普通高中	80193	73486	71346	78053	94221	93468	97619	112243	125738	136783
中职学校	125774	139263	123671	93711	93235	71274	66589	68365	85358	104478
普通初中	145361	149823	169519	196572	219866	213414	187402	235272	257814	286056
普通小学	95968	107364	131277	148322	155008	178661	165015	179866	200765	225868
幼儿园	334852	392394	435691	795088	910476	1092161	1150109	1226088	916780	924622

数据来源：《河南省教育统计提要》。

从 2008～2009 学年到 2017～2018 学年，河南的民办学校数由 6134 所增加到 19277 所，增加了 13143 所；招生数从 860051 人增加到 1822382 人，

表 4　10 年间河南各级各类民办学校在校生数

单位：人

	2008～2009 学年	2009～2010 学年	2010～2011 学年	2011～2012 学年	2012～2013 学年	2013～2014 学年	2014～2015 学年	2015～2016 学年	2016～2017 学年	2017～2018 学年
合　计	2369260	2477067	3147168	3739932	4197619	4537510	4683711	5249938	5662720	6183793
普通高校	205484	233844	253717	258852	289626	318241	335091	386549	417180	461736
普通高中	229269	15503	219005	220840	259760	245446	259081	292512	330981	367835
中职学校	279369	352075	352975	285873	244773	186063	167216	168936	196205	233035
普通初中	424199	425942	474575	528020	591278	587484	524449	689180	740792	809184
普通小学	628270	699020	827849	932159	1071801	1106109	1115414	1181414	1290041	1439581
幼 儿 园	602669	750683	1019047	1514188	1740381	2094167	2282460	2531347	2687521	2872422

数据来源：《河南省教育统计提要》。

增加了 962331 人；在校生由 2369260 人增加到 6183793 人，增加了 3814533 人。可以看出十年来河南民办教育规模的发展速度。

2. 河南民办教育规模不断扩大

2007～2008 学年，河南民办教育在校生人数占到全国总人数的 7.63%。在这个高度继续增长，比例越高，难度系数越大。面对许多困难，河南民办教育砥砺前行，不断超越。10 年后的 2016～2017 学年，在校生总规模达到 566.27 万人，占到全国民办教育总规模的 11.74%。10 年间，河南民办教育在校生数增加了 369.24 万人。2017～2018 学年在校生更是达到了创纪录的 618.38 万人，比上年净增 52.11 万人（见表 4）。

从各个学段来看，增幅最大的是民办小学教育阶段。10 年间由占全国同层次在校生规模的 10.56% 增加到 17.06%，增加了 6.5 个百分点。由于小学教育是义务教育，河南民办教育在这个阶段的占比是在所有学段中最少的。当民办学前教育占到全省学前教育总规模的 67% 时，民办普通小学教育仅能占到同层次的 14% 左右。可以看出，民办普通小学在同层次教育规模中占比低是全国共有的现象，而河南民办教育占比最低的学段，竟是 10 年来增长速度最快的学段。目前在全国民办小学教育中，每 6 个学生中就有一个是在河南就读的。

3. 在河南教育事业中民办教育比重不断增加

2008～2009 学年，河南民办教育在校生占到全省各级各类学校在校生的

表 5　2007～2017 年全国及河南各级各类民办学校情况

单位：所、万人

学年度	范围	总规模		高校		普通高中		中职学校		普通初中		普通小学		幼儿园	
		学校数	在校生数	学校数	在校生数	学校数	在校生数	学校数	在校生数	学校数	在校生数	学校数	在校生数	学校数	在校生数
2007～2008	全国	95200	2583. 5	297	163. 07	3101	245. 96	2958	257. 54	4482	412. 55	5798	448. 79	77616	868. 75
	河南	5162	197. 03	11	16. 69	192	21. 79	216	20. 32	515	39. 65	807	47. 38	3392	48. 9
2008～2009	全国	100900	2824. 4	640	401. 3	2913	240. 3	3234	291. 81	4408	428. 4	5760	480. 4	83119	982. 03
	河南	6149	239. 08	11	20. 29	197	22. 93	272	27. 94	517	42. 42	1019	62. 83	4117	60. 27
2009～2010	全国	106500	3065. 39	658	446. 14	2670	230. 13	3198	318. 1	4331	433. 89	5496	502. 88	89304	1134. 17
	河南	7043	270. 52	23	23. 38	182	21. 55	299	35. 21	506	42. 59	1091	69. 9	4913	75. 07
2010～2011	全国	119000	3392. 96	676	476. 68	2499	230. 07	3123	306. 99	4259	442. 11	5351	537. 63	102289	1399. 47
	河南	8466	318. 43	28	25. 37	176	21. 9	305	35. 3	529	47. 46	1177	82. 78	6208	101. 9
2011～2012	全国	130800	3713. 9	698	505. 07	2394	234. 98	2856	269. 25	4282	442. 56	5186	567. 83	115404	1694. 21
	河南	10539	374. 02	33	25. 89	174	22. 08	254	28. 59	572	52. 8	1242	93. 22	8222	151. 42
2012～2013	全国	139900	3911. 02	707	533. 18	2371	234. 96	2649	240. 88	4333	451. 41	5123	597. 85	12. 46	1852. 74
	河南	12761	421. 68	34	28. 96	196	25. 98	234	24. 48	584	59. 13	1344	107. 18	10326	174. 04
2013～2014	全国	149000	4078. 31	718	557. 52	2375	231. 64	2482	207. 94	4535	462. 35	5407	628. 6	13. 35	1990. 25
	河南	14244	454. 98	35	33. 04	196	24. 54	218	18. 61	627	58. 75	1429	110. 61	11686	209. 42
2014～2015	全国	155200	4301. 91	728	587. 15	2442	238. 65	2343	189. 57	4743	487	5681	674. 14	13. 93	2125. 38
	河南	15337	471. 14	37	35. 51	208	25. 91	215	16. 72	693	52. 44	1550	111. 54	12585	228. 25
2015～2016	全国	162700	4570. 42	734	610. 9	2585	256. 96	2225	183. 37	4876	502. 93	5859	713. 82	14. 64	2302. 44
	河南	16707	525. 68	37	38. 65	219	29. 25	205	16. 89	716	68. 92	1652	118. 14	13824	253. 13
2016～2017	全国	171000	4825. 47	742	634. 06	2787	279. 08	2115	184. 14	5085	532. 82	5975	756. 33	15. 42	2437. 66
	河南	17718	566. 27	37	41. 72	242	33. 1	190	19. 62	758	74. 08	1748	129	14743	268. 75

注：全国的数据含有民办的其他高等教育机构和特殊教育的数据。2007 年的数据不含独立学院。

表 6　2008～2018 年河南民办教育规模变化

单位：所，万人

学年度	范围	总规模		普通高校		普通高中		中职学校		普通初中		普通小学		幼儿园	
		学校数	在校生数	学校数	在校生数	学校数	在校生数	学校数	在校生数	学校数	在校生数	学校数	在校生数	总园数	在校生数
2008～2009	全省	58100	2744.41	84	122.41	908	207.26	1173	171.75	4810	484.2	30214	1036.6	5617	164.52
	民办	6149	239.08	11	20.29	197	22.93	272	27.94	517	42.42	1019	62.83	4117	60.27
2009～2010	全省	58100	2789.66	99	134.23	868	201.2	1180	187.91	4703	474.25	29420	1052.03	6355	171.65
	民办	7043	270.52	23	23.38	182	21.55	299	35.21	506	42.59	1091	69.9	4913	75.07
2010～2011	全省	61400	2768.58	107	143.21	825	192.16	1130	189.31	4616	469.4	28603	1070.53	5025	196.67
	民办	8466	318.43	28	25.37	176	21.9	305	35.3	529	47.46	1177	82.78	6208	101.9
2011～2012	全省	65600	2797.4	117	147.77	792	189.51	961	184.72	4596	467.98	27793	1092.9	10304	199.85
	民办	10539	374.02	33	25.89	174	22.08	254	28.59	572	52.8	1242	93.22	8222	151.42
2012～2013	全省	64800	2789.96	120	153.63	785	192.63	920	173.87	4551	453.79	27452	1079.21	12912	233.47
	民办	12761	421.68	34	28.96	196	25.98	234	24.48	584	59.13	1344	107.18	10326	174.04
2013～2014	全省	61200	2505.39	127	160.55	776	189.23	899	147.2	4550	385.05	26086	827.68	14485	266.72
	民办	14244	454.98	35	33.04	196	24.54	218	18.61	627	58.75	1429	110.61	11686	209.42
2014～2015	全省	60700	2554.48	129	167.04	774	189.55	885	137.58	4566	399.36	25578	814.53	15821	290.35
	民办	15337	471.14	37	35.51	208	25.91	215	16.72	693	52.44	1550	111.54	12585	228.25
2015～2016	全省	58700	2553.99	129	175.51	770	194.31	875	131.48	4565	404.81	24673	818.02	17481	320.04
	民办	16707	525.68	37	38.65	219	29.25	205	16.89	716	68.92	1652	118.14	13824	253.13
2016～2017	全省	57200	2601.31	129	187.23	792	199.6	800	128.25	4557	415.83	22822	829.8	18695	340.54
	民办	17718	566.27	37	41.72	242	33.1	190	19.62	758	74.08	1748	129	14743	268.75
2017～2018	全省	55800	2659.62	134	200.47	813	205.49	789	133.23	4515	429.16	2.04	982.06	2.06	424.93
	民办	19331	618.4	37	45.66	263	36.78	186	23.3	801	80.92	1807	143.96	16183	287.24

8.71%，10 年后，2017～2018 学年这个比例增加到 23.25%，这样的增长速度反映了河南民办教育快速发展的势头。

增加投入是保障发展的基本条件。

表 7　五年间民办高校办学基本条件

学年	学校数（所）	教职工数（人）	其中专任教师（人）	学校产权占地面积（亩）	图书（万册）	教科研仪器设备值（万元）	学校产权建筑面积（平方米）
2013～2014	35	24003	17977	32185.34	2977.64	179671.70	9067437
2014～2015	37	25989	19725	33806.02	3265.73	207620.21	9515584
2015～2016	37	27404	20672	34227.49	3582.90	240619.06	10050694.67
2016～2017	37	29722	22483	30029.54	3872.73	253007.21	8636368.97
2017～2018	37	32241	24296	31371	4175.27	278756.48	9072180.31

注：在连续五个学年的数据中，河南科技学院新科学院的学校产权占地面积与学校产权建筑面积均未计入。

因将原公办高校的独立学院改为独立设置的民办学校等，在2016～2017 学年数据中，“学校产权占地面积”一栏中，信阳学院、安阳学院、郑州工商学院等校未计入，南阳职业学院显示为“0”。在“学校产权建筑面积”一栏中，信阳学院、郑州工商学院、郑州澍青医学高等专科学校等学校未计入。

若参考 2015～2016 学年度这些学校的数据将其计入，2016～2017 学年全省民办高校产权占地面积应为 35869.64 亩，产权建筑面积应为 10503293.99 平方米；2017～2018 学年的这两个数据应为 37211.10 亩和 10939105.37 平方米。

五年来，河南民办高等教育学校数只增加了两所，学校产权占地面积增加了 5025.76 亩，图书增加了 1197.63 万册，教学研仪器设备值增加了 99084.78 万元，学校产权建筑面积增加了 1871668.37 平方米。教职工总数增加了 8238 人，其中专任教师增加了 6319 人。

从以上数据可以看出河南民办学校投入的信心和发展的决心，同时从教职工队伍的增长情况看，五年间的增长数据中，专任教师占到了75.36%。这样的增长是基于人才培养提升的需要，是良性增长。

（二）内涵提升持续发力

持续不断地增加办学投入，与时俱进地更新办学理念，使河南的民办教育在规模扩张的同时，人才培养质量得到不断提升。

1. 理念与精神

教育作为一种社会事业，有着鲜明的特征，教师必须树立为社会贡献的理念和精神。河南民办教育最深厚的底蕴即是这种理念和精神。黄河科技学院创办之初，胡大白就明确提出了“为国分忧，为民解愁，为社会主义现代化建设服务”的办学宗旨，在创业发展的过程中，形成了“开拓、拼搏、实干、奉献”的精神，凝练了“厚德、博学、励志、图强”的校训。宗旨、精神、校训成为全体师生员工的共识，积淀了校风清正、学风端正、团结友善、健康向上的校园文化。郑州升达经贸管理学院办学25年来，始终坚持社会主义办学方向不动摇，始终坚持公益性、非营利性办学不动摇，始终坚持服务地方经济社会发展不动摇，始终坚持应用型人才培养目标定位不动摇。学校将社会主义核心价值观贯穿人才培养全过程。不断深化爱国教育、劳动教育、感恩教育，持续开展秩序礼仪、文明宿舍、学生整洁竞赛，着力强化环境育人、教书育人、服务育人，有追求、懂感恩、知礼仪、爱劳动已经成为学生的明显特征，形成了学生教育、管理、服务的鲜明特色。郑州成功财经学院坚持社会主义办学方向，全面贯彻党的教育方针，遵循高等教育规律，以“勤俭、朴实、自力、更生”为校训，秉承“伦理、创新、品质、绩效”的办学理念，弘扬“爱国爱校、宁静好学、礼让整洁”的办学精神，经过十四年的发展积淀，明确了有特色、高水平的商科类应用型本科高校的办学定位。郑州市中牟外国语学校初级部高度重视环境育人的理念，着力打造学部班级文化特色，本着不断更新、不断创新、实际有用的学部文化建构理念，在原有文化建构的基础上，又别具创意地开展了形式新颖的班级文化评比活动。室内布局以年级为单位的主题宣传，使“爱”“绿色家园”“读书”三大主题得以淋漓尽致地呈现。晨曦班、小太阳、向阳花、奋飞班……一个个积极向上的班级名片构思巧妙、设计新颖，令人心生暖意、能量倍增。

2. 改革与创新

教育的发展应该坚持“守正出新”的思想方法。“守正”就是遵循规律，继承和发扬古今中外教育成功的经验。“出新”就是跳出框框，另辟蹊径，不断创新，办出特色。河南民办教育近40年的发展成就，实际上就是不断守正出新的实践。一般情况下，守正容易获得社会的认可和支持，但出新就需要勇气、胆识和科学精神。黄河科技学院在学校管理方面实现了一系列的改革，“大部制”将相关职能部门调整合并，精简了机构，提升了效益。总部位于郑州市的宇华教育集团于2017年2月28日成功在香港联交所挂牌上市，后又于2017年12月28日以总价14.3亿元人民币收购了LEI Lie Ying Limited全部股权。LEI Lie Ying Limited拥有70%的湖南猎鹰股权，而湖南猎鹰拥有民办学校湖南涉外经济学院、湖南猎鹰技工学校、湖南涉外经济学院职业技能培训中心及湖南猎鹰物业管理全部权益。郑州澍青医学高等专科学校积极转型发展，建立了“健康服务”人才的培养模式，明确了为河南基层社区和农村医疗机构及相关卫生与健康事业培养适应于区域经济建设和健康服务业发展的“德术双馨”的高素质技术技能型医学人才的培养目标。郑州贝林斯敦幼儿园以“主动学习”为核心理念指导幼儿培育，通过区角游戏、社会联合游戏等创造性游戏的开展，将主动学习的理念很好地贯穿到幼儿的学习、生活当中，为孩子的终身发展奠定了科学健康的基础。

3. 方法和措施

好的办学宗旨、理念，能够为学校的发展指明方向，而良好的方法措施，则是通向目标的正确途径。黄河科技学院坚持“创新引领创业、创业带动就业”的发展理念，创新“以学生为中心”的人才培养模式，建设全链条创新创业载体，整合和集聚国内外创新资源，营造良好的创新创业生态环境，突出创新与创业相结合、教育与产业相结合、理论培养与创业实践相结合，培养了一大批高素质应用型创新人才，获批科技部首批“众创空间”，进入全国首批高校创新创业 50 强行列。郑州财经学院通过开展“校风学风建设月”、“校风学风提升月”、诚信校园行活动，优化了学生成长成才环境。郑州科技学院改革现行以学院（系）条块分割为特征的管理体制，建立学校科技创新大平台——高新技术应用研究院，实现科研人力资源、物质资源以及信息资源的有效配置和协调使用，提升了学校的整体创新能力。河南大学民生学院不断改进教学方法，积极运用多媒体等现代教学手段，推进实践教学、案例教学，有效提高了教育教学质量。升达经贸管理学院形成了领导重视教学、制度规范教学、经费支持教学、全员服务教学、舆论宣传教学的良好局面，人才培养的中心地位得到凸显。商丘学院于 2017 年引进高级职称人员 130 人，其中博士 8 人，招聘优秀硕士研究生 205 人，开展“双师型”教师资格评审工作，认定“双师型”教师 95 人，为学校发展提供了人才保障。郑州电力职业技术学院全面启动了 2017 年院级精品课程、教学团队、特色专业等教学质量工程的建设工作，共立项 10 门院级精品课程、6 个专业教学团队、6 个特色专业。洛阳第二外国语学校开设了社会实践课、家庭教育系列讲座，举办了“践行社会主义核心价值观”专题讲座和“不忘初心、牢记使命”学习十九大精神主题班会，举办了毕业班系列活动，通过这些活动培养了师生的社会责任感和感恩情怀。

4. 社会信任度提升

长期以来，民办教育在社会上的美誉度不高，一些部门和考生家长不太信任，少数公办学校的领导和教师甚至不屑提及。这些偏见，使民办学校在招生、师资队伍建设、社会捐赠、合作发展等方面遇到了一系列困难。但是河南的民办教育没有被偏见和歧视淹没，而是不断奋发努力，砥砺前行，在努力扩大规模的同时，练好内功，提升质量。努力的结果是将规模发展到了全国前列，质量也正在获得社会的认可，通过招生环节可以看出河南考生和家长对民办教育的信任度不断提升。

表 8　五年间全省民办学校招生情况变化

单位：人

类别＼学年度	2013 ~2014	2014 ~2015	2015 ~2016	2016 ~2017	2017 ~2018
全省	7083429	6889857	7032948	6666141	6818546
民办	1757578	1782089	1941952	1718086	1822382
占比(%)	24.81	25.87	27.61	25.78	26.73

从 2013 ~2014 学年开始，河南各级各类民办学校的招生数占全省各级各类学校招生数比例总体上呈上升趋势，2016 ~2017 学年比上一学年有所下降，但 2017 ~2018 学年又有明显增长（见表 8）。在生源质量上，民办高校的录取分数线不断提高。2017 年黄河科技学院录取的新生全部是第一志愿，文科新生最低分超过省定分数线 45 分，理科超过 56 分。这样的上升和提高，反映了社会、考生和家长对民办学校的信任，也说明了河南民办教育质量的稳定和提高。

5. 社会贡献

2017 ~2018 学年，河南民办教育在校生达到 6183793 人，按照教育部公布的 2016 年各级各类学校学生生均公共财政预算教育事业费标准计算，当年河南民办教育投入的教育事业费为 681.05 亿元（因教育部没有公布学前教育经费，这里的学前教育部分参照小学标准）。当年河南省国家财政性教育经费为 1492.24 亿元，民办教育的投入不但大大减轻了政府的财政负担，而且为全省近 620 万名学生提供了读书的机会，为千百万家庭解决了子女上学的问题。

6. 成就与荣誉

河南的民办教育继续在全国形成较大的影响。黄河科技学院紧紧围绕申硕、教学评估、示范校建设、创新创业教育改革“四位一体”工作格局，抢抓机遇，锐意进取，保持了学校各项事业发展的好趋势、好态势、好气势。学校荣获首批“全国深化创新创业教育改革示范高校”、“全国大学生创业示范园”、“河南双创基地”和“河南省文明单位”等称号。国家级科技企业孵化器在孵企业总收入为 1.28 亿元，较 2016 年增长 44.26%，首次年度考核取得 B 类（良好）成绩，位居全省该类别第一名。学生在各类科技创新竞赛中获省区级以上奖励 2090 项（同比增加 302 项），学校荣登“2012～2016 年全国普通高校竞赛评估结果（本科）TOP 300”榜单。获批科研项目 334 项（同比增加 107 项），其中国家级 2 项，省部级 50 项。发表学术论文 941 篇，其中中文核心 227 篇，SCI 检索 38 篇；出版著作 223 部，其中专著 60 部；获得科研成果奖 69 项，其中省级奖励 25 项，“区域经济研究丛书”荣获河南省发展研究奖一等奖。2017 年 3 月 23 日，《广州日报》发布全国首个全样本应用大学排行榜，黄河科技学院位列全国民办高校第一名。2018 年 5 月，黄河科技学院再次蝉联这个榜单的第一名。同在这个榜单 100 强的，还有郑州工业应用技术学院（37）、郑州升达经贸管理学院（44）、郑州科技学院（55）、商丘工学院（65）、郑州工商学院（67）等民办高校。黄河科技学院董事长胡大白是业界公认的中国当代民办高等教育的开创者，获得了许多荣誉，2017 年被评为“中国当代教育名家”并被授予“大学女校长终身荣誉奖”。郑州电力职业技术学院持续开展职业技能鉴定考试，共培训鉴定了 3719 人次，普通话考试 2000 余人，英语四级考试 541 人次。全面实施“双证书”制度，为 2000 余名毕业生做了职业技能鉴定，帮助他们取得了国家职业资格证书，“双证”获取率为 98%。积极开展创业培训，与市、县人社局联合举行创新创业培训 10 场，超过 600 人获得创业培训结业证书。郑州科技学院获批和结项省市级教学改革项目 15 项，其中省级教学改革重点项目 1 项，一般项目 2 项，市级教改结项 6 项，立项 6 项。郑州工业应用技术学院被河南省教育厅授予“优秀民办学校”荣誉称号、被河南日报社评为“河南十大领军民办高校”、被腾讯·大豫网评为“2017 年度品牌实力民办高校”。郑州升达经贸管理学院、商丘工学院、信阳学院、安阳学院、郑州大学西亚斯国际学院、河南师范大学新联学院、中原工学院信息商务学院、河南科技学院新科学院等民办高校和民办其他层次和类别的学校都有不俗的建树。

（三）特色建设活力强劲

特色是一个人、一个单位、一个事物区别于其他人、其他单位、其他事物的风格和形式。世界上没有两片完全相同的树叶。特色是由人和事物赖以产生和发展的特定的具体环境因素决定的。真正有特色的教育，是有生命的教育、有活力的教育。贝林斯敦幼儿园以课程园本化实践为依托，探索和研究陈鹤琴的活教育理念以及瑞吉欧的方案教学理论、美国高瞻课程体系，从主动学习游戏环境的创设、师幼互动策略、幼儿发展评价、家长工作坊等方面进行了研究，开创了以“主动学习”为核心理念的游戏特色。负一层的神秘“贝林小镇”，是幼儿园为孩子打造的社会联合游戏中心。具有美式乡村风情的装修风格、曲折环绕的走廊、种类丰富的体验设施。设有十几个不同类型的体验馆，每个体验馆代表一种职业，馆内都设有相应的设备、服装、道具，并且流通自己独创的货币——贝林币，孩子们在这里就像是大人在现实世界的生活一样，通过模拟和体验成人的职业和角色，来了解和接触真实的世界，寻找其中的乐趣。黄河科技学院职业技术学院探索中、高、本教育衔接，打通学生进入专、本科职业教育深造渠道，建成了三个专业群的学科架构，以学前教育类专业群为龙头，以财经商贸类专业群、艺术工程类专业群为两翼，三个专业群优势互补，植入项目、行业对接，形成合力，打造专业品牌。不少民办学校推进人才培养模式多样化，对具有特殊才能的学生采取特殊培养方式，建立科学完备的质量评价体系，实施学业水平考试和综合素质评价，将实验教学、研究性学习、社区服务和社会实践纳入到综合评价体系之中，促进学生全面而个性的发展。

新时代中国教育的主要矛盾之一，是经济社会发展对人才的多元化、特色化需求与教育体制僵化、培养目标单一之间的矛盾，这样的矛盾，为民办教育的健康发展提供了广阔的空间。经过 40 多年艰苦的创业发展，河南民办教育已经成为教育事业改革发展的重要组成部分，携带坚韧厚重的发展基础、健康昂扬的精神风貌、冷静内敛的个性特点，一步一个脚印地走进新时代。

三 问题及对策

在当代中国民办教育发展过程中，河南的民办教育由萌芽到成长，再到领跑，实现了量和质的跨越。

进入新时代的河南民办教育，已经拥有了一定的规模和比较坚实的内涵发展基础，但是整体看来，还没有完全进入良性循环的发展轨道。

（一）发展不平衡，不充分

无论是从数量上看还是从质量上看，规模大、质量高的民办学校大都在郑州等较大的城市，农村和偏远地区基本上没有民办学校。在独立设置的37所民办高校中，有20所设在郑州，其中17所本科院校中，设在郑州以外的只有6所，这种地区不平衡带来的直接后果，是一些缺少高等教育的地级市的考生无法和郑州等城市的考生一样享受平等的教育资源。驻马店、平顶山、三门峡、濮阳等市本来公办本科高校就不多，又没有民办学校来补充，高等教育资源就显得十分贫乏。

不平衡、不充分的发展还表现在学校层次上。

表9　2017～2018学年各层次民办学校在校生数占比情况

单位：万人

层次	全省学校在校生数	民办教育在校生数	民办占比(%)
总　计	2375.34	618.37	26.03
高　校	200.47	46.17	23.03
高　中	205.49	36.78	17.90
中　职	133.23	23.30	17.49
初　中	429.16	80.92	18.86
小　学	982.06	143.96	14.66
幼儿园	424.93	287.24	67.60

可以看出，尽管2017～2018学年河南民办初中和小学的招生出现了出人意料的增长，但招生总数占比依然低于幼儿园。从当前河南民办教

育各层次在校生的结构来看，总体上呈葫芦状，中间小，两头大，占最大比例的是民办幼儿教育。而在基础教育阶段，规模都没有达到同层次在校生数的20%。民办中等职业教育规模自2010～2011学年以来持续减少，由35.30万人一路降至2014～2015年学的16.72万人，五年间减少了18.58万人，之后缓慢回升，到2017～2018学年达到23.30万人。从近三年的发展情况看，原来生源一直低迷的民办中等职业教育、普通初中、普通小学等都有了回暖甚至大幅增长的迹象。但就现状来看，这些类别和层次的学校在全省教育大盘子中仍然占比较低，在民办教育体系内也占比不高。

（二）没有得到彻底解决的老旧问题

经费问题依然是制约发展的瓶颈。长期以来，办学经费的短缺使民办学校步履维艰。河南大部分民办学校是以收取学费来支持学校运转的。经费短缺，学校无法更新教学仪器设备和图书资料，无法请到高素质高水平的教师，无法改善办公、学习、生活条件，无法开展高质量的活动，这就导致办学声誉下滑，从而生源枯竭，招生困难，因此一些民办学校就陷入了恶性循环。这个问题，30多年来一直没有得到很好的解决。政府、社会和考生都知道这个问题，专家、学者、人大代表、政协委员也一直呼吁解决这个问题，但是涉及诸多因素，短期内仍无彻底解决的可能。

《意见》在“完善扶持制度”一章中，第一个举措就是强调加大公共财政对民办教育的扶持力度。相信通过健全政府补贴、政府购买服务、助学贷款、基金奖励、捐资激励等制度，会在一定程度上缓解民办学校的暂时困难。要真正解决问题，还要在落实分类管理的同时，理顺经费支持体制，对非营利性的民办学校，要与同层次公办学校一视同仁。对于选择营利性的民办学校，也要采取差别化的扶持政策，给予支持。

师资队伍尚未形成科学的梯次结构。一般情况下，一个学校的师资队伍在年龄上要形成科学的结构，老、中、青的结构比例应该是枣核形，即两头小，中间大。当前除黄河科技学院、郑州科技学院、郑州升达经贸管理学院、郑州工业应用技术学院等办学时间较长且在办学实践中十分重视师资队伍建设的学校外，不少学校的师资队伍结构还处在哑铃状态，即两头大，中间小，中青年教师十分缺乏。同样的情况也表现在师资队伍的职称、学历结构上。这样的结构容易导致教师队伍的青黄不接，直接影响教学目标的实现。

民办学校师资队伍建设一直是个不易解决的问题，计划经济时代对高校毕业生“统包统分”的机制，导致大家都把教师行业作为“铁饭碗”，争着去公办学校。当然，即使把大中专毕业生分配到办公室，也不会把吃“商品粮”的大学生派遣到民办学校。高校招生“并轨”后，毕业生包分配的制度取消了，但是公办学校良好的社会地位、事业编制、有保障的经济收入和晋职晋级的渠道，仍然对大学毕业生有较大的诱惑。但是市场的大门毕竟打开了，有远见的民办学校创办人广揽人才，将科学建立师资队伍的设想付诸实施。即便如此，民办学校还是在某种程度上成了公办学校的“师资培训基地”。学校投入资金、设备、时间，将一个刚毕业的大学生培养成讲师、副教授等，一旦有机会，公办学校就会对民办学校的优秀教师伸出“橄榄枝”，使这样的人才选择跳槽。当然，这里面也有多种原因。《意见》承诺，民办学校教师在资格认定、职称评定、业务进修、表彰奖励、科研立项、国际交流等方面与公办学校教师享受平等待遇。这样的政策如能落实，民办学校师资队伍建设将会出现良好的转机。

少数学校办学宗旨不明。教育是崇高的事业，为了这项事业，许多民办教育人终生奋斗，无私奉献。河南民办教育之所以能走在全国前列，是无数民办教育人艰难奋斗、共同努力的结果。不可否认，有少数民办学校在办学宗旨上偏离了社会主义方向，更多地注重个人和小团体的利益而忽略了社会效益，这样的指导思想导致这些学校在招生、培养、毕业等环节上偷工减料，粗制滥造，影响了民办教育的社会形象。不过，这种现象仅存在于个别学校。随着新法的实施，规范管理的力度将不断加大，不规范的办学行为将会受到应有的治理，民办教育将逐步实现又好又快的发展。

（三）发展中出现的新问题

这些问题主要来自民办教育内部。

长期健康发展的战略远见不足。党的十八大以来，我国政治经济形势发生了重大变化，民办教育也正在从规模扩张的外延发展转向以人才质量提升为主题的内涵式发展。这样的发展，除了与经济社会发展相适应，认真遵循教育规律外，还要结合自身实际情况进行现代学校制度建设。国内外形势的变化、我国各项事业的发展、世界科技迅猛发展等因素，使教育面临着一系列新的问题。具有远见卓识的民办教育家，早已未雨绸缪，及早布局。黄河科技学院的“大部制”改革，宇华教育集团的“走出去”战略，郑州升达经贸管理学院和郑州成功学院的国际化思考，郑州工业应用技术学院的管理体制探索等，都在为未来的发展奠基。但是也有少数学校满足于现状，个别学校因为创办者的胸怀、远见、知识所限，发展进入“高原期”后停滞不前，又不愿意引进先进的管理方法和懂得教育的人才，以僵化狭隘的“小农经济”意识对学校进行管理，导致发展乏力。

行政化倾向。任何单位，只要规模不断扩大，管理水平就应该不断提升。一般情况下，民办学校创办人会借鉴公办学校的模式进行层级管理，这样的机制会暂时缓解主要领导的压力，形成稳定的管理架构。但是这样的架构一旦成型，就会逐步走向僵化。在这个架构各个节点上的管理人员必须能够德配其位，才配其位，否则，这些节点就成了学校运行的权力关口，一些个人品质不纯、境界不高的人一旦有了小权，就会作威作福，成为发展的阻力。中层的“棚架”会导致上情、下情无法互通，“梗阻”的结果是管理系统“生病”，严重时甚至可能导致瘫痪。

科学的评价体系尚未建立。随着质量意识的不断提高，各级各类民办学校的办学宗旨、培养目标等渐趋明确，人才培养方案也逐步得到完善。但就整体来看，还没有建立科学完善的教育评价体系。具体到每一所学校，教和学的实践过程是否贴近教学内容的完成、教育目标的实现；宏观和微观领域的教育活动是否纳入评价范畴；形成性评价是否在评价中起到了重要作用，单一的终结式评价是否得到改革；评价主体是否由单一走向多元；社会评价的参与是否实现，评价对象的意见是否得到重视；评价体系是否全面反映了评价对象的成长活动；等等。这些问题都还没有得到很好的解决。

当然，在课程、专业、学科建设、课堂教学改革、教材体系建设、教育教学改革等方面，民办教育都有较大提升的空间。

解决民办教育在新时代发展中的问题，需要政府、社会和民办教育自身共同努力。

政府的责任，是将民办教育作为教育发展和改革的重要力量来对待，要在规范管理的基础上，根据新法和省政府的《意见》认真履行职责。扎实推进民办学校党的建设，促进民办学校创新体制机制，加大投入力度，完善扶持制度，创造条件，支持民办学校进行现代学校制度建设，从而不断提高人才培养质量。同时，要在全社会树立民办教育的真实形象，宣传河南民办教育对经济社会发展做出的重要贡献。

社会各界要深入了解民办教育，客观全面地评价民办教育，真心实意地支持民办教育健康发展。多年来，河南的广大考生和家长对民办教育的信任度不断提高，不但表现在民办学校招生数量的不断增加方面，也反映在对办民教育的认识和评价方面，这样的社会氛围促进了河南民办教育的发展壮大。虽然如此，但还有一些并不真正了解民办教育的人对民办教育有着片面的认识，这也很正常。

民办教育自身要明确三个方面的问题。

1. 党的领导是发展的保障

当代河南民办教育发展的实践证明，没有方向的民办教育必然走入歧途。黄河科技学院“十年找党”，三十多年来一直坚持党的领导，终于克服了重重困难，走在当代中国民办高校发展的前列。郑州工商学院始终坚持“党组织发挥政治核心作用”，为推动学院各项事业又好又快地发展提供了强大的政治保证、思想保证和精神动力。郑州工业应用技术学院不断加强党的组织建设，建立健全了党的纪委、组织、宣传、统战、学工等机构，保障了各项工作的开展。郑州科技学院积极探索民办高校党委发挥政治核心作用和监督保障作用的途径和机制，形成了董事会、校行政、党委领导班子“双向进入，交叉任职”的工作模式，保证了学校的社会主义办学方向和公益性原则。汝州市西雅图香榭世家幼儿园不断强化支部的凝聚力、战斗力和创造力，保证党的路线方针政策得到全面落实。焦作市宇华实验学校不断加强党建与思想政治工作，不断提升党的基层组织建设水平，为推进学校事业健康发展提供了坚实的政治保证。许昌五女店实验学校突出思想建设、组织建设和作风建设三个重点，推动了学校持续、健康、稳定发展。漯河育才学校注重发挥党组织的基层堡垒作用，以校园为阵地，开展思想政治实践活动，成为漯河市优质基础教育资源学校。商水县阳城新世纪学校坚持正确的办学方向，增强党建和思想政治工作渗透力，中招成绩连续 16 年位居全县第一。驻马店市天中实验小学筑堡垒，树旗帜，强作用，把党建工作落实到教书育人的过程中，保障了学校特色健康发展。这些学校的成功实践，都贯穿着一条鲜明的主线。民办教育在经济社会发展的大潮中，要想不偏离方向，必须坚持党的领导。

2. 自身的不断改革创新是发展的重要动力

真正的动力是内生动力。民办学校要正视发展中的困难，真正把自己的发展放在国家发展、社会进步、学生成长的大局中去考虑和谋划，要在全球教育发展的大背景下，结合自身实际选择自己的发展道路。要从简单的规模扩张、数量增加的思维中解放出来，克服行政化、趋公化等倾向，认真解决好为谁培养人、培养什么人、怎么培养人的问题。从学生发展实际出发，为学生的纵向发展构筑台阶，为学生的横向发展搭建平台。厘清思路，埋头苦干，凝聚特色，科学发展。

3. 政府的支持和规范管理是发展的必要条件

河南民办教育的发展得益于政府的支持，这样的支持，不仅表现在政策优好、资金扶持、人才保障等方面，更重要的是表现在发展环境的打造上。正是有了各级政府的支持，河南民办教育才能在艰苦困难的发展过程中一路前行，以自己鲜明的特色走在全国民办教育的前列。这样的支持，过去、现在、将来都是民办学校发展的重要动力。各级各类民办学校要主动将自己的发展纳入当地经济社会发展的大格局中，以当地经济社会发展的需要为己任，不但要调整培养目标，还要努力提供智力和人才支持，助推当地经济和社会的发展，从而在这样的发展中实现自己的发展。

“打铁先要自身硬”，这是习近平总书记经常说的一句话，同样适用于民办教育。长期以来，极少数民办教育工作者抱怨政府支持力度不够，社会对民办教育鄙薄等，这里的问题在于过于强调了客观困难而忽视了自身建设。河南民办教育三十多年发展的实践表明，凡是坚持党的领导，严格执行党和国家的法律法规政策，自觉规范发展行为的民办学校，不但发展速度快，而且发展质量高，这些学校甚至一直在领跑全国同类的民办学校。个别疏于管理，不修自身的学校，多数步履维艰，发展缓慢，有的甚至中途夭折。当代民办教育 70 年的发展历程表明，在大的经济社会环境下，民办教育自身一定要严于律己，规范管理，才能走得稳，走得好，走得快，实现健康发展。

学段教育篇

The Education Levels

B.2 河南民办高等教育发展现状与问题分析

宋国华*

摘　要： 2017年河南民办高等教育发展总的来说比较平稳。对于新的《民办教育促进法》实施后面临的“营”“非”选择，一些学校比较慎重。整体上民办高等教育相对稳健。河南各民办高等学校根据自身不同的投资主体，在应对“营”“非”选择上，在等待政府政策的同时，已经做好了选择的准备。尽管众校心态坦然，但河南民办高等教育发展还有一系列亟待解决的问题，需要各方共同努力，使民办高等教育走上可持续健康发展的道路。

关键词： 民办教育　高等教育　河南

* 宋国华，郑州科技学院发展规划与政策研究处处长，主要研究方向：民办教育、高等教育、职业教育。

河南民办高等教育是在改革开放以后恢复发展起来的，20 世纪 90 年代，民办高校达到 110 所左右，各种专修学院如雨后春笋般诞生。在发展过程中，盛极一时的“数量民办高校”逐步被“质量、规模、层次高校”代替。如今，专修学院门庭冷落，名存实亡，只能称其为“非学历民办高等教育机构”，而统称的民办高校是指纳入学历教育的本专科普通高校（包括独立学院）。本文民办高校不包括非学历民办高等教育机构。

一　河南民办高等教育2017年度发展状况

（一）新《民办教育促进法》对民办高校的影响

2016 年 11 月 7 日全国人大常委会通过了修订的《民办教育促进法》，该法第 19 条规定，民办学校的举办者可以自主选择设立非营利性或者营利性民办学校。但是，不得设立实施义务教育的营利性民办学校。非营利性民办学校的举办者不得取得办学收益，学校的办学结余全部用于办学。营利性民办学校的举办者可以取得办学收益，学校的办学结余依照公司法等有关法律、行政法规的规定处理。上述规定说明民办高校一是可以营利，二是必须做出营利性或者非营利性选择。关于营利性和非营利性的选择，众说纷纭，官方的和民间的说法各有千秋。该项规定在民办中小学中引起了不小的骚动，不少投资人认为投资办学打了水漂，有了另起炉灶之心。一时间，民办教育将何去何从，成为民办高校举办者们所担忧的。时隔一个月的 12 月 12 日，中国民办教育协会举办的“第八届中国民办教育发展大会”在北京召开，“心急如焚”的民办学校举办者希望能够从大会上得到答案，全国各地 800 余人蜂拥而至，协会参会人数创下历史之最。会上，全国人大常委、法律委员会副主任李连宁做了《民办教育促进法》新法的辅导报告。作为《民办教育促进法》新法起草的主要参与成员，李连宁从八个方面对新法进行了解读。从报告中，举办者得到了些许放松。据了解，河南省不少民办中小学和一半以上民办高校参加了会议。据参加会议的黄河科技学院胡大白董事长和郑州科技学院秦小刚副董事长介绍，他们对选择营利性和非营利性的新政策非常坦然，他们早就把学校当成公益事业在办，分类对学校没有影响，因为只要学校能存在，能发展，比什么都好。这种理解，代表着大部分举办者的心声。

河南省民办高校举办者对待新法的态度取决于他们办学的投资形式，目前，业界解释为投资办学和捐资办学。河南省民办高校从投资形式上来看大概分为四种，一是在原专修学院基础上滚雪球似的发展壮大的学校，例如黄河科技学院、郑州科技学院、商丘工学院、郑州澍青医学高等专科学校等；二是在原中等专业学校基础上通过升格发展壮大的学校，例如黄河交通学院、周口科技职业学院、郑州电力职业技术学院、郑州电子信息职业技术学院、郑州信息工程职业学院等；三是以民营公司或者个人名义投入巨资的高起点学校（含独立学院），例如郑州工业应用技术学院、升达经贸管理学院、中原工学院信息商务学院、郑州工商学院、河南师范大学新联学院等；四是由国有企业控股的高校，例如河南大学民生学院、鹤壁能源化工职业学院等。

表 1　河南民办高校投资者与拟登记营利性或非营利性选择调查

	学校	投资者	拟登记
1	黄河科技学院	胡大白	非营利高校
2	郑州科技学院	刘文魁	非营利高校
3	郑州工业应用技术学院	华信集团	不详
4	郑州澍青医学高等专科学校	王佐生	非营利高校
5	郑州财经学院	牛钦民	非营利高校
6	黄河交通学院	李顺兴	非营利高校
7	商丘工学院	丁华	非营利高校
8	河南大学民生学院	河南报业集团、河南大学	非营利高校
9	河南师范大学新联学院	李香枝、河南师范大学	非营利高校
10	信阳学院		非营利高校
11	安阳学院	河南省春来教育集团	不详

续表

	学校	投资者	拟登记
12	新乡医学院三全学院		未确定
13	河南科技学院新科学院		非营利高校
14	郑州工商学院	宇华教育集团	未确定
15	中原工学院信息商务学院	中国嘉宏控股集团	不详
16	郑州电子信息职业技术学院	陈卿	非营利高校
17	嵩山少林武术职业学院	刘宝山	非营利高校
18	商丘学院	河南省春来教育集团	非营利高校
19	郑州成功财经学院	广亚基金会	不详
20	郑州电力职业技术学院	肖彦君	非营利高校
21	周口科技职业学院	李海燕	非营利高校
22	漯河食品职业学院	詹耀轩	非营利高校
23	郑州城市职业学院	河南亚圣集团	非营利高校
24	焦作工贸职业学院		非营利高校
25	许昌陶瓷职业学院	高国召	不详
26	郑州理工职业学院	马振红	非营利高校
27	郑州信息工程职业学院	陶保富	非营利高校
28	长垣烹饪职业技术学院	范国栋	非营利高校
29	郑州升达经贸管理学院	广亚基金会	非营利高校
30	信阳涉外职业技术学院		不详
31	鹤壁汽车工程职业学院	天海集团	非营利高校
32	南阳职业学院	南阳科创职业教育集团	非营利高校
33	郑州商贸旅游职业学院	席青慧	非营利高校
34	郑州黄河护理职业学院	刘鼎业	非营利高校
35	洛阳科技职业学院		不详
36	鹤壁能源化工职业学院	河南能源化工集团鹤煤公司	非营利高校
37	平顶山文化艺术职业学院	陶红星	不详

通过对全省37所民办高校举办者或者院（校）长访问，拟选择非营利性的27所，占73.0%，还不确定的2所，占5.4%，不表态的8所，占21.6%。认为不确定和不表态的说明他们还在观望，也许有着这样或者那样的顾虑，这也是一种正常心理，应该理解。选择了非营利性高校意味着捐资办学，选择营利性高校为投资办学。

（二）民办高校要适应密集出台的民办教育新政

新的《民办教育促进法》颁布后，2016年底至2017年，一系列的关于民办教育的配套文件密集出台。2016年12月29日，国务院印发了《关于鼓励社会力量兴办教育促进民办教育健康发展的若干意见》（国发〔2016〕81号），针对该意见，2017年7月7日，教育部等十四部门联合印发了《中央有关部门贯彻实施〈国务院关于鼓励社会力量兴办教育促进民办教育健康发展的若干意见〉任务分工方案的通知》（教发函〔2017〕88号）。随之，全国各省市区相应出台了与之相呼应的文件。据不完全统计，截止到2018年2月，包括河南在内的辽宁、甘肃、安徽、天津、云南、湖北、浙江、上海、河北、内蒙古、山西、海南均已出台。国务院文件出台的当日，中共中央办公厅印发了《关于加强民办学校党的建设工作的意见（试行）》（中办发〔2016〕78号），次日（即2016年12月30日），教育部等五部门印发了《民办学校分类登记实施细则的通知》（教发〔2016〕19号）；同日，教育部、人力资源社会保障部、民政部、中央编办、工商总局印发了《营利性民办学校监督管理实施细则的通知》（教发〔2016〕20号）；8月5日，国务院办公厅下发了《关于同意建立民办教育工作部际联席会议制度的函》（国办函〔2017〕78号）。7月，河南省教育厅印发了《关于进一步规范民办学校办学行为促进民办教育健康发展的通知》（教政法〔2017〕641号），文件多是从规范管理民办教育的角度对学校做出了一些政策性的规定。针对国发〔2016〕81号文件，河南省启动了调研、起草工作，2018年2月2日，河南省人民政府出台了《关于鼓励社会力量兴办教育进一步促进民办教育健康发展的实施意见》（豫政〔2018〕6号）。新政策的出台会给民办高校带来新的变化。

（三）民办高校的规模变化

据河南省教育事业统计2016年公报，截止到2016年底，全省共有普通高校129所，其中民办高校37所（本科17所，专科20所）。全省普通高校在校生187.47万人，其中民办高校在校生41.72万人（见表2）。民办高校数量和在校生数分别占全省普通高校数量和在校生数的28.7%和22.3%。又据河南省教育事业统计2017年公报，截止到2017年底，全省共有普通高校134所，其中民办高校37所（本科17所，专科20所）。一年来，民办高校总数无变化，也没有独立学院转设民办高校。2017年10月，河南省高校设置委员会已经到中原工学院信息商务学院进行了转设评估。民办高校数量占全省普通高校比例减至27.6%，较上年减少1.1个百分点，原因是河南省2017年新设置了5所公办高职高专学校，普通高校总数从129所增至134所。在2018年初从教育部发布的《关于2017年度申报设置列入专家考察高等学校的公示》得知，涉及河南省3所民办高校设置。一是周口科技职业学院申请设置本科中原科技学院；二是郑州大学西亚斯国际学院[①]申请设置郑州西亚斯国际学院；三是郑州成功财经学院同层次更名为郑州商学院。如果申报成功，届时河南省民办高校总数增加1所，本科增至19所。2017年河南民办高校数量居全国各省市区第4位（广东50所、江苏49所、山东40所）。

表2　河南普通高校2016年和2017年数量情况

2016年普通高校数		2017年普通高校数	
公办	民办	公办	民办
92所	37所	97所	37所
合计129所		合计134所	

① 在教育事业统计中，郑州大学西亚斯国际学院不列入民办高校，为中外合作教育机构。

与2016年相比，虽然民办高校院校数量占比有所减少，但是在校生数量持续递增，根据河南省教育厅、河南省发展和改革委员会2017年下达的全省普通高校招生计划（教发规〔2017〕697号），民办高校总招生计划为157280人，较2016年增加12836人。2017年招生144575人，较2016年增加20853人。在校生总数达429487人，较2016年增加39449人（鹤壁能源化工职业学院、平顶山文化艺术职业学院2016年和2017年未招生）（见表3）。由于民办高校的生存必须以在校学生数量来保障学校生存发展，因此不少民办高校还有五年一贯制大专生和小中专、成人教育生等作为学校发展的增量，因此，上述在校生总数还不包括五年一贯制大专生和小中专、成人教育生等类别的学生数。全省3万以上学生的学校有1所，2万~3万学生的学校有8所，1万~2万学生的学校有8所。

表3　2016年和2017年民办高校学生情况对比

学校	2016年			2017年		
	计划	招生	在校	计划	招生	在校
黄河科技学院	8726	8154	27953	9397	8641	30900
郑州科技学院	7231	6609	21294	7908	6962	22542
郑州工业应用技术学院	7656	6847	23252	8383	7309	23919
郑州财经学院	5800	3285	8371	6260	5643	12885
黄河交通学院	4523	3992	9519	4909	4018	11289
商丘工学院	5860	5328	13930	6363	5111	14455
河南大学民生学院	4120	3839	15364	4380	3891	15212
河南师范大学新联学院	6253	5926	20417	7466	6742	21698
信阳学院	6336	4249	14769	7267	6599	20698
安阳学院	4559	4549	16896	5274	4814	17749
新乡医学院三全学院	5468	5265	17844	5940	5313	18814
河南科技学院新科学院	2040	1869	9933	2111	1921	9092
郑州工商学院	8389	7194	29404	9235	8428	29616

续表

学校	2016 年			2017 年		
	计划	招生	在校	计划	招生	在校
中原工学院信息商务学院	6413	6425	18268	5598	5253	20391
商丘学院	6630	6466	21949	7418	7043	22913
郑州成功财经学院	6394	5781	18243	7165	6062	19681
郑州升达经贸管理学院	7486	7260	23658	7856	7293	24595
郑州澍青医学高等专科学校	3800	3471	8484	4300	3729	10456
郑州电子信息职业技术学院	3360	2697	6719	3360	2709	7639
嵩山少林武术职业学院	1750	2149	6303	1600	486	4142
郑州电力职业技术学院	3500	2143	7595	3500	3310	8907
周口科技职业学院	3870	1823	7082	2230	1606	6619
漯河食品职业学院	3200	2918	6413	3700	2381	7017
郑州城市职业学院	2800	2150	5451	3200	2974	6428
焦作工贸职业学院	1610	1364	2767	2210	1824	4073
许昌陶瓷职业学院	1210	254	348	1010	630	942
郑州理工职业学院	3200	2812	7902	3900	3786	9038
郑州信息工程职业学院	2000	1536	3318	2600	2140	4735
长垣烹饪职业技术学院	1600	668	2025	1500	738	2120
信阳涉外职业技术学院	1000	488	968	1400	1161	1966
鹤壁汽车工程职业学院	1120	593	1071	1220	1024	1856
南阳职业学院	1420	1242	3080	1800	1559	3642
郑州商贸旅游职业学院	1420	1141	1909	2020	1520	3146
郑州黄河护理职业学院	2400	2088	5304	2900	2502	6300
洛阳科技职业学院	1300	1147	2235	1900	2143	4012
鹤壁能源化工职业学院	0	0	0	0	0	0
平顶山文化艺术职业学院	0	0	0	0	0	0
合计	144444	123722	390038	157280	144575	429487

无论是招生计划，还是招生数和在校生数均在增长，除未招生的两所学校外，其余学校三项值也呈上升态势（周口科技职业学院[①]除外）。2017 年全省民办高校校均在校生 12271 人，较 2016 年多出 1128 人。

（四）民办高校办学条件

2017 年，河南省民办高校继续加大投入力度用于改善办学条件，据河南省教育事业统计，学校产权占地面积达到 28906.5 亩，较 2016 年增加 1277 亩；产权图书 3894.8 万册，较 2016 年增加 254.2 万册；产权教学仪器设备总值 265244.7 万元，较 2016 年增加 24948.4 万元；产权建筑面积 8203575.4 平方米，较 2016 年增加 427479.4 平方米。教职工达 30295 人，其中专任教师 22769 人，较 2016 年分别增加 2488 人、1756 人。全省民办高校办学条件除占地面积增加幅度不大以外，各项指标均大幅上升（见表 4）。由于政策的原因，全省有 4 ~5 所学校产权占地面积或建筑面积为零，并非说明这几所学校无土地、无房产。据调查，无产权占地面积和建筑面积的原因有四个：其一是政府已经划拨土地，但土地所有证还未办理或者正在办理过程中；其二是土地所有证或者房产证名称与学校名称不一致，未过户到学校名下；其三是存在先建后批导致无法办理证件的；其四是存在经济或者其他纠纷而无法办证的。而根据全国教育事业统计要求，只有产权证书在学校名下且与校名一致的才能计入本校教育资源，所以出现了不少学校房产、地产不足甚至为零的情况。总之，河南省民办高校的办学条件越来越优越，各项指标符合高校设置要求（见表 5），特别是教学仪器设备增量较大，对应用型人才培养起到了重要的保障作用。

二　民办高等教育的作用

近几年来，河南省民办高校发展总体来说是稳中有增，随着规模的扩

① 2017 年周口科技职业学院正值申报专升本，招生计划不宜增加。

表 4　2016～2017 年民办高校办学条件对比

学校	2016 年						2017 年					
	教职工		产权占地面积（亩）	产权图书（万册）	产权教学仪器（万元）	产权建筑面积（平方米）	教职工		产权占地面积（亩）	产权图书（万册）	产权教学仪器（万元）	产权建筑面积（平方米）
	共计	专任教师					共计	专任教师				
合计	27807	21013	27629.5	3640.6	240296.3	7776096	30295	22769	28906.50	3894.78	265244.65	8203575.35
黄河科技学院	1854	1345	2314.20	239.90	25592.54	833728.00	1867	1356	2314.20	256.61	26765.97	862452.00
郑州科技学院	1398	1075	859.98	170.57	12036.12	539205.00	1477	1115	859.98	192.82	14211.98	562705.00
郑州工业应用技术学院	1495	986	1979.13	209.00	13853.20	642025.58	1483	975	1979.13	209.00	12565.35	642025.58
郑州财经学院	576	471	711.70	95.84	8348.82	319905.76	861	746	1211.20	130.03	8931.78	334078.56
黄河交通学院	633	456	1172.20	87.25	11026.04	302131.74	734	571	1172.20	93.11	11471.32	302131.74
商丘工学院	867	662	1150.05	111.64	7146.00	322120.94	914	652	1150.05	116.02	7866.00	342222.09
河南大学民生学院	962	783	1208.58	190.06	8085.59	380242.00	962	783	1264.42	195.08	8105.69	380242.00
河南师范大学新联学院	1120	922	961.77	204.19	10971.90	266192.00	1230	1033	961.77	217.10	11100.95	266192.00
信阳学院	1074	826	0.00	149.16	10367.97	0.00	1220	927	355.93	166.58	11019.88	0.00
安阳学院	1176	873	0.00	164.39	9082.50	7020.90	1153	827	0.00	164.25	9008.11	7020.90
新乡医学院三全学院	1394	1032	1799.43	143.01	10478.84	632486.46	1449	1074	1799.43	151.58	11281.04	632486.46
河南科技学院新科学院	606	512	0.00	116.78	4272.28	0.00	628	496	0.00	120.34	4683.86	0.00
郑州工商学院	1983	1653	0.00	217.52	11171.17	0.00	1945	1613	0.00	229.46	12204.09	0.00
中原工学院信息商务学院	963	778	766.24	184.00	6490.45	241693.00	1260	1019	766.24	195.30	8234.34	280785.74
商丘学院	1558	1166	1899.26	220.76	11337.10	523860.00	1707	1181	1899.26	219.93	10266.98	523860.00
郑州成功财经学院	1316	881	1387.51	187.81	6908.40	306885.37	1351	904	1387.51	199.57	8577.96	306885.37
郑州升达经贸管理学院	1740	1103	979.68	238.89	7856.70	466771.24	1846	1176	979.68	248.73	9144.88	466771.24

续表

学校	2016年						2017年					
	教职工		产权占地面积（亩）	产权图书（万册）	产权教学仪器（万元）	产权建筑面积（平方米）	教职工		产权占地面积（亩）	产权图书（万册）	产权教学仪器（万元）	产权建筑面积（平方米）
	共计	专任教师					共计	专任教师				
郑州澍青医学高等专科学校	736	493	585.00	87.20	7133.70	0.00	809	590	950.70	89.28	7847.74	0.00
郑州电子信息职业技术学院	465	350	516.40	55.55	5483.46	174240.30	562	407	516.40	57.88	6033.47	174240.30
嵩山少林武术职业学院	676	573	1687.60	47.79	3350.04	178639.45	670	539	1687.60	49.29	3685.04	178639.45
郑州电力职业技术学院	462	344	527.21	46.40	4239.44	167166.65	505	372	527.21	54.20	4782.24	167166.65
周口科技职业学院	528	417	956.43	56.99	10397.30	66060.59	509	375	956.43	56.99	10423.58	293200.45
漯河食品职业学院	505	409	913.95	46.12	3293.47	125565.83	551	445	913.95	64.02	10331.94	190939.55
郑州城市职业学院	409	283	371.98	35.40	2200.00	130639.82	461	326	371.98	39.04	2343.43	130639.82
焦作工贸职业学院	222	162	338.72	15.60	1560.04	63652.34	337	262	338.72	20.76	3809.95	63652.36
许昌陶瓷职业学院	72	29	440.32	8.00	413.27	97428.60	93	45	440.32	8.00	459.50	97428.60
郑州理工职业学院	517	417	170.34	51.97	3774.32	140054.90	617	487	170.34	57.81	4374.43	140054.90
郑州信息工程职业学院	221	161	203.16	24.05	1580.09	39642.80	287	220	203.16	31.85	2101.82	39642.80
长垣烹饪职业技术学院	248	187	518.56	26.00	2461.70	107170.00	317	245	518.56	31.30	2866.27	107170.00
信阳涉外职业技术学院	158	101	448.52	23.88	2679.18	32583.93	211	152	448.52	23.88	3179.18	32583.93
鹤壁汽车工程职业学院	213	150	319.45	18.84	3179.82	57034.11	284	220	319.45	19.66	3193.24	57034.11
南阳职业学院	181	156	0.00	18.85	1242.36	4133.10	208	174	0.00	19.64	1374.72	4133.10
郑州商贸旅游职业学院	148	103	150.31	18.07	930.70	64214.00	241	173	150.31	26.06	1026.38	73589.00
郑州黄河护理职业学院	340	266	413.08	31.86	2125.60	121355.81	407	331	413.08	37.84	2521.26	121355.81
洛阳科技职业学院	575	501	1209.60	60.51	6102.38	236426.48	724	579	1209.60	65.01	6326.42	236426.48
鹤壁能源化工职业学院	204	204	362.21	18.36	2120.00	91072.36	203	196	362.21	18.36	2120.00	91072.36
平顶山文化艺术职业学院	212	183	306.96	18.43	1003.85	94747.00	212	183	306.96	18.43	1003.85	94747.00

表5　2017年民办普通高校办学条件指标

学校名称	生师比	具有研究生学位教师占专任教师的比例（%）	生均教学行政用房（m²/生）	生均教学科研仪器设备值（元/生）	生均图书（册/生）	具有高级职称专任教师占专任教师的比例（%）	生均占地面积（m²/生）	生均学生宿舍面积（m²/生）	百名学生配学生用计算机数（台）	新增教学科研仪器设备所占比例（%）	生均年进图书量（册/生）
黄河科技学院	19.47	73.82	14.98	8352.36	80.08	38.42	59.52	7.69	32.93	1.85	2.81
郑州科技学院	19.81	71.84	16.12	5941.88	80.50	33.63	41.28	7.33	16.70	1.43	9.29
郑州工业应用技术学院	20.09	59.59	15.06	5492.24	81.48	31.28	51.89	10.76	12.82	0.16	1.13
郑州澍青医学高等专科学校	15.87	35.59	21.09	7490.45	85.22	30.51	60.62	8.69	13.67	2.02	1.99
郑州财经学院	16.70	71.36	13.80	7741.85	103.17	24.30	64.85	13.48	28.47	2.07	2.77
黄河交通学院	17.97	41.51	17.41	9868.65	80.10	33.80	67.24	6.92	16.00	1.87	5.04
商丘工学院	17.90	67.02	16.37	5426.70	80.04	33.28	62.09	6.56	16.52	0.89	3.51
河南大学民生学院	17.39	77.78	14.56	5328.48	128.24	39.85	55.41	9.12	11.21	0.04	3.30
河南师范大学新联学院	15.63	85.96	10.53	5208.29	100.06	32.33	29.55	4.98	14.00	0.14	5.95
信阳学院	20.57	65.26	14.59	5456.86	80.42	29.99	60.46	12.16	9.33	0.60	8.41
安阳学院	20.69	73.16	11.87	4415.87	79.71	31.92	44.71	6.52	8.49	0.07	3.19
新乡医学院三全学院	15.96	76.35	16.25	5996.09	80.57	25.98	63.76	8.76	10.25	5.68	4.92
河南科技学院新科学院	16.53	77.22	11.25	5151.63	132.36	37.30	64.36	8.34	11.50	1.76	3.92
郑州工商学院	17.84	38.31	18.15	4112.44	77.32	36.52	55.73	7.81	16.21	1.04	4.02
中原工学院信息商务学院	17.79	76.84	7.62	4691.99	95.78	31.11	29.78	7.68	15.40	2.55	5.54
郑州电子信息职业技术学院	18.06	50.37	15.75	7310.64	70.13	19.90	61.36	6.11	14.54	3.00	2.81
嵩山少林武术职业学院	12.85	54.55	24.33	5030.78	67.29	20.22	153.85	10.24	29.04	0.81	2.05
商丘学院	21.00	73.75	15.72	5188.67	84.65	29.89	99.59	8.84	16.57	1.30	3.55

续表

学校名称	生师比	具有研究生学位教师占专任教师的比例(%)	生均教学行政用房(㎡/生)	生均教学科研仪器设备值(元/生)	生均图书(册/生)	具有高级职称专任教师占专任教师的比例(%)	生均占地面积(㎡/生)	生均学生宿舍面积(㎡/生)	百名学生配学生用计算机数(台)	新增教学科研仪器设备所占比例(%)	生均年进图书量(册/生)
郑州成功财经学院	20.75	74.67	9.00	4197.47	97.65	41.81	45.26	7.06	18.35	1.94	5.75
郑州电力职业技术学院	19.79	19.89	13.44	5677.96	60.85	21.24	76.88	5.84	18.37	1.21	8.76
周口科技职业学院	16.80	40.27	22.97	15747.97	86.10	41.60	96.33	20.18	25.68	1.82	2.28
漯河食品职业学院	14.17	44.49	26.58	14558.19	90.20	30.11	86.83	16.06	23.26	8.93	25.22
郑州城市职业学院	17.72	42.33	14.11	4022.65	60.36	20.25	47.03	8.56	23.16	0.87	5.62
焦作工贸职业学院	18.78	16.41	10.71	7969.60	39.49	16.79	54.17	5.36	13.84	25.39	9.81
许昌陶瓷职业学院	20.04	66.67	39.86	4877.92	84.93	13.33	311.62	18.96	21.23	0.42	
郑州理工职业学院	18.65	21.56	10.20	4416.83	58.37	16.84	18.22	6.58	16.44	2.64	5.90
郑州信息工程职业学院	19.80	38.18	10.03	4005.75	60.70	21.82	82.99	6.86	29.85	3.73	14.87
长垣烹饪职业技术学院	17.92	24.08	15.53	5535.48	60.45	22.45	66.76	3.81	8.69	2.03	10.24
郑州升达经贸管理学院	19.57	67.01	10.86	3718.19	101.13	49.91	26.56	6.27	24.12	1.38	4.00
信阳涉外职业技术学院	17.39	27.63	8.95	11951.80	89.77	13.82	112.41	1.80	18.80	2.71	
鹤壁汽车工程职业学院	16.13	30.45	10.88	8863.21	49.53	20.00	53.67	8.24	11.21	1.99	2.06
南阳职业学院	19.19	23.56	11.66	3770.48	53.86	10.34	159.16	8.77	11.15	0.26	2.16
郑州商贸旅游职业学院	20.59	25.43	11.09	2665.24	67.66	22.54	26.07	6.00	11.58	0.37	20.75
郑州黄河护理职业学院	16.84	21.45	13.17	3652.41	54.81	25.68	85.97	4.41	7.45	1.47	8.65
洛阳科技职业学院	17.29	25.39	16.66	5852.92	60.15	25.73	74.60	7.21	10.19	0.80	4.16
鹤壁能源化工职业学院		28.57				37.76					
平顶山文化艺术职业学院		31.15				34.97					

大，不少学校在转变发展思路，特别是本科高校坚持了控制规模，走内涵发展的道路，黄河科技学院、郑州科技学院、河南大学民生学院、郑州升达经贸管理学院等一批有特色、质量高的民办高校随着高招政策的改变（2017年河南省本科录取实行二、三本合并录取），逐步形成了与公办高校同台竞争的局面，录取分数线均超出了不少公办本科高校。上述学校不仅办学行为规范，教学科研严谨，而且规模较大，办学声誉良好，树立了河南民办高校良好的社会形象。

（一）激发了教育活力，创新了高教体制改革

民办高等教育的发展壮大，与公办高校、成人高校形成了三足鼎立的局面，打破了原有的教育体制和教育格局，也改变了经费来源单靠政府拨款，大学由政府包办的单一模式。调动了社会力量投资兴办教育的积极性，建立和完善了能够提供多样化教育需求、办学形式多样化、投资形式多样化、管理模式多样化、充满生机和活力的多元办学体制，形成了以政府办学为主体、社会资本参与，公办高等教育与民办高等教育共同发展的格局。特别是黄河科技学院办学一路领跑全国，成为全省乃至全国的民办教育旗帜。

（二）增加了教育供给，加快了高等教育大众化进程

2017年，河南省参加高考考生人数86.3万人，居全国之首，升学压力居全国前列。全省37所民办高校（3所未招生）2017年招生144575人，占全省普通高校招生数的22.74%，极大地解决了高考学生数量增长与高等教育学位不足的矛盾，使河南省高等教育毛入学率从2016年的38.80%提升到41.78%，为河南省高等教育从精英化教育向实现大众化教育做出了显著的贡献。

（三）扩大了社会投资范围，促进了教育公平

教育公平是社会公平的起点和重要基础，民办高校来之于民，服务方向

必定是用之于民。民办高校充分吸纳社会资本投入教育事业，减轻了国家的财政压力和公办高校学位压力，给更多青年提供了接受高等教育的机会，缓解了“上大学难”的问题。同时为国家节约了大量的教育经费，以财政供给生均教育经费15000元计算（按照本专科平均数计算），2017年全省民办高校429487名在校生，为河南省节约教育经费支出约64亿元。河南省民办高校不仅让数以千万计的青年有了接受高等教育的机会，在中国特色社会主义进入新时代后，还缓解了人民日益增长的美好生活需要和不平衡不充分的发展之间的矛盾。在解决此矛盾中，民办高校为此提供了教育需求和各种服务，一方面推缓了社会就业压力，另一方面解决了数万人（民办高校教职员工）的就业问题，在维系社会大局稳定方面，民办高校功不可没。

（四）提升了教育消费水平，推进了教育服务供给侧改革

民办高校与公办高校一样属于公益性事业，但民办高等教育又是第三产业的范畴，具有公益性和产业性的双重属性。民办高等教育对经济的拉动作用首先体现在吸纳社会资本投入教育事业，且投入力度逐年递增，形成了比较稳定的固定教育资产；其次，民办高校聚集了大量的学生，学校驻地，学生成为主要的消费群体，对交通、通信、商业、饮食、旅游等起到了极大的推动作用，对区域经济建设发展和社会进步的带动作用显而易见。学校周围衍生了一大批与之配套的行业企业。

（五）发挥了高校本职功能，培养了大批应用型人才

民办高校投资主体虽然有别于公办高校，但是其功能与公办高校一致，同样是人才培养、科学研究、社会服务、文化传承与创新。河南省人口居全国前列，又是农业大省，农产品加工、电子等行业和第三产业需大量应用型人才，而民办高校正是以培养应用型人才为主的重要阵地，仅2017年河南省民办高校毕业本专科毕业生就有104066名，其社会效益无可估量。

三　民办高等教育的主要特征

近年来，民办高校在没有任何可以借鉴经验的基础上遵循教育规律和民办特性，在办学指导思想、管理模式、专业建设、校园文化、师资养成、品牌效应等方面形成了独有的特点，总的趋向是与公办高校差距逐步缩小，特色愈加明显。

（一）办学条件显著改善

河南省2016年和2017年民办高校办学条件对比，可以看出，随着各民办高校规模的稳步扩大，学校在校园规划、教学行政用房、实验室配置、馆藏图书、实习实训基地设备等基础设施建设方面发生了明显变化，对开展教育教学活动提供了重要的物质保障。按照国家对普通高校设置标准计算，各民办高校办学条件均符合国家要求，部分高校各项基本办学指标超过国家标准。2017年，郑州科技学院、黄河科技学院、郑州工业应用技术学院等高校教学仪器设备值均超过1亿元；全省民办高校具有产权的占地面积达28906.5亩，建筑面积达8203575.35平方米。

（二）师资队伍建设不断加强

2017年，全省民办高校教职工数达30295人，其中专任教师达22769人，分别比2016年增加2488人、1756人。从教师队伍建设情况看，各高校特别是本科高校已把师资队伍建设纳入学校建设的首要任务。2016年，郑州科技学院已经通过教育部本科教学评估，但该院党委副书记秦小刚仍然强调，学校今后工作重心仍是教学，首要任务就是师资队伍建设，师资队伍建设将是今后的永久性任务。高校进入内涵建设时期，各学校对师资队伍建设普遍重视，对青年教师的引进与培养，加强教师教学研究活动，选派教师到公办高校进修学习，支持教师在职进修、参加本修研考试等，组织各种教学、观摩、讲学，定期进行教学评估等活动。全省民办高校专任教师、高职称高学历教师、学科专业带头人不断增加，教师年龄结构趋于合理，教师梯队初步形成，“双师型”教师队伍建设取得新进展，促进了教学水平稳步提高。

（三）管理不断科学规范

民办高校的领导体制日益健全，班子建设取得新突破，组织建设、作风建设和思想建设有所加强，法人治理结构进一步完善。办学指导思想进一步端正，依法办学意识进一步增强。全省民办高校均建立了董事会（理事会）、校务委员会等决策机构，学校《章程》实现了全覆盖。各高校均建立了党委（支部），党组织发挥了政治职能，党建与思政工作取得重大成效。2017 年 4 月 19 日，广东省民办高校党建研究会率 40 所民办高校党委书记到郑州科技学院调研取经。11 月省委派贾正国接替李森出任黄河科技学院党委书记。各学校决策咨询机构、工会、教代会、监事会等发挥了积极的作用。民主治校、科学决策和民主监督机制的完善和落实，保障了全省民办高校的稳步健康发展。

（四）教育教学质量明显提高

教育教学质量是学校的生命线。民办高校的定位是培养应用型、复合型、技能型人才，学校根据不同层次、不同专业的特点，结合学生的学习基础开设课程，并因材施教，开展了以能力为重、全面发展的教学活动，并把学生的就业职业生涯规划、就业训练纳入到教学过程。民办高校强调技能和实习实践，积极建立实习实训基地，加强对学生动手能力的培养。同时，民办高校普遍确立了教育质量保障体系，省级重点学科、省级品牌专业均有建树。郑州科技学院获省级教学质量工程 24 项，市级 31 项。黄河科技学院通过了教育部教学水平评估，郑州科技学院、郑州工业应用技术学院通过了本科教学合格评估。

四　民办高等教育存在的问题

河南省民办高等教育在取得显著成绩的同时，也存在一些亟待解决的问题，这些问题有历史背景原因，有政府政策层面原因，也有民办高校的自身原因。

（一）民办高等教育尚未进入良性发展状态

当前，从国家到地方都制定有基础教育、职业教育、高等教育发展规划，而少数民办学校仍然处于自生自灭、无政府主导的自我发展状态。2015 年，《河南省人民政府关于加快推进民办教育发展的意见》（豫政〔2015〕76 号）和豫政〔2018〕6 号文件均要求各地方政府把民办教育纳入当地经济社会发展和教育事业整体规划，但至今既未把民办教育列入整体教育发展规划，也未把民办高校列入高等教育单项发展规划，使少数民办学校举办者（或投资者）看不到发展方向，影响了投资人投资办学或再投资的积极性。加之民办教育营利性与非营利性选择的政策导向，使一部分原计划投资民办高校的举办者心存忧虑，导致少数民办高校发展信心不足。

（二）各级政府部门对民办高校的服务不到位

民办高校作为一个社会组织，它除需要教育行政部门的认可和服务外，还需要发改、公安、民政、人社、审计、税务、工商、新闻等相关部门的认可和服务。目前从国家到省和各市县出台了一系列促进和规范民办教育的政策，但是有些部门多把民办高校按另类管理，有的参照公办高校管理，有的按企业对待，有的按民办非企业单位管理。例如民办高校的会计制度，教育行政部门要求民办高校的会计制度按照《普通高校会计管理制度》执行，而民办高校的登记管理机关民政部门要求民办高校的会计制度按照《民办非企业单位会计管理制度》执行。还有不少行政部门完全不顾民办高校的特点和教育的规律，管理中越位、错位、缺位的现象普遍。对于教师社保政策，人社部门把民办高校当作企业对待，让教师按照企业人员参保，这是目前民办高校教师队伍不稳定的主要原因。

（三）民办高校自身存在多种病症

河南省民办高校自20世纪80年代恢复发展至今不到40年的时间，在校园文化、师资队伍建设、硬件增加等方面积累了一定的办学经验，取得了一定成绩，但与积淀深厚的公办老校相比还有很大差距。一是师资力量薄弱。教师的专业结构、职称结构、学历结构、年龄结构等不合理、教师不稳定等现象严重存在。目前，河南省民办高校只是解决了“课有人上”的问题，而优质课、精品课严重不足。高职院校的“双师型”教师缺乏，甚至存在专任教师数量少于兼职教师的现象。二是科研水平较低，数量较少，不少民办专科学校科研工作几乎为零。从黄河科技学院等几所本科教育较早的学校看，科研工作量均计入教师工作量范畴，科研成效显著。但更多的学校科研只是停留在口头，科研成绩只是一些水平不高的论文，甚至一部分专科学校至今没有开展科研工作。三是民办高校举办者办学定位不明确，把扩大学校规模作为头等大事来抓，重招生、轻教学的现象尤为严重，违背以教学为中心的高等教育教学规律。四是管理松散。决策层面存在“一言堂”的专政现象，不科学施策，管理制度不健全，管理方式落后或者松懈等，导致学校“不死不活”。五是个别民办高校办学行为不规范，在招生、财务管理、校园安全等方面管理混乱，教学质量低下，个别民办高校办学不自律，出了问题推给政府，投诉上访不断，有损高校和民办教育形象。

（四）民办高校办学经费投入后劲不足

社会对高等教育的需求越来越高，为了满足这种高需求，民办高校在没有国家财政经费支持的情况下必须不断加大投入力度，而且这种投入是永无止境的，否则不可能形成优质教育资源。目前，河南省民办高校经费来源主要依靠学费积累，基本没有国家财政支持和社会捐助，筹资渠道单一，高校的收费水平还不及幼儿园或者高中收费。有关部门按照有着财政经费支持的公办高校的标准，对民办高校的办学条件和教育质量实施评估，使得民办高校心有余而力不足。众所周知，高等教育完全依靠办学节余的“以学养学”

方式，是不能从根本上解决办学经费的，学校也维系不了更长时间。随着物价逐年上涨，办学成本大幅度上升，经费不足和后续经费支撑力不够的问题愈加突出。

五　促进河南民办高等教育发展的对策

2017 年，河南民办高校发展平稳，各学校都在期待国家和省里给予快速发展的利好政策，期望有一个更好的发展环境，作为政府层面也希望民办教育有序健康发展。因此，要解决河南省民办高等教育存在的问题，就应该从影响民办高等教育发展的内、外两个方面着手，内外标本兼治，促进民办高校健康发展。

（一）全社会要厘清民办教育实质，提高认识

认知是指人们获得知识或应用知识的过程。教育，无论是公办还是民办，都是以培养人才为根本目的，具有公益性。人们必须形成这样一种认识。民办高校和公办高校一样，其功能都是人才培养、科学研究、服务经济社会发展、文化传承与创新。高等教育的发展规律以经济和社会需求为动力，并为满足经济和社会发展对高层次人力资本需求提供服务。要提供这种服务，就要求高校必须不断提供更加优质的教育资源来满足社会需求，要求学校无止境地进行投入。民办高校在没有国家财政供给的情况下，同样需要不断加大投入。我国绝大多数办得比较好的民办高校都是在不断投入经费的情况下健康发展，以牺牲教学质量为代价的停止投入或者减少投入的学校规模逐步萎缩，濒临停办。实践证明，民办高校是公益性事业，而不是以“营利”为目的的。所以，要从多方面提高民众对民办教育的认识和认知，使其了解民办教育，参与民办教育。

（二）有关部门应加快新《民办教育促进法》配套政策的出台

尽管河南省人民政府出台了《关于鼓励社会力量兴办教育进一步促进

民办教育健康发展的实施意见》，但是意见毕竟宏观，操作性不强，广大民办高校举办者和从业者希望有更加具体的扶持措施。政府应尽快出台《民办教育促进法实施条例》的实施意见，给予民办高校更具体、更明确的政策，特别是分类管理、财政扶持、教师待遇等方面急切需要解决的政策细则。尽快实施分类管理，一切有悖于民办教育发展的问题将迎刃而解。

（三）教育行政部门指导公办高校对口支援民办高校

2013 年教育部、国家发展改革委、财政部印发的《中西部高等教育振兴计划（2012—2020 年）》（教高〔2013〕2 号）指出，推动中西部高水平大学对口支援省域内地方高校，发挥部属高校优质资源辐射作用，实现省域内高校资源共享、优势互补，提升高校办学整体水平，促进省域内高校协调发展。教育部批复了公办支持民办的东北大学对口支援宁夏理工学院（民办）（教高函〔2013〕11 号）；省内高校对口支持的有大连理工大学对口支援大连民族学院（教高函〔2011〕5 号）等。河南省民办高校与公办高校在很多方面还有着一定差距，政府应该在两种性质不同高校之间架起桥梁使之联姻，以行政手段促成公办高校对口支援民办高校，实现河南省高校资源共享，共同提升办学水平。

（四）民办高校要练好“内功”，加快转型发展

改革开放 40 年来，河南省民办高校历经了萌芽复苏、快速发展、整顿提高、规模扩张、内涵建设等阶段。人民对高等教育的需求矛盾由“人民日益增长的物质文化需求同落后的社会生产之间的矛盾”转变为“人民日益增长的美好生活需要和不平衡不充分的发展之间的矛盾”。高等教育进入新的时期，有了新的要求。因此，民办高校更应该认清形势，转变观念，树立“以教学为中心”的理念，走内涵发展之路。注重从积极发展学生数量向提高生源质量转变；注重从趋同化办学向特色化办学转变；从忽视党的作用向加强党组织建设转变；注重从粗放式管理向规范化、科学化管理转变；注重从硬件建设开始向注重软件建设转变；注重从提高毕业生就业率向注重

提高就业竞争力和就业质量转变；注重从粗放型管理向完善法人治理结构，建立科学的管理体制转变。当前，部分地方高校积极向应用技术型大学转型，要围绕应用性、技能下功夫，完善应用型人才培养体系和平台建设，努力培养服务地方经济建设和社会发展的应用型人才。

（五）发挥民办教育行业组织的作用

河南省在 20 世纪 90 年代已经成立了民办教育协会，各市县也成立了相应的社会组织，民办教育协会作为专业的行业组织，其作用没有得到发挥。建议政府重视协会，利用好协会，特别是允许其以第三方组织形式参与专业评估、民办高校年检等工作，让其发挥自身的优势，多做调研，当好政府的“参谋”，帮助困难民办高校排忧解难。同时通过协会平台加强民办高校之间沟通，互通有无，倡导自律，使民办高校坚定信心，大胆创新，推动民办高校更好更快地发展。

参考文献

[1]《河南省教育厅教育统计年鉴》（2016 版、2017 版）。

[2] 李维民：《民办高校发展战略与转型研究》，陕西人民出版社，2014。

[3] 李连宁：《〈民办教育促进法〉新法辅导报告》，2017。

B.3
河南民办职业教育发展报告

唐 琪*

摘 要： 随着我国教育体制机制改革的不断深入，作为职业教育的重要组成部分，民办职业教育事业取得了长足发展。作为人口大省的河南，职业教育总体规模较大，在河南经济社会发展各个历史阶段都做出了巨大的贡献。在改革发展的新形势下，河南民办职业教育既面临良好发展机遇，也存在不少问题与挑战，需要进一步调整结构，优化布局，加强校企合作，深化产教融合，不断提升教育质量，推进河南民办职业教育健康良性发展，促进教育公平。

关键词： 河南 民办教育 职业教育

2017年10月，中共第十九次全国代表大会胜利召开。在习近平总书记做的十九大报告中，充分肯定了十八大以来我国教育事业所取得的成就，并对优先发展教育事业、加快教育现代化、建设教育强国、办好人民满意的教育做出了部署。其中，对职业教育的发展提出了新的要求。党的十九大报告提出，“完善职业教育和培训体系，深化产教融合、校企合作，办好继续教育，加快建设学习型社会，大力提高国民素质”“建设知识型、技能型、创新型劳动大军，弘扬劳模精神和工匠精神，营造劳动光荣的社会风尚和精益求精的敬业风气”。十九大报告为我国新时代职业教育

* 唐琪，黄河科技学院职业技术学院讲师，主要研究方向：中等职业教育教学管理。

改革发展定下了总基调，明确了新任务，也为河南民办职业教育发展指明了方向。

一 河南职业教育发展历程

（一）职业教育的内涵

1. 职业教育

职业教育是与基础教育、高等教育和成人教育地位并行的四大教育板块之一，是我国国民教育体系中的一类。它是以培养符合职业或劳动环境所需要的技能型人才为目标的一种教育类型，它以职业需要为导向，以实践应用性技术和技艺为主要内容，传授职业活动必需的职业技能、知识、态度，并使学习者获得或者扩展职业行动能力，进而获得相应的职业资格。

从层次上分，职业教育主要包括高等职业教育、中等职业教育和初等职业教育；从培养机构来分，主要有高职院校、中职学校、技工学校、成人教育、社会培训。

2. 民办职业教育

民办职业教育是指国家机构之外的，由企事业组织、社会团体及其他社会和个人等社会力量，利用国家非财政性教育经费，面向社会举办的民办职业院校和民办培训机构的总称，它是社会主义教育事业的组成部分。

（二）职业教育的产生与发展

1. 历史背景

职业教育起源于工业革命对技术和技能人才的需求。从 18 世纪开始，随着工业革命在欧洲的兴起，社会生产力空前发展，大规模的机器生产取代了传统的手工业生产。机器的应用对劳动者的素质提出了新的要求，劳动者既要有物理、化学和数学知识，也要懂得机器的工作原理，同时还要具备生产应变的能力。此外，大工业生产又需要社会培养一定数量的懂技术、懂管理的人才以适应这种发展。在这种情况下，用传统的师徒制方式培养和提高劳动者的职业素质，无论在规模、速度还是教学内容上已不能适应工业化生产发展的要求，职业教育伴随工业大革命应运而生。

2. 中国近代职业教育的开端

1840 年鸦片战争后，国家的羸弱与不堪一击激起有识之士的思考，我国出现了近代爱国图强的启蒙思潮。以林则徐、魏源为代表提出学习西方技艺，“师夷长技以制夷”，主张开拓新学、培养实用人才。19 世纪 60 年代，随着洋务运动的开展，中国军工和造船业等现代工业有了一定的发展，与之相适应，培养现代工业技术人才的实业教育出现了。

1866 年左宗棠创办的“福州船政学堂”（马尾船政学堂）是我国最早兴办的技术学堂，隶属福州船政局，是近代中国建立的第一所培养造船、设计、海军人才和军事教育的技术学校。初建时称为“求是堂艺局”，左宗棠奉调西北后，由船政大臣沈葆桢主持。学堂首次录取考试的第一名考生就是后来成为北洋水师学堂教习的严复。

3. 中国近代职业教育的发展

1903 年，中国近代第一部较完整的以教育法令公布并在全国范围内实施的《奏定学堂章程》，即“癸卯学制”，使职业教育制度化。我国开始建立为经济服务的初级、中级、高级实业学堂。

1917 年，黄炎培、蔡元培、陶行知等 48 人组织了我国第一个职业教育学术团体，民间推动职业教育发展的组织“中华职业教育社”成立。主张用“职业学校”一词取代“实业学堂”，提出“教育与职业沟通”，政府、企业、教育共同兴办职业教育。

1922 年，当时的国民政府颁布《学校系统改革令》，即“壬戌学制”，又称“六三三制”。在这一学制中，将“实业学堂”改称“职业学校”，职业教育自成体系，初、中、高级职业学校分别招收初小、高小、初中毕业生，一直沿用到 1949 年新中国成立初期。

“壬戌学制”的颁布标志着中国现代教育制度的正式确立，新学制的主要内容之一就是职业学校数量的迅速增加。教育统计报告以及当时中华职教社统计的数据显示：1916 年全国职业学校数目为 531 所；1921 年全国职业学校数目达到719所；1922年全国职业学校数目已达1204所。[①] 到新中国成立前期，1946年前后，全国有高级职业学校724所，在校生约13.7万人；中等职业学校902所，在校生约24.6万人；初级职业学校564所，在校生约7.7万人。

（三）民办职业教育的发展历程

1. 改造消亡阶段（1949～1956）

新中国成立初期，新中国处在巩固人民政权和恢复经济发展时期，大规模技术人才的需求，迫切需要发展中职教育。1949年，共有中等职业学校564所，其中私立学校235所[②]，可见当时私立中职学校规模庞大。公办中等技术学校在规模上远远不能满足需求，国家采取公私兼顾的政策，开始接管和改造私立技术学校。1956年5月14日，第三次全国中等专业教育工作会议上，提出“中等专业学校的领导关系应该根据谁用干部谁办学校的原则，按照中央事业和地方事业的划分部门，分别由中央业务部门和省市人民委员会直接领导”，私立中等专业学校发展受到影响。

2. 艰难复兴阶段（1978～1991）

“文革”后，随着1977年高考的恢复以及十一届三中全会后经济体制由计划经济向市场经济的转变，以及改革开放后工作重点的转移，经济建设需要大量技能型人才。改革开放初期，我国职业学校存在数量少、规模小、办学条件不高等因素，单一的办学模式难以满足经济社会建设对高素质劳动者与技能型人才的迫切需求，这为民办职业教育的发展创造了良好的契机。

3. 快速发展阶段（1992～1999）

在这一阶段，民办职业教育发展经历了两个重要的时间节点。

1992年，对于民办职业教育来说是一个重要的历史机遇期。国民思想得到解放，民办职业教育的办学热情高涨。邓小平同志南方谈话和党的十四

---

① 俞启定、和震：《中国职业教育发展史》，高等教育出版社，2012。

② 金钟明等：《中国民办教育史》，中国社会科学出版社，2003。

大社会主义经济体制目标提出后，市场经济进入快速发展期，这在一定程度上给民办职业教育发展创造了良好环境。顺应经济体制发展，教育体制改革步伐加快，以国家办学为主，社会充分参与办学的办学模式成为国家发展教育的一个主要方向。

1999 年，高考扩招政策将民办职业教育推向一个高速发展期，政府打开了社会力量办高等教育之门。高校扩招政策激发了民众对接受高等教育的强烈需求，但又囿于公办教育投入经费有限，而民办教育则能突破经费投入的瓶颈，因此民办教育得到了支持，开始快速发展。1999 年之前，民办高等职业教育只能举办非学历教育，之后，社会力量逐渐开始介入高等职业学校学历教育。2001 年，国务院将民办职业高校的审批权下放到地方，这更进一步加快了民办职业教育的发展速度。

4. 法制化规范发展阶段（2002年至今）

2002 年，《中华人民共和国民办教育促进法》（以下简称《民促法》）颁布实施，这在民办职业教育发展道路上具有里程碑的意义，标志着国家层面民办教育法律体系初步形成。它的颁布不但确立了民办教育的法律地位，同时也对民办教育的发展方针、办学性质、学校产权等方面做了详细规定。这部法律首次用“民办教育”取代了“社会力量办学”，用“民办学校”取代了“社会力量办学机构”的表述。2016 年，第十二届全国人大常委会第二十四次会议上，审议通过了《关于修改〈中华人民共和国民办教育促进法〉的决定》，2017 年 9 月 1 日，国家开始执行新的《民促法》。新《民促法》将民办学校划分为营利性学校和非营利性学校，实施分类管理，在一定程度上解决了民办教育机构产权归属不明朗、国家扶持政策可操作性难等一系列问题。民办职业教育作为其中的一部分，迎来了更加规范的发展时期。

二　河南民办职业教育发展现状

（一）基本情况

2017 年，河南省共有独立设置中等职业学校 789 所，毕业生 40.38 万人，招生 52.87 万人，在校生 133.23 万人，中等职业教育的招生数和在校生数分别占高中阶段的比例为 42.69% 和 39.33%，其中民办中等职业学校 186 所，在校生 23.30 万人。高职高专 79 所，在校生 66.8 万人，其中民办高等职业学校 37 所，在校生 45.66 万人。

从河南省教育厅统计的数据来看，从 1998 年开始，河南中等职业教育学校数在 2009 年达到一个峰值，全省共有中职学校 1180 所，之后开始逐渐减少；在校生总数在 2010 年达到一个峰值，在校生总数为 189.31 万人。河南高等职业教育从 1998 年开始则呈现稳步增长的趋势，其中民办高等教育学校从 1998 年的 1 所逐年增加，到 2014 年趋于稳定，保持在 37 所左右。

1. 民办中等职业教育基本发展情况

表 1　2013 ~ 2015 年全国及河南民办中等职业教育发展情况

年份	全国民办中等职业教育		河南省中等职业教育		河南省民办中等职业教育	
	学校数(所)	在校生数(万人)	学校数(所)	在校生数(万人)	学校数(所)	在校生数(万人)
2013	2482	207.94	899	147.19	218	18.61
2014	2343	189.57	885	137.58	215	16.72
2015	2225	183.37	875	131.48	205	16.89

资料来源：河南省教育厅编《河南省教育统计年鉴》（2011 ~ 2015 年）；《中国教育统计年鉴》（2011 ~ 2015 年），人民教育出版社。

从统计数据来看，2013 ~ 2015 年，全国民办中等职业教育的学校数和在校生数呈逐年递减趋势，河南民办中等职业教育规模呈现逐年缩小的趋势（见表 1）。2015 年河南民办中等职业学校的学校数和在校生数，比 2013 年分别减少了 13 所和 1.72 万人；全省中职学校分别减少了 24 所和 15.71 万人。三年来，河南中等职业教育与民办中等职业教育整体规模逐年缩小。

2. 民办高等职业教育发展情况

从统计数据来看，2013 ~ 2015 年，全国民办高等职业教育规模呈逐年扩大趋势，河南民办高等教育的学校数、在校生数均呈现稳步增长的趋势

(见表2)。2015 年，河南民办高等职业学校的学校数和在校生数比2013 年分别增加了 4 所和7.4 万人。

表 2　2013～2015 年全国及河南省民办高等职业教育发展情况

年份	全国民办高等职业教育		河南省高等职业教育		河南省民办高等职业教育	
	学校数(所)	在校生数(万人)	学校数(所)	在校生数(万人)	学校数(所)	在校生数(万人)
2013	307	195.85	35	33.04	73	47.42
2014	307	212.28	37	35.51	77	50.77
2015	310	227.52	37	38.65	77	54.82

资料来源：河南省教育厅编《河南省教育统计年鉴》(2011～2015 年)；《中国教育统计年鉴》(2011～2015 年)，人民教育出版社。

（二）发展特点

1. 发展持续向好，地位不断提高

党的十八大以来，国家高度重视职业教育发展，河南民办职业教育呈现出较快的发展态势。党的十九大再次强调要支持和规范社会力量兴办教育，这对河南省民办职业教育快速发展具有重大意义。近年来，民办职业教育取得了长足发展，在促进教育公平、提供高素质技术技能型人才支撑中发挥了重要作用，逐渐从公办教育的有益补充转变为整个职业教育体系中不可或缺的重要组成部分。

2. 竞争不断加剧，呈现两极分化

民办职业教育在改革开放后重生，整体保持了良好的发展趋势。但发展时间不长，办学积淀还不深厚，从整体上看还不够十分成熟与完善。随着人口红利的降低、适龄入学人口的减少，以及公办职业教育免费教育与扩大教育规模的影响，民办职业教育的市场竞争日益激烈，在市场经济的杠杆左右下，民办职业教育在优胜劣汰中开始分流，一部分学校逐渐发展壮大，形成区域品牌，一部分学校规模逐渐萎缩，甚至在竞争的浪潮中退出办学。

（三）面临的机遇与挑战

1. 经济社会发展带来新的发展机遇

当前，河南省建设中原经济区、郑州市建设国家中心城市、郑州航空港经济综合实验区、郑洛新国家自主创新示范区、河南自贸区、中国（郑州）跨境电子商务综合试验区等，迎来了前所未有的重要发展机遇期。发展高端装备、电子信息、电子核心基础部件、智能制造装备等先进制造业及新兴产业亟须大量技术技能型人才。然而，河南职业教育在上述领域的人才培养方面水平有限，这势必要进一步发展与之相匹配的职业教育，只有将河南省的人口优势转变为人力资源与人才优势，才能更好地服务于经济社会发展。

2. 职业教育资源整合与优化布局调整

2015 年河南省人民政府颁布了《关于进一步优化中等职业学校布局提升办学水平的意见》，提出“进一步整合职业教育资源，促进优胜劣汰，优化学校布局，集中力量建设以品牌示范学校和特色学校为骨干的中等职业学校，切实提高我省中等职业教育的办学质量和水平”“经过资源整合、布局调整，到 2018 年，全省中等职业学校调减至 420 所左右；原则上校均在校生规模达到 3000 人以上”。资源整合是促进职业教育集约化、规模化发展的必然选择，是构建现代职业教育体系，实现中职教育良性发展的迫切需要。这对于优质民办中职学校发展起到了规范作用，但对于规模小、条件差、生源不足的民办中职学校而言，面临生存危机，给河南民办中等职业教育发展带来了新的发展机遇与挑战。

三 河南民办职业教育发展案例

在职业教育改革发展新形势下，黄河科技学院职业技术学院以质量谋发展，以特色创品牌，遵循教育规律，实施“三大发展方向”教育教学理念，探索职教“升学、就业、创业”多元化提升通道。在办学过程中，坚持以立德树人为根本，以服务发展为宗旨，以促进就业为导向，不断开拓进取、改革创新。依托本科教育资源，充分发挥自身优势，在打造特色专业、创新人才培养、加强师资队伍建设、校企合作育人等方面均取得了突出的成绩。

（一）学校发展概况

黄河科技学院职业技术学院发端于1994年创办的黄河科技学院附属中等专业学校（以下简称“附属中专”），附属中专是经河南省教育厅批准，隶属郑州市教育局管理的一所民办中等专业学校。学校位于黄河科技学院南校区，与本科资源共享，建筑面积共有81979平方米，有独立校园区、校舍和专属实验室等。学校有由锐捷等系列品牌交换机组成的校园网络系统。千兆校园网的接入，实现了无线网络全覆盖。学校网站功能齐备，建有学分制教务管理系统、“翻转校园”移动信息平台、综合办公管理平台；学校实训室面积约7000平方米，有183个实验分室、110架钢琴；建有中专附属幼儿园；校内实训工位数可满足700名学生同时进行实训，校外实训基地满足学生实训、实习需求。学校现有在校生4600余人，专任教师207名，每年特聘一定规模、能满足专业教学需求的兼职教师。

（二）打造区域职教品牌

（1）办学定位。坚持“地方性、应用型、开放性”的办学方针，确立培养高素质的技术技能人才的目标，围绕以服务区域经济社会发展为需求，在行业与专业合作等方面获得标志性突破。

（2）办学特色。学校探索中、高、本教育衔接，打通学生进入专科、本科职业教育深造渠道。建成了三个专业群的学科架构，以学前教育类专业群为龙头，以财经商贸类专业群、艺术工程类专业群为两翼，三个专业群优势互补，植入项目、行业对接，形成合力，打造专业品牌。

（3）人才培养。以提高人才培养质量为核心，以创新人才培养机制为重点，推进创新创业与教学改革，在课程体系、教学内容、教学模式、教育评价方式改革等方面实现新突破。学校构建了与职业教育、实验实践、行业企业“三融合”的应用型创新创业人才培养体系，着重提升毕业生的核心竞争力，学生在校期间实现一专多能，一人多证。

（4）教育教学。以不断提升教育信息技术操作水平为抓手，充分利用学校信息化设施平台，提高教学手段的信息化水平。推出“空中课堂”“翻转课堂”，全面推进在线教学并打造一批优质的混合式课程。形成“互联网+课程”“互联网+教学”“互联网+学习”“互联网+考试”“互联网+评价”线上与线下的教学体系，推动教师创新教育教学方法，提高课堂教学质量。

（5）校企合作。学校推行校—企（园）合作共建实习与就业基地，多次被郑州市教育局授予校企合作先进单位。学校与武汉亿童股份有限公司、富士康公司、河南武警幼儿园等多家单位开展深度合作。通过实践教学基地建设的机制，企业骨干应邀加入学校专业建设指导委员会，每年召集委员参加人才培养方案的论证和毕业生跟踪调研工作。学校以企业实际项目为课程内容进行授课，引导学生接触前沿技术和了解现代企业管理理念，拓展了师资队伍和学生培养的实习实训平台，不断探索校企联合培养高素质创新型人才的校企合作新模式。

（6）德育建设。校卫队是学校一张靓丽的名片，是在学校党组织领导下由学生积极分子组成的学生自律组织。校卫队员由学生自己申请，经团校、党校培养，实践考验，择优吸纳加入，他们在新生入学教育、二课活动、社会实践、校内日常管理、创建省会文明城市、文明校园实践等方面做出了突出的贡献。校卫队既是学校实施德育教育活动的一支强大的骨干力量，又在学生管理、德育活动、教学活动中发挥了重要作用。

（三）办学成果显著

经过多年的发展，学校取得了良好的办学成效，得到了主管部门及社会的广泛认可。2009 年被河南省教育厅评为“河南省重点中等专业学校”。2011 年郑州市教育局将黄河科技学院附属中专纳入郑州市中等职业教育实施学分制试点单位，同年在河南省教育厅教学质量评估中获优秀等级。2017 年学校的舞蹈表演专业（学前教育方向）获郑州市重点专业建设；2017 年学生资助荣获郑州市先进单位；2012～2017 年连续五年被评为郑州市民办教育十佳单位。

四　民办职业教育发展面临的问题

（一）吸引力不够大，社会地位不高

社会上对民办职业教育存在认知偏见，技术工人普遍缺乏社会认同感和职业自豪感。同时民办职业学校办学条件亟待改善，部分学校规模较小、校舍陈旧、实习实训条件落后，难以保证正常教学和生活需要，影响民办职业教育的健康发展。

（二）师资水平不高，教师队伍薄弱

随着社会经济的日益发展，职业教育对职业学校教师提出了更高要求。目前，较为传统的师资结构不能胜任技术技能型人才培养，尤其是高技能人才培养。民办职业院校教师队伍整体存在数量不足、质量不高、结构不合理现象，“双师型”教师数量尤其不能满足职业教育发展需要，制约其发展。

（三）专业建设水平不高，核心竞争力不强

职业教育更加注重应用性，对提高职业技能实训有较高的要求。但这就需要投入大量资金来建设实训室和购买实训设备。而以学费投入为主的民办职业学校，没有政府资金的支持，存在巨大压力，进而影响专业建设水平。一方面表现为一些学校专业设置与产业发展脱节，课程教学内容与行业技术应用脱节，教学手段和方法针对性不强，与经济发展的契合度不紧密，服务经济社会发展的能力不够强；另一方面表现为一些学校主干优势专业不突出。为降低成本，不少民办职业学校主动选择开设文科类专业，导致学校之间专业重复设置现象较为严重，且难于与地方经济发展相对接，缺乏特色与竞争力。

五　促进民办职业教育发展的政策建议

当前社会经济发展面临转方式、调结构、惠民生的艰巨任务，全面深化改革已进入深水期。面对经济发展新常态，必须增强发展民办教育的责任感，推进民办职业教育持续健康的发展。同时，面对新形势，民办职业教育只有不断加强自身内涵建设，勇于改革创新、提高教育质量，走特色发展之路，才能在中国特色社会主义建设中发挥积极作用，助推办出人民满意的职业教育。

（一）创造有利于职业教育发展的环境，增强职业教育吸引力

合理调整教育结构，努力构建结构合理、形式多样、兼顾各方的现代职教体系。一要加大资源整合力度，加快推进河南中职教育布局优化调整工作，促使资源向优势职业学校集中；二要加强中职教育与高职教育的有效衔接，积极搭建产、学、研相结合的技术推广服务平台，着力提高创新能力和服务水平；三要推动职业院校与产业集聚区布局紧密对接，推动专业设置和产业需求有效对接，提升专业建设与产业发展的契合度；四要加大“双师型”教师队伍建设力度，通过引进、聘用、培养等灵活方式，建设一支数量充足、素质优良、结构合理、专兼结合的“双师型”教师队伍；五要健全就业和用人保障政策，努力为职业院校的毕业生创造公平、公正的就业环境。清理和消除影响平等就业的制度障碍和就业歧视，使技术技能型人才享有与普通教育毕业生同等的地位和待遇。

（二）加大对民办职业教育的支持力度，重视民办职业学校的发展

作为现代职业教育体系的重要组成部分，民办职业教育在解决公办职业教育资源不足，促进教育公平中做出了重要贡献，关乎地方经济发展。因此，一方面政府要充分关心民办职业教育的发展状况，为其发展提供政策及必要的资金支持，鼓励其健康快速发展；另一方面，政府需要调动一切可以促进职业教育发展的资源与积极性，创造更大的职业教育发展空间。

（三）民办职业院校要树立正确的办学思想，依法办学

民办职业学校发展要以习近平新时代中国特色社会主义思想为指导，牢固树立正确的办学思想，不偏离党和国家的大政方针，坚决遵守国家法律、法规，坚持社会主义办学方向，坚持对国家、对社会、对家长、对学生全面负责，关心和重视学生的发展成长，以质量谋生存，以特色求发展。同时又要在遵循法律法规的前提下，大胆进行改革创新，办出特色，办出水平。

时代赋予责任，责任体现使命。展望未来，伴随经济社会的快速发展，人民物质文化生活水平不断提高，对优质、特色、多样化的教育需求不断增强，职业教育是促进经济、社会发展和劳动就业的重要途径。党的十九大对职业教育做出了全面系统的部署，为职业教育的发展指明了方向。河南民办职业教育必将肩负重要的历史使命，以质量发展和特色建设为引领，成为促进教育公平和社会发展的生力军。

B.4
河南高中阶段民办教育的现状与发展研究

吴德亮*

摘　要： 河南作为中国人口大省，近年来经济快速发展，但省内各区域经济社会发展水平不平衡，人口素质参差不齐，教育质量优势不够明显。进入新时代，河南开启发展新征程、续写发展新篇章，在聚焦新目标、迈向高质量发展的新征程中，高中阶段的民办教育也迎来重大机遇。然而，在实现快速发展的同时，高中阶段民办教育也暴露出诸多需要解决的问题。这些问题影响了高中阶段的民办教育的健康良性发展。本文着眼于河南高中阶段的民办教育的现状以及发展成就，从发展质量、政策环境、内涵建设、主观认识等方面指出了河南高中阶段的民办教育存在的问题，并提出了相应的发展对策。

关键词： 民办教育　高中教育　河南

高中阶段的教育是国民教育体系的重要环节，是人才培养过程中的桥梁和纽带，也是学生良好品格形成、各项能力自主发展、自我价值实现的关键时期，同时为培养社会发展所需要的各类人才奠定基础。加快发展富有内涵的高中阶段教育已成为社会共识。《国家中长期教育发展规划纲要（2010—

---

* 吴德亮，黄河科技学院讲师，主要研究方向：思想政治教育、河南高中阶段民办教育研究。

2020年)》中明确提出在2020年实现普及高中阶段教育、毛入学率达到90%的战略目标。《河南省高中阶段教育普及攻坚计划（2017—2020年)》中把普及高中教育列为任务清单。

一　河南高中阶段民办教育发展的现状

（一）政策支持鼓励，办学初具规模

近年来，全省各级党委政府高度重视高中阶段教育，为落实国家教育事业发展“十三五”规划及河南省国民经济和社会发展第十三个五年规划纲要部署，制定了《河南省高中阶段教育普及攻坚计划（2017—2020年)》，该计划将2020年全省如期实现全面普及高中阶段教育作为目标，同时在提质增效、内涵建设方面提出了相关要求，通过提供更加公平优质的高中阶段教育来满足适龄青少年对高中阶段教育的需求。2018年新年伊始，河南省人民政府发布《关于鼓励社会力量兴办教育进一步促进民办教育健康发展的实施意见》（豫政〔2018〕6号文件），从思想指导、创新体制机制、完善扶持制度、加快现代学校制度建设、提高教育教学质量等方面对河南省民办教育发展做出总体部署，鼓励高中阶段民办教育依法自主办学，规定民办中小学在完成国家规定课程的前提下，可自主开展适合学生和学校实际情况的教育教学活动，提倡特色办学，注重质量提升。

政策的及时跟进，助推高中阶段民办教育快速发展，2017年全省高中阶段毛入学率达到90.61%，高于全国平均水平，普及水平迈上了新台阶。《2017年河南省教育事业发展统计公报》显示，截至2017年底，河南省普通高中813所，毕业生63.14万人，招生70.97万人，在校生205.49万人，预计毕业生66.21万人，共有3.26万个班，其中，大班2.22万个，占68.1%。其中民办普通高中263所，在校生36.78万人。总体来看，河南省高中阶段民办教育经过30多年的发展，形成了规模适度、管理有序、发展

稳定的格局，成为河南教育事业的重要组成部分，更是河南教育事业发展的重要增长点和促进教育改革的重要力量，同时丰富了教育资源，更好地满足了人民群众对教育多样性的需求。

（二）条件逐步改善，质量稳步提升

办学条件逐步得到改善。“建设经济强省”战略目标的贯彻落实，国家中部崛起战略规划和平台的叠加效应，继粮食生产核心区、中原经济区、郑州航空港经济综合实验区之后，河南拥有了第四个“国”字号战略规划——郑洛新国家自主创新示范区，河南经济的快速发展为教育投资提供了坚实的物质基础。当前全省经济发展呈现出“总体平稳、稳中有进、稳中向好”的发展态势。经济发展对人才的需求会倒逼政府加大对教育领域财政性资金的投入，高中阶段的民办教育在这一过程也会相应受益，这样的受益不仅表现在校舍校园的改造扩建、教育教学的仪器设备的更新、教具和图书资料的完善等有形设施的变化，也表现在通过加大对教师技能培训的经费投入，师生的思想观念、道德规范、教学水平以及校风、教风、学风、精神文化等无形资产的积淀与升华。

学校管理制度更加健全。河南高中阶段的民办教育竞争激烈，优胜劣汰的结果证明：必须摒弃规模扩张的粗放式发展道路，进而走注重内涵建设的必由之路。发展思路的转变，体现在教育教学改革的各个方面，规章制度建设就是其中重要的环节。规章制度对学校全体师生提出了系统化的工作学习流程和行为准则，也是学校依法治教的重要举措。调查发现，河南省高中阶段的民办学校规章制度的制定和执行符合党的方针政策、法律法规，同时能够将宏观教育政策与学校发展的实际情况有机结合；过去部分民办学校规章制度制定过程中缺乏民主性和科学性的现象得到根本改变，执行过程中缺乏平等性、低权威性的现象有所缓解。通过学习借鉴同行的先进经验、依据自身发展进行制度创新探索等途径，机制灵活的民办学校积极主动地应时应境而变，迅速建立健全适应时代需要的各项教育制度和日常管理制度，真正做到了有章可循、依法治校。

教育思想和理念不断创新。近年来，河南省各地如火如荼地推进教育教学的改革与创新，各民办高中在办学实践中不断凝练品牌，回归和指导实践，让理念进一步丰富和发展，也更加切合实际，其可操作性也更强。省会郑州始终走在河南省教育教学改革的前沿，在教育教学改革过程中，提出以“道德课堂”建设为依托，大力发展素质教育，以学生为主体，遵循学生身心发展和教育教学规律，使学生在学习中体验到愉快和幸福，享受学业与身心全面发展的课堂。改善教师的教学生态和学生的学习生态，让教师和学生在课堂生活中享受到幸福和快乐，提升教师和学生的生命质量和生命境界。郑州市高中阶段的民办教育在办学的过程中可以共享郑州市教育教学改革的成果，结合自身发展的实际情况，形成先进的教育理念和独特风格，更好地促进教育思想的创新与转化。

以省会郑州的黄河科技学院附属中学为例，这所寄宿制完全中学创办于1997年，20年的发展实践充分展现了河南省高中阶段民办教育发展在办学条件改善、教育制度建设、教育理念创新与发展等方面的历史轨迹，堪称河南高中阶段民办教育的缩影。这所学校秉承以“办规范加特色学校，育合格加特长学生”为办学目标，坚持“当有情怀的老师、做有温度的教育、办有魅力的学校”的发展战略，紧紧围绕“培养全面富有个性发展的人”这一核心目标，按照“多元化、信息化、国际化”的发展思路，努力实现“办一所对学生最负责任的学校”的办学愿景，激励全体师生努力进取。学校始终重视办学理念的引领作用，从教育思想的源头抓起，持之以恒地建立健全各项规章制度，强抓教育教学管理，强化内涵建设，加强学校基础设施建设，推进信息化教学，拼搏奋进，砥砺前行。20年来这所学校从1997年的学生总数19人，增加到2018年的4600余人；从当初的一栋教学楼到今天的整个黄河科技学院北校区；借助特色教育的办学之路，高考升学率稳步攀升，赢得了良好的社会声誉。学校先后荣获“全国影视教育研究实验学校”“全国平安校园创建示范单位”“河南省特色学校”“郑州市十佳学校”“郑州市名优民校”“郑州市文明学校”“郑州市教育教学先进单位”等荣誉称号。

（三）以人民满意为目标，满足多样化需求

党的十九大报告强调，努力办好人民满意的教育。习近平总书记指出："我们的人民热爱生活，期盼有更好的教育，期盼着孩子们成长得更好，工作得更好，生活得更好。"人民满意的教育，就是更加公平、更高质量、更富多样性和个性化的教育。这种教育局面的形成，需要公办教育和民办教育共同发展来实现，尤其是民办教育具有灵活的体制机制，对满足人民群众对教育多样化、个性化的需求发挥着举足轻重的作用。

随着《河南省中长期教育改革和发展规划纲要（2010—2020 年）》的贯彻落实，人民群众的基本教育需求已经初步得到满足，多样化、个性化的选择性教育成为教育资源供需的主要矛盾。很多民办高中审时度势，加快改革步伐，创新办学体制机制，坚持走特色办学之路，根据实践需要对教学内容进行适当取舍，深入推进和落实普通高中课程改革方案，利用学校资源开设丰富多彩的选修课，力争为学生提供多样化的选择；推进人才培养模式多样化，对具有特殊才能学生采取特殊培养方式，建立科学完备的质量评价体系，实施学业水平考试和综合素质评价，将实验教学、研究性学习、社区服务和社会实践纳入综合评价体系之中，促进学生全面而个性的发展。

很多现实性问题摆在不同家庭面前，民办普通高中以其独特的优势满足了不同家庭对学生教育的不同需求，做到了教育资源供需的高度契合。调查发现，有些民办普通高中采用国际化的办学模式，配备先进的教学设施，有针对性地培养学生个性，为国际知名高校输送人才，满足了部分家庭对国外教育资源的需求。有些民办普通高中是寄宿制办学，学生周末、节假日上学放学都由校车接送，满足了部分家庭没有充足时间照顾子女的教育需求。也有些民办普通高中通过差别性收费，为部分品学兼优但经济负担较重的家庭解决了后顾之忧。有些民办高中通过走特色教育发展之路，弥补了部分特长学生文化课的短板，注重文化、特长的同步发展，满足了部分家庭对特色教育的需求。河南高中阶段民办教育在缓解公办高中办学压力的同时，也为高校输送了大量品学兼优的人才。

（四）激发社会力量，倡导多元化办学

政府鼓励多元化投资办学的目的，就是要积极引导社会力量和民间资本进入教育领域，在不同投资主体之间形成公平有序的竞争环境，最大限度地满足人民群众对公共教育资源多样化的需求。近年来，河南省各地在发展民办中小学教育的过程中，普遍出现了“名校办分校”的现象，通过优质公办学校支持民办学校办学；对非营利性民办教育学校，探索建立“社会力量投资建校、政府积极支持引导、收费保障正常运转、教育部门协调监管、校园资产学校所有”的教育发展体制。

从办人民满意教育的角度分析，当前人民群众基本教育需求已经基本解决，对高中阶段教育多样化发展的呼声日趋强烈。调查发现，近年来社会对各类优质教育资源的需求不断增加，倒逼政府、学校和企业加大了普通高中教育办学体制机制的改革与创新。如河南省积极支持发展“民办公助”“股份制办学”“合作办学”等民办普通高中，这类学校在发展的初期都离不开当地政府的扶持，当办学步入正轨后，可依靠学费很好地进行自主经营。学校生源选择、教师聘任、薪酬分配等方面享有一定的自主权，这种多元化办学体制机制的形成与发展，有利于缓解公办高中教育资源供给不足的矛盾，激发基础教育的活力，拓宽筹措教育经费的渠道，有利于促进以政府为主体、社会各界有序参与办学体制的形成，同时减轻了政府的财政负担。

（五）办学成绩比较显著，社会影响较大

民办普通高中作为河南基础教育事业发展的重要增长点和促进高中教育改革的重要力量，对河南基础教育事业做出了重大贡献，产生了深远的社会影响。河南省现有的民办普通高中学校，大都具备了相当规模，积淀了一定的办学历史，积累了丰富的办学经验。其中郑州外国语新枫杨学校、河南省实验文博学校、河大附中实验学校、河南宏力学校等知名民办普通高中，聚集了大批优秀的教育资源，教学质量较高，办学成绩较为突出，赢得了良好的社会声誉，已经初步形成了省内知名教育品牌，为河南高中阶段民办教育奠定

了良好的发展基础。

这些学校的发展受到相关教育主管部门的关注和认可，河南省教育厅在招生政策的制定和执行上已经有所体现，不仅将其民办高中的招生计划纳入河南省中招计划之中，而且具有在省内跨省辖市的招生资格。我们从河南省中招考生服务平台获悉，2017 年，分布在郑州、开封、洛阳、平顶山、鹤壁、安阳、新乡、焦作、濮阳、三门峡、许昌、漯河、周口、济源等地区的 85 所民办高中拥有跨省辖市招生计划，几乎涵盖了河南省内的行政区域，虽然招生计划名额有限，但这只是一个开始。这一政策的实施，我们可以看到相关教育部门的政策实施路径，它既是政策支持，也是对办学成绩的肯定。

表 1　河南省 2017 年民办普通高中跨省辖市招生目录（节选）

序号	地市	学校名称	计划	招生范围	录取原则
1	郑州市	郑州惠民外语学校	45	跨省辖市	按志愿从高分到低分依次录取,最低分 575 分,录满为止
2	郑州市	郑州市京广实验学校	32	跨省辖市	按志愿从高分到低分依次录取,最低分 585 分,录满为止
3	郑州市	郑州外国语新枫杨学校	98	跨省辖市	按志愿从高分到低分依次录取,录满为止
4	郑州市	郑州市宇华实验学校	200	跨省辖市	按志愿从高分到低分依次录取,录满为止
5	郑州市	郑州市桃园中学	50	跨省辖市	按志愿从高分到低分依次录取,录满为止
6	郑州市	河南省实验文博学校	100	跨省辖市	按志愿从高分到低分依次录取,录满为止
7	郑州市	黄河科技学院附属中学	26	跨省辖市	按志愿从高分到低分依次录取,录满为止
8	郑州市	郑州剑桥中学	230	跨省辖市	按志愿从高分到低分依次录取,录满为止
9	开封市	开封市开封高中实验学校	104	跨省辖市	按志愿从高分到低分依次录取,录满为止
10	开封市	河大附中实验学校	100	跨省辖市	按志愿从高分到低分依次录取,录满为止
11	洛阳市	洛阳东方外国语学校	70	跨省辖市	按志愿从高分到低分依次录取,录满为止

续表

序号	地市	学校名称	计划	招生范围	录取原则
12	洛阳市	河南洛阳枫叶国际学校	30	跨省辖市	按志愿从高分到低分依次录取,录满为止
13	洛阳市	洛阳市伊河高中	40	跨省辖市	按志愿从高分到低分依次录取,录满为止
14	平顶山市	平顶山市龙河实验高级中学	50	跨省辖市	按志愿从高分到低分依次录取,录满为止
15	安阳市	安阳正一中学	20	跨省辖市	按志愿从高分到低分依次录取,录满为止
16	鹤壁市	鹤壁黎阳中学	80	跨省辖市	按志愿从高分到低分依次录取,最低分430分,录满为止
17	新乡市	河南师范大学附属中学金龙学校	150	跨省辖市	按志愿从高分到低分依次录取,最低分530分,录满为止
18	新乡市	新乡市一中实验学校	200	跨省辖市	按志愿从高分到低分依次录取,最低分550分,录满为止
19	焦作市	焦作师范高等专科学校附属中学	20	跨省辖市	按志愿从高分到低分依次录取,录满为止
20	焦作市	沁阳市永威高中	100	跨省辖市	按志愿从高分到低分依次录取,录满为止

资料来源：河南省中招考生服务信息平台。

二　河南高中阶段民办教育存在的主要问题

（一）办学缺乏规模效益，整体实力不强

河南省高中阶段的民办教育大多由本地人发起，走低起点、小步子的滚动式发展之路，受资金、师资、管理、生源等因素的制约，不同程度地出现了发展定位不够科学、后续发展资金不够充裕、缺乏办学特色和品牌效应、规模化发展动力不足等问题。很多民办高中在教育教学实践中，效仿公办学校的日常管理模式，由于面对的客观情况不尽相同，所以使很多管理手段与方法不完全切合实际，管理的效果不尽如人意，进而影响办学水平的提升。

部分民办高中还在生源数量和质量的兼顾中寻求迫不得已的平衡，“招得来、留得住、培养好”的局面尚未形成；各民办高中之间发展不均衡，公办学校创办的分校依靠已有的社会影响力在招生过程中抢占先机，巧用公办教育资源支持民办性质的分校，在发展过程中优势明显，拉大了与纯民办高中之间的发展差距；生源质量上的差距影响了人才培养的效果，各民办高中在高考升学率上存在较大的差距。这些现实问题的存在，必然会影响河南高中阶段民办教育的整体质量，规模效益与整理实力在一定程度上受到抑制。

（二）师资力量薄弱，教师流动性较大

经过多年的发展与积累，河南高中阶段民办教育有了一定的基础，由于规模扩张与内涵发展的不协调，师资问题和教学问题一直是制约高中阶段民办教育高质量发展的重要因素。除少数办学时间较长的学校外，大多数民办学校师资队伍的水平、教学质量与公办学校相比还有一定的差距。部分民办学校教师队伍梯队发展模式尚未完善，无论年龄结构还是教学经验都还有待完善，整体结构不够科学。有的民办学校兼职教师或临时聘用人员占比较大，有的民办学校专任教师以 30 岁以下的年轻教师和 60 岁以上的老教师居多，中年教师比例偏少，这种“哑铃形”的师资结构缺乏相应的稳定性，不可避免地影响到民办学校的持续健康发展。

在日常管理过程中，部分学校由于奖惩制度设置存在问题，奖励与惩罚尺度不够科学，在一定程度上无法充分调动教师的积极性与创造性，职业期望与现实情况存在差距，致使教师稳定性不强，学校系统的远景计划无法得到落实。同时，师资队伍的不稳定性也影响学校系统性学习培训活动的开展，最终制约民办学校教师的专业成长。

（三）思想认识有偏见，理论研究相对滞后

《国家中长期教育改革和发展规划纲要（2010—2020 年）》指出：教育公平关键是机会公平，重点是均衡发展，措施是加强统筹，合理配置教育资源，思路是以改革发展促进公平，以制度创新保障公平。要促进教育公平，

制度保障是重中之重，要创新教育公平制度设计、运行机制。当前社会公众对民办教育的认识还存在偏差，误解和偏见在一定程度上依然存在，不少人总把民办教育和“管理不够严格”“以营利为目的”“办学质量不高”联系在一起；个别部门甚至在制定政策时，对民办学校存在歧视。

任何教育类型的成长都是一个循序渐进的过程，这就必然要求相关研究人员依据高中阶段民办教育的发展实践，做相应的理论探索和研究，总结高中阶段民办教育发展过程中的经验教训，以便在开展试点工作的基础上逐步推广运用。但是河南高中阶段的民办教育是在相关教育理论探索并不充分的情况下发展起来的，发展道路并不是一帆风顺的，经历了一段重规模扩张忽视内涵建设的发展历程，表面看上去蓬勃发展，实则问题不少，由于缺乏及时的跟进，理论研究工作与教育实践的发展存在时间差，客观上造成了河南省高中阶段民办教育理论研究工作相对滞后。

三　河南高中阶段民办教育发展对策

（一）政府出台优惠政策，加大扶持力度

高中阶段民办教育是河南基础教育事业发展的重要增长点和促进高中教育改革的重要力量，不仅弥补了教育经费的不足，减少了政府财政支出，发挥了民间资本在基础教育中的作用，更重要的是推动了河南省办学体制改革、机制创新，加速了基础教育的多样化和国际化进程。各级政府要把大力发展高中阶段民办教育提上重要日程，把民办基础教育纳入全省教育发展的总体规划，统筹兼顾全省基础教育资源，合理安排公办和民办学校的布局，为民办基础教育的发展预留相应的空间。

发展民办基础教育需要政府切实履行责任，通过发挥政策的引导激励作用，动员社会力量参与，形成发展合力。各级政府部门针对未来民办普通高中的发展，要落实好国家相关优惠政策，并结合地方的实际情况不断探索富有激励作用的优惠政策，在土地征用、税收减免、信贷融资、财政扶持以及

师资保障等方面形成全方位、立体式的支持。加快布局结构调整和加大引导力度，实现优质特色的突破，形成公办高中和民办高中优势互补、公平竞争、协同发展新格局。

同时，政府要支持有条件的民办学校对现有教育资源进行科学整合，鼓励有条件的民办高中在拓展发展空间的同时，注重办学的质量与效益，使其尽快发展成为优质教育资源。通过招商引资和优惠政策，吸引国内外社会力量、教育机构来河南创办学校，建立民办基础教育审批“绿色通道”，提高办事效率，规范收费行为，进一步优化民办基础教育发展环境。

（二）加强师资队伍建设，落实教学过程管理

教师队伍是高中阶段民办教育内涵发展的核心要素，提升民办高中的教育教学质量，必须加强师资队伍的内涵建设。应督促落实民办普通高中教师在技能培训、职称评定、薪酬待遇等方面与公办学校教师的同等待遇，设立河南省民办基础教育阶段教师的最低薪酬指导标准。

在教师招聘、考核过程中，要建立严格的准入制度，制定科学的招录规则和考核细则；在教师管理过程中，设置科学的奖惩制度，形成有效的激励机制，提升教师的职业幸福感，减少教师流动性，稳定师资队伍；在教学实践中，建立学习机制，积极引导教师加强学习，将集体学习与自我提升有机结合。通过各种学习活动的开展，增强教师的使命感、责任感，激发教师工作的主动性和积极性。力促教师队伍具备优秀的师德品质、较强的教育教学能力和良好的行业职业态度、知识技能以及实际操作能力。

（三）明确办学定位，凝练特色打造品牌

科学的办学定位，是引领学校发展的“灵魂”。高中阶段教育因其在国民教育体系中的重要地位，可以把这一阶段民办教育的办学定位大致分为以下几种类型：一是按照国家普及高中教育的任务要求，发展普惠性、大众化的高中学校；二是针对民办教育分类管理的政策预期，提供高端化、精品化的高中教育，满足社会对优质高中教育的需求；三是强调国际化办学特色，

与国外大学或者高中联合办学，为学生的发展提供更加多样化的通道；四是满足不同潜质学生的发展需求，面向特长学生创办特色学校。这些都是民办普通高中可以大有作为的空间。

作为民办普通高中，必须深化课程改革，尊重学生主体地位，激发学校首创精神，科学定位发展方向，以创新培养模式为重点，以课程建设为核心，深化教育教学改革，满足不同需求，凝练特色打造品牌。在激烈的竞争中，民办普通高中要想立于不败之地，必须做引领教育发展潮流的先行者，必须做教育服务需求中拾遗补阙的提供者，拥有敏锐的洞察力，去积极寻找公办高中办学盲点与弱点，找准突破口，乘势而上，“弯道超车”，不断改善办学条件，突出多元化教育，提供多课程选择，实现多渠道成才，满足多样化需求。

（四）创新办学体制，充分发挥社会力量的支持作用

高中阶段民办教育的发展需要引入更多的社会力量，这些社会力量不仅可以拓宽民办教育的融资渠道，提高教育资源的使用效率，还可解决民办基础教育发展过程中理论研究相对滞后的问题，为民办基础教育的发展提供理论指导和智力支持。社会各界要积极支持民办基础教育进行资本运作，通过提供便利多渠道地引进社会资本。鼓励金融机构采用灵活多样的形式，结合各地实际情况开发适合民办学校发展的信贷品种和服务项目，各级政府及社会组织多措并举的筹集资金，设立民办教育发展专项资金，通过政府财政拨款的带动和示范效应，连同社会融资、社会捐赠等渠道筹集起来资金，用于支持和鼓励民办中等学校的发展，并引入激励机制，奖励和表彰在民办中等学校发展过程中做出突出贡献的集体和个人。

“从国际视角看，民间非营利资金尤其是捐赠支持是高质量、非营利私立教育发展的关键因素。”同时，“建立第三方评估机制有利于政府转变职能，淡化社会组织评估的行政色彩；有利于加强对社会组织的事中事后监管；有利于社会力量参与监督，增强社会组织评估工作公信力。”当前，正值落实国家教育事业发展“十三五”规划和《河南省高中阶段教育普及攻

坚计划（2017—2020年）》的关键时期，对于河南省高中阶段的民办教育来说，又是一个重大战略机遇期。为此，各级政府、学校以及社会力量要勠力同心、协同合作，有效推进河南省高中阶段民办教育健康和持续发展。

参考文献

[1]《河南省人民政府关于鼓励社会力量兴办教育进一步促进民办教育健康发展的实施意见》，河南省人民政府，2018。

[2]《21世纪教师面临的挑战与选择》，《教学研究》2000年第2期。

[3] 孙新：《我国教育公平制度实施机制探析》，《价值工程》2011年第4期。

[4] 李一梅、王赛：《〈中图法〉之中等教育类目演变的分析》，《现代情报》2014年第1期。

[5] 袁新文：《民办教育不该遭“白眼”》，《人民日报》2011年4月22日。

[6] 何乃彦、于源华、熊光明：《21世纪的中德教育比较》，《科教文汇（中旬刊）》2012年第3期。

[7] 吴林桧：《四川省民办高校教育转型中的政策研究》，电子科技大学硕士论文，2014。

[8] 金一鸣：《普通高中办学模式探索》，上海教育出版社，2010。

B.5
河南省民办初中发展现状及对策

职鹏瑞 *

摘　要： 当代中国的民办中学是改革开放之后出现的，是社会发展到一定阶段的必然产物。随着社会物质生活水平的提升，原有的单一的教育体系已经满足不了人们对教育的需求。追求多元化的教育模式，寻求优质教育已经成为社会选择的主要趋势。同时，民办中学发展过程中存在的问题和不足也制约了学校的发展。

关键词： 民办教育　中学教育　河南

民办学校是我国教育事业的重要组成部分，在自身发展的同时，为人们提供了更多选择教育的机会，促使教育普及化，提高国民整体素质，对社会、经济、文化的发展起到了重要的作用。社会上的有志之士出资出力，承担起发挥民办教育的重任，为我国教育事业多元化、普及化贡献力量。事物发展到一定阶段，就会出现与发展不相适应的一些问题，民办教育也是如此，各种问题接踵而至，民办中学的办学质量参差不齐，师资力量存在问题，不能享受和公办学校同等的待遇，部分学校过分追求经济利益而忽略了教育本身的意义等问题。本文基于河南省民办初中发展现状，探讨了民办初中存在的问题以及解决的策略。

---

* 职鹏瑞，黄河科技学院讲师，硕士研究生，主要研究方向：管理心理学。

一 河南省民办初中的发展现状

（一）办学条件及经费

民办初中是由企业或者个人出资兴办的学校，更多地出现在家族企业中。有些人认为民办中学以盈利为目的，旨在谋取私利；有些人认为民办中学制度不健全，管理不规范；有些人认为民办中学是贵族才能上的学校，对于普通家庭来说是一种奢望，这些都是对民办学校的误解。正是这些误解，严重影响了民办学校在社会大众心里的地位，也在一定程度上影响了民办学校的发展。学校从硬件设施到软件配置再到教师的工资，都是从学生的学费中来，民办学校的学费是经过学校核算成本，报物价局审批而定的，所以学校的支出均来自学生的学费，这点与公办学校有很大的不同。初中学生属于九年制义务教育阶段，所有适龄的小学生上初中都是免费的，因此若想让家长花费一笔不是很小的费用上初中，家长对于民办初中的要求是非常高的。随着国家对公办学校支持力度的加大，民办学校与公办学校的差距越来越大，由于办学经费有限，所以也在一定程度了影响了学校校园建设、人才招聘、硬件设施的更新等。

（二）师资与规模

民办初中从无到有，从弱到强，数量在不断增加，但是质量水平参差不齐。就郑州市而言，民办初中的形式有很多种，如辅导班起家的初中、大学的附属初中、与公办中学有连带关系的初中等，有的中学如昙花一现，有的初中却一位难求，这其中涉及的原因有很多，但是师资队伍的建设则是重中之重。

（三）招生与成绩

招生是民办学校的生命线，没有学生，民办学校就难以生存，而好的生源靠的是学校的美誉度和社会的认可度，这就需要学校要有好的成绩。初中属于九年制义务教育，本应享受免费的公办教育，而家长却自掏腰包支付学费，就是想寻求优质教育，因此学校的成绩是家长非常关心的。

二　民办初中存在的问题

（一）发展快，数量多，质量难保障

改革开放以来，中国经济高速发展，推动了我国基础教育的发展，尤其是民办教育。随着社会经济的发展，物质生活水平的不断提高，单一的教育体系已经满足不了社会大众对教育的需求，教育的多元化形式应运而生，优质教育资源日益增加。民办基础教育的出现极大地弥补了公共教育资源的不足，在不同程度上满足了民众多样化的教育服务需求，为我国教育事业增添了活力。发展民办基础教育符合我国“科教兴国”的战略布局，实现了教育的均等化，是大势所趋和时代要求。我国民办教育经历无数艰辛与磨砺，跌宕起伏。总的看来，我国民办教育尤其是基础教育，在一定程度上成果颇丰，但是与公办基础教育相比还是还存在着较大的差距。受自身因素和生存环境的双重影响，依然存在一些问题。社会人群对于民办教育的认识存在误解；民办基础教育权责不清、定位不明；国家政策落实不到位；监管机制缺失，政府监管不力；学校办学行为不规范；教师队伍流动频繁；招生困难，生源素质不高等。这些现象在一定程度上阻碍了民办学校的发展，制约了办学的成功率，导致了民办中学发展速度较快，数量较多，但是整体质量不均衡。

（二）师资力量有待加强

民办中学想要有序持久的发展，必须有一支高素质、稳定的教师队伍作保障。民办学校教师流动量大，许多年轻的老师只是把民办学校当作跳板，等找到合适的公办学校再跳槽。有的教师有原来的单位，对民办学校来说只

是上课来，不上课不来，更不会对民办学校有认同感、归属感。加上许多老师认为民办学校工作不稳定，随时存在学校倒闭或者自己被解聘的危险，以上老师很难有对学校的忠诚度，有的学校频繁地换老师，导致教师不了解学生，学生不适应老师，或者有的学科老师流失后迟迟招聘不来新老师，致使该课程停上，严重影响学校的教学进程与学生的学业水平。

导致民办中学教师流失的原因可以分为三大类：一类是民办中学的教师压力过大。随着民办中学的数量不断增加，之前存在的薪酬优势已不明显，而家长对民办中学尤其是初中的多样化与特色化的诉求有增无减。众多民办学校存在生源及师资的竞争，这些对民办学校的升学率、教师的整体素养、专业能力、工作态度及教学技能提出了更高的要求，从而导致民办中学教师，尤其是毕业班老师压力过大，产生职业倦怠，不堪重负，从而流失。二类是民办中学教师的付出远远大于回报。由于民办中学的所有开支均来源于学生的学费，所以学校会尽量精简员工，试图一个员工可以干多份工作，有的老师既要当班主任，还要上课，还要干行政，所以对于民办学校的教师来说，每人的工作量远远超过了公办学校教师的工作量。大众对于民办学校的误解，致使民办教师不受尊重，安全感不强，福利待遇以及合法权益不能得到保障，而学校对于教师的管理却没有更加人文化、合理化、科学化，这种情况导致教师流失。三类是忽视教师的专业发展。民办学校的教师一部分是聘任外校教师兼职或者返聘老教师，这些教师经验丰富，但是年龄稍长，思想陈旧，不易接受新鲜事物，造成了学校教师结构单一甚至断层，这种情况导致优秀教师流失或者转去公办学校。有研究表明，与公办学校的教师相比，民办学校教师的职业幸福感普遍较低。

（三）政策落实不到位

据统计，2017 年河南省民办学校的数量由 2012 年的 12761 所增加到 19331 所，增加幅度达到了 51%；在校生总数由 421 万人增加到 617 万人，增幅达 46.6%。民办教育发展资金已累计吸引 460 亿元社会资本，由此可见，民办教育无论是在发展速度、规模还是在质量上都呈现逐渐上升的态势。政府也对公办教育加大了公共财政的扶持力度，规定了无论是民办学校还是公办学校，均按照同等条件享受国家奖学金、助学金及助学贷款的政策。但是由于相关部门准备不充分、沟通不顺畅等原因，民办学校不能像公办学校一样保质保量地享受政府的扶持。同时，社会大众对民办教育的认识存在偏差，也导致政府在扶持的力度上打折扣。

（四）招生困难，生源差

民办学校招生无论是在起步阶段还是在兴盛阶段都是决定学校兴衰的因素。相对于公办初中的就近入学，且初中属于九年义务教育阶段，民办学校的招生显得相对吃力，这就对民办学校在学校管理、学业水平、升学率上提出了更高的要求。民办学校的领导也要思考怎样提升学校的核心竞争力，才能让学校的学生实现“低进高出”“平进优出”。在学校还没有创出品牌前，大部分家长还是会选择免费且就近的学校，选择民办学校的学生部分是被公办学校开除的学生，这样的学生行为习惯较差，自制力不强，因而容易加深社会大众对民办学校的误解。所以，树立学校良好形象，打造品牌，使学生实现“低进高出”“平进优出”，营造社会好口碑，从而实现“招生好—升学率高”的良性循环，才是民办学校可持续发展的有利保障。

三　民办初中的发展对策

（一）政府加大扶持力度

河南省政府根据实际情况颁发了《关于鼓励社会力量兴办教育进一步促进民办教育健康发展的实施意见》（以下简称《意见》），在政策上给予倾斜，资金上给予支持，全面助力民办教育的发展。《意见》明确提出，对于社会力量兴办的不以盈利为目的的民办学校，给予大力支持。加大和完善政府在财政方面对民办教育的扶持力度。使政府相应的补贴、服务、奖励与贷款制度发挥更长效的作用，并落实到位。民办学校的学生和公办学校一样，在助学金、奖学金、助学贷款等方面享受同等政策。政府相关机构要经常了解民办学校家庭困难学生的家庭情况，提高对民办学校家庭困难学生的资助比例。将税费优惠等一些激励政策以及差别化用地政策落实到位。按照国家相关规定，民办学校应享受相关优惠税收政策。《意见》指出，各级政府和相关部门，要注重民办学校的发展与建设，并在适当的时候安排相应数量的民办学校用地。

（二）强化师资队伍建设

1. 多方努力，营造和谐的内外部环境，提升新进教师的归宿感

社会心理环境是社会大多数成员具有的价值观。首先，对于民办学校的教师而言，学校只是临时工作的场所，传统观念认为民办学校的教师整体素质不如公办教师，能力不如公办教师，相关部门的一些文件也无法下达到民办学校。民办教师自身要树立自尊自强的观念，提高自信心；同时也要认真钻研业务，提升各方面的素质，使自己能胜任教师的工作，想要有话语权，想要被看重，就要用成绩说话。其次，民办学校的管理制度要健全，思想要开明，要敢于参与市场竞争，在办学环境、办学活力、办学质量上有较大的提升。所有的管理中最难的就是管理人，尤其是新时期的年轻人，他们最关心的不一定是薪水，更多需要的是人文关怀及自我价值的实现，学校领导要实行人性化管理，以人为本。把教师的发展当成学校的发展，关注教师成长，减少冗杂工作，让更多一线的普通教师参与到学校的管理中来，为学校的发展献计献策，学校要给教师提供展示自我的平台和提升自我的机会，充分相信教师团队，提升教师团队的凝聚力以及教师的归属感。

2. 政府牵头，保障民办教师的合法权益，提高民办教师的心理归属感

对于民办学校来说，存在一些制约民办学校发展的关键性的问题。相关上级部门应该督促和监督民办学校像公办学校一样为民办教师购买“五险一金”；根据当地的薪资水平，参考同类公办学校教师的薪资待遇，合理制定民办学校的薪资标准。社会政府及相关教育部门要加大对民办教育的支持力度，提升民办教师的社会地位，改变人们对民办学校教师的误解，注重教

师的业务能力发展，制定健全的教师职称评定体系。1992 年 8 月 6 日，国家多个部门联合颁布的《关于进一步改善和加强民办教师工作若干问题的意见》重申：对民办教师的退休、养老机制做到改进和完善，寻找出一条适合我国国情的民办教师福利保障制度体系。各地市根据自身情况，逐步提升年老病残民办教师退休后的生活补贴标准。

3. 教师正确地自我评价，制定合理的职业发展规划，增加幸福感

多元化、特色化的民办教育对教师的整体素质提出了更高的要求。根据教师的个体差异，如个人的优势和强项，因人而异地制定合理的职业规划，使教师能够清楚地了解自己的优势和潜力，提升自我价值，提高职业的自信度，增强职业竞争力，在职业成长和自我不断发展中爱上工作，成就自己，增加职业幸福感。

（三）明确定位，增强民办学校核心竞争力，形成品牌

民办中学在发展过程中，其核心竞争力由于各种原因受到了制约，要克服这些因素，提升民办学校的核心竞争力就成为民办学校发展的迫切任务。

1. 以教学为中心，提升教育教学质量

教学质量是民办学校持续发展的首要环节，只有提升教学质量，才能有良好的社会口碑，才能吸引好的生源和优秀的教师。家长之所以付出较高的学费是为了追求较高的教育质量，这其中不仅仅包括学生的学习质量、综合素质，还包括学校的管理及德育工作。良好的学校环境对学生的身心发展及人格塑造有非常重要的作用，这就要求加强学生的主体地位，对于不同的学生量体裁衣，鼓励个性发展，提倡素质教育。管理学生，首先必须了解学生，使学生在轻松、愉悦的氛围内学习，一切的准备都是为了实现教学质量的提升这一目标。民办中学的管理要真正地实现“一切为了学生，为了学生一切”的管理目标。河南很多民办学校在办学初并不能得到家长的认可，之所以逐渐被社会接受就是源于教学质量的提升，提高了学校的知名度，例如郑州的民办初中要比公办的初中更受欢迎，甚至郑州形成了上民办初中就是寻求优质教育的事态。

2. 创建品牌，扩大影响，提升学校核心竞争力

品牌代表了一个企业，是一个企业产品质量、社会知名度的象征，是无形资产，是该企业特有的、容易识别的特征，企业通常通过树立品牌从而达到迅速地占领市场，与竞争对手抗争的实力，所以创建品牌是一个企业提升自己核心竞争力的一种手段。品牌可以使客户形成忠诚度、信誉度，还可以起到带动该企业开拓新市场的作用。就民办学校来说，树立品牌的重点在于提高学校的教育教学质量，拥有突出的办学特色，从而培养民办学校的核心竞争力，核心竞争力高的学校，将会获得更高的收益，更容易被社会大众所认可。学校的核心竞争力与学校的教育教学质量、教师的整体素养、学校的管理质量息息相关，因此，若想形成品牌就必须根据学校的实际情况准确定位，提升核心竞争力。

参考文献

[1] 林婧：《我国民办基础教育发展面临的困境和出路——以益阳沅江市为例》，湘潭大学硕士论文，2017。

[2]《关于鼓励社会力量兴办教育进一步促进民办教育健康发展的实施意见》。

[3]《关于进一步改善和加强民办教师工作若干问题的意见》。

[4] 汪长明：《中小学教师职业倦怠的生成机理及干预策略》，《中小学校长》2011年第2期。

[5] 国家教育委员会政策法规司编《中华人民共和国现行教育法规汇编（1990～1995）》（下卷），人民教育出版社，1998。

[6] 洪英：《民办中学教师生存现状的成因及对策探寻》，《长春理工大学学报》2012年10期。

B.6 河南民办小学师资队伍建设研究

汤保梅*

摘　要： 截至2017年，民办小学在校生占河南省小学在校生总数的14.66%，且份额在不断提升，教育责任越来越重，其师资的发展动态需要站在全局的高度来考量。河南省民办小学师资队伍的建设取得了长足的发展，师资队伍不断壮大，现代化、特色化、多元化、科学化的师资队伍日渐成形，政府对民办小学师资队伍建设的支持措施也在逐步落实。但是，民办小学师资队伍建设的现状依然不容乐观，仍然存在一些不容忽视的问题，希望行业能够借助国家对民办教育进行规范和调整的有利时机，完善民办小学师资队伍建设的路径和机制，推动民办小学师资力量建设迈上新台阶。

关键词： 民办小学　师资队伍　河南

1986年《义务教育法》颁布并逐步落实以后，河南省小学阶段教育的发展水平发生了质的飞跃。作为全国的人口和劳动力输出大省，河南在教育资源供给上却一直处于相对落后水平，加之教育资源配置不均衡，使这种矛盾显得更为突出，直至2013年，河南省才真正实现了义务教育全免费。然而在这些因素的共同作用下，河南民办小学教育事业不但没有削弱反而形成了

---

* 汤保梅，河南省民办教育协会副秘书长，河南民办教育研究院秘书长，副教授，硕士研究生，主要研究方向：教育管理。

起步早、发展快、成规模的特色，如今在全国范围内都具有较强的影响力。

2016 年 11 月，全国人大常委会正式审议通过了修改后的《中华人民共和国民办教育促进法》（以下简称新《促进法》），并定于 2017 年 9 月 1 日起正式实施，业界普遍认为新《促进法》的颁布和实施将对我国民办教育事业的发展起到重要的促进作用。新《促进法》明确提出对民办学校进行“分类管理”，规定“不得设立实施义务教育的营利性民办学校”。实施分类管理后，营利性的民办教育机构将会受到更多规范化管理和行为约束，而义务教育阶段的民办教育机构则可能面临客观环境和内部管理模式的双重变革。小学教育是整个国民教育的基础，对后续教育和个人发展起着基础性的作用。

一 2017年河南省民办小学师资队伍建设现状

随着人民群众生活水平的大幅提升和全面小康社会建设步伐的不断加快，河南省教育事业的发展呈现出百花齐放和多元共生的良好局面。2017 年河南省民办小学的发展继续保持着向好势头，办学水平不断提升，形式不断丰富，师资配置越来越完善，在初等教育格局中的地位也越来越重要，整体上同公立教育之间的差距不断缩小。但也必须充分认识到，新《促进法》的颁布和实施给民办教育带来了许多新课题，提出了新要求，如何在新法的引领下探索民办小学发展的新路径，需要广大民办教育工作者进行长期而深入的研究和探索。加之近年来河南对义务教育支持力度的不断加大，公立小学的教育质量和发展模式正朝着规范化、便利化、多元化、特色化的方向发展，其又具有人才引进和办学经验等方面的天然优势，这就给民办小学的发展带来了另一层压力。

（一）民办小学师资队伍继续稳步壮大

根据河南省教育厅在 2018 年 4 月公布的统计数据，截至 2017 年底，河南省共有民办小学 1807 所，比 2016 年增加了 59 所，在校学生的数量达到了 143.96 万，比上一年增加了约 15 万人。河南省民办小学的数量占全省小学数量总和的 8.86%，民办小学在校生数量占全省小学在校生数量的 14.66%，而同期河南省小学总量则比 2017 年减少了 2400 所，下降趋势依然没有改变。

表 1　2014～2017 年河南省基础教育发展概况

年份	全省小学数量(万所)	民办小学数量(所)	占比(%)	小学在校生数量(万人)	民办小学在校生数量(万人)	占比(%)
2017	2.04	1807	8.86	982.06	143.96	14.66
2016	2.28	1748	7.67	965.59	129	13.36
2015	2.47	1652	6.69	937.05	118.14	12.61
2014	2.56	1550	6.05	928.6	111.54	12.01

数据来源：河南省教育厅《2017 年河南省教育事业发展统计公报》。

对比近几年的数据可以看出，受城镇化等因素的影响，近年来河南省小学的总量正以较明显的幅度下降，但同期小学在校生数量在稳步增加，这反映出河南省的义务教育阶段教育资源的配置亟待进一步优化重组。然而在这种趋势下，民办小学的数量和在校生数量却能持续实现同步增长，占比越来越高，可见民办小学在当前河南省全面建设小康社会的进程中具有不可替代的作用。同时，通过近年来河南省民办小学数量占比与民办小学在校学生数量占比的对比，我们可以发现，后者几乎是前者的两倍，2017 年民办小学校均在校生 797 人，而全省小学平均水平是 481 人，可见民办小学发展势头良好。通过河南省教育厅的数据，民办教育的教职工总数在 2017 年达到了 48.48 万人。在市场和政府政策的保障下，民办小学的师资队伍也在继续壮大，全省民办小学教职工达到 6.31 万人，岗位对人才的吸引力也在不断增强，这在一定程度上有效地缓解了就业难题，推动了经济发展，同时还为教育产业的发展注入了不同的活力与理念。

（二）政府对民办小学师资队伍建设的支持措施继续落实

虽然我国的民办教育发展势头猛、增速快，并已经在我国国民教育体系中占据了重要位置，但长期以来公众出于对公立教育和对体制内工作保障的信赖，一直不把民办教育行业的岗位当成首选。民办小学的师资队伍建设在多重因素的影响下一直举步维艰，难以取得突破性进展。师资问题在2017年仍然明显存在，但在国家一系列政策的支持下，已经可以看到解决这种问题的希望，并在探索中取得了一定进展。

近几年来，国家连续出台了一系列关于国家教育事业发展的指导性文件和法律法规，对民办教育事业的发展也做出了较为详细的规划，同时河南省也配套制定了相关政策和措施，用以指导全省教育领域的深入改革。可以预见，在这些改革措施贯彻实施之后，河南省民办初等教育发展的宏观环境将会发生巨大改变，师资队伍建设也将获得更多支持，岗位吸引力也会不断增强。《国家中长期教育改革和发展规划纲要（2010—2020年）》是中国近期教育事业发展的纲领性文件，在义务教育方面，《纲要》指出要巩固和提高义务教育成果和水平，要在保障适龄儿童少年就近进入公办学校的前提下，发展民办教育，提供选择机会。此外，《纲要》规定要依法落实民办学校、学生、教师与公办学校、学生、教师平等的法律地位，清理并纠正对民办学校的各类歧视政策，制定完善促进民办教育发展的优惠政策，建立完善民办学校教师社会保险制度。《国家教育事业发展“十三五”规划》指出“学校办学活力不强，促进和规范社会力量参与举办教育的法律制度和政策体系亟待完善”仍然是目前我国教育领域存在的重要问题，同时进一步明确了民办教育的分类管理思路，鼓励社会力量和民间资本进入教育领域。新《促进法》是关于我国民办教育事业发展的专门性法律，明确民办教育属于公益性事业，是社会主义教育事业的组成部分，国家对民办教育实行积极鼓励、大力支持的方针。对民办初等教育的发展和民办学校教师的聘任、管理和个人发展做出了更有针对性的规定。《国务院关于鼓励社会力量兴办教育促进民办教育健康发展的若干意见》要求民办小学执行国家课程方案和课程标准，坚持特色办学优质发展，满足多样化需求，对民办小学师资队伍建设的方向提出了指导性的意见。近年来，与河南民办初等教育发展相关的地方性文件有河南省人民政府2015年制定的《关于加快推进民办教育发展的意见》，该意见指出要完善落实民办教育发展扶持政策，保护民办学校及其相关的合法权益，完善促进民办教育发展的政策措施，依法落实民办学校、学生、教师与公办学校、学生、教师平等的法律地位。保障民办学校教师的合法权益，健全民办学校教师人事代理服务制度等。2017 年公布的《河南省教育事业发展“十三五”规划》也对民办基础教育进行了规划。

综合上述文件中关于民办初等教育内容的表述，我们可以看出，非营利性、特色发展仍然是政府未来支持民办初等教育发展的主要思路。对于民办学校的教师，则要逐步实现与公办学校教师同等的法律地位，完善民办学校教师的权益保障措施，这也为河南省民办小学师资队伍建设下一步的发展指明了方向。尽管现阶段的民办小学的师资队伍、教师待遇等同公立学校相比仍存在明显的差距，但基于对政策环境的预期，河南省民办小学在未来要主动提升师资管理水平，调整办学思路，对政策进行深入研究和分析，进而抓住行业变革的有利时机，在师资队伍建设方面实现创新和突破。

（三）富有特色的师资队伍逐步成形

长期以来，公办小学在办学经费、师资配备、教育方法、升学率等各方面占据全方位的优势，并且享受国家财政的全面支持，办学模式已经非常成熟，因而一直是适龄儿童的入学首选。这种情况在各大城市的小学入学时表现尤为突出，大量农民工随迁子女或户口不在本地的生源甚至花费高额费用进入公办小学学习的现象仍然普遍存在。这一方面反映了公立教育资源的配给不均衡，另一方面也反映了民办小学相对于公办小学依然存在竞争劣势。然而最近几年这个群体已经有了新的选择，河南省不少民办小学的师资队伍力量不断壮大，品牌影响力越来越强，人才培养质量不断提升，生源也随之越来越充足。参照国内外发达地区民办小学的发展轨迹，我们可以看出，民办小学具有办学机制灵活、差异化发展的特性，有些民办小学的影响力已经远远超过公办小学，这些民办小学的教育理念与师资建设的经验值得关注。民办小学大概可以分成以下几种。

其一，以英语为特色进行师资队伍建设，走国际化教育路线。这是国家和河南省民办小学特色发展的一个显著特点。这类学校一般在外语师资及硬件设施上投入较大，强调校园建筑与环境的西式风格、教学设施的现代化与教学理念的国际化。条件更优越的学校还会引进美式学科英语课程，配置外籍教师，有些还具备开展国际交流的能力。这类民办小学在省会郑州市较多，地市较少。知名的有建业小哈佛双语学校、贝斯特教育事业机构、北京新学道洛阳国际书院等。此类学校收费一般较高，成为多数中高收入家庭儿童入学的选择。

其二，强调全科素质教育的教育理念。这类学校在学校基础硬件和师资队伍建设上投入力度也很大，不仅有风景优美的校园和优良的设施，在教育理念上也倡导学生的全面发展，配置非常完备的师资力量。除了培养学生的文化素质以外，还注重学生艺术素质的培养和提升。他们积极探索将现行基础教育与素质教育相融合的理念和育人体系。在教学管理上，大多会实行封闭或半封闭管理，让学生在文化素质、艺术素质提升的同时，提高自己的独立能力和交际能力。这类学校的收费同样较高，代表性的学校如北大附中河南分校外国语小学、焦作龙源湖实验小学、平顶山长虹学校等都有着较高的社会认可度。

其三，适应现实需要，凸显升学教育的师资结构。这类学校注重儿童早期智力与记忆能力的开发，把传统的识字、计算、背诵等放在教学的重要位置。学校运行相对成熟稳定，实力较强的学校也会在此基础上努力向全科教育理念靠拢，增加如英语学习、艺术素养等方面的内容，受到了多数传统家长的喜爱。如郑州市二七优智实验学校、郑州市惠济鹤立学校、方城县红星学校等。

二　河南省民办小学师资队伍建设存在的问题

截至2017年，民办小学在校生占河南省小学在校生总数的14.66%，且份额在不断提升，教育责任越来越重，其师资的发展动态需要站在全局的高度来考量。从全国范围来看，河南省民办小学的发展态势都处于较领先的位置，在学校数量和在校生数量上较其他省份有明显优势，民办小学的发展成就值得肯定。但是，河南省整体教育资源不够丰富和均衡，师资队伍和教学质量同发达地区相比也有明显的差距，这些制约因素是民办小学发展存在的不可忽视的问题。

（一）师资力量发展及配置不均衡

师资队伍在发展水平上的不均衡表现是多方面、多层次的，既有教学管理和组织运行机制等管理层面的差距，也有教学组织、师生互动等实施层面的差距，更重要的是在教育理念、目标的理解和认识上存在巨大的差距。其发展不均衡的主要影响因素有以下三个方面：首先，由于各地市经济发展水平差距的存在，政府部门对于民办教育的态度和认识也存在显著不同，河南省民办小学的师资发展表现出明显的区域性差异；其次，虽然具有相同的办学性质和办学主体，但由于定位和办学目标各不相同，各个学校的资金充裕水平也存在较大差异，因此同一地区的民办小学逐步在师资队伍建设上形成了差距；最后，由于宏观政策因素的存在，民办小学同公立小学之间也存在明显的师资水平差距。

区域性差异反映了教育需求与供给之间的关系，从区域发展水平角度来看，河南省民办小学师资队伍的师资力量同各地市经济发展水平表现出明显的正相关关系。省会郑州作为省域经济中心、行政中心和教育中心，对周边城市的人才和资金形成了较强的“虹吸效应”，总体来说在民办小学的师资引进和建设上具有巨大优势，其教师岗位对人才具有相对较强的吸引力，形成了几所社会声誉较高的民办小学。经济发展水平较强、教育资源较为丰富的洛阳、新乡、焦作等城市处于第二梯队，其他地市则相对落后。同时，区域分布的失衡也表现出地市、县城、乡镇三级落差，师资队伍的整体水平呈现出逐级下降的特点，教师的个人综合素质、学历、业务能力等方面的差距较为明显。

由于办学定位和办学力量的不同，所以民办小学在师资队伍的建设上也各有侧重。河南省民办基础教育领域既存在倡导国际化教育的现代教育集团，也有和知名公立小学联合办学的教育联合体；既存在名校奉行优质师资队伍建设理念，也有生存困难的打工子弟学校在为补齐基本教师队伍而深感为难。

基于民办教育的特性，师资队伍建设方向的适度差异化能够增强民办小学的活力和竞争力，有益于其长远发展，但师资力量的总体不均衡和巨大差距则会带来民办小学发展的两极化局面，限制其发挥在基础教育领域的调节补充作用。

在当前优质教育资源短缺的背景下，小学阶段的公立和民办学校都普遍存在师资配置失衡的情况，这一方面是市场作用下人才合理流动的结果，同时也反映了人民群众对优质基础教育资源的需求正在被逐步激发。但是，如果任由教育资源向少数实力雄厚的民办小学过于集中，就会违背基础教育公益、公平、普及的初衷，甚至形成“寡头”格局，优质教育资源价格抬升，民众获得机会下降，普通民办小学生存困难，生存环境恶化。在我们的调研中已经注意到这种师资队伍的配置失衡，希望能够引起有关部门的关注。

（二）师资队伍建设的长效机制仍不健全

师资队伍建设是涉及教师管理手段科学化，教师职业道德素养持续提升，业务能力和教育理念的与时俱进，教师年龄、学历、职称结构等不断优化的复杂过程。民办教育与公立教育不同，其产生和发展都要受市场经济规律的制约，接受市场的选择，这种生存现状决定了民办教育必须兼顾社会效益和经济效益，因此民办小学在过去的发展中一直需要在教育的公益性与学校生存发展中取得平衡。民办小学的这种两难选择映射到师资队伍建设层面就是师资队伍建设的急功近利，缺乏成熟、长效的教师培养机制。

2012 年 8 月，国务院出台《关于加强教师队伍建设的意见》（以下简称《意见》），共六大部分二十三条，对师资队伍建设的方向和主体内容提出了较为系统的要求。教育部于 2013 年印发《关于健全中小学师德建设长效机制的意见》，2018 年中共中央国务院又制定了《关于全面深化新时代教师队伍建设改革的意见》，提出“经过 5 年左右努力……教师队伍规模、结构、素质能力基本满足各级各类教育发展需要”。一系列政策的出台表明了国家对于各类教育教师队伍发展的重视，也表明现阶段我国师资队伍的建设具有迫切性。《意见》指出要“依法保障和落实民办学校教师在培训、职务（职称）评审、教龄和工龄计算、表彰奖励、社会活动等方面与公办学校教师享有同等权利”，可见民办小学面临着同公立小学一样甚至更重的建设任务。但长期以来，由于各种客观因素的存在，国家师资队伍建设的指导思想并未在民办小学内部充分落实，师资队伍建设缺乏长远规划依然是制约民办小学教师队伍质量提升的主要短板。

通过调研交流发现，河南省民办小学师资队伍建设存在的问题主要集中于以下几个方面：一是教师资源配置不足，部分学校教师资源紧张，教师学历结构、职称结构不够科学。由于民办教育属性的存在，民办小学对人才的吸引力明显不足，由此导致优质师资向公立小学单向流动问题突出，师资稳定性不够，严重时甚至会对教学产生影响。民办小学在处理这种问题时多采用“短平快”的外部引进方式，缺少内部自生补充能力，进而形成了思维惯性和恶性循环。二是教师考核评价制度不完善、不科学。民办小学的特殊性决定其不能照搬公立教育的教师考核评价体系，由于其发展时间较短以及教师管理方式的差异等因素的存在，民办小学对教师的考核标准并不十分科学，还需要民办小学和政府部门的摸索和研究。三是教师权益的保障程度欠缺。这是中国当前民营单位的普遍情况，但作为公益性教育组织，这种短板更容易引发社会的关注和批评，导致社会对民办小学的偏见长期存在。

师资队伍的建设是一个长期而系统的工程，它的成效具有滞后性，需要多方面长期的共同坚持和努力，这对于仍处于初期阶段的民办基础教育机构来说，既有时间、经验、人才积累方面的匮乏，同时也与其短期利益目标不相符合。但是，民办小学已经成为国家基础教育不可或缺的组成部分，其地位和办学成绩的巩固和加强离不开师资队伍的壮大和稳定。随着新《促进法》落实力度的加大，民办小学在办学环境上将面临巨大的变化，因此民办小学加强师资队伍建设科学机制的构建已成为当务之急。

（三）对于民办小学师资队伍建设的研究不成系统

加强和引导对于民办小学师资队伍建设的研究，能够帮助我们用理论指导办学实践，建立扎实完整的民办小学师资队伍建设研究体系，并总结办学经验，为政府决策提供科学有效的建议。改革开放以来，人们对民办初等教育在我国教育事业中作用的认识已经由质疑转变为肯定，社会对民办教育的议题也已经从开始的“该不该发展民办教育”转变为当今的“如何更好发挥民办教育的作用”。虽然大环境对行业的发展空前有利，社会对于民办基础教育的态度也已经较为客观和宽容，但民办教育行业对自身的认识不够深入，对于师资队伍建设的规划和研究比较零散，社会影响力极为有限，从长远来看这将对民办小学教育质量的提高形成制约。

根据中国知网的数据，课题组以“民办小学”和“师资”为主题词进行检索，检索到2017年有效相关研究文献仅为3篇，且为硕士、博士论文，这与热门领域研究相差十分明显。同时，河南省民办基础教育的相关研究机构数量少，缺少层次高、影响力强的民办基础教育研究单位，研究机构的研究力量也很薄弱，研究内容也不成系统，很难拿到高级别的项目，也难以产生有影响力的成果，与河南省民办基础教育的发展水平极不相称。研究态势的持续低迷反映出河南省乃至全国对于民办小学师资建设关注度很低，同时反映出民办基础教育领域研究人才的短缺，民办小学的办学实践和理论研究不相匹配。

随着新《促进法》及其他一系列法律法规的完善和落地，民办小学的发展框架已逐步清晰，如何对政策进行深度解析，并结合国家的政策对行业发展和师资队伍构建进行规划和预测，降低办学风险，是民办小学成长和成熟不可缺少的环节。河南民办基础教育行业迫切需要协调建立多层次、结构完整的民办初等教育研究队伍和研究机构，并引导学界和业界加强对于河南省民办小学师资队伍建设的研究，充实民办初等教育发展的理论体系，这一方面可以增强民办小学发展过程中的社会影响力，另一方面也能为国家和地方政府决策提供切实有效的建议和理论参考，争取更多有利于行业发展的政策。

三　河南省民办小学师资队伍建设的建议

（一）加大师资建设力度，增加师资建设投入

新《促进法》明确规定不允许举办基础教育阶段营利性民办学校，因

此民办小学的办学属于公益性质，其办学所取得的收入需要全部投入到学校的运营中，这对于现阶段的民办小学来说，是一个观念和措施上的冲击。有的学校前期投入很大，无论是校园环境还是硬件配备都很完善，但普遍对于师资力量的建设缺乏长远规划，这就造成很多设备不能充分地发挥作用，形成了明显的资源浪费。

教师是教育事业的灵魂，教师队伍的建设是保证教学成绩和育人效果的前提。在这一点上，民办小学和公立小学之间没有差别。作为学生接受科学文化知识的第一站，小学教师的专业知识、职业素养、教育方法、人格修养等因素将直接对小学生人生观、价值观、世界观的形成施加不可忽视的影响，也为学生将来的知识习得奠定基础。因此，对小学教师的从业要求，应该比其他任何一个阶段都要严格。

应该看到，民办小学教师队伍总体上同公立小学相比有着不可忽视的差距，民办小学普遍存在着素质参差不齐、人员流动性大、稳定性差、工作量大、职业压力大、社会声誉低等问题。这些都是形成科学合理的师资队伍的障碍。而以上问题解决的主要途径就是提升民办小学的教师待遇，增加民办小学在师资队伍建设方面的投入。这种投入不但要投入到民办小学教师的收入待遇上，还要覆盖师资队伍建设的各个环节。在教育教学的过程中，教师需要不停地自我学习与完善才能跟上社会和教育的要求，他们既要跟踪学科前沿动态，还要掌握最新的教育方法，提供优质的教育服务。因此，民办小学必须注重加强教师的业务培训，给教师提供更多的成长空间。要通过学习和锻炼，培养出民办小学自己的教学名师。在教师的安排和使用上，有的教师适合一线教学，有的教师适合综合管理，有的则更适合实践指导，对教师进行科学的分配，是有效提升整体教学和管理水平的直接途径。学校要全方位关注教师的发展，提高教师的物质待遇，有效降低人员流动性，减轻教师的工作量和工作压力，降低工作强度，实施人性化管理。

（二）扩大教师队伍建设的开放性，保持先进的教学理念

提升民办小学办学的开放程度，不但要加强各个民办小学之间教师的交

流学习，还要克服民办与公立小学之间教师融通的障碍与壁垒，同时还要保持与政府部门之间的信息畅通。民办小学和公办小学是一个互补的共同体，都是河南民办基础教育的组成部分，两者各有优势与不足，加强与公办小学的合作不仅能有效地补足自身的短板，还能与公办小学实现资源共享，扩大自己的教育资源。目前，河南省内有很多房地产集团与公立小学合作办学，利用公立小学的优质师资和品牌，逐步形成了一部分有影响力的优质民办小学，不但解决了区域内群众的入学问题，也为民办小学的发展探索出了一条新路，是一种很好的尝试。另外，加强与政府等主管部门的交流与合作，民办小学和管理部门的有效沟通，将能更好地把握国家和地方的管理政策，合理地享受更多的优惠和便利条件，逐步扩大自身的影响力。

教育理念的与时俱进是教学质量的重要保证，也是民办小学办学宗旨、教育方法、教育目标等的集中体现，是师资队伍建设的重要内容。教育理念的先进性一直是民办小学师资队伍的一大特色，同时也是民办小学保持竞争力与活力的保障。基础教育的根本作用就是奠基和启蒙，为学生的成长和成才打下一个良好的基础。无论是公办小学，还是民办小学，若脱离了这个根本，优质教育就无从谈起。虽然一些民办小学提出了具有创新意义的教育理念，然而这些理念总体上来看还缺乏实践的检验，其内涵还有待发掘和延伸。例如强调国际化教育或中外教育有机结合的学校，旨在让学生从小接受不同文化的熏陶，然而结果也可能是两者都不适应，或者无所适从；强调素质教育的学校，很多注重形式上的开展，而忽视了本质上的提升；强调成绩的学校，忽视了现代社会的需求和人的成长规律。因此，教育理念的提出不简单是一个概念的问题，更多的是要结合现代社会需要，结合学生的学习规律，更需要民办小学多向外界学习，用开放的眼光看问题，把国家的教育方针政策学透用熟，把他人的经验教训用到师资队伍建设上，使民办小学师资队伍建设的方法方式尽快成熟起来。

（三）推动国家师资队伍建设政策措施的尽快落实

目前，国家对民办教育、基础教育、师资队伍建设等方面出台了一系列政策，这些政策的制定充分考虑了民办教育和基础教育的发展现状和趋势，对民办小学的师资建设有着很强的政策支持和指导意义。推动这部分法律法规和政策措施的尽快落实，能够为民办小学的师资队伍建设营造更加有利的环境，使民办小学的师资队伍建设做到有法可依、有章可循。

推动政策的落实不只是地方政府的责任，行业协会、民办小学自身都应当积极、主动地发挥作用。行业协会如河南省民办教育协会等成立时间较长，有较强的影响力，与地方政府和各个民办小学之间都有着良好的关系，应当主动发挥政策的研究解读、宣讲的功能，让各民办小学都能充分认识和理解国家和地方政策方针的意图、步骤和实施要点。同时，行业协会应及时向政府有关部门反映民办小学师资队伍建设过程中的困难和需求，为地方政府的决策提供建议。这种角色定位要求行业协会成立相应的民办教育师资队伍建设研究机构，与民办小学一起组织研究力量，跟踪研究动态，推出具有实践意义的研究成果。

一直以来，民办学校在中国社会都处于一个相对弱势的位置，这与其在国家教育体系中的地位是不相匹配的。随着我国义务教育体系的日渐成熟，河南省民办小学师资队伍的建设也已经取得了长足的发展，现代化、特色化、多元化、科学化的师资队伍日渐成形，社会功能逐步增强。但是，民办小学师资队伍建设的现状依然不容乐观，改进的空间依然很大，我们希望行业能够借助国家对民办教育进行规范和调整的有利时机，推动河南省民办基础教育事业进入内涵式的发展阶段，推动民办小学师资力量建设迈上新台阶。

参考文献

［1］李志华：《河南民办初等教育的规模、地位与发展预测》，见《河南民办教育发展报告（2017）》，社会科学文献出版社，2017。

［2］王樨：《民办小学教师团队建设的实践研究》，南京师范大学硕士论文，2009。

［3］吕贵珍：《北京民办中小学教师队伍问题与对策》，《现代教育科学》2015 年第 12 期。

[4] 陈堇晓：《中国非财政性教育经费投入的影响因素分析》，济南大学硕士论文，2015。
[5] 吴华、胡威：《公共财政为什么要资助民办教育?》，《北京大学教育评论》2012 年第 4 期。
[6] 别敦荣：《论民办教育发展的第三条道路》，《华中师范大学学报》（人文社会科学版）2012 年第 5 期。
[7] 周海涛：《以深化综合改革增强民办教育发展活力》，《教育研究》2014 年第 12 期。
[8] 刘桂梅：《义务教育背景下河南民办小学发展研究》，见《河南民办教育发展报告（2017）》，社会科学文献出版社，2017。

B.7 河南民办学前教育的优势和面临的挑战

孙 敏*

摘 要： 2017～2018学年，河南民办学前教育在时代的变革下，一方面受到全国市场和国家形势的影响，另一方面也有着自己区域的独特发展和变化。河南民办学前教育既具有一定的优势，又有自身的不足。对此，河南民办学前教育应树立怎样的发展愿景也就成了重中之重。

关键词： 民办教育 学前教育 河南

党的十八大以来，我国学前教育事业取得了较大发展，已经实现较高水平的普及，覆盖城乡的学前教育公共服务体系正在加快构建。在2018年的政府工作报告中，李克强总理提出要发展公平而有质量的教育，要多渠道增加学前教育资源供给，对2018年以及未来更长一个时期内民办学前教育发展指明了方向。

2017年，伴随着《民办教育促进法》的修订实施，伴随着资本市场的进入，河南民办学前教育势必迎来新的机遇和挑战，民办幼儿园也将随着时代的变化，应时而变，激浊扬清。

学前教育是兼具教育性和公益性的事业，对促进幼儿全面良好发展、做好入学准备乃至终身发展有着不可替代的作用。但总体看来，学前教育仍是

---

* 孙敏，明明特色教育研究院院长、河南省民办教育协会学前教育工作委员会秘书长、河南民办教育研究院研究员，硕士研究生，主要研究方向：学前教育，特色教育。

我国教育的“短板”。2018 年“两会”前夕，各民主党派纷纷通过媒体公布了拟提交全国政协十三届一次会议的党派提案。其中，学前教育成为2018 年的最大热点，占了所有教育提案的近 1/5，内容涉及早教机构管理、普惠性民办园发展、幼儿园师资队伍建设、学前教育立法等多个方面，一定程度上反映了当前学前教育的社会关注度。

一　当前民办学前教育发展形势利好

（一）政府发力，全省增加普惠性资源总量

为积极推进解决“入园难、入园贵”的问题，增加普惠性资源总量，应对“两孩”政策实施后幼儿入园高峰，河南省政府决定从 2018 年春季学期起逐步完善与公益普惠方向和管理体制相适应的拨款、收费、资助一体化的学前教育经费投入机制，支持学前教育普惠健康发展。

《河南省普惠性民办幼儿园认定及管理工作的指导意见》规定，对教育部门认定的普惠性民办幼儿园，按照每生每年不低于 200 元的标准设立奖补资金，鼓励普惠性民办幼儿园积极扩充资源，每新增一个标准班按照市辖区不低于 7 万元、县市及以下不低于 5 万元的标准给予一次性奖补。对经教育部门认定的普惠性幼儿园家庭困难儿童，按照年生均 400 元的标准发放生活补助费，在此基础上，对建档立卡贫困家庭在园幼儿按照年生均 600 元的标准补助保教费，保教费补助资金由省财政统筹解决，确保适龄儿童幼有所育。幼儿园应当从事业收入中提取 3% ~5% 的经费，用于减免收费、提供特殊困难补助等。

（二）新政出台，“营利”“非营利”分类改革利好

一直以来，在教育“不能以营利为目的”的法律环境中，民办学校只能以“非营利”之名行“营利”之实，这样的窘境令不少民办学校同时占足了政策优惠和市场利益，也阻止了更大规模的社会资本进入。2016 年 11

月《民办教育促进法》修订完成，“营利性、非营利性”分类改革于2017年9月实行，中国幼教发展进入“下半场”，营利性幼儿园作为新“名词”首次合法出现，各省市相关落地政策陆续出台。

2018年2月2日，河南省正式出台《关于鼓励社会力量兴办教育进一步促进民办教育健康发展的实施意见》，从政策、资金等方面拿出多项措施支持民办教育发展。在公共财政扶持方面，河南省将进一步加大对民办教育的财政扶持力度，鼓励民间资金投资教育。对民间资金捐资助学或办学的，可按捐赠额的一定比例拨付配套资金；对民间资金一次性投资规模较大的，可给予所办学校一定的资金奖励和人才支持。同时，民办学校还按有关规定享受相关的税收优惠政策。对企业办的各类学校、幼儿园自用的房产、土地，免征房产税、城镇土地使用税。民办学校用电、用水、用气、用热，执行与公办学校相同的价格政策。

于是，在2017年至2018年，河南民办学前教育面临的最重大议题就是，“营利和非营利”怎么选。根据《意见》，民办学校实行非营利性和营利性分类管理。非营利性民办学校举办者不取得办学收益，办学结余全部用于办学；营利性民办学校举办者可以取得办学收益，办学结余依据国家有关规定进行分配。民办学校依法享有法人财产权。举办者自主选择举办非营利性民办学校或者营利性民办学校，依法依规办理登记。民办学校按照举办者自愿的原则，通过政策引导实现分类管理。

但是目前除了民办高校给了具体完成分类登记的时间（2022年）外，民办学前教育各省辖市都尚未出台具体意见和执行政策。根据河南省民办教育协会学前教育工作委员会调研了解，目前也有部分园所前去当地工商机关咨询“营利性民办幼儿园”手续办理问题，但是并未有具体的办理政策，在河南，真正意义上的“营利性民办幼儿园”尚未产生。

（三）资本进入，幼教市场面临洗牌升级

2017年2月28日，中国宇华教育集团成功在香港联交所挂牌上市。宇华教育是集学前教育、基础教育、高等教育于一体的大型民办教育集团，总

部位于河南省郑州市。目前拥有从幼儿园到大学共25所学校，校区遍布河南、湖南两省10个城市，在校学生总数9万多人。

2017年9月27日，红黄蓝教育机构（RYB Education）在美国纽约证券交易所挂牌上市（NYSE：RYB），成为中国首家独立上市的学前教育企业。红黄蓝的发展，一方面受益于中国的经济发展、消费升级和教育改革创新；另一方面，红黄蓝教育机构借助资本市场的力量，为自身提供了更为广阔的发展平台。

这两家教育机构的先后上市，一个是全国品牌，在河南各区域有着众多加盟园所；一个是本土品牌，所有校区均在河南。特别是宇华教育集团所属的幼儿园，原北大附中双语幼儿园，在郑州乃至河南具有较大的影响力。红黄蓝和宇华的上市，在学前教育市场上形成了一定程度的资本风潮。可以预见，开放举办营利性的民办学校之后，会有更多资本进入民办教育领域，有利于丰富教育资源，尤其是学前教育阶段和职业教育领域。但是也要避免逐利资本带来办学的急功近利。

（四）教育立法，为规范办园提供法律保障

2017年，注定是民办学前教育不能忘记的一年。除了《民办教育促进法》的修订实施，发生了太多让人印象深刻的大事件。对民办学前教育从业者来说，影响最大的就是携程亲子园“虐童”事件和红黄蓝幼儿园“虐童”事件。

这两件事情，将备受关注的学前教育行业推向了舆论的高峰。一方面，对幼师片面的指责与谩骂在一定程度上“以点带面”地伤害了幼教从业人员，更多无辜被牵连的民办幼儿园在这一场风波中被质疑、被审视；另一方面，学前教育开始关注幼教从业人员的素质，关注如何提升行业整体层次，关注在资本来袭一片高歌的幼教市场下，如何扎扎实实、兢兢业业做教育，关注我们的国家，我们的社会，我们的孩子需要什么样的幼教从业者。

党的十九大报告明确提出：要在幼有所育、学有所教、劳有所得、病有所医、老有所养、住有所居、弱有所扶上不断取得新进展。当前要做好“幼有所育”，很重要的一点就是相关部门、资本方、教师和家长各尽其

职，形成对幼儿园的无缝监管，尽一切努力守护好我们的孩子。值得欣慰的是，这一系列恶性事件的发生，促进了依法办园的进程。据了解，国家教育部正在考虑制定教师行为规范，加强教师法治教育，提高教师法治意识和底线意识，积极推进学前教育立法。同时，国家教育部正在就学前教育立法进行调研，已经启动了相关程序，为学前教育依法办园、规范管理提供法治保障。

（五）民办学前教育发展迅速

民办幼儿园作为民办教育的重要组成部分，近年来，越来越体现出其价值。2010 年河南省有幼儿园 7320 所，其中公办园 1112 所、民办园 6208 所，在园幼儿 196.67 万人，学前三年幼儿毛入园率为 52.8%。到 2017 年，河南省共有幼儿园 2.06 万所，其中，民办幼儿园有 16183 所，在园幼儿 287.24 万人，学前三年毛入园率达到 85.14%。民办学前教育无论是在数量上，还是在活跃程度上，都大大超越了其他阶段的民办教育，这与学前教育的特性有关。

从数据看出，截至 2017 年底，河南省民办幼儿园占比为全省幼儿园的 78.6%。可以看出，河南省民办园呈现出来的特点是数量大，与公办幼儿园动辄 400 ~ 1000 的在园幼儿人数相比，民办园在园幼儿的规模相对较小。即使在国家大力发展公办幼儿园的政策下，河南省民办幼儿园依然实现了高速发展，这与河南这个人口大省的基本特点有关。但同时也说明近年来河南省民办幼儿园的办园质量也在与市场发展同步。从宏观角度看，目前河南省幼儿教育结构特点是，各地口碑和办园品质最好的幼儿园多属于民办幼儿园。

二　民办学前教育的优势

（一）与公办幼儿园相比，民办幼儿园体制更灵活

民办幼儿园作为学前教育的一种重要形式，比起公办幼儿园来说，拥有

更多的自主权，体制更灵活。公办幼儿园在发展中往往受到上级主管部门的限制，尤其是人力资源和财务制度上的重大决定都需要上级主管部门的审批。而民办幼儿园奉行“独立自主、自负盈亏”的市场化运作原则，引进企业化管理制度，注重效率与效益的提高。

民办幼儿园在发展中能够根据市场需求而变化，在遵循幼儿发展规律和相关法律法规的基础上，适时调整幼儿园发展战略，及时修正不利于幼儿园发展的规章制度，能够大胆起用新人、任人唯贤，及时调整不合理的人事安排，能够时刻关注家长的需求，以优质的保教服务赢得家长的认可，以较强的服务意识争取更广阔的幼教市场，能够在财务上不受太大限制地开展各项有利于幼儿园发展的活动，能够在教学上优先引进先进的教育理念与课程，以优质特色的教育资源吸引家长。

（二）与公办幼儿园相比，民办幼儿园服务意识更强

民办幼儿园是教育行业，也是服务行业，幼儿园的第一服务对象是孩子，第二服务对象是家长。与公办幼儿园相比，民办幼儿园完全面对市场，竞争激烈，必须要以优质的服务与教育才能吸引孩子与家长，这与民办幼儿园产生的环境和特性密不可分。

民办幼儿园产生于市场经济大潮之中，有着特殊的背景和生存条件，面临着激烈的竞争。因此，民办幼儿园必须要办出自己的特色，探索一条既符合幼教发展规律又不脱离实际，既能得到先进理论关照又能得到家长和社会认同的特色发展之路。可以说特色发展是民办幼儿园争取主动发展的基本战略，只有准确把握国家幼教的方针政策和幼教事业发展的现状和趋势，认真分析幼儿园自身优势和发展潜力，才能对幼儿园特色发展的方向有准确的定位，从而做到人无我有、人有我优、人优我精、人精我转。

如开封七彩阳光教育集团，每个幼儿园都有着不同的特色定位。七彩阳光华庭幼儿园的“国际化视野”，七彩华风幼儿园的“做中国人的教育”，七彩未来幼儿园的“自然生命教育”，都有各自的培育特点。但是在不同的教育定位之外，服务一直是七彩阳光教育集团特色中的特色。

三　民办学前教育的不足

（一）与公办幼儿园相比，民办幼儿园师资相对较弱

随着幼教事业迅猛发展，原有主办学前教育专业的师范院校无法满足社会需求，职高、中专、职业技术学院等都纷纷办起了学前教育专业。但幼师毕业生专业水平参差不齐，有些幼师毕业生上岗后难以适应要求，这种状况拉低了社会对幼师的认可度。提高准入门槛，加强学前教育专业建设，规范化和科学化培养幼师，是解决幼教发展不平衡、不充分的好方法。

仅以开封为例，根据调查，截至2017年12月，民办幼儿园教师资格证普及率（按照专任教师数计算）：城市为82%，农村为74%。无证上岗的教师还比较多，这也为教育质量与教育安全埋下隐患。

对此可提出三大建议：一要全面完善幼儿教师在职培训体系，开展有针对性的继续教育培训，对新补充的教师进行岗位培训，做到先培训后上岗，提高学前教育师资质量，切实保障教师队伍素质和合法权益。二要最大限度地实施教师同工同酬，将编制与非编制，民办与公办之间的壁垒打破，切实落实幼儿教师的合法待遇与职业尊严。三要从源头上加强幼师的素质培养，即加强大中专院校学前教育专业的培养工作，提高幼师准入门槛，增强学前教育师资力量。

（二）与公办幼儿园相比，民办幼儿园积淀不够深厚

与公办幼儿园动辄几十年的办园历史相比，目前河南省的民办幼儿园，办园时间尚短，积淀不够深厚。比如公办的河南省实验幼儿园，创办于1949年3月，近70年的办园实践，不仅积累了丰富的幼儿教育经验，也培养了大量的人才，在张秋萍园长的带领下，在食育和自然教育的探索上，走在了全国学前教育的前列。而河南省民办幼儿教育品牌整体积淀却时日尚短。

再如历史最悠久的建业小哈佛双语幼儿园，2017 年刚刚度过 20 周年的校庆。宇华外国语幼儿园（原北大附中河南分校外国语幼儿园）创办于 2001 年、香港跨世纪教育集团成立于 2007 年、七彩阳光教育集团成立于 2007 年。而近年来随着两个“三年行动计划”涌现出来的幼教品牌，如培杰教育、小米尔顿教育集团、济源小能人教育等，虽然已经在市场上崭露头角，但是其教育底蕴与公办幼儿园相比，还不够深厚。无论是从人才培养上，还是教学教研上，都需要在做好服务、做好市场特色的基础上，向公办幼儿园学习。

随着国家对公办幼儿园的加大投入力度，将会出现越来越多的新建公办园，无论是在硬件设施上，还是在师资团队上，这些公办园都将远超大部分民办幼儿园。可以预料，在这轮政府与资本的夹击下，民办幼儿园如果不做服务，不做特色，没有一定的领先优势，势必要败下阵来。

四　河南民办学前教育发展前景

（一）区域：得中原者得天下

在历史厚重、人才荟萃的中原大地上，有一支奋智奋勇不断进取的群体，在岁月更迭的年轮中，用心用情、举旗迎风，为一份执着的幼教事业，为河南幼教的发展做出了卓越的贡献。这就是走在智慧叠加、结网发展中的河南省民办教育协会学前教育工作委员会。

2010 年 11 月，学前工委第二届理事会成立以来，在省教育厅等各级领导的关怀下，在胡大白会长的正确领导下，以乔鸿钧副会长和王国平理事长为核心的新一届学前工委，积极向上、充满活力，本着服务社会、服务幼教，并以公益性为本，以协调沟通为基本工作方式，在全体理事会成员的共同努力下，做了大量的建设性工作，奠定了河南省民办学前教育的基本格局。

特别是 2017 年在河南学前工委的倡议下，“幼教红旗谱”和“幼教红旗渠”的陆续展播，弘扬河南幼教形象，用一种担当，为河南幼教人搭建了一个展播平台。当红旗渠水潺潺流过时，学前工委呈现出一种河南幼教精神。

（二）河南文化底蕴深厚，教育先行

2018 年 4 月 21 日、22 日，河南省民办教育协会学前教育工作委员会在有“豫西北门户”之称的济源举办了“河南省民办教育协会学前工作委员会 2017～2018 学年河南省民办幼儿园公益评选表彰活动暨四月年会”。胡大白会长出席本次会议并对河南民办学前教育做了充分的肯定，寄语大家在新时代政策下，扎扎实实做教育，踏踏实实做服务。年会还特别邀请了郑州大学文学院教授、百家讲坛主讲嘉宾王士祥老师，为大家带来《给孩子一抹诗意——传统文化儿童启蒙教育》的主题讲座，回溯文化经典，感悟诗词风韵，将传统文化深入到学前教育。

特别值得推荐的是，年会结束之后，河南学前工委开启“一带一路”幼教河南行活动，以开放、融合的心态，促进省内外学前教育事业的发展和交流。自济源出发，经洛阳、郑州、开封，将中原文化与幼教特色相融合，呈现给全国幼教同仁一个不一样的河南形象。

无论是 2016 年登封年会的“嵩山论禅，大爱幼教”主题，还是 2017 年商丘年会的“古城家话，应天取火”主题，以及 2018 年济源年会的“济水之源，牡丹花开”主题，河南民办学前教育都将河南传统文化与幼教紧密结合，深挖教育内涵，做好了文化支撑。

（三）河南地处中原，接纳天下

河南据中原而接纳天下，包括各种幼教品牌的进入，在河南省都找到了优秀的发展契机。从目前来看，数量最多的是北京红缨幼教，这是以乡镇民办幼儿园的加盟为主体的教育服务机构；北京红黄蓝幼教集团在河南省也可谓遍地开花，几乎各地市都有红黄蓝加盟园。

近年来，加盟挂牌最多的还是“北大系”，包括“北大公学幼儿园”“北大附属实验幼儿园”等。其中，对于新创办幼儿园的挂牌效应首先应予肯定，但后期由于各种原因，总体在不成体系形势下的发展呈现了不均衡的现实情况。北京东方银座幼儿园，在董事长赵春梅的领队下，凭借个人魅

力，在河南省内颇有影响力。包括北京幸福泉幼教加盟园的分布与影响，也在许多地市有其相应的地位。

当前，在国内基础教育体系中，应当说唯有幼儿教育的课程属于百花齐放。世界三大幼儿教育品牌课程，即发源于意大利的蒙特梭利教育，还有瑞吉欧课程，以及影响世界的德国华德福课程，不仅在河南省落地生根，而且，香港跨世纪教育集团力推的蒙特梭利教育，现在已经做成了国内最大的课程连锁加盟平台。华德福教育，近几年来也在郑州崭露头角，目前正以理念落地的态势，出现在河南省民办学前教育体系的结构中。

除了上述的三大世界级的品牌课程之外，国内的一些优质幼儿课程也纷纷被引进河南。其中，有影响力和覆盖率最大的北京东方之星思维游戏课程、以男幼教阳光团队组合下的亚太体智能课程、武汉亿童旗下的蒙氏数学课程、东方娃娃绘本课程等。特别是，基于河南本土研究团队之下的生活课程，目前在侯炳轩、谢金的组织领导下，在七所幼儿园的直接参与下，课程研发的落地效果已经得以呈现，并在省内外引起关注。

（四）河南人口众多，需求旺盛

河南人口基数庞大，公办资源稀缺，目前民办幼儿园在园幼儿已占全部在园幼儿的67.6%，作为全省学前教育的中坚力量，民办幼儿园承担了一大半教育服务。

2017年5月，《河南省教育事业发展“十三五”规划》发布。按照规划，到2020年，全省在园幼儿将达到450万人，学前三年毛入园率将达到90%，政府主导、社会参与、公办民办共同发展，条件规范、形式多样、布局合理、师资优良的学前教育公共服务体系基本形成，“入园难”的问题基本解决。这样的规划，为河南民办学前教育拓宽了发展空间。

近年来，河南着力拓展公办学前教育资源，财政性资金和国有资产用于扩大公办资源。城镇小区配套幼儿园优先办成公办幼儿园，每个乡镇办好1~2所标准化公办中心园，加大村级公办园建设力度，逐步实现人口集中的大村独立办园，小村设分园或联合办园。同时，鼓励社会力量办园，支持普惠性民办园发展，增加普惠性民办园数量，提高办园质量。

但是学前教育仍是河南省教育体系的薄弱环节，普及水平总体上还不高，特别是农村地区资源短缺的问题还没有得到根本解决；公办园比例和优质民办园中的普惠性比例仍然偏低，普惠性资源远不能满足群众需求，在这样的政策导向与市场环境下，河南省对民办幼儿园的需求依然存在大量缺口，依然存在着广大人民群众对优质民办教育资源的需求与现实无法满足的矛盾。

人力资源篇

The Human Resources

B.8 河南民办学校师资队伍建设的进展与成效

彭　华*

摘　要： 随着民办高校的蓬勃发展和学生人数的不断增加，民办高校的师资队伍建设越来越被人们所重视。近年来，河南民办学校在人才队伍的建设、师资培训体系、外聘教师管理等方面取得了一些成效，逐步提高了师资队伍的整体水平。

关键词： 民办学校　师资队伍　河南

* 彭华，黄河科技学院副教授，河南民办教育研究院研究员，硕士研究生，主要研究方向：教育管理学。

教师是学校最核心、最宝贵的资源，是支撑学校的脊梁，是学校办学的主体，是学校教育教学改革和发展的根本。河南民办学校教师发展的关键是加强人才队伍建设，构建完善的师资培训体系，加强外聘教师的管理，逐步提高师资队伍整体水平。

一 总体情况

2010 年《国家中长期教育改革和发展规划纲要（2010—2020 年）》颁布后，我国民办高等教育迅猛发展。河南民办教育在发展中实现了规模的迅速扩张，到 2017 年，全省各级各类民办学校为 19331 所，教职工总数为 48.41 万人，其中普通本科在校生为 45.66 万人，占全省普通本专科在校生总数的 22.82%。民办学校已成为我国高等教育事业的重要组成部分。

二 主要问题

学校的办学历史短，本身就存在着内涵积累不足的问题。大学的发展，需要一个长期的建设和历史积淀。改革开放后的中国民办学校只有三十多年的发展历史。由于民办高校办学历史较短，所以其教师队伍在建设发展中还存在不少困难和问题。主要表现在：专职教师队伍比例低（相对于公办高校）；高层次、高水平的学科专业带头人数量不足；“双师型”教师队伍数量不足；教师培养培训体系尚不完善，教师培训、使用、考核、管理、服务还存在许多不足；政府对民办高校教师的社会保障水平相对低；教师的稳定性存在一定问题；教师队伍整体素质需要大幅度提高；等等。

分析民办学校教师存在问题的主要原因，可概括为三个方面，一是教育的政策环境和外部因素的影响，比如政府对民办高校教职工的社会保障的有关政策没有具体落实，教职工退休后领取较低的社会保障金，造成教职工队伍不稳定；对于民办高校教学研究、科研项目的经费，教育行政部门不能将其与公办高校一视同仁等，影响民办高校教职工的积极性；还有公办高校的人事体制改革，特别是人才引进的一些优厚政策和公立高校自身品牌，吸引了民办高校的部分骨干教师，使民办高校在一定程度上成为公办高校的师资培训的“中转站”。二是学校受自身因素的影响，比如学校人才引进、培养、使用、管理的政策体系还不够完善，适应市场和学校自身形势变化比较慢，造成人才资源占有不足，人才资源的使用效率不高等。三是教师自身的原因，一些教职工对民办高校的前景估计不足，自身的职业认同感不足，工作动力、工作能力、职业理想、职业精神存在一定的差距。

三　进展与成效

（一）加强思想道德建设

各民办学校坚持立德树人，高度重视提升教师的思想政治素质，坚持中国共产党的领导，坚持社会主义办学方向，育人为本，德育为先，创立了“以党建为核心，全面加强思想政治工作”等思想政治工作模式。学校以人才培养为根本，结合民办学校的实际情况，创新党建和思想政治工作的体制机制。党委是学校的政治核心，对学校办学方向起监督和保证的作用，参与学校改革发展等重大问题的研究和决策；坚持党委书记与校长工作沟通机制、党政领导联席会议机制、党政领导分工协作机制、校领导中心组学习机制四项工作机制。在组织建设上，重视发挥党组织的政治核心作用和党员的先锋模范作用，重视在教师和学生中发展党员。在宣传和思想政治工作上，形成了“全员、全过程、全方位”的思想政治教育工作格局。

（二）建设高素质的人才队伍

建设一支适应民办高校特点，满足教学工作需要的高水平、高素质教师队伍，是推动学校内涵建设、增强学校核心竞争力的重要举措。

1. 引进高层次人才

民办学校始终把人才工作放在工作开展的战略位置，通过各种途径广泛捕捉人才信息，科学决策，快速反应，以各种形式引进一些对专业发展起关键作用的专家、教授，在教学、专业建设、科研以及教学管理等方面能够充分发挥作用的高层次人才。制定适合人才发展和要求的新政策，为人才发展提供周到高效的配套科研服务，努力创造条件改善工作条件和生活环境。营造公平竞争的机制，提倡理性怀疑和批判，尊重个性，宽容失败，倡导学术自由和民主，鼓励提出新的理论和学说，努力形成宽松和谐、健康向上的创新文化氛围。让想干事的有机会、会干事的有舞台、干成事的有地位，形成鼓励人才干事业、支持人才干成事业的创新环境，营造一个开放、和谐、创新的工作环境，从会聚八方人才。

2. 做好教师队伍建设规划

完善教师编制、引进、录用、培养、培训、使用、考核机制。实施高层次人才引进工程，重点引进学科带头人、具有博士学位教师和具有高级职称的教师。重视中青年骨干教师培训，鼓励和支持教师到国内外重点学校攻读博士学位、培训、访学和学术交流，提高教师的教育教学水平和创新能力。加强兼职教师队伍建设，重视引进“双师型”教师。依托相关高等学校和大中型企业，共建教师培养培训基地。加强教学创新团队建设，发挥团队的力量，推动教育教学改革与科学研究，提高教师队伍整体的学术水平，加强实验员、辅导员等教辅队伍建设。

（三）构建完善的师资培训体系

1. 注重青年教师培养

各民办高校在青年教师培养方面做了许多工作。一是入职培训。青年教师正式入职前首先要进行培训，培训内容涉及党和国家的政策、教育方针、教育法规、教育理论、学校文化、规章制度等，突出思想政治教育和思想引领，全面提高参训人员素质。二是导师制。建立青年教师导师制度，发挥老教师在培养青年教师中的作用。青年教师上岗后，学校指定经验丰富、治学严谨的老教师作为青年教师的指导老师，通过以老带新、新老教师之间互相切磋来提高青年教师的教学水平。青年教师思维活跃、接受能力强，在辅助有经验的老教师的同时，也能迅速提高自己。三是创造教师外出培训的条件。学校选派优秀教师外出培训，可以拓宽教师教育教学视野，增进交流，相互学习，扬长避短，扎实推进学校教育教学改革，提高教育教学质量。鼓励和支持青年教师积极参加外出学习、学术交流等活动，给予培训经费、科研项目经费、教学改革经费。大力支持鼓励，给予教师进修机会，甚至脱产学习，在一定意义上更能使教师感受到学校对自己的信任。四是实战训练。开展听课评课、教学观摩、教案展示、讲课比赛等业务活动。五是选派访问学者。公开遴选条件和遴选程序，建立学术带头人群体，巩固和发展中青年骨干教师群体。

2. 建立教师培养体系

近几年来，河南民办学校的师资培训工作也在不断加强，有的学校组建了实训机构，制订了实训计划。黄河科技学院在长期的发展中就教师的培训积累了丰富的经验：一是在教师中实行导师制。充分发挥中老年教师在青年教师培养工作中的传、帮、带作用，帮助青年教师逐步提高师德修养、业务能力和教学水平，帮助他们尽快成长，使其逐步成为学校教学科研工作的中坚力量。二是组建新型教学团队。以学科专业（教研室、实验室或课程组）为组织形式，以学科专业为平台，以学科带头人为核心，以团队成员的融合与协作为纽带，以深化教学改革、提高人才培养质量为根本目的的新型教学团队，设立青年科研项项目和重点资助项目。但从整体上看，目前民办学校的教师培训体系还不健全，培训经费投入不足，培训力度不够，对青年教师的成长和培养缺乏足够的重视，师资结构与水平并未发生根本性的变化，师资队伍建设的速度与民办教育的飞速发展不成正比。虽然现有的青年教师提高学历层次、改善知识结构的积极性普遍比较高，但由于一方面教学任务繁忙，时间有限，脱产进修有困难；另一方面民办学校还没能构建出一套具有民办教育特色的完善的教师培训体系。

3. 提升教师科研能力

学校教师必须重视和持续提升自身的科研能力，这是教师履行职业使命的基本要求。高校教师要明确自己所从事的科研方向与学科专业建设之间的关系。要结合自己所学的专业及现今岗位的科研特色确定自己的科研方向，使自己的科学研究方向与学科专业发展规划紧密联系起来。要把握好目前科学发展态势，随着社会经济的发展和人类的进步，科学发展的态势正在日益发生变化。青年教师要正确处理好教学与科研之间的关系，教学工作与科研工作应该是相互促进、相辅相成的关系。教学工作的积累，有助于科研项目的申报。科研工作的深入，有利于教学质量的提高。根据教学工作与科研工作的时间差，合理分配精力，避免造成教学事故。青年教师由于刚走上讲台，所以要花费大量的时间用在备课上。在平时的备课中注意积累和掌握相关专业的知识和技能，一方面能丰富课堂教学，另一方面为今后的科研工作打下坚实的基础。黄河科技学院高度重视提升教师科学研究能力，积极完善科研政策和激励机制，为教师从事科研营造创新的环境和氛围。学校先后制定《科研成果奖励办法》《科研经费使用管理办法》《科研工作计算办法》等制度，加强了政策导向作用。学校设立科学研究基金，对校级及以上科研项目给予专项配套的资金或资助。凡出版著作、发表学术论文、获奖科研成果的教师，均给予奖励。

（四）做好教师各项服务工作

从学校到院系，民办高校大都积极关心教师的学习、工作和生活，关注教师的成长发展和身心健康。一是签订劳动合同。学校与教职工依法签订劳动合同，并为教职工办理“五险一金”。二是政策倾斜。制定教学、人事、工资、职工住房分配、表彰奖励、项目申报等各项政策时，坚持向一线教学人员倾斜。三是特色福利制度。学校为教职工赠送生日礼物、三八节礼物、六一节礼物、教师节礼物、重阳节礼物、春节礼物；举办集体婚礼。四是帮扶困难教职工。建立困难教职工、残疾教职工档案，定期走访、慰问和关爱，对教职工生育小孩、生病住院、亲属去世派人慰问。五是开展特色文体活动。学校以开展体育文化艺术活动为平台，加强校园精神文明建设，形成了具有学校特色的体育文化艺术活动模式。组织趣味运动会，对在运动会中取得好成绩和组织优秀的单位进行表彰；利用“五一”“重阳”等节日组织教师外出踏青、参观等；组织教师参加“校庆杯”篮球赛、乒乓球赛、新年音乐会等活动，促进教师之间思想的沟通和交流，激发教师工作的积极性和创造性，点燃他们工作的激情，增强教师的归属感。教师要以其自身的活动来引导和促进学生身心的发展变化。

（五）加强外聘教师管理

专兼职结合的师资队伍是民办学校的一个特色，外聘教师一直是民办学校师资的一个重要组成部分。

1. 规范聘任程序，建立教师信息库

民办学校建立外聘教师信息库，可以全面掌握外聘教师队伍的基本情况，建立外聘教师的业务档案，对其学历、职称、教龄及兼任课程、教学效果由院系制表登记存入业务档案，形成兼职教师队伍的网络。学校可实时掌握外聘教师的数量和结构，广纳贤才，竞聘上岗，保持兼职教师队伍的合理流动性，为学校进行师资队伍整体规划提供具体而翔实的参考依据。

2. 参与各类活动，增强归属感

树立主人翁思想，对民办学校来说可谓一举多得，既能让外聘教师更多地了解民办学校，又能增加外聘教师对民办学校的归属感，还可以提高外骋教师日后工作的积极性。建立外聘教师进修和培训制度，鼓励外聘教师通过各种方式提高职业素质，不断地加强学习，保持思想观念的先进性、新颖性，保持知识的系统性是保证教师有效实施教学活动的有效途径，同时也是提高教学质量的有效途径。对于外聘教师来说，这也是对其自我价值的肯定，尤其是一些年龄较大的外聘教师，看着某个专业在自己的参与下日益完善，就如同看到自己的孩子成长一样。

3. 加强人文关怀，增进感情交流

一个充满人文关怀的学校氛围，是教师对学校产生信赖的前提。应该充分认识到外聘教师的重要性，明确其对教学质量的提高具有非常大的关系。建立外聘教师服务保障体系，为外聘教师提供有关图书资料等。建立配套的激励机制，调动外聘教师的积极性和主动性，增强责任感和使命感，让外聘教师觉得他们是被尊重和理解的，从心底做到“事业留人，感情留人，待遇留人，舞台留人”。

4. 合理安排工作，保证教学质量

外聘教师必须按教学计划、教学大纲和教学要求，拟订授课计划，经学校或教学管理负责人审核同意后方可从事课堂教学。鼓励教师积极参与教学改革，不断更新教学内容和教学方法，对教学计划、课程教学大纲、教材、实验室、实训基地等教学基本建设以及学校管理工作提出意见和建议。明确人才培养目标，准确把握课程内容，通过教学活动，使学生掌握学科的基础知识、基本理论和基本技能。

5. 完善考核体系，健全激励机制

对外聘教师实行多层次管理，以一级管理为主的管理模式。学校根据多方反馈，对于教学效果好、受到师生广泛称赞的外聘教师，应该给予充分的肯定，提高课时酬金。组织人员对外聘教师教案进行检查，评选出优秀教案，进行表彰展览，并根据需要长期聘任，建立长期的、相对稳定的外聘教师队伍。而对于学生反映意见大，经考核不能保质保量完成教学工作、不能胜任外聘的人员，则及时解聘。采取弹性酬金奖励的方法，对于“优秀”的外聘教师，要给予教学奖金奖励，对其进行有效的考核和激励。

参考文献

［1］耿艾莉、王岩松：《论高校青年教师科研能力的培养》，《教育与职业》2012 年第6 期。

［2］彭华：《浅析民办高校师资队伍建设中的问题与对策》，《黄河科技大学学报》2009 年第 9 期。

［3］杨婧：《独立学院兼职教师教学工作规范研究》，《现代企业教育》2010 年第10 期。

B.9
民办高中人才培养模式研究

翟国防*

摘　要： 教师队伍作为民办教育发展的关键性因素，其质量的高低直接影响着人才培养质量和办学质量的提高。目前民办高中教师队伍存在诸多问题。必须将民办高中教师队伍的建设和教师水平的提升作为学校发展的重点任务提上议事日程，必须从政策和法律上保障民办学校和教师与公办学校和教师享有同等的权利，具有平等的法律地位，并将保障教师权利利益的各项措施落到实处，保障教师福利待遇，关注教师身心健康，以教师人才的培养推动学生的培养质量和学校的办学质量。同时，民办教育要研究新时期学生培养的规律，探索学生培养的新途径。

关键词： 民办教育　高中教育　人才培养

民办教育是我国教育事业的重要组成部分，在教育改革与发展中发挥着重要的作用。党的十九大报告中提出要“普及高中阶段教育”，这是我国基础教育发展的战略部署。近年来我国民办普通高中的数量呈逐年减少之势，民办普通高中面临着许多困难和压力，必须锐意进取，转变观念，积极创新，优化服务，建设高质量的民办高中，培育新时代的栋梁之材。

师资队伍建设是学校建设的基础，也是学校建设的关键。优秀的师资可

* 翟国防，郑州市宇华实验学校执行校长，中学高级教师，高考复习备考指导专家，填报志愿指导专家，《大河报》教育在线的特约撰稿人。

以保证教学的水平，完善的师资可以保证多元化的课程，具有改革意识的师资可以让教学推陈出新，具有长远眼光的师资可以培养出志向远大的学生。

一　教师培养

（一）民办高中教师的问题

1. 民办高中师资结构不合理，兼职教师多，教师年龄偏大，职称偏低

师资队伍建设问题一直是制约民办高中发展的瓶颈。即使经过了多年的发展，很多民办高中的教师结构仍然不够合理：兼职教师比例大，教师的平均年龄偏大。目前民办高中教师队伍主要是兼职教师、招聘的离退休教师，中青年教师所占的比例较小。这就存在着相应的问题：离退休教师经验丰富，但进取心不强，体力和精力都跟不上，不能很好地投入教学。中青年教师虽然精力比较旺盛，但是经验不够丰富，职称偏低，更严重的是这部分教师偏少，其中中年骨干教师更是少之又少，对于构建科学合理的梯次教师队伍十分不利。另外，有些民办高中规模比较小，艺术和体育的教师配备不齐，不利于学校的全面教育和学生的长远发展。

2. 民办高中的教师流动性大，教师队伍稳定性差

民办高中需要经过相对长时间的发展，才能达到一定的规模，取得相对应的社会声誉。而在此之前，不管是学生、家长，还是任职的老师，都会存在一定的观望情绪。当学校的成绩出现下滑，学生的数量有所减少，或者工资达不到预期的标准时，教师都会存在跳槽的想法，不利于教师队伍的稳定。当教师出现人心不稳的情况，教风就会浮躁，出现敷衍的情绪，学生成绩的进步就无从谈起。如果再出现频繁换老师的情况，更是给学生的学业带来了不利的影响。

3. 民办高中教师劳动强度较大，心理压力大，健康状况堪忧

民办高中的规模需要由投资决定。如果投资比较少，规模自然不够大，人员配备也就不会那么齐全。而学校的管理和运行要求每个部门都不可缺

少，因此就会出现身兼数职的情况。过多的事务，会让老师应接不暇，较早地出现职业倦怠感，影响到老师的长远发展。比如，有些学校的老师，承担着教师、班主任、寝室管理员、活动策划员、餐厅监督员等多种职务，很少有个人的自由时间，无法根据个人情况，规划发展自己的未来。

4. 民办高中教师教学科研水平较低

21 世纪的教师应是具有创新精神和创新能力的教师，但经调查发现，民办高中教师科研能力现状不容乐观，还存在科研意识淡薄、研究积极性不高、理论基础薄弱、研究能力欠缺、研究方法不熟练、研究成果数量和质量不高等问题。部分教师在论文写作方面缺少相应的训练和指导，做出的研究成果质量不高。这些问题与教师生活的简单重复、研究能力的缺乏以及时间的有限且破碎相关，而外部原因则主要是职前教育与在职培训中科研训练内容较少，学校教学任务重、时间紧，科研条件差、缺乏学校支持，以及相关管理体制与机制的缺失等。

（二）加强民办高中教师队伍建设的对策建议

1. 教师合法权益的保障

2017 年 9 月 1 日正式实施的新修订的《中华人民共和国民办教育促进法》，为进一步规范民办学校办学行为、促进民办教育健康发展提供了法律保障。这对于民办普通高中的发展是一个很好的机遇。教师队伍作为民办教育发展的关键性因素，其质量的高低直接影响着人才培养质量和办学质量的提高，直接影响到高中学生的健康成长，也影响到社会和家庭的和谐。因此，必须从政策和法律上保障民办学校和教师与公办学校和教师享有同等的权利，具有平等的法律地位，并将教师的权利利益落到实处。

2. 教师稳定心态的培养

要想让教师有一个稳定的心态，就需要给教师一个稳定的保障。首先从制度层面，要让民办高中教师真正拥有和公办高中教师一样的权利。在职称的晋升方面，拥有一样的评审概率，不需要开特殊的证件。在薪金待遇方面，实现同工同酬，让老师感受到同样的荣誉感，而不是低人一等的感觉。

其次，编制是教师稳定的一个重要的办法。有了编制，就有了依靠。民办高中的老师大多采用聘任制，而编制属于国家审核批准的范畴。二者如何实现平衡和协调，也是一个需要长期思考和解决的问题。

有些规模比较大，实力比较雄厚的民办高中，会与教师签订合同，当老师在该单位工作到一定期限后会有住房、奖金等方面的福利。这种的做法可以提倡推行。

作为老师本人，应该以学生的利益为上，以教育的使命为先，不能说哪里有钱就去哪里，谁给的钱多就跟谁干。对教师的职业神圣感和责任感的培养，也是增强老师稳定心态的途径。

3. 教师业务素养的培养

教师的业务素养绝非一日之功，它是一个长期的工程，因此应该具有系统性和长期性。结合民办高中教师的特点，可以采用以下措施：首先，民办高中有着较丰富的老教师资源，可以采用让老教师带新教师的做法，把教学的理念、教学的方法传授给新教师。当然前提是对老教师要有足够的尊重，让老教师愿意发挥余热，热衷于对青年教师的培养。其次，运用竞争上岗的办法，激发教师的教学热情。民办高中采用聘任制，有着很灵活的用人制度，对于那些愿意在教学上投入精力、主动提高业务素养的青年教师给予工作岗位；反之，那些懈怠者，就可以合法解聘，让教师们有一定的危机意识。当然，学校还要组织一系列的听课、说课、评课、赛课活动，注重教研活动的落实、教研目标的实现，形成精诚团结同时又能群策群力的教研组，营造谁学习谁光荣的教研风气。坚持下去，相信教师的业务素养会有一定的提高。

4. 教师课堂管理的培养

民办高中的生源质量参差不齐，对于优质的生源，课堂管理应该难度不大，但对于生源质量较差的班级，如果课堂管理不到位那么课堂效果将无法保证。可见，教师课堂管理能力的培养也很关键。首先教师要有主动管理课堂的意识，这种意识要靠教务处去指导，要靠年级的巡视去内化，要靠老师的实践去提升。有了这样的意识，下面的工作才有效果。其次要有学习精神，向老教师学习，向名家学习，向书本学习，向网络学习，在学习中掌握灵活而优秀的课堂管理方法，并学以致用。最后，落实亲其师、信其道的育人理念，一个老师只有获得学生的认可，学生才能主动配合你的课堂管理。教师要想博得学生的喜欢和信任，就要在平时多与学生进行情感交流，在交流中以心灵呼唤心灵，以爱心温暖爱心，这是课堂管理的课外功夫。

5. 教师创新能力的培养

民办高中的教师不仅要具备教学能力和管理能力，还要具备招生能力、宣传能力、组织能力、沟通能力等，这种发展全面的教师，将对学校的发展非常有利，往往也会得到学校管理者，或者投资方的认可。这些能力的培养，将为民办高中塑造高品质的人才。首先，要有一个理念：各尽其才。看哪些教师具有这种复合型人才的素养，不要把那些喜欢教学、热衷业务的教师往管理层上推；也不要把复合型的人才，仅仅固定在教师的岗位上。其次，学校要开展一系列活动发现苗子，比如通过演讲比赛发现口才绝佳者，通过筹备活动发现善于统筹规划者，通过外事接待发现宣传接待人才，通过家长会发现善于做家校合作者等。最后，发现苗子后，要通过谈话等方式，做好引导，推荐阅读书目，并尝试让其初步管理或接触其他岗位的工作。当工作有起色时，要给予及时的表扬；当工作能够独当一面时，要给予及时的提升。让晋升的经历，及时成就新角色的转化。

二　学生培养

（一）高中培养模式反思

尽管一直提倡素质教育，公办高中教育仍然没有走出“应试教育”的泥淖，即使是各地所谓的重点高中、名牌高中也深囿其中，它们之所以被冠以“重点”“名牌”，无非是应试教育搞得更“成功”罢了。许多重点高中几乎集中了所在地区全部高分的“尖子生”，经过炼狱般的高中三年，使他们顺利考入重点名牌大学，赢得学校在社会上所谓的“口碑”，保持其竞争中的优势地位。其实，这些优秀的学生也许只是知识记忆牢固、应试技巧熟练，而动手能力和创新思维常常欠缺的“应考机器”；而对于不少同学，三年高中生活只是陪练，在茫茫题海中磨平了棱角、枯萎了青春。

这种所谓精英教育的人才培养目标模式，只是迎合了社会和家长功利主义的价值需求，对孩子的全面发展是极其有害的，它不能满足不同家庭为孩子寻求多样性教育的需求，更无法适应新时代社会对多元化人才的需求。其本质特点就是“为应试而教”“为应试而学”，其片面、封闭、僵化的教育教学弊端显而易见。然而，在当前我国普通高中办学体制的总体框架下，面对高考的“指挥棒”，公办普通高中，尤其是重点高中在短时期内很难对“应试模式”有实质性的突破。

（二）深圳云顶高中的启示

在人人追求升学，向往名校的高考体制的大背景下，以“阳光育人、精致教育”为特色的深圳云顶高中在教育教学方面的尝试和探索也许能给我们提供范例和思考。

多元化升学渠道——根据学生的不同层次，家长的不同需求，采取了“普通高考升学、艺术特长高考升学、出国留学深造”，让学生自主选择更适合本人发展的未来。

35 人小班重构，分层学习——教师的精力是有限的，小班额可以解放老师的部分时间，让其“充分关注每一位学生的成长”，更精进地研究教学，依托课堂，追求教育实效。

特色化课程设置——为弥补教材的不足，云顶学校创设了“六大特色课程体系——励志人格课程、文化补习课程、游学拓展课程、外教口语课程、人文素养课程、家校互动课程”，这是关注学生，尊重个性，提高实效，为孩子成长助力的有益尝试。

无论现在还是将来，云顶高中的改革也许面临这样那样的问题和困难，但其关注孩子的身心健康，尊重孩子的个性差异，为孩子的终身发展负责的办学宗旨给我们了更多的启示与思考。

（三）民办高中创新人才培养模式的必要性与可行性

目前公立高中无法满足所有初三毕业生上高中的愿望。以郑州为例，2016 年有 49593 名初中毕业生参加郑州市区中招考试，以 387 分为最低录取线，录取者占 72.24%，还有近 28% 的学生要寻找上学的其他途径（因为多数家长不愿选择职高或中专）。加之公立高中“一刀切”的培养模式弊端日益凸显，不利于学生的身心健康和长远发展，既无法适应时代的发展，也不能满足家长的多层次需求，所以转变人才培养模式已到了刻不容缓的地步。

转变教育理念。许多年前，新课标强调自主、合作、探究性的学习，强调知识向能力的转化，这固然没错，但似乎效果不明显（不消说还有不少一线教师仍是“满堂灌”）。实际上，多数高中生日后与高精尖科学研究或高深的学问无关，即便从事这样的工作，未必就是分数越高的就越好，因为研究需要动手、合作、创新等多方面的能力。那么，对于大多数学生来说，他们踏入社会更需要的是独立的意识、吃苦的精神、强烈的责任感、良好的沟通能力甚至深厚的民族情怀、广阔的国际视野，这岂是以传授知识和解题套路为卖点的应试教育所能完成的？所以，民办高中避免只喊口号，应将培养目标定位为培养能力，涵养品格，激发兴趣，引领思想，尊重差异，促进和谐，着眼于学生的性格、习惯、心灵、思想的塑造，着眼于他们的个性和兴趣的激发，着重于学生的素质养成和能力锻造，着眼于学生的长远进步和终身发展。

拓宽升学渠道。民办学校应考虑生源群体的复杂性和他们的多元需求。对一部分文化基础知识较好的“优等生”及行为习惯不好、文化基础薄弱的学困生或者家庭经济状况较好的学生应有不同的目标定位。让不同潜质与不同特点的学生都能健康成长，让不同家庭背景和不同学业基础的学生都学有所成，是民办高中立足和发展的关键，是民办高中必须探索和解决的问题。

例如，优等生强化其文化课成绩，在高考中能够脱颖而出；艺术生从起始年级着手培养学生的特长爱好，高三时选择艺术生考试；国际生及早训练他们的外语能力，拓宽学生视野，培养学生独立生活、合作探究的能力。

改革课程体系。现行教材很难适应不同地区、不同层次学生的需要，而校本教材在此方面可以有所补充，它依从学校的培养目标，考虑到学生的实际水平和兴趣爱好，设置不同类型学生的特色课程，以吸引学生积极参与。

优化师资队伍。优秀的师资是民办学校的核心竞争力之一，也是新培养模式得以实施的最重要的力量。老师的水平高低、方法正误、干劲大小直接决定着新模式的实践效果，所以打造一支精干忠诚的师资队伍攸关成败。如何施教，如何管理，如何合作，如何家校沟通，都需要长期的摸索和研究，需要邀请专家或特级教育名师长期、系统地跟踪和培训。

改变评价机制。保持师资队伍的稳定和调动老师的积极性是学校推行新的教育教学模式改革的首要条件，因此必须有相应的考核激励机制。评定不能单一化，教师的自身条件、工作动机和态度、创新劳动、工作成效，班级的稳定，学生的评价，家长的反馈都应综合考核，力求评价结果全面客观，最大限度地激发一线老师的工作积极性和创造性。没有合理的激励与考核措施，培养模式的创新可能就是一句空话。

三　郑州市宇华实验学校人才培养的具体实践

郑州市宇华实验学校成立于2001年，隶属于宇华教育集团。作为一个上市公司旗下的主要学校，共有初高中学生5000余名，并且学校承担着全集团所有初、高中的老师招聘、试用期培养的任务。多年来，学校在教师和学生的培养方面积累了丰富的经验，为集团培养了大批能够胜任学校工作的合格教师，为社会培养了大量优秀的中学毕业生。

（一）教师培养

1. 招聘

每年“十一”过后，学校就启动年度招聘计划，由一位副校长带领专门的招师队伍奔赴河南省内和全国各大师范院校，或者到区域的大型毕业生就业见面会上，开展招聘工作。一般流程就是举办报告会介绍学校。随着宇华教育集团在香港上市，学校的影响力大增，有意向到学校工作的人数较以前有了大幅度的增加。有意向的毕业生经简单面谈后，凡初步符合学校要求者要等待通知。一般会在当天就通知学生让其一周之后到校考察。

2. 试讲

到校考察者一般要求其停留一周，其间免费提供食宿。校方安排到校的大学生全天候跟随一名班主任老师，让其全面感受学校的工作环境、工作节奏、校园文化、授课方式、学生特点等。当然，还要告知大学生最为关心的工资待遇情况。老师除了向其介绍学校的工作特点外，还会悉心指导大学生备课，因为这是大学生考察一周后的重头戏——试讲。试讲有两种方式：给同科老师讲和进班给学生讲，一般以前一种方式为主，因为到校的大学生较多，这样可以提高效率。试讲合格，学校认为有培养前途和具有成为合格员工潜质的，由校长谈话，双向选择，决定其去留。校长会询问其一周来的考察感受，只要具备学校用人要求，认可学校文化和薪资待遇的，都会与其签约，约定来年 4 月再到学校实习一个月。

3. 培训

签约大学生要在 4 月到校实习，实习开始阶段有一些固定程序，比如了解学校发展历史，学习学校规章制度，熟悉工作流程，明白日常工作要求和特殊时期工作安排、奖惩制度等。宇华是一个极其重视班主任工作的学校，在学校看来，一个班级的稳定和进步与班主任的个人魅力密不可分，因此，培训的重点除了让新人磨炼教学能力之外，还十分重视大学生管理班级能力的训练。具体办法就是让他们做班主任的副手，班主任要手把手地教大学生管理班级。从早操、上午课前宣誓、课间操、午休查寝、晚饭后的夕会、晚休查寝等日常工作，到具体辅导学生学习、心理健康等，事无巨细，全程参与。目的是给大学生一个全真的工作环境，让其真正体验学校的工作模式，感受自己是否适合在这个地方工作。当然，很少有人一下子就能完全从心理到能力都适应学校的工作，必要的指导肯定是少不了的，其中有往届优秀毕业生在宇华的成长经验介绍，有班主任论坛，请经验丰富的班主任讲解班级管理的办法，比如，怎样开班会，怎样做后进生的转化工作，怎样和家长沟通，怎样营造班级舆论氛围等。这些具体的经验介绍能让新人产生敬畏心理，重新发现自己，较快地进入角色。

4. 上岗实习

新学期开学后，这些新聘大学生中优秀的可直接上岗，担任任课教师。但考虑到他们还不成熟，一般承担的教学任务都比较轻，以便他们有更多的时间学习提高。特别优秀者可以直接委以重任，让其担任班主任。新聘大学生第一年都要担任班主任助手，就是所谓的“副班”，目的是为了压担子，促成长。

学校开展老教师与新教师结对的“青蓝工程”，举行隆重的拜师仪式，要求老教师每周听新教师一节课，新教师每周要听老教师三节课，目的是通过彼此听课，以老带新，帮助新教师尽快成长。

5. 考核评估

开学三个月后，集团要对所有新教师进行测评，有集团其他学校的领导互换听课，之后对新教师的业务能力做出评价，评价等级分优秀、合格、待提高三个等级，然后按照评价等级给予新的薪资待遇。

随着集团的不断扩张，教师的需求量不断增加，宇华凭借自己富有成效的培养模式，为集团发展提供了源源不断的合格教学人才。

（二）学生培养

宇华实验作为一个高起点、高标准的现代化学校，始终坚定不移地贯彻素质教育的方针，始终把学生的养成教育放在首位。

1. 以习惯养成为重点，培养学生良好的行为规范

宇华的学生管理以《中学生守则》为基础，制定了有自己鲜明特色的校规校纪。这些规章制度涵盖了学生在学校生活、学习、运动的方方面面。不管是教室、寝室，还是餐厅、校园，都有明确的行为规范，做到时时处处有法可依。叶圣陶说：“什么是教育？简单一句话，就是要养成习惯。”教

育的目标就是培养学生良好的行为习惯，用好习惯来成就人生事业和幸福。学校制定的行为规范就是让学生养成良好的习惯。

教师发挥示范引领作用。毋庸置疑，教师是学生受教育最重要的依靠力量，教师的一言一行无时无刻不影响着学生。因此，要求学生做到的，教师自己首先要做到，要求学生不做的，老师要坚决不做。比如，为了禁止学生抽烟，学校要求全体老师不许抽烟，为“无烟学校”的建设做好榜样。要求学生在校必须穿校服，老师也必须注重仪容，服装整洁，落落大方，做学生服装礼仪的榜样。要求学生作业认真，老师必须在板书方面一丝不苟，在潜移默化中影响学生。

持之以恒，从点滴抓起。学校在每周的升旗仪式上，都会颁发班级管理流动红旗，以此时时提醒全体同学遵守校纪，养成良好的行为习惯。国旗下演讲也主要突出养成教育内容。比如学习中的粗心马虎、礼仪上的粗鲁粗野、穿戴上的衣帽不整、教室内的高声喧哗、同学交往中的自私任性等。这些看似小事，而在养成教育中却是值得关注的大事。办一所成绩优秀的学校并不难，难的是办一所人人讲礼貌、懂礼仪的学校。养成教育从来不搞形式，不搞一阵风，而是常抓不懈，持之以恒。

2. 以分类教育为特色，因材施教

宇华实验中学是一个有着5000余名学生的大学校，学生的来源广泛，但学生的个性与学业水平差异显著。鉴于此，学校从办学之初，就推行了分层教学、差异化教学。针对不同层次的学生制定不同的教学计划，使基础好的学生能“快跑”，基础薄弱的学生能跟上，达到所有学生都能良好发展的目标。学校尤其重视艺术教育，设立主要由各类艺术体育等特长教师组成的公共教学部，大力鼓励学生接受艺术特长教育。既开辟了新的升学通道，又丰富了学生的精神世界。目前，该校的艺术教育已经成为办学的一个重要特色，在业界享有盛誉。

民办教育的前景无比广阔，但存在的困难也是有目共睹的，在激烈的市场竞争中，只有不断探索新的发展路径，办出真教育，培养真人才，才能得到社会的认可，学校才能始终立于不败之地。

参考文献

［1］李厚艳、李丹等：《民办高校学生分类教育培养模式研究》，《吉林省教育学院学报（上旬）》2015 年第 08 期。
［2］夏文格：《云顶精致高中：构建个性化的学生培养模式》，《南方都市报》2015 年 12 月 23 日。
［3］骆东风：《民办普通高中创新人才培养模式的思考与实践》。

B.10
民办中职“双师型”教师胜任力模型构建

杨 许*

摘 要： 为了全面提升中职学校教学质量，国家有关部门采取了多项加强“双师型”教师建设的措施，但是民办中职学校的“双师型”教师队伍质量建设存在不足。胜任力模型可以评测“双师型”教师综合水平。结合民办中职教育的特点构建胜任力模型，在民办中职学校师资建设中导入胜任力模型，可以提升“双师型”教师的整体水平，促进教师的自我发展。

关键词： 民办教育 中职学校 双师型 胜任力模型

一 “双师型”教师

“双师型”教师是指精通专业技能，了解职业教育的特殊教学规律，掌握职业教育的特色教学方法，承担着传播专业技能知识、培养学生职业综合能力双重任务的教师。国家高度重视职业学校“双师型”教师队伍的建设，《国家中长期教育改革和发展规划纲要（2010—2020 年）》中明确提出，要“把提高质量作为重点，加强‘双师型’教师队伍和实训基地的建设，提升职业教育基础能力”。

---

* 杨许，黄河科技学院副教授，硕士研究生，主要研究方向：机电一体化和创新创业政策。

（一）“双师型”教师在中职教育中的地位

1. 中职学校特色发展离不开“双师型”教师的付出

“双师型”教师具有双重的角色属性，即教师属性和技师属性。“双师型”教师在课堂上能够深入浅出地给学生讲解专业理论，在实训场所能够运用理论指导学生进行实验和实践，进行实际操作训练。“双师型”教师的教学行为某种程度上决定了中职学校特色发展之路。

在激烈的竞争中，中职学校要脱颖而出，必须在专业特征、规模大小、特色品牌等方面有所突破。大力发挥“双师型”教师的主观能动性，是提升中职学校的教学特色和教学质量的有效方法之一。

2. 中职学生的成长离不开“双师型”教师的辅导

中职教育课程体系设计和教学内容以能力为中心，突出技能训练，各类实训教学在总学时中的比例一般达到40%以上。用人单位希望学生在毕业后在工作岗位上的适应期很短或没有适应期，能马上顶岗工作。这些都需要“能讲会做”的“双师型”教师队伍来完成。

中职学校的学生自身文化水平相对较低，对于理论的掌握普遍存在着畏难情绪，希望通过有针对性的教学方式和方法，激发出自己浓厚的学习兴趣。“双师型”教师往往采用理论与实践一体化的教学方法，有效地将专业理论和实践深度融合，理论教学、实践教学、教学科研、技术服务和生产实践融为一体。“双师型”教师熟练掌握教学设施和生产设备的相关知识，运用多媒体教学，利用教学实物教具、生产设备等，在“传道、授业、解惑”的同时，带领学生进行实验和实践，降低了理论学习的难度，提升了学生的学习效率和学习兴趣。

（二）河南省加强“双师型”教师建设的措施

1. 加大“双师型”教师培训的硬件建设力度

2017年河南省教育厅认定第三批河南省职业教育“双师型”教师培养培训基地，包括郑州大学（加工制造类机电技术应用专业）等15个单位。认定郑州市商业技师学院（中西餐烹饪、网络布线专业）等5个单位为河南省职业教育“一体化”教师培养培训基地。

2. 统一“双师型”教师资格认定标准

河南省教育厅等有关部门明确了河南省中等职业学校“双师型”教师认定标准，“双师型”教师需同时具备教育教学、专业技能、专业实践条件，缺一不可。这些条件强调了专业实践技能比赛、人力资源和社会保障部门职业资格证书、企业实践三个环节的重要性。

有关部门同时明确了“双师型”教师在参加专业技术职务评聘、职业教育教学专家评审和各级学术技术带头人、教学名师、骨干教师评选时，同等条件下优先推荐，鼓励职业学校教师转型为“双师型”教师。

3. 加强“双师型”教师资格认定工作管理

“双师型”教师资格认定是建立中等职业学校“双师型”教师队伍成长的长效机制和重要抓手。2017 年，河南省教育厅共认定了 3620 名“双师型”教师。这些教师在今后的工作中，将对促进中等职业学校内涵发展、提升中等职业学校办学水平具有重要意义。

（三）民办中职学校“双师型”教师队伍建设现状及存在的问题

（1）教师队伍构成有不合理性，总体水平仍有差距，不利于中职培养目标的实现。近年来，民办中职学校培养了一部分“双师型”教师，但是“双师型”教师队伍的现状与实际需求还存在差距。以年龄结构为例，工作经验在 3 年以下的青年教师（包括刚毕业大学生或在读研究生）多，退休后返聘参与教学管理的老教师多，中年教师往往积累了丰富的教学经验但实践经验较少；在教师来源上，直接从一般专科学校招聘的应届毕业生多，有实际工作经历特别是企业实践经验的少；在职称上，低职称的多，中、高级职称的少。

（2）实践教学方面投入不足，不利于中职教育的正常发展。体现在师资专业结构上，语数外等学科力量相对较强，专业性师资力量则较弱。反映到教学上，实践教学设施不足，实践教学即使开展了，也往往流于形式。理论课比重过大，教师只是应付繁重的教学任务，教师知识更新的目标无法实现，职业教育培养目标和教学法的研究匮乏，学生的职业能力很难有实质性的提高，教学质量不高。

（3）“双师型”教师队伍建设方法上存在误区。部分民办中职学校在“双师型”教师队伍建设标准上简单以教师取得职业资格证书为参考条件，忽视了对教师职业能力的培养。新教师直接接受了繁重的教学任务，加上培训渠道不通畅，缺乏实践培训，民办学校的教师是从一个课堂走向了另一个课堂。同时民办学校缺少“双师型”教师的考核方法，不利于教师个体“双师”素质的培养和提升，影响了“双师型”教师的质量。

二　胜任力和胜任力模型

（一）胜任力

国内外学者对胜任力进行了广泛的研究，根据不同的研究领域和方法，从1973年至今，学术界对胜任力的概念总结出不同的胜任力定义，赋予了不同的内涵（见表1）。

表1　国内外胜任力定义汇总

1973	McClelland	指认知能力和人格变量，它们与工作、工作绩效或生活中众多重要成果直接相似或相联系
1980	P. Mclagan	一个人在特定的角色或职务上有取得卓越绩效的能力
1982	R. Boyatzis	促使个体在工作中表现得更出色，能够取得更高效的工作业绩和成果称为特质。某个人所具有的某些潜在的、关键的特质
1993	Spencer	有效区分出特定工作（或组织、文化）中优异表现者与普通表现个体的潜在性、深层次特征
1996	Bayham&Miyer	一切与工作有关的行为、动机与知识
1997	McLagan	专业知识、操作技能、态度、价值观、导向和承诺被称作胜任力
2001	Helley	对个体所具有的众多特质的描述
2002	黄勋敬	在一个组织中绩效有意的员工所具备的胜任工作岗位所要求的知识、技能、能力、人格和动机，并且这些特质是可观察和可测量的
2003	仲理峰	对于某一平行职位中表现优异者和表现一般者的个体，区分他们潜在的、较为持久的行为特征
2008	王健	影响一个人角色或职责（大部分工作业绩）的一些相关知识、技能和态度

综上所述，胜任力包含知识、技能、个性、动机、价值观等特征。胜任力的作用是测量水平，定量区分出评测人中的优秀者与一般者。胜任力的特征是动态的，内容是与工作岗位和情景紧密相连的。

（二）主要胜任力模型

1. 冰山模型

胜任特征在冰山模型中被分为“水面上”与“水面下”两部分，共五个层次。“水面上”的胜任特征容易被识别、观察和测量，属于个体显性指标，内容上包括知识和技能，这些特征受外界影响，可以得到提高和改变。“水面下”的胜任特征属于隐性的、个体的、固有的指标，包括自我概念、特质与动机等因素，是个体在特定生活环境中长时间固化形成的，很难通过培训或受外界环境的影响而改变。

2. 洋葱模型

洋葱模型将胜任力按胜任特征由外及里分为三层：核心层、中间层和外围层。最里层定义为特质与动机，最外层的内容属于知识和技巧，中间层则属于自我概念、态度和价值观，最外层的胜任特征容易识别和改变，最里层的则反之。

（三）胜任力模型研究方法

表 2　胜任力模型研究方法

序号	研究方法	主要做法
1	行为事件访谈法	依据被访谈者对自己曾经经历过的成功及失败事情的回忆及阐述，进行分析，进而把握胜任力指标
2	问卷调查法	通过综合文献、结合访谈等方法，将有关目标岗位从业人员需要的胜任力要素整理为调查问卷，回收问卷进行数据分析和确切的解释
3	专家小组法	由专家组成员讨论，在讨论的基础上经过选择共同制定胜任特征
4	评价中心法	通过对岗位的各层次上级领导者和部门管理者进行访谈，让他们提出对岗位任职人员的条件和标准

三　民办中职学校教师胜任力模型的构建

随着社会经济发展模式的转变，社会对人才需求的变化，民办中职教育的发展也要跟上新时代发展的趋势。黄河科技学院附属中等专业学校在这样的背景下，也在不断寻求突破性的发展。学校依托黄河科技学院的大学资源，大力发展五年制教育和学前教育专业，随着黄河科技学院实力的增强，中专办学定位也发生了改变，建立了一支高素质、高水平的双师型教师队伍是在为区域经济社会发展培养应用型人才的可靠保障。黄河科技学院附属中等专业学校探索以胜任力为导向，构建胜任力模型并导入学校发展建设中，从而提升了“双师型”教师的整体水平，取得了一定的成果。

黄河科技学院附属中等专业学校构建教师胜任力模型采用了以下流程（如图1）。

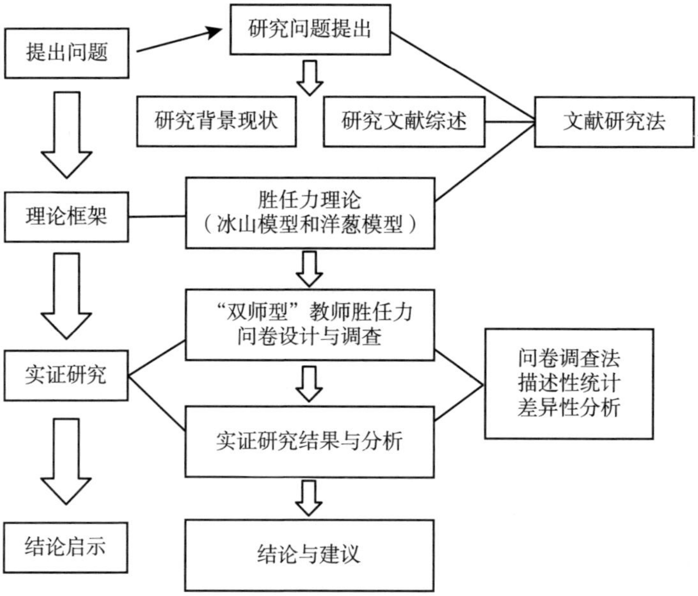

图1　构建胜任力模型流程

（一）民办中职学校教师胜任特征的初步提取

《民办中职学校教师胜任力调查问卷》在编制过程中部分参考了文献资料的“双师型”教师通用胜任力模型，结合民办中职学校教师工作的特点，增加了开拓精神、拼搏精神、实干精神和奉献精神四个项目。问卷分为两大部分，第一部分是调查教师的个人基本资料；第二部分是对教师在教学活动中的具体教学行为进行调查。调查量表采用利克特五级量表，按照重要程度分为非常不重要、不很重要、一般性重要、比较重要、特别重要五个等级，由被调查者对每项胜任特征进行重要性评价。

（二）民办中职学校教师胜任特征的社会调查环节

初步提取的30项胜任特征是否符合要求，这要按照统计学原理进行因子分析。因此，将所有考虑到的胜任特征加上干扰条件编制成《民办中职学校教师胜任特征调查表A》，并对随机抽取的180名学生（其中中专生40名，五年一贯制学生140名）进行无记名调查。本次调查共发出问卷调查表180份，收回答卷171份，回收率为95%，剔除无效问卷21份，得到有效问卷150份，有效率为83.33%。

（三）胜任特征的探索性因子分析

SPSS 24.0统计分析软件是进行探索性因子分析的有效工具。将《民办中职学校教师胜任特征调查表A》调查获得的150组数据按规则换算成数值录入系统，通过数据之间的矩阵变换和归纳整理，可以实现在同一个因子下，通过提取几个综合特征指标来反映胜任力调查数据的整体。

原始变量的相关性检验必须放在因素分析之前进行。本次调查的KMO（Kaiser-Meyer-Olkin）检验值为0.915，大于0.5，同样巴特利特球度检验（Bartlett test of sphericity）方值为40369.12（自由度为2984）为显著，说明调查数据没有失真，适合进行因子分析。

本次调查采用主成分分析法对原始变量进行因子分析。首先提取特征值大于1的因子，随后采用方差极大法对因子载荷矩阵进行旋转，紧接着对公共因子进行调整，合并得到公共因子并命名。

在分析过程中，发现大部分原始变量在提取过程中的变量共同度大于或接近0.6，证明因子分析的效果较好。同时通过整体变异数分析发现：转轴上前10个因素特征值总和为59.156%，说明这10个因子能够反映统计数据的大部分信息。

最后，结合实际情况对原始变量的归属做局部调整，得到新的4个胜任维度、归属的胜任特征和行为定义。（见表3）

表3　胜任特征和行为定义

胜任维度	胜任特征	行为定义
职业素质	奉献精神	对所从事的教育事业不求回报的关注和全身心地付出努力
	实干精神	踏踏实实，认真做事，做好职业教育的每一件小事
	拼搏精神	在信念驱使下，拼命争取、全力搏斗的意志品质
	开拓精神	具有坚忍不拔的意志，用不懈的努力来开启民办教育的新篇章
	职业忠诚	热爱民办教育，喜欢教师职业，职业环境发生波动，待遇偏低时仍为民办中职教育事业奋斗
	包容学生	对于学生的错误或者不礼貌行为包容度高，当产生矛盾时，对学生采取宽容的态度
发展意识	成就导向	以工作杰出为标准，不断超越既定的目标，不懈努力
	人际理解能力	清楚、准确地表达自己的想法，准确理解他人意愿的能力
	学习领悟	善于学习，积极利用多种途径和多种资源为自己创造学习的机会，及时总结经验教训，不断提升自我
	环境适应	准确把握所处区域的地理、历史、经济、文化、政治环境，并适应环境，利用环境
	团队合作	以自愿、平等的方式，通过共同的合作完成某项事情，形成互动、开放、有序的关系
	自我调控	调整并克服来自生活、教学、科研、专业实践等各方面的压力
思维能力	逻辑思维	熟练运用概念、判断、推理等思维类型来反映事物本质与规律
	形象思维	在对客观形象进行感受、储存的基础上，能够结合主观的认识和情感进行识别，用一定的形式、手段和工具创造和描述形象
	创新能力	借鉴现有成果进行技术创新，尤其是对职业教育的创新，对学术界或者企业界产生重要的影响

续表

胜任维度	胜任特征	行为定义
教学素养	专业知识群	精通本学科的知识与技能，了解相关学科的知识与技能
	专业实践经验与能力	具有本专业的实践经历，熟练掌握相关的技术技能，把握行业的发展动态及用人需求
	教学策略	把学科前沿知识、科研成果注入教学，以学生为中心，创新教学方法，科学评估学生的学习效果，并基于评估结果调整教学策略
	科研能力	在校企合作、工学结合中找科研方向的切入点，促进专业技能和动手能力的提高

这四个维度涵盖了中职民办学校“双师型”教师胜任教学工作的理论知识、实践能力、心理特质，符合教师岗位胜任力的界定。

4. 问卷的信度分析

SPSS 24.0 统计软件信度分析模块显示，该问卷的 a 信度系数为 0.9852，各因子的信度系数均在 0.83 以上。因此该问卷具有较高的信度，测量结果可靠。SPSS 24.0 统计软件效度分析模块显示，本次问卷调查数据总方差累计贡献率为 59.156%，说明问卷具有良好的结构效度。

四　民办中职“双师型”教师队伍建设中胜任力模型的运用

（一）基于胜任力模型的评测与传统绩效成绩之间的关系实证

黄河科技学院附属中等专业学校校长李萍在工作中大力发扬“黄科大精神”，在职业教育、学前教育、家庭教育方面屡有建树。主持完成了《中等职业教育教学改革与研究》的省级课题，配合郑州市中职学分制试点，在校开创“以三大发展方向为引领”的独具特色的人才培养模式。参与了河南省软科学研究计划项目——人才流失与创新驱动发展的人才战略研究。主编的《公共营养师考试指导》被选用国家职业技能考试辅导教材，由其担任副主编的《我要进城去打工》系列丛书获河南省社会科学普及优秀作品特等奖。发表有《郑州市中等职业学校学生厌学现状与原因分析》《浅谈如何加强中等职业教育管理》等论文，绩效成绩优秀。

李萍校长因工作能力卓越，表现优秀，先后被聘为郑州市职业教育专家、郑州市政府督学。获得“河南省优秀教师”、郑州市“双学双比巾帼建功先进个人”、郑州市“三八红旗手”、郑州市“民办教育杰出人物”、黄河科技学院“十大功勋员工”等荣誉称号。由于在职业教育方面的深厚理论功底和优秀工作业绩，被中国地质大学聘为硕士生导师。这些绩效成绩与中职学校“双师型”教师胜任力模型评判结果符合度高。

（二）胜任力模型在“双师型”教师队伍建设中的具体运用

1. 教师队伍发展建设过程

教师招聘目前比较重视应聘者的学历与职称、专业知识、教学实施能力等维度，并没有将职业、动机等维度考虑在内。中职学校待遇相对较低，工作强度相对较大，学生管理难度相对较大，对教师的职业忠诚度要求更高。而教师的职业忠诚度受个性、动机的影响较大。为了从应聘者中选拔出未来有潜力成为优秀的“双师型”教师，可以在选拔标准中结合胜任力模型，即加入个性测验和动机测验。

2. 教师职业生涯规划和培训

民办中职学校容易出现教师满意度低、骨干教师流失等问题。这些现象往往与个人职业生涯规划与组织规划的不匹配有关。依据胜任力模型，教师就可以明确自己的优劣势，明晰自己哪一方面需要加强学习，了解到在不同职业生涯阶段所需要的能力，做到个人职业生涯发展与组织发展相协调。同时以胜任力模型为基础的培训计划实施与效果评估，可有的放矢地提高人岗契合度，提升专业实践能力，节约成本，真正提升“双师型”教师的业务水平。

3. 教师绩效动态管理

基于胜任力模型设计绩效考核指标，考核方式采用由本人、上级、同事、学生对其在考核期内的行为进行评价，会更加客观、有效。类似于教学反思，考核结束后的绩效反馈会进一步提升“双师型”教师的胜任力。

在薪酬制度制定的过程中需要考虑教师胜任力特征，即团队合作能力、创新能力、专业知识与技能、专业实践经验与能力和教学策略等，将以上胜任力特征综合核算出个人得分，按分值给予素质卓越的教师较大幅度的薪酬奖励，使能力强、贡献大的教师得到应有的回报。避免出现在职务、职称同等的前提下“干多干少都一样”的现象，免得挫伤了优秀人才的工作积极性。

总之，黄河科技学院附属中等专业学校在民办学校“双师型”教师胜任力模型的引领下，依托大学教育资源，严于治校，勇于创新，大力建设“双师型”队伍。以学前教育专业为例，根据“双师型”胜任力模型评测结果，安排优秀教师李彦、张雨等出国培训，学习先进的幼儿教育理念。学校在武警总队幼儿园、河南省实验幼儿园等幼儿园建设学前教育实习实训基地，组织学前教育专业老师轮流到幼儿园进行实操演练。学校和武汉亿童文教股份有限公司达成战略合作意向，这些活动的开展，不仅促进了中职教师的“双师型”技能提升，也为提高学生的学习质量打下良好的基础。

五　研究不足与展望

受时间的局限，本次仅选择了郑州市部分民办中职学校的“双师型”教师进行调研，没有涉足河南省其他地区，样本量较小。模型只是用 AMOS 24.0 对胜任力模型进行了验证性因子分析，实验验证仅在黄河科技学院附属中等专业学校进行，适用性有待进一步考究。

今后的研究对象要加入河南省各地市有代表的民办中职学校样本，扩大“双师型”教师调研数量，使样本量更加充足，更富有代表性，增强胜任力模型的适用范围。同时对模型中的特征要素进一步修订，探讨在新时代创新创业教育对胜任素质的影响，更新释义。同时在此基础上进行实验验证，切实提升民办中职学校“双师型”教师队伍的建设水平。

参考文献

[1] 肖凤翔、张弛：《“双师型”教师的内涵解读》，《中国职业技术教育》2012 年第 15 期。

[2] 贺文瑾：《略论职技高师“双师型”师资队伍建设》，《职业技术教育》2002 年第 23 期。

[3] 李梦卿、罗莉：《“双师型”教师职称——职教教师专业发展的保证》，《职教论坛》2011 年第 22 期。

[4] 中华人民共和国教育部：《现代职业教育体系建设规划（2014～2020 年）》，http：//www. moe. edu. cn/srcsite/A03/moe _ 1892/moe _ 630/201406/t20140623 _ 170737. html。

[5] 河南省教育厅：《关于开展 2017 年度中等职业学校“双师型”教师认定工作的通知》，http：//vae. haedu. gov. cn/0zcfg/jytwj/2017/2017/9234. html。

[6] 徐建平：《教师胜任力模型与测评研究》，陕西师范大学博士论文，2004。

[7] Boyatzis R. E. The competent manager，*A model for effective performance*，New York，John Wiles&Sons，1982.

[8] Byham W. C. ，Moyer R. P. ，Using competencies to build a successfill organization，*Development Dimensions International*，Inc，1996.

[9] 刑强、孟卫青：《未来教师胜任力测评：原理和技术》，《开放教育研究》2003 年第 4 期。

[10] 吴明隆：《问卷统计分析实务：SPSS 操作与应用》，重庆出版社，2010。

[11] 李明斐、卢小君：《胜任力与胜任力模型构建方法研究》，《大连理工大学学报》（社会科学版）2004 年第 3 期。

[12] 李英武、李凤英等：《中小学教师胜任特征的结构维度》，《首都师范大学学报》（社会科学版）2005 年第 4 期。

B.11

民办高校人才培养资源共享研究

贾全明*

摘　要： 改革开放后河南民办高等教育崛起，其得益于国家教育发展的大环境，得益于省委、省政府的大力支持。在这个大背景下，民办学校艰苦创业，砥砺前行，在发展的过程中充分利用各种社会资源，尤其是充分利用人才培养资源，使河南民办高校人才培养资源的生成凸显以内生型为主，扩张型为重要补充的明显特征。人才培养资源共享也随之呈现出鲜明的阶段性、层次性和前瞻性特点，符合河南民办高等教育发展的实际。

关键词： 河南　民办高校　人才培养

改革开放后的河南民办高等教育崛起之路，是随着黄河科技学院的诞生开始的。1984 年，作为一名大学老师的胡大白，面对的是这样一个现实：一方面是高等教育毛入学率不足 2%，人民群众渴望求学而不得；另一方面是离退休干部渴望为社会发挥余热，高校教师不能充分发挥作用。办一所学校来整合资源为社会服务，就成为时代的呼声、人民的期盼和她的自觉行动。办学者、求学者、教学者三股力量的凝聚为河南民办高等教育的发展奠定了基础。

办学伊始，胡大白就确立了“为国分忧，为民解愁，为社会主义现代化建设服务”的办学宗旨，提出了“全心全意为学生服务、全心全意为教

---

* 贾全明，河南民办教育研究院研究员，硕士研究生，主要从事高等教育、民办教育研究。

师服务”的办学理念，坚持“教学质量是生命线”，聘请专家、教授挂牌上课，严格教学管理，一年多的时间就发展到了万人规模。

1989 年，在学校创办五周年之际，她把办学经验总结为黄河科技学院精神——“清醒敏锐的开拓精神，勇往直前的拼搏精神，坚韧不拔的实干精神，大公无私的奉献精神”。全体师生员工践行黄河科技学院精神，艰苦奋斗，征地建校，引进师资，不断改善人才培养条件。1992 年，学校建设了第一个自有校园。1994 年，实现了历史性突破，成为改革开放以来国家第一批独立设置的民办普通专科高校。从此，“敢为天下先”成为学校创新创业、勇往直前的精神号角！

从 1984 年到 1994 年，我们看到了办学理念、办学实践与办学（发展）形式三者在黄河科技学院的完美结合。从这三个基本视角出发，可以认为优质教育就是教育理念先进、实践方式科学与具体形式合理的一种品质优良的高级教育形态，它是一般教育活动发展的方向与目标，在一般教育活动中发挥着引领、示范与导向的功能。

此后 20 多年的发展，黄河科技学院不仅继续引领河南民办教育的发展，也给其人才培养，以及人才培养资源的共享打上了黄河科技学院的底色。

一　人才培养资源的培育：以内生型生产为主流

人才培养资源，即教育资源，是包括人力、物理环境以及以教材为主体的文本信息三种资源形式的综合体。人力资源的主体可以理解为教师及管理者；物理环境的主体包括校园环境及其配套的各项设施设备；文本信息资源的构成则主要为教材、图书资料等。这些资源是教育活动的条件和基础，是民办高校发展的基本前提和衡量其发展水平的主要标准。其中，人力、校舍、设备、图书等可以称为有形资源，通过人力、环境、文本信息等表现出来的教育政策、体制机制、办学理念、校风、学校品牌等，可以称为无形资源。通常情况下，习惯上还可以把有形资源和无形资源分别称为硬件和软件。

黄河科技学院创办后，郑州科技学院、澍青医学院、周口科技职业学院等相继创办。这些学校，在黄河科技学院的影响下，均以学费为主要经费来源，依靠内部积累，逐步改善办学条件和扩大招生规模，以学养学，滚动发展。其人才资源的培养也就随着学校的发展而不断发展，呈现出典型的内生型特征。

以黄河科技学院为例，在获批专科后的1995年，胡大白提出了“以提高教育质量为中心，以提高管理水平为手段，以加强思想政治工作为保证”的办学方针。学校积极按照《普通高等学校设置暂行条例》的建设标准，从各方面为升本做准备，并通过各种渠道反映升本的诉求，呼吁国家对民办高等教育有关政策的调整。1999年，全国第三次教育工作会议提出“积极发展高等教育，大力支持民办教育”的方针，提出符合条件可办一些民办普通本科高校。2000年，学校成为教育部批准的全国第一所（当时也是唯一一所）实施本科教育的学校，冲破了民办教育在发展层次上的禁区，成为中国民办高校发展史上的又一里程碑。

为保证学校的办学方向，从办学之日起，学校就积极要求建立党团组织。在没有先例可循的情况下，经过努力争取，学校于1985年建立共青团组织，1989年建立临时党支部，1994年建立党总支，1997年经郑州市委组织部批准建立了党委，成为河南省第一个成立党委的民办高校。这段经历被社会誉为“十年找党”，也为民办学校正式建立党组织提供了经验。

学校还高度重视毕业生就业工作，1985年就与郑州市人才交流中心合作，推荐安置毕业生；1997年，经省人事厅批准，正式在学校建立省级人才市场；2014年，荣获“2014年度全国毕业生就业典型经验高校（就业五十强）”。

办学以来，学校高度重视文化建设和理论研究，1990年，创办了《黄河科技大学报》，并于1998年获批在国内外公开发行；1999年，主办的《黄河科技大学学报》获批在国内外公开发行。

学校重视开放办学，加强国际合作。2002年，学校获准招收留学生；2004年，经教育部批准开展中外合作办学教育；2013年，学校被教育部批准为首批应用科技大学改革试点战略研究单位，并成为中国应用技术大学联盟的首批成员与河南省首批转型发展的试点高校，加快了学校全面深化改革培养创新型技术技能型人才的步伐。2014 年，学校教改成果“民办高校应用型人才培养模式创新与实践”获得国家级教学成果二等奖；学校被评为“全国毕业生就业典型经验高校”（全国高校毕业生就业工作五十强）。2015 年，学校的“黄河众创空间”被科技部认定为全国首批众创空间，学校获批“河南省大学生创业示范基地”“河南省首批示范性应用技术类型本科院校”。

2016 年，学校大学科技园和黄河众创空间被认定为国家级科技企业孵化器，学校荣获首批“全国创新创业典型经验高校”（全国高校创新创业工作 50 强）“全国首批深化创新创业教育改革示范高校”“首批全国社会组织教育培训基地”“河南省创业孵化示范基地”。2017 年，学校创业园入选团中央首批“全国大学生创业示范园”，被共青团河南省委评为“河南省青年创新创业示范园区”；学校获批“河南省首批高校双创基地”，荣登“2012 ~ 2016 年全国普通高校竞赛评估结果（本科）TOP300”“河南省高校知识产权综合能力提升专项行动十强高校”，位居武书连 2017 中国民办大学自然科学排行榜第一名，2017《广州日报》全国民办应用型大学排行榜第一名。学校的发展史曾两次被美国弗吉尼亚大学商学院写进教学案例，并被中央电视台、《人民日报》、《华盛顿邮报》等中外著名媒体多次报道。

黄河科技学院成功探索了改革开放初期我国民办高校“艰苦创业、滚动发展”的办学模式，实现了学校 34 年的稳健发展，为社会培养了 16 万余名毕业生。目前，学校占地 2800 多亩，校舍建筑面积为 100 多万平方米，有 17 个二级学院、68 个本科专业、35 个专科专业；5 个河南省重点学科、6 个河南省特色专业、7 个河南省民办教育品牌专业、8 个河南省专业综合改革试点专业、1 个河南省本科工程教育人才培养模式改革试点专业。学校拥有的省级重点学科、特色专业数量位居全省民办高校第一。

现有教师 1800 余人，具有高级职称的教师近 50%，青年教师中 80% 具有研究生学历。拥有工程师暨教师、律师暨教师、会计师暨教师等各类“双师型”教师 630 余人，拥有中国工程院院士、中国当代教育名家、享受国务院政府特殊津贴专家、教育部新世纪优秀人才、国家级教学成果奖获得者、国家和省级教学名师、省级学术技术带头人等荣誉教师150余人。设有河南省院士工作站、博士后研发基地、重点实验室、工程技术研究中心、实验教学示范中心等高层次教学科研平台50余个。建有各科类实验室110个，实验分室344个，校内实训基地15个，校外实训基地316个；教学科研仪器设备价值2.86亿元；馆藏图书达345万册。

二　人才培养资源的壮大：以扩张型生产为补充

与黄河科技学院的发展模式显著不同的是独立学院发展模式和集团（或外资）投资模式。独立学院发展模式，即以普通本科高校的优质资源为依托，多形式、多渠道地吸引社会资金投入，进而充分调动各方办学积极性的一种发展模式。河南大学民生学院、中原工学院信息商务学院、新乡医学院三全学院等学校都属于这种发展模式。

集团投资模式，即学校由某些集团公司投资办学的发展模式。这种模式一般起点较高，前期投资大，硬件设施好，能够充分发挥校企结合、互相促进的办学优势。郑州工商学院、郑州工业应用技术学院是这种发展模式的代表。

这些学校的人才培养资源，无论是人力资源，物理资源还是文本信息资源，受到外部力量的影响较大，不会完全从内部产生，外部植入的印记较为明显。独立学院在开办之初，既会带上母体学校的痕迹，又会受到其他投资人的影响。同样的道理，集团或外资投资的学校，必然要实现部分投资方个人或集团的办学意图。

随着独立学院的真正独立，独立学院将走出依附办学的困境，与所依托的母体高校形成真正的合作伙伴关系，进而逐渐形成独具特色的教学资源。这个过程将会是一个教学资源由扩张型向内生型转换的过程。与此相类似，集团投资或外资投资的民办高校的教学资源，也将经历这样一个过程。因此，这些类型的民办高校，其人才培养资源的壮大，长远来看，还是以内生型为主，以扩张型为辅。

如郑州工业应用技术学院就实行了理事会领导下的校长负责制，完善了理事会决策、校长负责、党委监督保障的法人治理结构。其理事长李向阳就认为："学校是社会的，是为社会培养人才，不是我一个人的。本着对学生负责，对社会负责原则，倾集团公司之财力物力，围绕内涵建设，把教育质量搞好，为社会培养更多的高素质应用型人才。"郑州工业应用技术学院还率先在全国民办高校中提出"去三化"（即去家族化、去老板化、去强权化）的民办高校理念。建校伊始，理事会就坚持专家团队治校，聘用专业人士任校长，支持校长的管理工作。

该校研究应用型本科教育的内涵特征，树立了"育人为本，德育为先"的培养理念，明确了"本科属性，应用特征"的规格要求，制定了"倒推路线，一体设计"的培养方案，搭建了"功能完备，贴近工程"的实践平台，创新了"产教融合，学用结合"的教学模式，实施了"能力为本，形式多样"的学习评价，组建了"多元结构，优势互补"的教学团队。

将校企合作、产教融合作为应用型人才培养的必由之路，充分利用企业集团办学优势和区域产业优势，积极探索"资源共享，全程参与"的校企合作模式。通过建立组织体系、共建教育资源、开展联合培养、合作项目攻关等，先后与华为技术有限公司等10余家企业合作，共建了华为网络学院实训中心等6个体现行业先进水平的实验室；与河南龙翔电气有限责任公司等企业合作，共建了27个联合培养基地；与北京华联等企业实施合作培养，开办了6个定向培养试点班；与河南鸿马实业有限公司共同研制的HM6550ENJ型流动警务室，取得了国家专利10多项，项目通过了河南省科技厅成果鉴定，产品批量生产，被纳入公安部采购目录，取得了良好的社会效益和经济效益。通过校企合作，产教融合，学校实现了企业参与人才培养方案制定、企业工程师参与课程教学互动，从而保证了应用型人才培养的质量。

三　人才培养资源共享：与时俱进，动态发展

人才培养资源共享，实际上是对教育资源的合理有效的配置，盘活现有

的教育资源存量，最大限度地提高教育资源的利用率和现有教育资源使用效益，达到教育资源利用的最大化。而“最大”却是一个相对的概念，具有较大的时空限制性，甚至会随时代的发展而变化。

河南民办高校人才培养资源的共享，就表现出了极强的与时俱进的态势。比如在建校之初，黄河科技学院根据社会需要开办了许多实用人才培训班，满足了社会对实用技术人才的需要。升本以后，则构建了“本科学历教育与职业技能培养相结合”的特色化人才培养模式。2010 年后，又“互惠互融，多元共建”，形成了开放型、立体式的校企（校地）合作模式。与苏宁电器集团有限公司、郑州宇通集团有限公司、中国电信集团公司等企业形成了共建订单班、共建校内外实习实训基地、共建实体公司与行业学院、共建工程技术研究中心、共建师资队伍、共同开展科学研究等多种合作模式。与宇通集团合作建成的实践教育基地，是国家级大学生校外实践教育基地；与济源市政府合作，建立了应用技术学院；与郑州市合作，建立了郑州市大学科技园。2014 年科技园被认定为郑州市大学科技园，是郑州市高校中仅有的两个市级大学科技园之一；科技园孵化器被认定为郑州市科技企业孵化器，分别获得郑州市政府 500 万元、30 万元的经费资助；科技园孵化器被省科技厅批准组建河南省科技企业孵化器。

黄河科技学院牵头成立了河南省高校创新创业协会，建设了首批示范性应用大学系列创新教材，建成了“创客工厂—众创空间—孵化器—加速器—产业园”全链条创新创业生态体系，集聚了“中国风投”“秉鸿资本”等金融资源，为大学生创业提供了工商、税务、融资等“一站式”服务。学校依托自身创新基因、创业坚守和创造成果，以国家创新驱动发展战略为引领，认真贯彻实施郑州市委开放创新双驱动发展战略，主动融入地方经济发展。学校主动提出与二七区政府合作，集聚学校科技、人才、载体资源，发挥政府公共服务和政策支持，共建“U 创港”创新创业综合体。该综合体作为郑州市唯一一个校政共建综合体，被郑州市人民政府列为重点建设项目。不到一年的时间，专业技术支撑平台、科技金融服务平台、综合公共服务平台和创新创业教育平台四大平台形成完备的服务体系，黄河众创空间、

“U 创”孵化器、“U 创”加速器、配套公寓及服务设施等载体规模初显。规划面积 10 万平方米，建成投入使用面积 57560 平方米，入驻企业 130 余家，年产值 500 万元以上的加速器企业 15 个，国家高新技术企业 3 家。郑州飞轮威尔实业有限公司发展成为一家产品出口 50 多个国家、产值近亿元的企业。

移动互联网、大数据、人工智能等信息技术日新月异，引领人类社会加速迈入智能时代。创新成为时代的主题，也是大学改革和发展的必由之路，更是高等教育质量提高的驱动力。以大数据技术和人工智能为代表的新一代信息技术能够为“以学生发展为中心”理念和 OBE（Outcome-Based Education，成果导向教育）教育模式在教育教学中的真正落实提供前所未有的强大技术支持，促进教育教学管理和服务实现根本性的变革，为教育教学创新提供解决方案。

2017 年以来，黄河科技学院以建设创新型大学为目标，以教育教学创新和教育管理创新为切入点，基于大数据技术和人工智能，开启了创新发展的新路径：以“学生发展”为中心，以国家需求、社会需求和学生需求为导向，构建一个以信息数字化为基础，以数据智能化分析为支撑，全新的教育教学管理模式，切实提高人才培养目标与社会需求的符合度、人才培养质量的达成度和教学质量保障体系的支撑度，促进教育教学质量和人才培养水平持续提升。

在打造无线网络全覆盖的智慧校园基础上，黄河科技学院开发和建设了基于移动端的教育教学管理应用平台——“翻转校园”。翻转校园以全面提高教育教学质量为主旨目标，全方位、多角度地采集、统计教育教学数据信息，通过教育教学多领域大数据分析，生成可视化报表，为教育教学改革、教育质量管理和高校发展决策提供数据依据。

翻转校园坚持反向设计、需求导向、产出导向。以最终目标（最终学习成果）为起点，利用移动互联网技术面向用人单位、毕业生开展多主体、全方位的调研，对调研数据进行智能化的分析，指导学校科学制定人才培养质量目标、细化专业人才培养质量标准、完善课程体系和实践教学体系。课程与教学设计从最终学习成果反向设计，以确定所有实现最终学习成果的教学的适切性。

课堂教学、综合评教、学业预警、教学督导，是翻转校园主要的四个功能模块，利用移动互联网技术对学风、课堂教学、综合评教等教育教学过程中动态数据进行广泛的收集，并对数据进行分类、合并、分析和智能化反馈，建立全程质量监控，形成一个循环上升的闭环结构。

学生成长支持系统是整个智能化平台的核心，也是完全从学生角度，以服务学生成长为目的来设计的一个智能化系统。这个系统是以学生发展为主线，教育教学、学生管理、就业创业、质量监控相关平台的有机整合。学生成长支持系统通过建立学生从入学及在校期间到毕业就业全过程数字化档案，对课内课外学习实践活动进行数据收集和智能分析，基于智能技术为学生提供课业指导、学习预警、过程性评价、就业创业指导与支持，提高学生学习积极性、主动性，促进学业成长和综合素质发展。

其他民办学校在人才培养资源的共享方面，也表现出了很强的时代感和积极性。洛阳科技职业学院坚持“以服务为宗旨，以就业为导向，以质量求生存，以特色求发展”的办学理念，通过引企入校、校企互动、工学交替和订单培养等方式，深化校企合作、产教融合，形成了独具特色的“洛科”模式。学院紧密结合各专业特点及企业的人才需求，先后与阿里巴巴集团、中国网库集团公司、北京华唐教育集团、北京云图软件有限公司、海尔集团、美的集团、格力集团、老板电器、中集集团等128家单位建立了良好的校企合作关系，建立了13个校内实训基地和106个校外实训基地。充分利用学校、企业两种教育资源和教育环境，使学校的理论学习与企业的岗位实践交替进行，对学生进行“知识+能力+素质”的教育培养，

2014年7月，新乡医学院三全学院实施了“院系+书院”的双院制教育培养模式改革，将学生编入五个书院，打破了原有同一院系专业学生聚居的传统。院系负责“学科为本”教学，书院则负责专业教学之外的所有事情。书院主要以学生生活环境为教育平台，以大学生的思想政治教育和行为养成为重点，学院从“信念、态度、思维、人文、能力”五个目标维度，

将通识教育课程分为七个模块，分别为家国情怀与价值理想、世界文化与历史传承、科学素养与批判思维、人文修养与生命关怀、创新创业与职业规划、身心健康与团队协作、艺术鉴赏与审美体验。通识教育课程分为必修课和选修课，必修课涵盖了国家规定讲授的公共基础课程，选修课由院系、书院和学生社团围绕七个模块，针对各专业、各书院学生特点而开设。“通识教育＋思想政治教育”的有机结合，使学生在第一课堂中加以融会贯通，再在第二课堂活动的辅助中逐步深化认同，配合学分制，最终促进学生的全面发展。

郑州电子信息职业技术学院广泛开发和利用仿真实训等数字化教学资源，提高了专业特色教育教学质量。60%以上的骨干专业建有数字化教学资源库，60%以上的专业技能课程教学使用了信息化手段。教学服务、电子学籍、教务和资产管理信息系统得到充分应用，广大教师正在探索构建网络环境下的职业教育教学新模式。

郑州科技学院扎实推动与郑州大学开展深度合作。学校与郑州大学等省内高校正式签订合作协议，争取公办强校在师资培养、教学管理、科研带动、实验实习条件保障等方面实实在在的支持和帮助，努力实现优势互补、资源共享，助推民办高校提高人才培养质量、提升办学水平，为地方经济社会发展提供更多的人才支撑和智力支持。

四　人才培养资源共享：破除偏见，走出误区

黄河科技学院、郑州科技学院等校，资产均已超亿元。其综合办学能力已经超过了许多同层次的公办普通高校，可以说已经进入了“品牌竞争”时代。黄河科技学院的“为国分忧，为民解愁，为社会主义现代化建设服务”的先进办学理念，将国家利益、人民利益与学校的发展紧密联系在一起，具有很朴素而深刻的哲理，已经成为黄河科技学院，甚至是全省民办教育的最大的一个无形资本。

郑州工业应用技术学院根据培养高素质应用型本科人才要求，结合专业

特点，依托中原华信商贸集团及其他旗下单位的市场优势，开辟了郑州工业应用技术学院国际学术交流中心、高尔夫学院、皇宫大酒店、驾校、数控机床、模具、汽修、护理康疗等一大批实习基地。2016 年，郑州工业应用技术学院聘请北京斯坦迈德生物科技有限公司王影博士为专职教师，与北京斯坦迈德生物科技有限公司共同开发再生干细胞，促进生物技术研发能力的提高。2017 年 6 月，与中国工程院院士、国家安全技术及工程专家张铁岗签订了建设工业安全院士工作站合作协议，对该校安全科学与工程学科及边缘交叉学科的发展将起到重要的引领作用。对该校的科研、人才培养、社会服务和师资建设工作也会发挥重要的指导和促进作用。

但是，就是在这样的情形下，竟然还有研究者仅凭一个是否学分互认，就认为，“资源共享的概念没有深入到学生心中”，“郑州市二七区的教育资源，无论是硬件方面还是软件方面，其共享的程度和水平都是很低的”；“实现教育资源共享的关键是实现高校间学分互认”，河南省没有形成人才培养资源共享体系。有这样那样偏见的人还有不少，我们认为，人才培养资源的共享，最终目的只有一个，即创建优质教育，为人民提供满意的教育服务。共享是手段，是工具，工具必须为目标服务。究竟该共享什么，共享到何种程度，应根据最终目标的实现程度而定。

参考文献

[1] 陈振华、祁占勇：《优质教育资源发展论》，浙江大学出版社，2015。
[2] 杨雪梅：《“互联网+”创新创业概论》，河南人民出版社，2017。
[3] 黄河科技学院志编纂委员会编：《黄河科技学院志》，中州古籍出版社，2014。
[4] 郭志刚、张亚林：《关于河南省二七区教育资源共享情况调查分析》，《广东化工》2014 年第 20 期。
[5] 刘陆雪：《关于高等教育资源共享体系的研究——以河南省为例》，《商情》2014 年第 46 期。

运营管理篇

Operation and Management

B.12 分类管理背景下民办学校的"营""非"选择

杨刚要*

摘　要： 新《民办教育促进法》及相关配套文件明确了对民办教育实施分类管理，确定了今后我国民办教育改革和发展的基本方向，是我国民办教育领域的一个具有重大战略意义的制度创新，有利于破解民办教育发展的瓶颈，有利于地方政府扶持政策落地，有利于拓展民办教育发展的新空间。2017 年 9 月 1 日，新《民办教育促进法》实施以来，全国各地正在抓紧制定地方性政策法规落实民办学校的"营""非"选择，虽然有辽宁、江苏、上海、河南等 10 多个省市出台了地方性政策，但是仍然有部分省市表示正在学习中。从国家和省市政

* 杨刚要，河南民办教育研究院研究员，硕士研究生，主要从事高等教育、民办教育研究。

府已出台的政策来看，对民办学校“营”“非”选择面临的“法人属性、财产归属、退出机制等”核心问题的政策定位仍然比较模糊，导致民办学校举办者对“营”“非”选择心存顾虑。民办学校的“营”“非”选择顺利实施需要立法机构及相关部门加强宣传与立法解读、营造良好氛围，各级地方政府在国家顶层设计的基础上做好一系列科学的、更加精细化的制度设计，更需要地方政府对“分类管理”新政的理解支持和积极配合。

关键词： 分类管理　民办学校　营利性　非营利性

一　民办教育分类管理的意蕴

2016 年 11 月 7 日，第十二届全国人大常委会第二十四次会议审议通过《关于修改〈中华人民共和国民办教育促进法〉的决定》，2016 年 12 月，国务院印发了《关于鼓励社会力量兴办教育促进民办教育健康发展的若干意见》，教育部、人力资源部等部门联合下发了《关于印发〈民办学校分类登记实施细则〉的通知》（教发〔2016〕19 号）和《关于〈营利性民办学校监督管理实施细则〉的通知》（教发〔2016〕20 号）等配套文件，新法和配套文件构成了我国民办教育的基本政策体系，确定了今后我国民办教育改革和发展的基本方向，标志着我国民办教育进入了新的发展阶段。2017 年 9 月 1 日，新《民办教育促进法》实施，这标志着我国民办学校“营利性、非营利性”的分类改革正式启动。这说明国家已完成对民办教育分类管理的顶层设计，还需要地方政府制定具体的政策法规支持、鼓励、引导民办教育分类管理落地。《国家中长期教育改革和发展规划纲要（2010—2020 年）》提出“积极探索对民办学校进行营利性和非营利性分类管理”以来，我国浙江温州、上海、广东等地区作为民办教育分类改革的试点进行探索，并取得了一定成效，为进一步推进民办学校的“营利性”“非营利性”选择提供了实践依据。这说明民办教育分类管理是符合民办教育发展规律和符合社会经济发展需求的。研究分类管理背景下民办学校的“营”“非”选择具有重要意义。①

（一）民办教育实行分类管理的意义

新《民办教育促进法》明确提出对民办教育实行“非营利性和营利性”分类管理，从法律制度层面破解了我国民办学校法人属性不清，财产归属不明，政府扶持措施难落实等制约我国民办教育发展的瓶颈，有利于政府部门的扶持政策落地，有利于拓展民办教育发展新空间。对民办教育分类管理是新时代我国民办教育深化全面改革的一个重要突破口，需要在政府出台一系列实施细则的前提下进行。②

实施民办教育分类管理，对民办教育健康发展有着重要意义。

一是有利于破解民办教育发展的瓶颈。在新《民办教育促进法》颁布之前，我国民办学校法人属性统一登记为“民办非企业单位”，这与我国民办教育发展的现实情况是不相适应的。新《民办教育促进法》的出台，对制约民办学校发展的法人属性不明、产权归属不清等以前模糊不清的地方更加明确了，破解了困扰我国民办教育发展的瓶颈问题，为我国民办教育的健康可持续发展指明了方向。民办学校一旦明确办学目标和办学定位，就可以扎实地推进学校建设，有利于提高民办教育质量。民办学校的举办者、投资者可根据发展需要自由选择“非营利性或营利性”学校，选择“非营利性”学校可登记为“民办非企业单位”和“民办事业单位”，选择“营利性”学校的合法权益得到了保护，明确了对民办学校“营”“非”选择后对合法财产权益的保护。

二是有利于地方政府创新扶持政策，推进民办学校“营”“非”选择。

① 杨刚要：《民办教育分类管理问题探究》，《当代经济》2017 年第 31 期。

② 陈建超：《分类管理背景下福建民办教育发展研究》，《教育评论》2016 年第 12 期。

目前，我国民办学校统一登记为“民办非企业单位”，对民办教育的扶持政策都是一样的，存在有民办学校打着“非营利性”的目标做着营利性的事情。对民办教育进行分类管理，明确了民办学校可以自由选择“非营利性”或“营利性”，有利于国家分类出台政策差异化的扶持政策，进一步鼓励、支持社会力量举办民办教育，进而调动社会力量举办民办教育的积极性、主动性。

三是有利于拓展民办教育发展新空间。民办教育实施分类管理之后，国家将分类出台差异化的扶持政策推进民办学校的“营利性”“非营利性”选择落地，不同性质的民办学校可以享受政府差异化的扶持政策。选择“非营利性”的民办学校可以在政府补贴、政府购买服务、基金奖励、土地划拨、税费减免等方面获得更多优惠的扶持政策，学校可以利用政府的支持获得更大的发展空间，不断提高办学质量和办学水平。选择“营利性”的民办学校在法律上的地位更加明确，可以依法依规取得合理的回报，可以充分利用市场机制不断创新教育产品供给，不断拓展资金来源渠道，吸引更多的社会资金投于民办教育领域。

（二）民办教育实行分类管理的政策内涵

新《民办教育促进法》对分类界定、准入领域、分类后的登记、现有学校过渡、终止时的财产清算规则等重要方面做了明确规定。

分类界定。“非营利性”民办学校指的是学校举办者或者投资者不能够取得办学收益，办学结余要全部投入到“非营利性”的学校办学中。“营利性”的民办学校是指学校举办者可以营利取得合理的回报，办学结余根据国家相关法律、规定进行分配。准入领域。新《民办教育促进法》对“义务教育阶段不允许举办营利性民办学校”做了明确规定。

分类后的登记。“非营利性”的民办学校可根据办学实际情况可以登记为“民办非企业单位”或“事业单位”；批准设立的“营利性”民办学校则到工商行政部门登记。

现有学校过渡。新《民办教育促进法》出台前设立的民办学校可根据学校发展需求自主选择“营利性”或“非营利性”的民办学校。新《民办教育促进法》实施日期为2017年9月1日，新法实施后新设立的民办学校只能够选择登记为“营利性”或“非营利性”的学校。

终止时的财产清算规则。根据新《民办教育促进法》规定，民办学校在终止办学进行财产清算时，选择登记为“非营利性”学校的，在清偿债务后，剩余财产要全部继续用于“非营利性”的学校办学。选择“营利性学校”的，清偿债务后依据公司法有关规定可以获得剩余财产，具体的清算规则由各省级政府制定。①

（三）民办教育实行分类管理的原则

目前，全国各地正深入贯彻落实民办教育分类改革的重大战略部署，为进一步支持、规范民办教育分类管理有序推进，各省级政府正抓紧制定推进民办教育分类管理的地方政策法规。在制定政策和实施过程中，要确保新《民办教育促进法》细化落地，需要准确把握好国家统一规定与地方特色相结合、政策鼓励扶持与规范管理相结合、非营利性与营利性民办学校相结合的原则。②

1. 坚持国家统一规定与地方特色相结合的原则

新《民办教育促进法》是一项具有全局性、系统性的重要法律。新法取消了“合理回报”，提出对民办学校进行“非营利性”“营利性”的分类管理，这是重大的政策调整，亟须各省级政府尽快修订及完善相关政策、法规。各省级政府出台的政策要与新《民办教育促进法》保持一致，真正推进分类管理新政落地。由于我国经济发展不平衡，全国各地的民办教育发展也不平衡，在坚持遵循国家统一规定的基础上，鼓励各省级政府根据各省民办教育发展的实际情况充分发挥教育统筹权，大胆创新，制定切实符合省情、具有地方特色的教育政策。在收费办法、财政扶持和税收政策、对出资者的补偿或奖励办法、过渡期限等方面，各省可根据实际情况制定推进民办教育分类管理的特色政策。

① 陈建超：《分类管理背景下福建民办教育发展研究》，《教育评论》2016年第12期。

② 阙明坤：《推进民办教育分类管理需处理三大关系》，《教育发展研究》2017年第2期。

2. 坚持政策扶持与规范管理相结合的原则

《国家教育事业“十三五”规划》提出“促进和规范民办教育发展”，新《民办教育促进法》提出对“对民办教育进行管理与监督，扶持与奖励”，均强调“扶持和监督管理”并重，二者是促进民办教育分类管理的两个方面，缺一不可，最终目的都是为了推进民办教育的健康发展。在政策扶持方面，政府要在土地供应、财政支持等方面真正落实差异化扶持政策落地。在规范监督管理方面，政府需要进一步加强对民办教育的统筹管理，提升民办教育内部的治理水平，促进民办教育依法依规办学。具体可从完善学校法人治理结构、健全资产管理和财务会计制度等方面加强对民办教育的监督与管理，规范民办学校的办学行为。

3. 坚持非营利性与营利性民办学校相结合的原则

新《民办教育促进法》提出对民办教育进行“非营利性、营利性”的分类管理，这将对原有利益格局进行洗牌与调整。各省级政府在制定具体落实政策时要对两类学校做好公平的顶层设计，制定差异化的扶持政策。让民办学校举办者无论选择“非营利性或营利性”都能够真正得到公平的对待，解决他们的后顾之忧。对民办教育的分类管理要避免两种倾向，一是“非营利性学校”要与公办学校具有同等的法律地位，享受同等的政策，但是不能把“非营利性学校”完全办成公办学校那样；二是对“营利性学校”不能够有道德歧视、政策歧视，“营利性学校”仍然具有公益性，还是我国教育事业的重要组成部分。政府部门不能够完全像对待企业一样对待“营利性学校”。“营利性学校”的产品具有特殊性，承担为社会经济发展培养人才的重任，要享受比企业更加优惠的政策。各级政府在制定分类管理实施细则的时候要充分平衡民办学校举办者的利益、学生利益、教师利益等，从而促进民办教育多样化、特色化的发展。

二　民办学校“营”“非”选择面临的问题

2016 年 11 月 7 日，新《民办教育促进法》出台之后，国家层面的各类配套政策也按部就班地落地。新《民办教育促进法》及各类配套政策是一个顶层设计和原则性的制度框架，各级政府部门要根据新法要求制定实施细则，促进民办教育分类管理落地。目前，各省级政府制定的实施细则落地较为缓慢，截至2018年5月4日，仅有辽宁、安徽、甘肃、天津、云南、湖北、上海、浙江、河北、内蒙古、陕西、河南、海南、江苏、青海、广东等16个省市政府出台了《关于鼓励社会力量兴办教育进一步促进民办教育健康发展的实施意见》等相对详细的相关政策法规，其他省份仍处于政策学习或表示积极推进中的状态。从已经出台较为详细的实施方案的省份来看，对现有民办教育分类管理的过渡时间为3～10年。由于各省推进民办教育分类管理的实施细则操作性不强，民办学校对“营”“非”选择还心存疑虑，大多民办学校都处在徘徊、观望状态。

（一）民办学校“营”“非”选择的实施细则操作性不强

民办学校“营”“非”选择主要涉及法人属性、产权归属、退出机制等核心问题。虽然新《民办教育促进法》及《民办学校分类登记实施细则》等配套性文件也做出了明确规定，但主要是制度性的、程序性的规定，缺乏具体的、操作性强的实施细则。

如，新《民办教育促进法》虽提出“非营利性”民办学校与公办学校享受同等法律地位，在“财政、土地、税收”等方面享受优惠政策，但是缺乏对民办学校“优惠”扶持条件的定性说明和定量规定，甚至完全按照市场方式运作。从各省出台的政策来看，对民办学校“营”“非”选择涉及的核心问题缺乏具体化、操作化的实施细则，如河南省人民政府《关于鼓励社会力量兴办教育进一步促进民办教育健康发展的实施意见》虽明确了“营利性民办学校举办者可以取得办学收益，办学结余依据国家有关规定进行分配”，但根据“国家有关规定进行分配”这一说法还是比较模糊，“营利性”的民办学校取得办学收益具体根据什么规定、哪些条款等都没有详细的说明。虽然规定“在政府补贴、政府购买服务、基金奖励、土地划拨、税费减免等方面对‘非营利性’民办学校给予扶持”，但对“非营利性”民办学校给予多大程度的扶持没有明确规定。[①]

如，政府补贴方面，对“非营利性”民办学校补贴多少、如何补贴等法律没有明确说明。对“非营利性”民办学校给予出资者相应的补偿和奖励，这个“相应的补偿和奖励”标准是什么，没有量化。这些实施细则缺乏量化、可操作性，这就使民办学校在做“营利性”“非营利性”选择时犹豫不决。如果选择登记为“非营利性”民办学校，政府能够给予多大程度的支持，能够取得多少的补偿和奖励；如果选择登记为“营利性”民办学校，能够享受到的优惠政策到底是多少，需要缴纳多少税费，尤其是土地这个方面需要补交多少费用，给学校额外增加债务负担有多少等，这些问题是民办学校举办者在“营”“非”选择时需要做比较才能够决定的。

（二）民办学校举办者对“营”“非”选择心存顾虑

民办学校举办者对“营”“非”选择心存顾虑，主要体现在新《民办教育促进法》对民办学校的监督管理和制约权力较大，对“非营利性民办学校”举办者的合法权益保护不足，民办学校举办者对“营”“非”选择存在认识误区，民办学校“营”“非”选择没有经验可循等。

1. 新《民办教育促进法》对民办学校的监督管理和制约权力较大

新法规定“民办学校应当设立学校理事会、董事会及其他形式的决策机构并建立相应的监督机制”。民办学校举办者担心未来的监督机构由政府牵头组建，会大大限制学校举办者和董事会在人事、财务等重要领域的决策权，进而限制学校的健康发展。《国务院关于鼓励社会力量兴办教育促进民办教育健康发展的若干意见》规定“学校关键管理岗位施行亲属回避制度”、“财政扶持的民办教育资金要纳入预算，向社会公开。接受审计和监督，提高资金利用率”。这一规定又增加了学校举办者对决策权、财务管理权的担心，学校举办者有可能会担心学校所有的资金都会受到审计和监督。[②]

① 陈爱民：《民办高等教育分类管理与社会资源优化分配》，《教育发展研究》2017 年第 3 期。

② 王一涛、徐绪卿、宋斌等：《非营利性民办学校举办者权益的合理保护》，《中国教育学刊》2017 年第 3 期。

2. 新《民办教育促进法》对非营利性民办学校举办者的合法权益保护不足

在加强对民办学校举办者监督和制约的同时，对民办学校举办者选择“非营利性”的合法权益保护不足。投资办学是我国民办教育的基本特征，大部分民办教育投资者都希望能得到合理的回报。新《民办教育促进法》规定“民办学校选择非营利性不得获得办学收益，办学结余全部继续用于办学”。这说明民办学校选择非营利性之后就不能够获得经济回报了，这是民办学校举办者不愿意看到的。这也意味着民办学校举办者不再拥有剩余财产所有权。很多民办学校举办者认为，学校发展累积的财产主要是学校举办者的投资和滚动发展得到的，不是社会的捐赠和政府的扶持得来的。这也大大增加了民办学校举办者对选择“非营利性”后的担心。

3. 民办学校举办者对“营”“非”选择存在认识误区

民办学校举办者在选择“非营利性”时对是否意味着放弃管理权、是否收取低学费、是否等于更严格的政府管理、是否等于放弃管理权等问题存在担心。国家法律没有规定“非营利性”民办学校必须放弃管理权。选择“营利性”民办学校者对是否能够得到政府部门的支持比较担心。从现在的制度安排来看，政府无论对民办学校选择“营利性”和“非营利性”都会给政策支持、鼓励，只是政府支持的力度不同。人民群众对“营利性”民办学校存在抵触情绪，“营利性”民办学校如果完全按照市场化机制运作，对“营利性”民办学校是否还能够坚持教育的社会公益性，是否能够坚持社会主义办学方向自然会存在担心。①

4. 民办学校“营”“非”选择没有成熟经验可循

《国家中长期教育改革和发展规划纲要（2010—2020 年）》明确提出要积极探索对民办学校进行“营利性和非营利性”的分类管理。新《民办教育促进法》及相关配套政策更明确提出了对民办学校进行“营利性和非营利性分类管理”，这说明国家在政策层面是支持、鼓励、引导民办教育探索分类管理的。虽然国家在政策、法律层面明确提出对民办教育实施“分类

① 徐绪卿：《把握六大区别，消除六大误区，贯彻落〈新法〉》，《教育发展研究》2017 年第 2 期。

管理”，且我国上海、浙江温州等地区的民办教育也进行了实践探索，但是并没有取得预期的效果。目前，我国对民办教育提出的“分类管理”政策是在借鉴欧美等发达国家私立教育发展经验基础提出的，这个政策到底是否符合我国民办教育发展的实际情况，还需要经过实践的检验。

三　民办学校选择“营”“非”的实施路径

民办教育的分类管理是我国教育领域的一个具有重大战略意义的制度创新。随着新《民办教育促进法》及相关配套文件出台，民办学校举办者将在自愿的基础上做出“营”“非”选择。我国民办学校的“营”“非”选择是基于很复杂的教育现状基础上，在政府和市场的双重驱动下进行的。尽管在国家层面对民办学校“营”“非”的顶层设计基本完成，但是需要各省级政府具体落实的推进民办学校“营”“非”选择的制度体系尚未构建。民办学校的“营”“非”选择想要顺利地推进，需要立法机构及相关职能部门加强宣传与立法解读、营造良好氛围，需要各级政府部门制定更加科学的、精细化的操作性强的实施细则，做好一系列科学的、更加精细化的制度设计，更需要地方政府的积极配合和大力扶持。

（一）加强宣传与立法解读，营造良好氛围

新《民办教育促进法》及相关配套政策的出台，势必会吸引理论界、民办教育举办者、相关专家、学者及相关政府部门等展开广泛的讨论，不同的人会有不同的理解和认识。这就要求立法机构及相关职能部门组建专门人员对新《民办教育促进法》及相关配套政策的立法宗旨、价值取向、立法突破等方面进行全方位的解读宣传，同时邀请权威专家对民办学校“营”“非”选择面临的“法人属性、产权归属、政府补贴、政府支持”等核心问题进行深度解读，为深入推进民办学校“营”“非”选择营造良好的舆论氛围。①

---

① 尹晓敏：《对〈民办教育促进法修正案〉实施落地的若干思考》，《浙江树人大学学报》2017 年第 6 期。

一是加强对立法的亮点进行宣传。可从强化党建工作、创新基础制度、权益保障、健全监督管理机制等亮点方面加强解读与宣传。二是加强“营利与非营利民办学校的区别”方面的宣传。可从分类登记、结余分配、校园用地、税收政策、财政补贴、终止清算等方面强化宣传。通过政策解读与宣传，打消民办学校举办者对民办学校“营”“非”选择面临关键问题的顾虑，提高民办学校举办者对“营”“非”选择道路的自信。

（二）制定更加科学的、精细化的、操作性强的实施细则

在现有的条件下，民办学校举办者对“营”“非”选择大部分都处于观望、徘徊的状态。对民办学校举办者在自愿基础上理性地做出“营”“非”选择，需要制定科学合理的制度设计。要使民办学校举办者自愿、理性地选择“非营利性”，政府部门必须制定更加科学的政策，在政府补贴等方面给予足够的优惠政策，对民办学校举办者选择“非营利性”之后的奖励和政府补贴方式要明确具体的比例给举办者。要使民办学校举办者自愿理性地选择“营利性”，要给予税收方面的优惠政策，不能够完全按照公司法的形式收税，“营利性”学校提供的教育具有公益性，不同于一般企业生产的产品。要允许民办学校（义务教育除外）尤其是民办高校选择“营利性”，目前，我国的民办高校都是选择“非营利性”。在自主招生方面，必须给予“营利性”民办学校充分的自主招生权，这是最重要的一条，因为这直接关系到“营利性”民办学校是否能够追求利润最大化的权利。在允许“营利性”民办学校追求最大利润的同时，要加强对“营利性”学校的办学行为和办学质量的监督与管理，对学生、教师的合法权益进行有效保护。①

如，对现有民办学校“营”“非”选择的补偿和奖励办法，国家授权由省级人民政府根据省情制定。在制定具体实施细则中，至少需要明确三个问题：一是补偿奖励的对象和资格。目前，新《民办教育促进法》只明确“非营利性”民办学校可以取得补偿，对“营利性”的民办学校只明确了

① 陈爱民：《民办高等教育分类管理与社会资源优化分配》，《教育发展研究》2017 年第 3 期。

“依法明确产权属性”，没有明确是否可以取得补偿奖励。二是补偿奖励的标准和计算办法。针对不同办学基础的民办学校补偿奖励标准及补偿的核算依据等没有明确。三是补偿奖励的方式和期限。对民办学校的补偿奖励是一次性还是分期，是货币补偿还是其他形式的补偿等内容都没有明确说明。因此，要在民办学校做出“营”“非”选择之前需要对补偿奖励的对象和资格，补偿奖励的标准、计算办法，补偿奖励的方式和期限等方面制定科学、合理、可操作性的实施细则，彻底打消民办学校“营”“非”选择之后的顾虑。①

（三）需要地方政府的积极配合和大力支持

新《民办教育促进法》及相关配套政策是各有侧重、相互交叉、相互独立的民办教育法律体系，是指导民办教育“营”“非”选择落地的制度框架和顶层设计，具体落实还需要各级地方政府根据当地民办教育发展的实际情况制定与新《民办教育促进法》及相关配套政策精神相适配的、具体化的、操作性强的地方性政策法规。

各级政府对民办教育的作用和地位的认识程度决定着是否愿意为民办教育提供更多的优惠政策，这也是推进民办学校“营”“非”选择的关键。同时，还需要财政、税收、社会保障等部门的积极配合。民办教育的发展规模和水平、发展类型模式之间的差异性及发展不平衡不充分是我国民办教育的一个基本特征。不仅不同省份之间的民办教育发展不平衡，就是一个省不同城市之间的民办教育发展也是不平衡的。这种区域性的差异发展不平衡、不充分的原因，在于当地政治、经济、文化等发展不平衡及国家政策法律法规的滞后和地方政府的扶持政策差异化等造成的。

地方政府积极、主动地探索适合当地民办教育发展的模式，是推进民办学校“营”“非”选择顺利实施的关键。《国务院关于鼓励社会力量兴办教育促进民办教育健康发展的若干意见》规定，除税收政策的制定权限由中

---

① 章露红：《地方民办教育新政：创新空间、边界与重要议题》，《教育发展研究》2017 年第 17 期。

央决定之外，财政扶持、政策引导、政府补贴、基金奖励等政策的制定、实施、监督管理都有各级地方政府来落实，这就给地方政府更多的政策创新空间。如，在民办教育分类管理改革的实践中，浙江温州市政府就充分发挥主动性，在法人属性、产权归属、税收优惠、融资改革等方面进行了创新，推进民办教育分类改革，改善了当地民办教育的发展环境，形成了“民办教育分类管理的温州模式”。为其他地方政府发挥主动性，创新政策支持民办学校“营”“非”选择提供了实践经验。地方政府在创新制定地方政策推进民办学校“营”“非”选择的时候，要准确理解与把握法律明确授权哪些政策是需要地方制定的，在完善准入、退出机制、补偿奖励办法、差异化政策扶持、税收优惠、监督管理等方面寻求创新性的突破。[①]

① 吴华：《地方实施民办教育新政要坚持市场取向的变革方向》，《教育发展研究》2017 年第 3 期。

B.13 河南民办学校融资机制的创新与突破

王道勋*

摘　要： 从民办学校资金来源渠道入手，提出其融资过程中存在的问题，并对造成河南省民办教育经费不足的原因进行深入分析，最后结合国外私立学校融资的成功经验，从政府、社会和民办学校自身方面提出相应对策。

关键词： 民办学校　融资机制　创新　河南

《西方教育字典》认为：“不接受教育补助资金，依靠学生学费、捐赠和其他私人财源的学校叫私立学校。”在西方，除了利用国有资金开办的学校，都是私立学校。《国务院关于鼓励社会力量兴办教育促进民办教育健康发展的若干意见》指出：“社会力量兴办教育是指各种社会力量以捐赠、出资、投资、合作等方式举办或者参与举办法律法规允许的各级各类学校和其他教育机构。”据此可以认为，民办学校包括多种形式，如私人独资举办、企业创办、股份制民办学校和独立学院。

截至 2017 年底，河南省各级各类民办学校 19277 所，在校生总数 618. 38 万人，教职工总数为 48. 41 万人。其中，民办幼儿园 16183 所，在园幼儿 287. 24 万人；民办小学 1807 所，在校生 143. 96 万人；民办普通初中 801 所，在校生 80. 92 万人；民办普通高中 263 所，在校生 36. 78

* 王道勋，黄河科技学院副教授，河南民办教育研究院研究员，硕士研究生，主要研究方向：教育管理学、教育社会学。

万人；民办中等职业学校 186 所，在校生 23. 30 万人；民办普通高等学校 37 所（其中，本科 17 所，专科 20 所）；普通本专科在校生 46. 17 万人，占全省普通本专科在校生总数的 22. 82%，其中，本科 28. 43 万人，专科 17. 74 万人。

也就是说，2017 年河南各级各类民办学校已由 2012 年的 12718 所增加到 19277 所，增幅达 51. 6%；在校生总数由 419. 76 万人增加到 618. 38 万人，增幅达 47. 3%。全省民办教育发展资金已累计吸引 460 亿元的社会资本，民办教育的发展活力持续增强。

为促进事业发展，民办学校筹集资金的行为与过程就是融资。在这个过程中，学校根据自身的发展状况、资金拥有的情形以及未来办学发展的需要，采用一定的方式，遵循一定的原则，从一定的渠道向投资者和债权人去筹集资金，组织资金的供应，以保证学校正常运行、科学发展。教育融资的主要功能有教育资金筹措、融资渠道的选择、资本投资以及融资监管等，主要目的是用于学校长远发展、规模扩张、贷款偿还以及办学日常运行等。①

教育经费短缺是普遍存在的问题，问题的背后是制度安排。突破教育发展瓶颈，应从创新融资机制、拓展融资渠道、提高融资效率上下功夫。对河南这样一个人口大省、教育大省尤为如此。

一 民办学校资金来源渠道

民办学校在经营过程中，其融资手段主要是指在市场经济条件下运用财政手段、市场机制和金融创新手段等融通资金的经济行为。学校的可持续发展需要一定的资金保障，如何通过各种融资渠道筹集资金以保障民办学校的运营和发展，是民办学校面临的首要问题。目前，民办学校的融资渠道主要有以下几种。

① 王小兵：《教育发展中融资创新研究》，中南大学博士论文，2011。

（一）学费收入

学费收入是我国民办学校办学经费的主要来源。民办学校与公立学校存在着诸多的不同点，其中最主要的就是创办主体不同。民办学校的办学主体是社会团体或个人，政府对民办学校投入的资金相对较少，学生缴纳的学费就是民办学校办学经费的主要来源。

（二）银行贷款

随着民办学校的迅速发展，在政府支持不够、投入不足的情况下，需要大规模投入的时候，通过银行贷款才能筹集适应学校办学需求、满足发展所需的资金。

（三）社会捐款

在国外，社会捐赠是私立学校的重要经费来源。它主要有来自社会名流、公司企业的捐赠和一些本校毕业生的捐赠。社会捐赠作为民办学校的融资渠道之一，在我国受政府政策、社会文化等方面的影响，对民办学校的捐赠是少之又少。

（四）服务收入

民办学校通过校企合作，与企业合作研发新产品、转让专利权、租赁设备等，通过申报纵向、横向课题，利用人力、物力、智力资源等开展对外服务取得收入。

二　河南民办学校融资过程中存在的问题分析

政府财政拨款和生均学费是公办学校的主要办学经费来源，而民办学校办学经费的主要来源比较单一，主要是学费。

（一）融资模式过于单一

我国民办学校目前的经费收入主要是学费收入，占将近全部收入的80%左右。民办学校对学费的过于依赖，大多形成了收取学生学费、以学养学的现象。

表1　民办学校的资金来源结构

单位：%

收入类别	学费	杂费	捐赠	校办产业	贷款	财政	其他
比例	79.8	10.4	1.2	0.8	3.6	3.4	1.9

资料来源：教育部发展规划司，上海市教育科学研究院：《2006年中国民办教育绿皮书》，上海教育出版社，2006。

表2　M大学经费来源

单位：元

项目学年	2001～2002	2002～2003	2003～2004	2004～2005	2005～2006	2006～2007
每生学费	11000	11000	11000	11000	11000	13000
学费总收入	20349675	40766524.36	44539822.85	53233381.44	66931144.09	72713889
住宿费收入	3668595	4742073	5120719.15	6874080.36	8640697.71	8639103.70
政府补贴	0	0	0	9000	8000	40000
捐赠收入	0	0	0	0	0	0
其他收入	4953192.94	957852.88	1007565.86	889942.05	4420629.54	4295933.25
总经费收入	28971462.94	46466450.24	50668107.86	61006403.85	80000471.34	85688925.95
学费及住宿费占总收入比例	82.9%	97.94%	98.01%	98.53%	94.46%	94.94%

注：此表来源于M大学财务处。

（二）学费上涨空间有限

当前，河南省民办高校的学费标准一般在一年1.4万元左右，小学和幼儿园收费差别较大，有的一年达2.4万元，初中和高中学费更高，一年为4万元左右。不少家庭难以承受。因此，河南省民办学校的学费上涨空间有限。

表 3　某高教集团财务数据

单位：万元

学校	截至 12 月 31 日		
A 学校	2015 年	2016 年	2017 年
学费	201483	280826	378742
住宿费	22879	25587	30154
总收益	224362	306413	408896
学费占总收入比例	89.80%	91.65%	92.63%
B 学校			
学费	26373	36872	40161
住宿费	5362	6602	6325
总收益	31735	43474	46486
学费占总收入比例	83.10%	84.81%	86.39%

注：数据来源于某高教集团招股说明书。

（三）政府财政资助比例不高

尽管我国法律规定各级地方政府应对民办学校进行适当地资助，但政府对民办学校仅表现在一些优惠政策上，直接资助很少，据 M 大学 2001～2007 年的经费来源统计可知，仅在近几年才获得国家政府财政补贴，且金额极少。

三　国外私立学校融资模式分析

经费是私立学校生存发展的前提条件，高水平的教育需要足够的资金作为保障。国外私立学校发展早于我国，在学校融资方面也积累了大量经验。多元化的融资模式以及健全的法律政策促使私立学校快速发展。按照融资途径的不同，可以将学校融资分为四个类型：政府财政支持、自筹款项、捐赠收入以及金融资金。

（一）政府财政支持

政府给私立大学财政资助是西方国家发展私立学校的重要举措之一。

美国1965年通过的《高等教育法案》和1972年通过的《高等教育法修正案》明确规定，要向私立学校提供长期财政资助而不带任何附加条件，为私立学校的可持续发展提供财政经费保障。美国政府对学校经费的投入主要包括联邦、州和地方三级政府的投入，其中主要针对非营利性私立学校。2000~2001年私立学校的财政构成中，政府财政支持所占比重平均为17.6%。

分析澳大利亚的经费来源情况（见表4）可知，澳大利亚私立学校经费的主要来源是政府拨款。

表4　2007年澳大利亚学校经费来源情况

经费来源	联邦政府拨款	贷款计划政府补贴	州和当地政府拨款	学杂费	投资收益	咨询科研合作	捐赠收入	非政府资助	其他收入
金额（千澳元）	7016258	2318018	691297	4245772	837062	791276	155145	228115	1033086
百分比（%）	40.52	13.39	3.99	24.52	4.83	4.57	0.9	1.32	5.97

英国由中央政府负责高等教育机构的全部财政拨款。目前英国高等教育拨款委员会的经费分配项目主要包括三大项目：一是教学经费；二是研究经费；三是特别经费（或称专项拨款）。这些财政经费占学校总经费的70%左右。

（二）自筹款项

在美国，公立大学的学杂费收入占总收入的比例不到20%，但私立大学的学杂费收入占40%左右，是私立大学的主要资金来源。同时，学校利用自身科技、智力等优势开展对外服务及销售所取得的收入是仅次于学杂费收入的第二大资金来源。斯坦福大学开辟了学校工业园，使教学、科研与工业园的发展双向互动，形成了著名的技术与知识密集型工业开发区“硅谷”。2000~2001年，美国非营利性私立大学的销售与服务收入高达193亿美元（主要包括教育活动、辅助企业、医院三方面），占学校总经费的22.46%。

印度是发展中人口大国，具有世界第三大规模的高等教育。印度学校中私有化迅速发展，据印度规划委员会 2002～2007 年的报告，私立学校的在校生占一半以上，且大多数为自筹资金型院校（Self-financing Colleges）。一般来说，印度私立学校通过收取高额的学杂费作为主要经费来源，除此之外还通过向社会提供有偿服务获得一定数量的资金，例如向企业转让科研成果、提供信息咨询和举办成人教育等。

英国的学费收取起源于 20 世纪末，目前学费收入已达到经费的 30.9%，成为仅次于政府拨款的第二大收入。政府在制定了相关鼓励政策的同时，还专门成立了高等教育委员会等机构，为大学与产业界之间提供技术转让活动的协调服务，并鼓励多种形式的校企合作，以增加学校的社会服务收入。除此之外，英国还积极吸引非欧盟国家的留学生到英国学校接受教育并通过收取高额的学费增加收入，每年为英国学校创造超过 15 亿美元的资金流入。

（三）捐赠收入

高等教育政策研究院院长 Jamie P. Merisotis 在某报告中称："较富裕的国家中私人筹资占所有高等教育开支的 23%。但是百分比正在增长，作为世界其他地区，这些国家似乎在朝着同一方向发展。"私人捐赠正逐渐成为各私立学校的主要经费来源之一。

在美国，社会对学校捐赠的历史由来已久，哈佛大学、耶鲁大学、斯坦福大学等高等院校都是在捐赠资金的基础上建立起来的。捐赠已成为美国私立学校的传统，数额较小的捐款直接补充学校的教育经费，数额较大的捐款则以教育基金的形式捐赠给学校。美国在税法上对捐赠实行免税政策，大力鼓励对私立学校的捐赠，来自社会、企业、私人、校友等各界的自愿捐赠逐年增加，2005 年美国大学至少获得了 256 亿美元捐赠，比上年增长了 4.9%，创下历史新高，使私立学校的捐赠收入达到一个新的台阶。

在印度，私立学校规模迅速发展的过程中，大量的私人捐赠在其经费中占主要地位，满足了经费的需求。为鼓励各学校向社会捐赠的积极性，印度政府对大学和科研机构获得的捐赠收入实行免税政策，并针对社会捐赠制定特殊政策，使捐赠者和学校实现“共赢”局面。近年来，印度学校获得的捐赠越来越多，其中包括馈赠基金、直接捐款和捐物。除此之外，印度还在国际上积极争取经费或设备援助等诸多捐赠。

（四）金融手段

随着各国对利用金融手段为学校筹措资金的重视，相继出现了教育证券、教育保险、教育贷款等多种教育金融手段。

教育证券是以发展教育事业为发行目的的有价证券，如教育彩票、教育股票等。美国很多私立大学通过发行教育股票进行融资，例如凤凰大学（The University Phoenix）通过发行教育股票在美国 12 个州建立了分校，成为目前美国最大的私立大学。彩票具有筹资规模大、不还本、不付息的特点，发行教育彩票可以吸收大量的闲散资金用于发展教育事业。美国曾发行四种教育彩票，资助建立私立大学，有 13 个州部分或全部把彩票收入投入到教育中。

教育贷款有世界银行贷款、教育基金贷款和学生助学贷款等种类。美国、澳大利亚、日本和印度等国都建立了助学贷款体系，政府向学生提供有息贷款或无息贷款，在不增加学校经费负担的情况下，很大程度上解决了学生受教育的问题。

四　河南民办学校融资机制的创新与突破

民办学校要获得良好的可持续发展，必须有充足的资金作为保证，结合国外私立学校成功融资的实例，拓宽我省民办学校筹资渠道，解决融资困境。多元化地筹集资金是解决民办学校融资问题的首要任务。

（一）政府和社会层面

1. 提供政策支持，优化融资环境

政府应加强立法，为我省民办学校筹集资金提供法律保障，需要政府重视并完善社会捐赠、银行信贷等方面的法律体系。

（1）创造宽松的银行信贷环境。银行在资金上支持民办学校，不仅为教育事业发展做出了贡献，也有助于分散自身风险，增加投资渠道和收益。《河南省人民政府关于鼓励社会力量兴办教育进一步促进民办教育健康发展的实施意见》指出：“鼓励金融机构在风险可控前提下开发适合民办学校特点的金融产品，探索办理民办学校未来经营收入、知识产权质押贷款业务，提供银行贷款、信托、融资租赁等多样化的金融服务。”银行的教育信贷回收率比企业的回收率要高。目前，为加快民办学校的发展步伐，众多学校纷纷加强与银行合作，限定信用额度贷款，负责筹集办学经费，使得民办学校在筹集资金的同时也增加了财政压力。应尽快修改完善相关法律法规，解决民办学校贷款担保的问题，扩大可抵押资产范围，并降低银行贷款利率或发放贴息贷款，延长贷款期限，在一定程度上加大银行对民办学校的支持，创造宽松的金融信贷环境，降低财政压力，缓解其融资困境。

（2）积极引导社会捐赠。目前，我国的税法对于捐赠缺乏有效的激励政策，个人对教育和公益事业的捐赠，不能全额扣除，大大制约了捐资助学的积极性。地方政府应加大税收优惠政策，积极鼓励企业关注公益教育事业，适当激励个人参与民办学校建设，给予学校资金上的资助。《河南省人民政府关于鼓励社会力量兴办教育进一步促进民办教育健康发展的实施意见》指出：“对民间资金捐资助学或者办学的，可以按照捐赠额的一定比例拨付配套资金予以支持；对民间资金一次性投资规模较大的，可给予所办学校一定的资金奖励和人才支持。为鼓励和引导民间资金投入发展教育，省财政加大对民办教育的支持力度。市、县级政府要结合本地实际，专门安排资金支持民办教育发展。”

2. 政府资助

政府对民办学校资助，可以从以下方面着手：税收优惠；落实民办学校发展的土地、建设、财税优惠政策；设立民办教育发展基金，以慈善基金会的运作方式展开专项筹资活动，向企业、公众公开为民办学校筹集资金等。可喜的是，大部分政策在《民办教育促进法》新修法中已经有所体现。

（二）民办学校自身层面

1. 扩大生源，增加学费收入

学费收入是民办学校经费的主要来源，更是大多民办学校的财政支柱。民办学校适度扩大招生规模，增加经费收入是可行的。但是，更应该加强师资队伍的综合水平，坚持以生为本，提高学校自身的学术水平和科研能力，形成品牌效应，从而提高民办学校的社会声誉，吸纳更多的学生，增加学校自身的学费收入。

2. 提高自身创收盈利能力

学校是高新技术的辐射源和创新人才的培养摇篮，民办学校应该充分利用自身丰富的教学资源和较高的科研水平，进行各种销售和社会服务；大力开展学生餐厅、宿舍、澡堂、商店等后勤产业，通过经营校产获得更多的收入；利用自身教育资源，与企业合作，大胆走商业化道路，从市场获得经费。

3. 利用资本市场筹集资金

实行学校股份制改革。办学资金和师资队伍一直是困扰民办学校的两大难题。从经济视角看，实行校企合作，选择合适的企业，借助其资金、设施、人才、就业等优势，开展多形式、多层次的合作。同时，学校可设立股权激励基金，吸引人才并留住人才，确保学校的稳定、可持续发展。

发行教育彩票。彩票业经过近几年的快速发展，已成为世界第六大产业，目前许多国家都有教育性质的彩票发行，按照一定的抽取比例专用于教育行业。而我国目前在教育彩票方面还有很大的发展潜力，民办学校的准公共产品性质也适用通过发行彩票的形式融资，因此我们可以借鉴此种方式来为民办学校融资。

发行教育债券。耶鲁大学早在 1996 年就发行了“跨世纪”债券。这种直接融资模式在国外比较常见，但我国尚无先例。所以，我国可以为民办学校大型建设、周转资金等融资发行债券，为学校筹集资金。

当前，教育投资热潮勃兴。2018 年 3 月 23 日，科技部火炬中心等单位联合主办了“2017 中国独角兽企业发展报告”发布会，会上发布了《2017 中国独角兽企业发展报告》。报告显示，入榜 2017 年中国独角兽企业榜单的共有 164 家企业，总估值 6284 亿美元，其中教育机构及泛教育类机构有 16 家。

从 2017 年初宇华教育开始，到 2017 年末华立大学集团提交招股说明书，我国共有 7 家大学集团上市，覆盖在校生人数超过了 29 万人。据教育部数据统计，截至 2016 年底，中国民办高校数量为 742 所，本专科在校生共 616.2 万人，以在校生人数计算，民办高校上市率接近 5%。至此，中国民办教育的资产证券化拓荒之路已基本探索完毕，未来伴随资产证券化率的持续提高，民办教育的竞争活力也将不断改善。

教育投资开始主要集中在教育培训、非学历教育领域，例如好未来、新东方等。2014 年，民办学历教育第一股枫叶教育上市，学历类板块进入资本市场。借助资本市场的力量，港股上市的中教控股成为全球市值最大的中国民办学校上市集团，有望跻身全球四大教育板块平台，成为全球知名民办学校集团品牌。特别是民办学历教育大多收学费后提供服务，对投资者而言是非常保本的投资，加上教育板块可以通过并购实现自身增长，整体上不仅增长强劲，同时兼具稳定性，从最近的教育板块股价上涨趋势可见，在香港上市的教育股得到了市场和投资者的认可，见表 5。

表 5　港股教育板块市值、PE 对比

公司	上市时间	细分领域	市值(亿港元)	PE
枫叶教育	2014.11.28	K12 民办学校	161	29.8
成实外教育	2016.1.15	K12 民办学校 +1 所高校	143	38.5
睿见教育	2017.1.26	K12 民办学校	116	43.4
宇华教育	2017.2.28	K12 民办学校 +1 所高校	127	27.3
民生教育	2017.3.22	民办高等教育	59	17.8
新高数集团	2017.4.19	民办高等教育	82	28.1
中教控股	2017.12.25	民办高等教育	206	30.3
新华教育	2017.3.26	民办高等教育	51	30.7

河南省的宇华教育集团是目前中国最大的提供由幼儿园至大学教育的民办教育集团，现有29所全日制学校，校区遍布河南、湖南两省共10个城市，在校师生总数为9万多人。2017年2月28日于香港主板上市，是目前河南省唯一的教育类上市公司。其优势不仅在于中部地区的人口红利下巨大的民办教育市场需求，更得益于其学段完整、产业链齐全形成的协同效应，以及17年来专注运营全日制学校的丰富经验。截至2018年5月4日，市值逾156亿港元。

宇华教育集团自2001年办学至今，始终专注民办教育，以基础教育为起点，不断向高等教育、学前教育领域延伸，拥有宇华实验学校（原北大附中河南分校）、郑州工商学院（原河南理工大学万方科技学院）、湖南涉外经济学院等多个知名品牌，现已基本形成基础教育、高等教育并驾齐驱的格局。

宇华教育集团上市融资后，利用上市机遇进一步加强自身办学规范性、提升市场竞争力。2017财年业绩显示，集团全年实现营收8.45亿元人民币，同比增长8.3%；期权及上市费用等调整后净利润4.3亿元，同比增长33.5%，收入及利润的增长主要来源于学校招生人数及学费的增加。

宇华教育坚持内生增长、并购扩张相结合的策略，在坚守办学质量，学校数量、在校生人数持续提升的同时，也在不断寻求优质标的进行并购扩张，内生稳健，外延可期，实现基础教育高等教育双轮驱动、省内省外共同拓展的战略布局。2017年12月以14.3亿元人民币收购湖南涉外经济学院，2018年4月18日以1.07亿元人民币收购开封祥符区博望高中。5月2日公布的截至2018年2月底的中期业绩，经调整纯利2.48亿元人民币，年增长33.8%，环比增长近6%；经调整毛利率54.9%，按年增加1.9个百分点。除去在校人数的增加、学费的增长等因素外，通过收购拓展业务也是重要原因。

可以预见，2018年资本将持续关注教育行业，各细分领域依然会有大量的资本进入。对于后期大的资本而言，教育培训的红利远远没有结束。2018年会延续2017年对教育的热度。

4. 积极拓展其他融资方式

融资租赁。租赁无论作为何种经济形式存在，它作为一种通过短时间、低成本、特定程序把资金和设备紧密结合起来的筹资方式，对于民办学校来说具有独特的融资优势。民办学校在购置教学设备等方面可以采用融资租赁的方式，只需支付少量的首期款项就可以得到所需设备的使用权，后期资金则表现为租金的分期付款方式。租赁期满，依租赁合同的规定，学校可以选择续租、退租或留购设备。发展融资租赁行业，有利于拓宽我国民办学校的融资渠道，提高学校筹融资能力。

BOT 融资方式。即 Build-Operate-Transfer（建设—经营—转让）。BOT 融资方式源于政府，现在已经被广泛用于企事业单位。民办学校的教学楼、实验楼等均可采用建设—经营—转让的方式获得短期融资，由中标方出资建设，建成后建设单位一次或者分期付款支付给中标者。

参考文献

［1］向林峰：《发达国家学校经费来源分析及思考》，《集体经济》2011 年第 7 期。

［2］黄利：《建立多元化的教育社会融资渠道和体制研究》，《教育导刊》2010 年第 6 期。

［3］夏茂林：《国际高等教育融资比较与启示》，《外国教育研究》2010 年第 5 期。

［4］张士军、于桂华：《民办学校多元化筹资中的投资渠道研究》，《职业教育研究》2009 年第 7 期。

［5］孟贤军、翟振东：《民办学校融资现状及多元化融资机制的建构》，《高等建筑教育》2011 年第 4 期。

［6］张辉、崔晶：《民办学校融资模式的创新与探索》，《北京城市学院学报》2010 年第 2 期。

［7］李美晖：《自议民办学校融资困境的成因与对策》，《企业家天地》2008 年第 10 期。

［8］康健：《地方学校筹资实践与对策的分析》，《教育财会研究》2011 年第 10 期。

［9］《创造教育融资融智的重庆奇迹》，《重庆日报》2010 年 2 月 26 日第 A12 版。

［10］郑晓玲：《优化民办学校融资渠道》，《企业与金融》，2010。

[11] 姜云娟:《民办学校股权融资的可行性研究》,《经济理论与实践》2010 年第 8 期。

[12] 肖立群:《职业教育融资政策的探索与实现途径》,《行政事业资产与财务》2016 年第 3 期。

[13] 吴志红:《美国私立大学的发展对我国民办高等教育的启示》,《价值工程》,2010。

[14] 王颖育、董维春:《政策性金融支持高等学校融资探析》,《经济师》2006 年第 12 期。

[15] 王道勋:《河南民办教育投融资渠道研究》,《黄河科技大学学报》2018 年第 2 期。

B.14
民办教育品牌建设研究

潘丽娜*

摘　要： 民办教育品牌建设向来广受民办教育管理者的关注，其无形资产的特性，是在信息化社会中最有价值、最可靠、最富有竞争力的砝码。民办教育品牌的差异正渐渐取代传统意义上的学校差异。民办教育发展壮大，离不开品牌意识、有效的品牌构建和策划运作。民办教育机构为了更好地为地方经济服务，为民办教育发展服务，提升办学效益，应更加重视品牌的建设，运用互联网的思维，注重对民办教育机构的舆论引导，着力提升民办教育的社会影响力和综合竞争力。

关键词： 民办教育　品牌建设　竞争

随着经济社会的发展，国家对民办教育的重视以及公众对于教育投入的关注，学生和家长对于多元化、特色化教育的需求，使民办教育显示出勃勃生机。但是民办教育市场的竞争也日益加剧。越来越多的民办教育管理者逐渐认识到学校品牌在市场竞争中的价值，意识到品牌对于学校发展的意义，众多民办学校开始引入企业形象识别理念（CIS）系统，市场营销理论或者成立专门的组织，策划、运作学校品牌的形象传播，在学校形象的塑造与维护方面进行了大量的探索与实践。大部分民办教育将提高办学特色作为品牌建设的核心要素并将其纳入学校发展规划之中。但是由于民办教育的办学质量参差不齐，多因受

* 潘丽娜，黄河科技学院讲师，硕士研究生，主要研究方向：新媒体的运用、教学管理。

到办学经验、设备等因素的制约，并没有形成自己的办学特色，也没有找准自己的办学定位，更没有凝练出自己的核心理念，形成学校特色，因此出现同层次、同类别、同质化的情况，学校的核心竞争力不足，在市场上占有份额和影响力有限。这种优势和劣势共存的现象，再加上新媒体传播的便捷性以及多元化价值的冲击，给民办教育品牌的建设带来了极大的机遇和挑战。

一　品牌建设的重要意义

民办教育既有企业特点又是教育事业，它的特殊性决定了品牌建设的基本要素。民办学校的品牌建设，首先要把影响品牌建设的因素有效结合起来，从办学理念、人才培养、教育内涵、应用型发展等要素着手，认清社会发展形势，着力打造学校品牌。提升学校品牌竞争力将会使其快速占领未来民办教育发展的制高点。要想实现“弯道超车”，民办学校需要提升品牌观念，系统化建设学校品牌，凸显优秀的教育资源，发挥品牌无形资产的影响力，提高市场竞争力。

（一）品牌建设是优质教育资源凸显的重要手段

品牌是通过学校观念、制度、行为、环境体现并受到普遍认同的价值体系。学校的品牌建设越来越受到教育研究者和各类办学主体的关注，有些民办高校对于学校品牌建设非常重视，研究也较为深入，专门为品牌建设制定了各种指标体系，以此衡量教学质量和办学绩效，并逐渐推广。一些成功的经验被地方政府采纳并作为一种评价体系，用来鉴定民办学校的办学成效。民办教育良好的品牌同时也是优质教育资源、社会影响力、办学水平的体现，因此，更多的民办学校开始重视学校品牌的建设、打造和培育。

（二）品牌建设是民办学校无形资源的体现

新《民办教育促进法》的实施，为民办教育的规范管理和分类管理指明了方向，这对当代河南的民办教育，既是机遇也是挑战。全国各省市区也结合新的《民办教育促进法》出台了实施意见。河南省人民政府于2018年2月2日发布了《关于鼓励社会力量兴办教育进一步促进民办教育健康发展的实施意见》，明确了加大公共财政对民办教育的扶持力度，落实了公民办学校同等资助政策、税费优惠等激励政策，实行了差别化用地政策、分类收费政策，保障了依法自主办学、保障学校师生权益等扶持措施，为民办教育的健康发展提供了政策支持。河南的民办教育将迎来新一轮的发展机遇。要想在众多的民办学校中脱颖而出，必须要办出自己的特色，必须要建设自己的品牌。民办教育的品牌是学校核心竞争力的体现，是一种无形的资产，它的影响力会渗透师生员工乃至公众生活的方方面面，对公众的选择起到重要的作用。民办学校在品牌建设中，只有做好定位与发展，凸显优势资源，经过时间的沉淀和市场的检验，培育品牌，不断创新，才能逐渐形成品牌。品牌自身的影响力和市场价值在激烈的竞争中不断打磨才能更加牢固，才能更加有效地在各种竞争中脱颖而出。

（三）品牌建设是市场竞争的需要

国家品牌战略的实施，促使各个民办教育机构意识到品牌建设的重要性和必要性，认识到品牌建设的价值并努力探索自身的发展方向和发展前景，更加明确自身的定位和发展。民办教育品牌的建设需要不断地认清市场发展趋势，研究市场规律和市场需求，增强品牌建设的意识，认识到品牌的市场价值，采取各种措施积极打造学校的品牌，培育学校品牌，借助政府、媒体、家长、教师等进行广泛传播，使自己的品牌具有辨识度、影响力和美誉度，从而为自身的存在和发展奠定坚实的基础，在市场上占有一席之地。

二　民办教育品牌建设的五个维度

加强民办学校的品牌建设，首先要清楚学校的基本定位，根据外部形势和自身特点，分析对其品牌建设的机遇和挑战，同时还要结合教育市场的实际情况，明确自身在众多具有竞争力的民办教育中所处的位置，尤其要考虑在同层次、同类别学校中的位置，对学校整体发展进行审视，做好品牌建设的前期工作。首先，通过广泛深入的市场调查和研究，采取SWOT分析法，明确竞争对手的优势和劣势，自身具备的优点和长处，以及存在的机遇和发展。其次，对教育市场进行细分，明确自身的办学特色，在擅长的领域里做精、做强、做大，做出特色、做出品牌、做出影响力。最后，对学校的资源进行整合，协同创新，扬长避短，明确今后发展的方向，找到符合自身发展的品牌定位。品牌建设和品牌成效需要从品牌识别度、忠诚度、知名度、美誉度、品牌联想来进行初步的评价。

（一）品牌识别度是品牌建设的外在表现

品牌识别度是民办学校的“身份证”，通过“身份信息”能够很快辨识某一民办学校与其他学校的不同，其外在特征以及行为方式有一定的独特性和持久性。民办学校通过提炼自己的特色和文化，形成自己独有的形象标识和核心理念，公众听说学校的名字或者看到学校的标志，就能立刻产生联想，识别出这所学校，因此，很多民办学校从校徽、校服、标志性建筑等入手形成独具特色的校园外在文化，从优秀校友、社会影响力等方面形成获得较高认同的的内在文化，同时为人们之间的无形沟通提供机会，也使学校能更好地与其他学校区分开来。

（二）品牌忠诚度是品牌建设的核心部分

品牌忠诚度是指消费者在购买过程中，对同一种品牌的经常倾向性，它反映了消费者改用其他品牌的可能性大小，尤其是当品牌的特征或其他方面变化的时候，品牌忠诚往往是品牌的核心部分。民办教育的品牌忠诚度是指人们在做决策时（如选择读书或选择投资等），表现出来的对某个民办高校具有偏向性的（而非随意的）行为反应。在民办教育的市场，品牌的忠诚度更多体现在公众对教育、人才培养、学生能力提升等方面的忠诚，它与公众的体验、满意度之间密切相关。民办学校重视品牌忠诚度的建设，需要为公众提供更优质的教育服务，正确对待公众对学校的态度和看法，并对其进行及时解释与沟通，从而提升公众的满意度，获得更多的支持。

（三）品牌知名度是民办教育影响力的体现

民办学校品牌学校的知名度是公众对学校认知的程度。民办学校品牌知名度由学校影响力和学校特色、校长的影响力、行业影响力、办学理念、人才培养模式、特色专业数量构成。学生在择校时会考虑本学校在一定范围内的影响力以及所读专业是否与时代需求密切相关等，这对于其毕业后择业有重大影响，因此高校品牌知名度对于提升民办学校的招生有较强的作用力。

（四）品牌美誉度是民办教育品牌升值的过程

品牌美誉度是民办学校品牌知名度的重要提升，它是公众对其的好感和信任程度，更是民办学校品牌形象的重要组成部分。民办学校往往借助某一热点事件进行品牌的推广，增加曝光率和点击率，提升学校美誉度。品牌美誉度建设的过程，也是民办教育品牌升值的过程，民办学校通过各种手段不断地、持续地向社会释放能量发力的过程，也是让公众在深层次了解学校的基础上，逐步参与、乐于参与的过程。

（五）品牌联想度是民办教育形象的提升

民办学校品牌联想度是指提到学校的名字时，公众大脑中会浮现出来的与该所学校有关的信息。在企业中，行业领导品牌、强势品牌的一个重要特点就是能引发消费者丰富多彩的联想。民办学校联想度的提升，可采取与专业契合的品牌联合办学、与国内外名校联合办学等。可与知名企业合作，建立订单班、冠名班甚至做一些公益赞助等方法，提升学校品牌的影响力，提升学校形象。

三　民办教育如何进行品牌建设

民办学校品牌的构建是一个长期而又系统的工程。在构建的过程中，很多民办学校没有从整体来审视品牌建设的过程，也没有统筹品牌策划和运作，基本上会按照工作的需要和时段进行大量的宣传而忽视了内涵建设。当前，有一部分民办学校将 CIS 系统（企业形象识别系统）导入学校，已取得较好的效果，比如新东方、黄河科技学院、伊顿国际幼儿园等。这些教育机构通过整体的策划和传播，将学校的理念、学校的精神、师生的行征等形成文件、标识、外在的品牌展示等，传达给学校师生和社会大众，通过各种学习、活动等，将学校的品牌内涵向校内外传送，从而达到使学校的价值观得到公众认同的效果。这种 CIS 系统主要包括理念识别、行为识别和视觉识别三部分。

民办教育品牌建设的主要元素来自办学特色，主要体现在公众形象的树立、市场竞争的优势、文化时尚的塑造、大众传播的渠道。如果没有办学特色，不可能形成学校的品牌。但是如果仅有办学特色，也不一定能够形成学校品牌。学校品牌的构建不是朝夕之间就一蹴而就的，而在于多年的沉淀和积累。办学特色首先体现在培养目标和培养过程中，无论是哪一种办学特色，都是教育质量的体现。教育质量高又主要体现在就业率和校园文化建设中。因此，民办教育要进行品牌建设，就要始终把人才培养放在第一位，要遵循教育规律，把握教学质量、提升学生素质。这是学校品牌建设的核心和根本。

（一）明确办学定位，树立品牌形象

办学定位是一所学校或教育机构在整个教育系统中对自身所处的位置、服务的对象、达到某种服务效果的总称。办学定位的内容主要包括教育思想、办学指导思想、教育理念、发展目标、服务范围、办学特色等。民办教育要根据国家和地区、行业和经济建设与社会发展的需要和自身的特点，积极培育办学特色，坚持特色办学。只有保证学校不断处于优势地位，才能更好地保证办学质量。民办教育应努力形成自己的特色品牌，提高自身的知名度，不断扩大民办教育的品牌影响力。

（二）明确人才培养模式，增加区域经济影响力

创新驱动的发展战略给民办教育带来了较大压力，给人才培养的方式提

出了新的要求，应用型人才的培养、不同层次和不同类型人才培养督促民办学校要适时地认清自身的特点和市场需求，明确服务范围，转变教育观念，加大课堂改革力度，实现多样化和个性化的人才培养，提升学生的职业竞争力，带动当地经济发展，增加区域经济的影响力。

（三）打造品牌教师队伍，实现学校与社会的互动

民办教育的教师队伍建设是学校品牌树立的关键，尤其是民办教育的校长是学校品牌的关键和支柱。校长本来就是学校的灵魂人物，更应在品牌建设中成为品牌灵魂。品牌校长和品牌教师素质和形象的打造，是创建品牌学校的根本。民办学校品牌的美誉度是建立和维护与公众良好的社会关系的过程。打造品牌教师队伍，提升民办学校吸引力，多渠道、多频次地与家长、社区、学生进行互动并请他们积极参与，增强其主人翁的意识，使其对学校品牌建设给予足够的关注。这种有效的互动，将会提升学校品牌建设的传播影响力。

（四）重视校园文化建设，促进品牌影响力

校园文化是一所学校最具活力和特色文化的体现。学校可组织形式多样的主题活动，增强公众的参与度，提升其品牌体验力。学校品牌的传播可以通过与政府进行多方面的合作和推广，组织策划各种有利于品牌传播的活动，树立正面良好的品牌形象，提升学校公信力。优秀的教师资源是品牌形象传播的最佳使者。教师的言行举止都是学校品牌的侧面反映。公众在选择民办学校时，多数会考虑师资队伍和教学质量，品牌教师也将左右家长选校的决策。家长之间的口口相传，也将影响家长的朋友圈、社群对学校的选择。媒体的传播覆盖面广，宣传的效果较大，尤其在招生旺季主流媒体的宣传将会高效提升品牌形象。作为民办学校，更应该注重校园文化建设，增强品牌体验，加强与学生、家长及社会的互动，更有效地推动学校品牌传播。

四　民办教育品牌建设的市场价值

学校品牌是一所学校在长期教育实践过程中逐步形成并为公众认可、具有特定文化底蕴和识别符号的一种无形资产。塑造良好的学校品牌，有利于增强学校自身的竞争力、吸引力和品牌影响力，使品牌建设进入良性循环，并赢得社会各界的信任和支持，有利于进一步优化办学资源，促使学校品牌更加健康鲜明。

（一）吸引优秀师生，降低招生成本

品牌形象越好的学校越能吸引优秀的教师入职，优秀的教师经过培养，更容易形成良好的教师品牌，有了更多的教师品牌就容易形成了稳定的品牌教师队伍，就会吸引更多的学生慕名而来，就像磁场一样，相互吸引，相互作用，从而形成马太效应，强者愈强，弱者愈弱。因此，民办教育品牌越有市场影响力，就越能带来较好的社会效益和经济效益。

民办教育的核心竞争力之一是对招生成本的控制，不管是线上教学还是线下教学都是如此。广义的招生成本不只是学校多招一名学生需要付出的市场营销费用，还包括为了产生口碑打造品牌影响力而额外付出的教师培训管理成本、教学产品研发成本和技术开发成本。有时，这部分广义招生成本带来的招生效率比市场营销投入还要高，提升这部分投入比例就能起到降低平均招生成本的效果。学校的品牌好意味着教育质量好、就业率好、教学服务好，得到了学生和家长的满意，体验较好，就能进一步带来口碑和品牌。而口碑和品牌带来的最终效果就是降低了招生成本，为学校的健康发展打下好的基础。

（二）拓展市场空间，提供融资信用

我国民办教育在整个教育体系中，得到的政策性支持较多，财政支持较少。近年来河南的民办教育在严峻的市场竞争中实现了蓬勃发展，民办教育

的学校数和在校生数也得到了快速的增长。同时，民办教育在市场环境的影响下，总体质量也在逐步提高，有一些办学理念先进、特色明显、资金雄厚的优秀民办学校已经驶入了良性发展的轨道。民办教育品牌将影响着市场融资、区域合作、校校合作、校政合作等对外交流合作的模式和深入程度。没有资金，学校的软硬件建设都会受到影响，而随着学费的不断上涨，目前对教育投入已超出了公众的承受力，学费的增长空间较小。资金的缺口也会影响民办学校的发展。好的品牌形象将会拓展市场空间和融资渠道。

（三）维护学校形象，保障长期发展

进入新时代，各级政府对民办教育的关注越来越多，大力鼓励民间办学，支持民办学校发展，对民办教育不仅仅停留在政策的扶持上，在资金上也将逐步加大投入。公众对于自身和孩子的教育投入也越来越大，需求旺盛，民办教育已逐步成为朝阳产业。民办学校若能从实际出发，发挥各自在体制和地域等方面的优势，准确定位，找准特色，形成品牌，则会对学校的长期发展提供有利的社会舆论和社会影响力。民办教育建立品牌的过程也是在不断践行办学理念的过程。优秀的学校文化铸就卓越的品牌，能够进一步保障学校的长期发展，提升社会对民办教育的信任度。

五　民办教育品牌的管理

（一）品牌建设的规律

民办教育的发展一般分为创业阶段、成长阶段、成熟阶段、衰退阶段。每个阶段品牌建设的侧重点肯定不是一个模式。创业之初，在摸索中、经验积累中找到自己的定位，逐步稳定教育质量，形成办学特色，初步制定发展战略；在成长阶段，经过前期的积累，沉淀自己的特色，对品牌的认知和传播有了一定的积累，开始总结凝练，形成自己的品牌认知和传播途径，形成共同的发展愿景和办学宗旨；在成熟阶段，品牌体验与创新是该阶段重点考

虑的内容，此时学校文化的建设，品牌的树立、社会效益等各方面的影响开始凸显；在衰退阶段，主要是由于学校本身的决策、政府的引导、市场的竞争以及办学水平、生源、师资、危机公关等方面处理不当，则会使品牌受损，逐渐走向衰退。要想不断增强学校发展的活力，就必须不断提升自身的品牌意识和品牌质量，保持发展活力，只有这样，民办教育才能实现又好又快的发展。

（二）民办学校品牌管理的特点

相对于公办教育，民办教育受市场竞争的影响较大。部分民办学校初步有了品牌建设的意识，但是对品牌策划、品牌管理的重视不够。着重于前期对知名度的推广，而疏于后期的管理。构建品牌对学校而言是一个艰难而又需要时间沉淀的过程，学校要想获得公众的认可、信任和忠诚，就要了解品牌创建的内在规律及运作方法，只有这样才能让自己的品牌更加具有市场价值。

（三）品牌管理要有互联网思维

随着互联网的飞速发展，人们获得信息的渠道越来越多，信息传播的速度越来越快。民办学校要与主流媒体保持紧密关系，进行广泛合作，也要学会运用互联网来进行舆论的宣传与管理。对于品牌的推广，要通过新闻媒体、公益活动，加强校企、校校、校政合作，加强与社会各行业的交流与联系，进一步提高学校品牌的知名度和公众对其的关注度，树立良好的形象。市场的竞争瞬息万变，而学校品牌的打造需要沉淀并耗费大量的物力、人力和财力，但是一旦在突发事件上没有做好危机公关和舆论引导，对民办学校的打击和影响则是致命的。因此，民办学校在品牌管理方面，尤其要重视媒体的作用，特别不能忽视互联网的存在。

无论是在经济市场，还是在民办教育行业，品牌的竞争已趋于白热化。品牌的树立，对于学校长远的发展有着举足轻重的作用。民办学校要学会从战略的高度认识到品牌的重要性，充分认识到品牌建设的市场价值，根据民办学校自身的发展，寻找适合自身品牌建设的有效路径，制定系统的、科学的品牌推广计划，走出品牌建设的误区，打造自己的品牌，主动向同类别、同层次在品牌建设有丰富经验、系统化的学校学习，并且主动形成品牌研究团队，从顶层设计上重视品牌的研究、提升品牌形象和建设水平，共同促进民办学校的可持续发展。

参考文献

［1］欧阳金铱：《民办高校品牌化发展战略研究——以辽宁省大连财经学院为例》，《沈阳师范大学》2015 年 2 月 5 日。

［2］杨雪梅：《构建我国民办高校品牌自我评价体系的思考与前瞻》，《中国高教研究》2012 年。

［3］蒋小军：《增强民办高校品牌建设中市场意识的有效途径探究》，《科技创新导报》2015 年。

［4］韩盈施：《关于民办高校品牌建设的思考》，《文教资料》2014 年 11 月 25 日。

B.15
民办高校教学质量监控体系的构建与运行

范亚丽*

摘　要： 随着经济社会的发展，我国的高等教育已由大众化发展阶段进入普及化阶段，在这个过程中，民办高校的作用日益凸显，成为我国高等教育的重要组成部分。政策环境的利好，在促进民办高校快速发展的情况下，也在办学层次、人才培养模式等方面对民办高校提出了更高的要求。在这个过程中，民办高校在教学质量方面，暴露出较多的问题。如何构建科学合理的教学质量监控体系并有效运行，以确保并不断提高人才培养水平，是各民办高校一直致力研究的问题。

关键词： 民办高校　教学质量　监控体系

截至2017年上半年，我国民办普通高校已达742所，本专科在校生数量为634.06万人，民办高校已成为高等教育大众化的生力军，并将在高等教育大众化向普及化转型的过程中，发挥重要作用。2017年1月18日《国务院关于鼓励社会力量兴办教育促进民办教育健康发展的若干意见》的发布以及2017年9月1日新的《民办教育促进法》的实施，进一步为民办高等教育的发展提供了有力的政策保障和更加广阔的空间。随着办学规模的日

* 范亚丽，黄河科技学院副教授，硕士研究生，主要研究方向：美学、文艺学。

益扩大，特别是扩大招生后，在办学目标、人才培养模式、专业设置、课程建设、师资培养、教学方式等方面，民办高校都面临着严峻的考验。在这个过程中，民办高校暴露出较多的问题，尤其是教学质量问题。高等学校的教育质量，直接关系到国家高层次、创新型人才培养的质量，甚至影响到国家的创新能力，决定着国家的综合国力和在世界上的竞争力，因此教学质量是高校生存和发展的生命线，对于民办高校而言，教学质量尤为重要。如何构建一套科学合理的教学质量监控体系并使之有效地运行，以确保并不断提高教学质量，是各民办高校目前面临并且亟待解决的重要问题。

一　教学质量监控体系的构建

科学合理的教学质量监控体系，是保障教学质量的坚强后盾。一个良好的教学质量监控体系应建立在广泛的支持和参与之上，充分使多元化的监控主体对教学进行全方位、多角度的考察和评估。学校职能部门、教师、学生等都可以作为监控主体参与教学质量的评价和反馈活动，形成对教学质量多角度的监控，从而形成一个全员参与、良性互动的教学质量监控网络系统，以保证教学质量监控的客观性和合理性。按照这一指导思想，一套科学合理的教学质量监控体系的构建要有以下几个方面的保障。

（一）教学质量监控机构保障

构建教学质量监控体系的第一个环节就是组建科学合理的教学质量监控机构，一个有效的监控机构，要有明确的分级及分工。在这个机构中，学校应起主导作用，并以学院为主体，同时发挥各系，甚至基层教研室的作用，形成一个系统的“校—院—系—教研室”四级教学质量监控机构，以充分发挥各部门进行教学质量管理的积极性和创造性。

校级机构由主管教学的副校长担任领导，校级教务处和教学督导组负责对教学运行的组织协调和教学情况进行分析和反馈。后者的具体职责，一是制定相关规章制度，以规范教学行为，形成良好的教学秩序；二是收集和处理在教学监控过程中发现的有关信息和问题，结合实际提出具体的整改意见和方案，并进一步监督实施。

院级教学质量监控机构由院长负责，包括教学副院长，院教务办和院教学督导组负责执行监控，其职责一是根据学校制订的教学质量监控的各项目标要求，依据学院实际情况，完善本学院的教学质量监控体系，对本学院的日常教学质量进行监控；二是对监控过程中发现的问题及时反馈给责任部门或责任人，并进行相应的整改；三是接受学校教务处和教学督导组对本学院各项教学工作的检查与指导。

系级教学质量监控机构由各系主任及主任助理负责，其职责一是依据本系实际建立符合本系各专业的教学质量管理目标，并对其进行监控；二是接受校院教务办和教学督导组对本系工作的检查与指导。

教研室级别的教学质量监控由教研室主任负责，作为基层教学部门，具体负责各项教学任务的实施，并同时接受校院系教务办和教学督导组对本教研室工作的检查与指导。

（二）政策制度保障

在构建了科学合理的教学质量监控机构后，还要有涉及教学管理各个方面的一系列切实可行的规章制度，以确保教学的中心地位。如教学管理规章制度、目标绩效考核评价机制、教学事故认定处理制度、管理人员听课制度、常规教学检查制度、学生评教制度以及各类人员的岗位责任制等。建立起包括计划——运行——监控——反馈——改进在内的质量管理闭环，形成相对完整的制度体系。

（三）监控指标保障

一套科学有效的教学质量监控体系的构建，离不开一系列科学、公平、便于操作的监控指标的保障，只有这样才能对教学质量做出客观而具体的评价。所以要针对专业建设、课程建设、师资队伍建设、教学秩序、教学组织与管理、教风学风等一系列影响教学质量的因素和环节，建立科学、完善的监控质量标准。如课程教学方面，要制定与理论课和实训课相关的课程教学大纲，明确课程教学的质量标准；考试方面，制定关于考试、考查类课程命题的有关要求，平时成绩考核的相关规定，评卷规范及考试成绩评定的相关规定等，严格组织命题、监考、阅卷等环节；毕业设计（论文）方面，毕业设计（论文）作为实现培养目标的重要教学环节，是教育与社会实践相结合的重要体现，是培养学生创新能力、实践能力和进行科学研究的重要途径。为保证毕业设计（论文）质量，不仅要制定学校层面的毕业设计（论文）指导规范及管理制度，各二级学院还要根据院内各专业的特殊性，制定针对不同专业的相关指导规范和制度；教师管理方面，要有明确的不同类别的教职工培训管理办法，外聘教师管理规定，任课教师调（停）课管理制度等。

二　教学质量监控的内容

有了完善的教学质量监控体系还不行，还要明确监控对象，教育目标的制订、执行情况，课堂教学情况和实践教学情况三个方面，对教学质量的提升起决定性作用，因此做好对这三个方面的监控，能够从根本上保障教学质量。

（一）教育目标监控

教育目标，不仅是一个国家人才利益的意志体现，也是教育教学活动的出发点、依据和归宿。明确的教育目标有多方面的功能。首先，它对教育活动起着规范作用，如规范人才培养目标和学校的教育方向、规范课程设置和教学内容、规范教师的教学行为、规范学校管理等，使教育活动更加合乎教育的规律和社会的需要。其次，具有选择功能，依据教育目标，学校可对教育活动及教育内容，做出科学的取舍，以确保积极、进步、科学、健康、有益的内容进入课堂教学之中，保证教学的有益性。最后，教育目标具有激励功能。因为目的是一种结果指向，而人类的活动是有目的、有意识、有计划的，即有着明确的方向和目标，并因为有可以达成的最终目标，而产生一种激励的力量。教育者因为有目标的存在，所以能够动用自己的智慧力量，发挥创造能力达成目标。人类教育活动的目的越是明确，越是具体，达成的可能性就越大，就越能调动更多人的积极性。

各项教育目标的设定，如专业人才培养目标定位、培养模式、课程设置等是否合理，及是否能够按照既定的设计加以执行，都直接决定着人才培养质量的高低。所以在教学质量监控体系中，要把对人才培养目标的监控放在首位。

（二）课堂教学监控

课堂教学是实现学校培养目标的主要渠道，是推进教育教学改革的主要抓手，课堂教学效果，直接关系着学校的教学质量。课堂教学主要涉及三个方面：一是教师的教，二是学生的学，三是教师与学生之间的互动。要达成一个好的课堂教学效果，需要教师、学生在课前、课中及课后做好一系列的“功课”，如在课前，教师要吃透教学大纲的相关要求及内容，熟悉教材，写好教案，熟练掌握各种教学方法与教学艺术，了解学生的情况等；课中，教师要设计好授课的各个环节，并要想方设法调动学生学习的积极性；课后要做好作业的批改、及时解答学生的疑惑，了解学生的学习效果等。

因此，对于课堂教学的监控，监测点的设置应覆盖课前、课中及课后这三个环节。课前监测重点为选用的教材是否权威，教学计划进度的安排是否合适，教案的书写是否规范、充实，教师备课是否认真等；课堂上的监测重点为教师的教学态度、方式、效果如何，学生的到课、听课情况如何等；课后的监测重点是教师作业的批改情况，对学生的辅导情况及答疑情况等。

（三）实践教学监控

2010 年 7 月由中共中央政治局审议通过的《国家中长期教育改革和发展规划纲要（2010—2020 年）》指出，我国的高等教育存在着“学生适应社会和就业创业能力不强，创新型、实用型、复合型人才紧缺”的问题。而要解决这些问题便需要强化实践教学环节。2017 年 1 月《国家教育事业发展第十三个五年规划》中正式提出建设一批应用型本科高校，由此可以看出国家对实践型、应用型人才培养的重视。而且教学实践也一再证明，实践教学的确是对课堂教学的巩固和升华，实践教学的效果，对教学质量有着直接的影响。因此对实践教学的监控也是教学质量监控的重要内容之一。

由于实践教学涉及面比较广泛，因而对实践教学的监控其监测点的设置也应是多方面的：一是对校内、校外的各种实习实训的监控。校内如课堂实训、社团活动、大型专业比赛活动、专业知识和专业技能竞赛等；校外如到实习基地的实习，利用寒、暑假参加的各项社会实践活动、省内外各类专业大赛等。二是对校内外实习实训所涉及的活动策划方案、活动的宣传报道及活动效果总结的监控。三是对涉及毕业生的实习情况、实习报告及毕业设计（论文）的指导和答辩过程的监控等。

三　教学质量监控体系运行机制

在教学质量监控体系构建完成，并明确了监控内容的情况下，为使其效果真正发挥出来，还需要通过以下途径运行该监控体系。

（一）教学检查制度

教学检查是加强教学过程管理、检查教学环节落实情况、确保教学质量的重要措施。通过教学检查，可以对教学情况进行相应的监测、考察，了解和鉴定教学效果及教学目标的实现情况，以便采取相应的措施解决问题，改进教学和管理。系统全面的教学检查应包括常规性的日常教学检查，期初、期中、期末的定期检查，针对教材、教案、作业、试卷、毕业设计（论文）等的专项检查及对与教学相关的各项工作的随机抽查等。检查人员一是校级教学管理人员，二是各院、系、教研室管理人员。前者负责对全校各二级学院的教学情况进行检查，后者负责对本院的各项教学活动进行检查。所有级别的检查，都要定期公布检查结果。

通过教学检查制度，可以使学校和学院掌握第一手的教学情况。

（二）课堂教学监控制度

一是制定从校领导到任课教师的听课制度，包括校院各级领导听课、校院教学督导员听课、系教研室主任听课以及教师同行相互听课。通过深入课堂听课评课，及时掌握课堂教学动态。二是校级教务办和督导组联合各院教务办，成立检查组，每天到各学院课堂进行检查，同时填写教风学风检查记录表，并实时通报。三是发挥辅导员的作用，辅导员参与查课。这些举措对学生和教师无形中都起到了一定的督促作用。

（三）考试过程管理和毕业设计（论文）检测制度

考试和毕业设计是教学过程中的重要环节，其结果直接显示出平时的教学效果如何，因此应对考试组织与管理、教师监考职责履行、考风考纪监考等工作进行严格监控与管理，以保证考试结果是对学生课堂学习效果的真实反映。同时可采用维普、知网两大平台对毕业设计（论文）进行相似比检测，以真实呈现学生综合运用所学基础理论、专业知识，分析和解决实际问题的能力。

（四）学生评教制度

定期组织学生对任课教师进行评教。一是利用网上评教系统，由学校组织学生于学期末对本学期开设课程的任课教师进行匿名评教，对教师的教学态度、教学内容、教学方法等进行评价，促进教与学的沟通。教务处在评教结束后，对学生网上评教的结果进行汇总、统计，并及时反馈给各二级学院。学生网上评教工作的组织开展情况将作为各二级学院年终考核的指标之一。二是组织学生信息员评教座谈。为了更进一步深入了解专业人才培养方案的实施情况、教学进度、教学效果等情况，各学院可结合实际情况定期组织各年级各专业班级代表召开学生信息员评教和座谈，充分发挥学生在教学活动中的主体作用，积极组织学生信息员对任课教师进行教学质量评价。学生评教制度，有利于提高任课教师的教学质量和教学水平，是学生对教师教学质量评价反馈的重要渠道。

（五）教学督导制度

充分发挥校院两级教学督导员的作用，对各学院的教学工作进展、落实情况进行监督、检查、评估和指导，多渠道地快速反馈教学工作信息，强化学校教学管理工作的监控职能，保证教学管理各项规章制度的贯彻执行和教育教学质量的提高。

四　关于教学质量监控体系的几点思考

（一）重视教学质量监控队伍建设

无论是组织机构的运行还是制度的执行，都离不开监管人员。教学质量监控人员，既是信息的收集员、反馈员，还是督导员，因此这就要求教学质量监控人员要具有较高的理论和实践水平，这样才能胜任监控工作。在高校组建一支高质量的监控团队并非一件容易的事，因为高校的很多教师，要么是“学院派”，要么是“实践派”，很难二者兼备。所以要严把监控人员的身份，一是要保证成员均来自教学一线，二是要考虑成员的专业构成，因此可以聘用一些来自一线的“双师型”教师担任监控工作。他们既有丰富的教学经验，又有专业的一线实践技能，能对教学质量进行有效的监控。

（二）重视对实践教学的监控

实践教学是对课堂教学的巩固和升华，实践教学的效果，直接决定着教学质量的高低，但在我国各高校，教学质量监控工作往往只注重对课堂教学的监督和指导，而对实践教学基本处于“放养”状态。对实践教学的监控，是教学质量监控的“盲区”。主要体现在一是没有针对多样化实践教学的严密而科学的评价标准；二是课堂实训往往忽视了教学纪律，随意调课、变动上课地点、课堂纪律散漫等问题突出；三是课外实习实践无专门机构、专职且专业的人员监控，这些都导致实践教学流于表面，无论是质量还是效果都不尽如人意。针对这种情况，亟待把教学质量监控的重点转移到实践教学上来。

（三）加强教学质量监控的即时化

为提高教学质量监控的效果，要充分重视和利用互联网技术和手机软件，如“翻转校园”，实现对课堂教学的实时监控，并能快捷统计、掌握课堂教学状态的相关数据。“翻转校园”APP 的使用，能有效弥补传统课堂教学监控在覆盖范围上的片面性，以及在有关数据统计上的滞后性，同时又给予学生积极参与教学的途径和平台，进一步完善了教学质量保障体系。

总之，对教学质量的监控，是一个系统且长期的过程，在这个过程中需要调动从领导到学生，每一个部门，每一个人的能动性，并运用一切可以利用的现代化手段。只有这样，才能保证教学质量监控体系的有效运行，并最终达成提高教学质量的目的。

参考文献

［1］王道勋：《创新校本督导方法　提高教育督导效能》，《中国成人教育》2016 年第 11 期。

［2］薛国凤：《从“局外”走向“局内”——高校教学督导理论与实践问题的探讨》，《高等教育研究》2014 年第 6 期。

B.16

民办学校管理机制创新研究

田菊　张健*

摘　要：　在民办教育分类管理的趋势下，民办学校需要创新管理机制体制以适应新的发展趋势。本报告从民办学校管理机制创新的意义着手，以民办高校为对象，厘清了民办高校管理机制存在的问题，从完善现代大学制度、明确利益主体关系、建构分类管理体制三方面提出创新民办高校管理机制的措施。

关键词：　民办学校　管理机制　创新

所谓管理体制，是指一个管理系统内各类、各层管理组织关于决策权责与执行权责的划分及它们彼此之间的从属关系，它是涵盖于一个管理体制内的各个管理组织之间及各个组织内部管理的主客体之间权责关系及其相应的利益分配机制。在中国，民办学校管理的主要法律依据是《民办教育促进法》（以下简称《民促法》），管理的核心是在保证教育质量的前提下注重学校发展方向和学校特色。在《民促法》条款框架下，民办学校管理方式与模式引入了公司治理结构，在一定程度上体现了灵活的现代管理制度。如，法人制度、破产制度、财务管理制度、教职工代表大会制度等。相对于公办教育而言，民办学校更能够执行学术上的非政府教育目标，建立由校长负责

* 田菊，黄河科技学院助理研究员，硕士研究生，主要研究方向为高等教育管理；张健，郑州科技学院副教授，硕士研究生，主要研究方向为工商管理。

和非政府的大学教育目标和适当的管理方式。在民办学校分类管理趋势下，民办学校创新管理体制的途径是通过人员机构精简，理顺内部关系，厘清机构职责，提高科学管理水平，从而促进教学改革和人才培养，逐步建立现代学校制度，使其社会功能得到充分的发挥。

一 民办学校管理机制创新研究的意义

（一）民办学校管理机制创新是适应新形势和高等教育自身发展的需要

当前，教育正处于转型发展和创新的时代。在竞争激烈的市场经济中，民办教育面临着前所未有的机遇和挑战。2017 年 9 月 1 日实施的新修订的《民办教育促进法》提出对民办学校实施分类管理制度，将民办教育的非营利办学与营利性办学相统筹，把规范民办教育管理与扶持民办教育发展相协调，把保障民办教育分类管理改革与保护举办者的合法权益相结合，一系列的最新改革措施就从国家层面对民办学校的发展指明了道路。在民办教育分类管理的前提下，我国民办学校的管理制度也必须不断适应新形势的需要，尽快适应教育教学改革的浪潮，从管理系统的角度和方法创新改革管理理念。

（二）民办学校管理机制创新是民办学校解决自身管理弊端的需要

民办学校的管理涉及学校的方方面面，现行管理机制的弊端是相对落后的管理理念，照搬运用传统经验的公立学校和管理方式来处理和解决问题，失去了自身的特色和优势。管理不仅没有形成一套完整的管理标准和管理体系，而且缺乏一个强大的管理团队，同时缺乏科学合理的评价方式和反馈制度，无法适应新的社会发展的需要。所以民办学校必须解决自身的管理问题，创新管理机制。

二　民办学校管理体制现状及存在的突出问题

以民办高校为例，由于政策、社会、经济发展、竞争力和创办人等各种因素的影响，少数民办高校缺乏科学系统的管理制度，缺乏科学有效的管理方式，影响了自身的科学发展。突出问题主要体现在以下几个方面。

一是行政权力与学术权力的“越位”与“缺位”。一直以来，由于民办高校独特的发展路径，即民办高校是在逐渐发展壮大的过程中建立并完善内部管理体制的，这种管理体制的建构模式使民办高校为了降低办学成本、扩大办学规模而忽视了对管理机构的把关和控制。为了使有限的管理资源发挥最大功效，提升管理效率，形成了民办高校内部管理的强化行政权力的态势，学术权力遭到忽视。具体表现在行政权力凌驾于学术权力之上，学术权力机制不完善，形同虚设；民办高校法人治理结构不完善，虽然有些民办高校设立了董事会、理事会、学术委员会等决策机构，但是决策机构与管理机构之间尚不能协同，教职工参与民主管理的权利不能过于表面化。

二是学校层面与院系层面的“集权”与“垂直化”。民办高校院校两级的管理制度还处于探索阶段，很多二级管理体制还停留在框架阶段，没有配套的制度来推动和运行，在管理上仍然出现了学校层面的“集权化”与“垂直化”的管理模式。在院校二级管理体制推行过程中效果不是很明显，出现了“一放就乱、一收就死”的混乱局面，二级学院自身的管理机制不完善，在高校权力下放和重心下移后，二级学院如何更好地整合这些优势资源达到学院的管理体制的完善，提高教学质量便成了目前二级学院需要重点考虑的问题。

三是民办高校分类管理的“观念滞后”与“制度缺失”。新修订的《民办教育促进法》已经明确规定要对民办学校实施分类管理，这就从法律法规的角度对民办教育的发展方向进行了规定。可以说，对民办高校实施分类管理是我国在民办高等教育领域的重要制度创新，这一制度的设计与实施必然受到当前社会对民办高校的观念的影响。长期以来，由于社会对民办高校的各种误解，如认为民办高校就应该等同于民营企业、民办高校应该是公益性的不能有营利行为、民办高校与公办高校地位低人一等等，这些对民办高校的误解必然会成为民办高校分类管理制度建立的阻碍。

三　创新民办高校管理机制的路径

（一）完善治理结构，建立健全现代大学制度

习近平总书记指出："国家治理体系和治理能力是一个国家制度和制度执行能力的集中体现。"现代大学制度作为国家治理体系的重要组成部分，理应在处理大学与政府、社会等的关系上发挥好制度导向作用。现代大学制度就是在政府的宏观调控下，大学面向社会，依法自主办学，实行民主管理。它要求高校及其利益相关者能够正确理解和明确他们之间直接的关系、职责和义务，同时要求高校作为办学的法人实体和办学主体，厘清其所应承担的责任以及享有的权利。从宏观层面来看，现代大学制度是国家及政府层面为更好地管理高校而采取的政策及法律规定及相应的管理措施；从微观层面来说，现代大学制度就是各个高校为完善其治理结构而实行的管理体制与运行机制。

具体来说，民办高校一要建立和完善董事会（理事会），完善法人治理结构。要加强科学管理模式、竞争机制、选举机制和服务提供者的监督机制；应在具体管理模式中适当引入服务中层领导职位竞争，由校长或校长办公室委员会决定最终结果，人员更多的学术部门采用选举制度，加强教师的力量，客观、公正地处理校内事务。二要完善监事会制度，搭建完善的监督制约机制，监事会的成员若是多方利益主体的代表，要明确监事会的职责，并且对监事会的监督管理权力给予物质和制度保障，保证监事权力落到实处。三要建立完善的学术委员会制度，充分发挥学术权力的作用，充分发挥教授治校的权力，履行学术事务管理职责，同时构建高质量、多元化的学术评价体系，营造宽松、自由的学术环境。四要完善职工代表大会制度，充分

发挥教职工的民主管理与监督作用。

总之，民办高校要建立完善的现代大学制度，不仅要有健全的内部治理结构，董事会、监事会、学术委员会各类决策、执行和监督等机制各成体系并相互制约；对于教授治校、学术自由等学术权力的发挥以及教师民主管理权力的行使要建立一套完整的保障机制；对于民办高校管理体制的运行情况要有评价监督机制；在处理民办高校内部及民办高校与社会之间的矛盾上要有完善的问题沟通与协调机制。此外，现代意义上的现代大学制度，要求的是高校要跟上高等教育全球化的浪潮，在全球范围内积极吸收有益的制度建设经验，建立既具有中国特色又与国际接轨的现代大学制度。

（二）强调学术自由，正确处理各权力主体的关系

民办高校内部存在多种利益主体，需要正确处理好各利益主体之间的关系，形成和谐共生的氛围。

首先是董事会（理事会）和校长之间的关系。董事会作为决策中心，一要做好顶层设计，用责任心、事业心团结好各层、各级管理机构及人员，正确处理好学校全局利益与个人利益之间的关系。二要加强沟通，明确董事长（理事长）和校长各自的责任和义务，《民办教育促进法》对董事会和校长的责任和义务都进行了明确的规定，董事会主要是发挥咨询、指导、纽带桥梁、信息交流、支持扶助等作用，而校长则是学校教育教学和行政管理工作的具体执行者，二者的职责有着明确的分工，并且相互联系、相互制约。三要从制度层面廓清董事会和校长之间的沟通交流机制，促进二者之间的交流协调，决策并执行好学校的各项事务，避免学校工作的交叉重复、资源浪费。

其次是行政权力与学术权力之间的关系。一直以来，我们在研究大学治理中，管理高校的治理结构，一直局限在各自分割的二元结构上，这二元结构即行政权力和学术权力。在很多研究中，许多学者都在探讨民办高校的治理主体到底应该是行政权力，即董事会、校长、职能部门等对学校行政事务等进行管理的能力上，还是学术权力，即教授、学术委员会等对

学校学术事务的管理上。但是，目前学校治理的多元化趋势已经形成，有关法律法规也提出了“党委领导、校长办学、教授治学、社会参与”的多元主体的治理结构。就民办高校来说，行政权力与学术权力应该是相辅相成的，与企业主体共同参与学校治理，二者缺一不可，要有一个制约平衡点，行政权力不可凌驾于学术权力之上，学术权力也无法处理好行政上的事务。

最后是学校与院系之间的关系。应深化院校两级管理体制改革，通过建立扁平化的管理结构处理好学校层面与院系层面的管理。学校层面要下放与落实好院系自主权，在专业设置与调整、课程改革、教学改革、考核机制等方面给予院系足够的自主权，使各院系能够根据自身特点合理安排与设置。同时建立完善的运行机制、动力机制、约束机制、监督机制等，明确学校及院系的责、权、利，充分调动院系的积极性和主动性。另外，下放学校的自主权，学校管理层面就能够将更多的时间与精力对学校的科学发展进行战略规划与管理，做好学校顶层设计，更加关注学校重点发展战略，引领学校可持续发展。

（三）更新管理理念，完善民办高校分类管理制度

民办高校分类管理的最终目的是在明确营利性与非营利两类民办高校的本质、特点及内涵的基础上，通过一系列的外部制度制约，让两类民办高校都能够根据各自属性规范地发展。同时在配套政策上根据二者的不同身份给予公平公正的支持与指导，促进民办高校明确办学定位，科学发展。

具体来说，一要厘清有关民办高校的认识误区，要对民办高校有个清晰的认识，民办高校作为高等教育的重要组成部分，其办学定位、办学理念、培养方式、管理体制等与公办院校同等，且已形成较为完善的办学体系；民办教育的公益性与可营利性之间具有非矛盾性，二者并无直接的因果关系。二要完善民办高校分类管理制度，在法律法规的完善、分类管理体制、民办高校收益制度、产权制度等涉及分类管理的关键因素上都有要明确的规定，同时完善相应的监督与评价体制。

（四）结合中国实际，借鉴、吸收国外民办大学管理经验

国外私立大学强调以配套的法律法规来对民办高校进行管理与制约，同时在经费投入、办学自主权、管理模式等方面都有着比较成熟的经验，能够为我国民办高校改革管理体制提供借鉴。

一方面，创新民办高校管理体制必须具有全球化的眼光，积极把握并理解国外私立大学管理体制的经验。在高等教育全球化的趋势下，民办高校要想持续发展，就必须紧抓国际化机遇，跟上高等教育国际化、多元化发展步伐。就当前来说，民办高校要积极吸收国外关于民办高校管理体制的最新研究成果，在法律、政策支持的基础上，不断革新管理体制，突破管理瓶颈，展现民办高校制度、机制优势，增强民办高校发展核心竞争力。

另一方面，创新民办高校管理体制要在吸收国外经验的基础上，注重自身的中国化特色。国外私立高校历史悠久，办学起点高，也形成了一套成熟且独具特色的管理体制，而中国民办高校办学时间短，办学起点低，在管理体制方面还处于探索阶段。可以说，国外私立大学完善的管理机制体制具有一定的开放性和前瞻性，对于我国民办高校建立完善的管理体制具有重要的意义和参考价值。但是，值得注意的是，由于中国民办高校与国外私立大学有着不同的办学背景、不同的发展阶段以及不同的文化环境，这些差异性不可忽视。国外关于私立大学管理体制的理论研究虽然给我们提供了宝贵的经验，但是不能直接照搬来用于解决我国民办高校由于特定的社会差异而产生的管理体制症结，因此，在借鉴国外经验的同时，我们必须充分考虑国内外制度、文化、环境等方面的差异，考虑中国民办高校的中国化特征，对国外私立大学办学体制进行提炼、归纳、总结，找出适应中国特色的管理经验，从而指导与帮助我国民办高校管理体制的创新发展。

综上所述，民办学校必须充分认识到管理机制创新的意义，促进民办学校的生存和发展，对其自身的管理机制进行研究，积极发现需要解决的隐性问题。同时，必须调动各利益主体的主动性，积极为民办学校的教育管理机制改革提供动力。民办学校管理机制创新，首先要改变落后的管理理念，其

次要建立完善的现代大学制度，处理好行政权力与学术权力的关系，做好分类管理研究，最后要善于借鉴与总结，吸收国外经验，紧跟高等教育国际化趋势，完善管理机制，运用先进的管理技术，提高管理的效果。

参考文献

［1］杨敬华：《民办高校管理体制的比较研究》，《中外教育研究》2009 年第 4 期。

［2］习近平：《切实把思想统一到党的十八届三中全会精神上来》，《求是》2014 年第 1 期。

［3］张力心：《我国民办高校内部管理体制改革的实践探索》，《科技经济导刊》2018 年第 9 期。

［4］史静寰：《现代大学制度建设需要“根”“魂”及“骨架”》，《中国高教研究》2014 年第 4 期。

［5］王诺斯：《营利性与非营利性民办高校分类管理研究》，大连理工大学博士学位论文，2017。

［6］徐绪卿：《民办高校内部管理体制改革若干问题探析》，《中国高教研究》2010 年第 5 期。

专题研究篇

The Monographic Research

B.17

智能时代民办高等学校智慧校园建设研究

杨保成*

摘　要： 1905 年科举制度终止后，新学兴起。经过近半个世纪的探索，到新中国成立时，“六三三四”学制已经基本形成。在这个过程中，新学的教育教学方法也在不断演进和完善。与早期欧洲的“学生大学”不同，中国近代形成的大学都是“教师大学”，即主导学校的是教师。教学方法也是以教师为主的单向传输，学生多是被动地接受。长期以来，这种方法保持了学校教育的稳定和发展，但也出现了许多问题。随着经济的发展和社会的进步，特别是以互联网为代表的现代科学技术的普及，传统的教育教学方法已经成为人才

* 杨保成，博士、教授，中国教育信息协会副理事长，黄河科技学院副校长。

培养的桎梏。在“以学生发展为中心”的理念指导下，黄河科技学院在打造无线网络全覆盖的智慧校园基础上，开发和建设了基于移动端的教育教学管理应用平台——“翻转校园”。以全面提高教育教学质量为主旨目标，全方位、多角度采集、统计教育教学数据信息，通过教育教学多领域大数据分析，生成可视化报表，为教育教学改革、教育质量管理和高校发展决策提供数据依据，有效地提升了人才培养质量。

关键词： 高等教育　翻转校园　智慧校园

创新是时代的主题，也是大学改革和发展的必由之路。移动互联网、大数据、人工智能等信息技术日新月异，引领人类社会加速迈入智能时代。快速、巨大的科技变革和社会变迁给大学这一古老又现代的机构的发展带来了挑战，也提供了契机。为什么要创新，创新什么，如何创新，是每一所大学需要面对的问题。

一　创新承载着高等教育的历史与未来

创新是高等教育的文化传承。从柏拉图学园到中世纪大学，到开研究型大学之先河的柏林大学，再到推动高校走出象牙塔的威斯康星大学，再到颠覆性的可汗学院，高等教育改革和发展的历史就是一段不断创新的历史。大学，无论其职能如何演变和拓展，其核心就是促进创新——人的创新（教学）、知识的创新（科学研究）、技术的创新（社会服务）、文化的创新（文化传承）。高等教育的发展与大学的变迁是科学技术创新和社会文明进步的结果，同时也推动着科学技术和社会文明的发展。

创新是高等教育的时代使命。当前，高等教育发展面临着新的形势。

科技发展日新月异，知识创造爆发性增长，科研成果转化周期缩短，学科高度分离又高度融合。科技发展催生产业变革，产业结构转型升级，经济发展方式由劳动密集型向技术密集型转变；社会分工越来越细化，对人才的要求也日益发生着变化，从需要多个领域的通用人才（通才）到某个领域的高精尖专门人才（专才）的转变。移动互联网、大数据、人工智能等技术日渐成熟，对人类的生产、生活乃至思维、学习方式等都已产生巨大的影响，给高等教育带来了巨大的冲击，也为高等教育改革注入了新的活力。经济、科技和社会变革与发展推动了高等教育发展，高等教育在世界范围内呈现新的发展趋势——大众化、多样化、国际化、终身化、信息化。作为科技第一生产力和人才第一资源的重要结合点，高等教育具有高端的引领作用，其发展水平和质量决定着国家的创新能力。提高质量是世界各国进入高等教育大众化阶段后面临的共同问题，高等教育创新发展也成为各国提升核心竞争力的重要举措。

创新是高等学校的发展之基。21 世纪的第一个十年，我国高等教育实现了由精英向大众化阶段的历史性过渡。《国家中长期教育改革和发展规划纲要（2010—2020 年）》要求高等教育适应全面建设小康社会、建设创新型国家和人力资源强国的需要，坚持以育人为本，以改革为动力，以提高质量为核心，走内涵的发展道路。党的十八大至今，我国高等教育正在经历新的历史拐点——从高等教育大国到高等教育强国。我国高等教育规模世界第一，高等教育毛入学率达到 42. 7%，快速迈向高等教育普及化。为进一步增强高等教育对国家发展贡献度和国际高等教育的影响力，建设高等教育强国上升为国家战略。但是，不容回避的是，从量的层面达到了“大众化”标准，但从“质”的层面上还不适应大众化的高等教育要求，与高等教育发达国家相比还有一定的差距。全面提高高等教育质量是当前和今后一段时间内高等教育改革和发展的关键核心任务。创新是高等教育质量提高的驱动力。在新的历史使命和发展背景下，高等学校必须以创新驱动教育教学改革的全面深化，以创新推动人才培养质量的全面提升。

二　智能时代高等学校创新的理念与思路

“创新”这一概念是由美籍奥地利经济学家约瑟夫·阿罗斯·熊彼特在1912年出版的《经济发展理论》一书中首先提出的，他认为“创新就是把生产要素和生产条件的新组合引入生产体系之中，建立一种新的生产函数，其目的是为了获取潜在利润”。后来，创新的概念和理论不断发展。美国管理学家德鲁克认为，创新是赋予资源以新的创造财富能力的行为，创新主要有两种：技术创新和社会创新。虽然创新的概念提出较晚，但是人类历史整个是由创新驱动的。17～18世纪蒸汽机的使用开启了第一次工业革命；19～20世纪初，电力的广泛应用引发了第二次工业革命；20世纪40年代到20世纪末，计算机、空间技术、互联网技术等催生了第三次工业革命，人类进入信息技术时代。21世纪以来，以人工智能、智慧制造和人造生命的突破为标志的科技革命促进了人类新一轮文明的飞跃，人类历史进入智能时代。

在这个新时代，信息化使知识记忆不再重要，高等教育传统的知识传递模式和工业社会标准化、流程化、规模化的教育教学模式已经不能适应时代的需要。慕课已经成为席卷全球的高等教育新潮流，并衍生出SPOC（私播课、微课）、Meta-MOOC（超级公播课）、DLMOOC（Deep Learning MOOC，深度学习公播课）、MobiMOOC（Mobile MOOC，移动公播课）、MOOL（Massive Open Online Labs，大众开放在线实验室）、DOCC（Distributed Open Collaborative Courseongoing，分布式开放协作课）等，全面颠覆了传统的高等教育教学模式。大数据技术通过对数量巨大、来源分散、格式多样的数据进行采集、存储和关联分析，从中发现了新知识、创造新价值、提升新能力的新一代信息技术和服务业态。高等教育数据的存储、获取、分析和利用发生革命性变革，为教学、科研和管理提供数据分析依据。人工智能具备更强的数据挖掘、深度学习能力，已经在图像识别、语音语义识别和复杂策略推演上取得了一定的进展。未来将进一步地深入理解学习者的特征、学习者的思维模式，从而提升在线学习和自适应学习系统的性能。

智能时代并不是要以人工智能取代人类，而是利用人工智能更好地为人类服务。育人性是高等教育的根本属性，人才培养是高等教育的本质要求，提高人才培养质量是高等教育改革发展的出发点、立足点和归宿。从国际趋势来看，虽然在高等教育大众化阶段，质量观呈现出更加多元化和多样性的特点，但是高等教育改革发展和质量保障发展趋势是一致的：更加强调了以学生发展为本位；更加关注教学质量的生成过程；更加突出从多视角看待大学质量。面向智能时代的高等教育必须彰显以人为本的核心理念，以促进学生发展为主旨全面提高教育教学质量。

在“以学生发展为本”的思想指导下，高等学校教育教学要打破传统学科而导向人才培养模式，创新 OBE 教育模式。“OBE”是成果导向教育（Outcome-based Education）的简称。在实践上，是一种聚焦于学生受教育后获得什么能力和能够做什么的培养模式。一切教育活动、教育过程和课程设计都是围绕实现预期的学习结果（Intended Learning Outcomes）。20 世纪 80 年代到 90 年代起源于美国和澳大利亚的基础教育改革，后来成为美国、英国、加拿大等国家教育改革的主流理念。《华盛顿协议》全面接受了 OBE 的理念，并将其贯穿于工程教育认证标准的始终。OBE 教育关注以下五个核心问题：一是目标，我们要学生学习什么，掌握什么；二是需求，我们为什么要学生学习这些内容；三是过程，我们如何帮助学生取得这些学习的成果；四是评价，我们如何有效地知道学生取得这些学习成果；五是改进，我们如何保障学生有效地取得这些学习成果。

观念层面的变化必须与行为和手段层面的改变结合在一起。以大数据技术和人工智能为代表的新一代信息技术能够为“以学生发展为中心”的理念和 OBE 教育模式在教育教学中的真正落实提供前所未有的强大技术支持，促进教育教学管理和服务实现根本性的变革，为教育教学创新提供解决方案。

黄河科技学院作为一所民办普通本科高校，33 年来砥砺前行，开拓创新，走出了一条中国特色的民办大学发展之路。在新的发展背景下，该学校以建设创新型大学为目标，以教育教学创新和教育管理创新为切入点，基于大数据技术和人工智能，开启了创新发展的新路径：以“学生发展”为中心，以国家需求、社会需求和学生需求为导向，构建一个以信息数字化为基础，以数据智能化分析为支撑，全新的教育教学管理模式，切实提高人才培养目标与社会需求的符合度、人才培养质量的达成度和教学质量保障体系的支撑度，促进教育教学质量和人才培养水平持续提升。

三　数据分析支持下高校智能化质量建设和教育创新实践

基于创新发展路径，黄河科技学院在打造无线网络全覆盖的智慧校园基础上，开发和建设了基于移动端的教育教学管理应用平台——“翻转校园”。翻转校园以全面提高教育教学质量为主旨目标，全方位、多角度采集、统计教育教学数据信息，通过教育教学多领域大数据分析，生成可视化报表，为教育教学改革、教育质量管理和高校发展决策提供数据依据。

（一）数据平台支持下的质量标准体系

该体系坚持反向设计、需求导向、产出导向。以最终目标（最终学习成果）为起点，利用移动互联网技术面向企业、用人单位、毕业生开展多主体、全方位的调研，对调研数据进行智能化分析，指导学校科学定位人才培养质量目标、细化专业人才培养质量标准、完善课程体系和实践教学体系。课程与教学设计从最终学习成果反向设计，以确定所有实现最终学习成果的教学的适切性。

利用该体系进行质量标准建设需要抓住五个关键环节：一是广泛开展需求调研，包括各专业近年来毕业生的就业信息；行业、产业、用人单位对专业人才的需求情况。二是明确人才培养目标。培养目标是专业人才培养的总纲，它是构建专业知识结构形成课程体系和开展教学活动基本依据。培养目标是对毕业生在毕业五年左右能够达到的职业和专业成就的总体描述：具备什么知识，什么能力；未来在社会上能从事什么行业；成为什么人才。三是清晰学生的毕业要求。毕业要求（或毕业生能力）是对学生毕业时所应该掌握的知识和能力的具体描述，包括学生通过本专业学习所掌握的技能、知识和能力，是学生完成学业时应该取得的学习成果。必须是知识——能力——素质（态度）各方面清晰、具体的表述。四是理清人才培养标准。人才培养标准是对毕业要求的细化，是结合相关利益者的相关要求和相关行业职业标准，从知识、能力、素质等方面对人才培养目标的进一步分解。可以分为一、二、三等多级，以便于所设标准能够很好地体现毕业要求，并找到相关课程支撑。五是理顺课程结构支撑。课程（包括所有培养环节）设置以有效实现培养目标为核心，保证专业培养标准所规定的学习效果得到明确的落实（学习目标的可追溯性）；以学生为中心，以适应学生成长路径为主线，保证培养效果的切实实现（培养方案的适应性）；以明确的教学理念为指导，保证学生的知识与能力的一体化发展（培养过程的科学性）。

翻转校园应用平台能够针对这五个关键环节提供技术支持，包括：后台制作调研问卷；多渠道发放和收集问卷；实时统计问卷回收情况；自动统计问卷结果；智能化分析调研数据；生成可视化报告；多终端查看可视化分析报告。这些技术支持能够有效地解决传统模式和手段下社会需求调研不充分、调研信息收集不全面、调研结果分析不到位、质量标准描述不清晰、质量标准可操作性不强等问题，破解高校人才培养质量与社会需求不符的瓶颈。

（二）数据平台支持下的教学质量保障体系

该体系利用移动互联网技术对学风、课堂教学、综合评教等教育教学过程中的动态数据进行广泛收集，并对数据进行分类、合并、分析和智能化反馈，建立全程质量监控，形成一个循环上升的闭环结构。

该系统能够解决目前高等学校教学质量管理和质量建设中存在的诸多问题，包括工作量大、环节多，缺乏统一的数据平台，质量监控覆盖面窄，质量反馈不畅，质量保障没有形成闭环式体系，等等。一方面增强教学质量监控的时效性，另一方面提高质量改进措施的精准性，能够切实提高学校内部质量保障体系运行的有效度，促进教育教学质量的持续提升。

该体系主要包括四个功能模块：课堂教学、综合评教、学业预警、教学督导。

课堂教学模块能够实现课堂考勤、课堂测验、课后交流。课堂考勤不仅让师生告别了传统的纸质名单，大幅缩短了点名时间，而且考勤信息能够完整地记录学校课堂教学运行数据，为学风建设、教学资源配置、教务管理等提供数据支持。课堂测验功能则实现了上课内容即学即练，丰富了教学手段；测试结果自动记入学生的平时成绩，突出对学生学习的过程性评价，逐步提高学生学习的积极性和主动性。同时，课堂测验体现了课程的复习要点和预习要求，解决了学生不知道学什么，怎么学的问题。课后交流是课堂教学的拓展和延续，老师可以在“教师”专区发布作业、通知等各类话题，学生在“学生”专区发布交流帖子，并进行回复讨论。这一功能促进了教学模式改革，同时能够较好地记录学生课外学习的投入情况，对学生学业分析提供了数据支持。

综合评教功能实现了教师和学生手机客户端评教操作，后台自动生成统计数据报表，按条件对比分析。解决了过去纸质评教量大、数据统计困难、评教过程不可监控等问题。客户端同步呈现评教进度日报、自动定期生成报表、按院系的评教结果。系统应用能够切实提高评教效率，确保评教学生的参与度，并为教师和管理者提供了更科学、更全面的评教结果报告，指导教学改进。

学业预警充分体现了教学管理“事前管理”思维。对于学生而言，根据对学生个体学业的多维度数据进行学业预警，例如课程历史挂科比例、学生以往成绩、本学期出勤、课堂评学、作业情况等，能帮助学生更好地完成学业。对于教师和管理者而言，根据对所有学生所有课程考核数据的跟踪和监控，以及往届学生成绩纵向对比分析，能够及时发现学业危机的学生，提醒学院、学校对重点人群进行预警和帮扶。

教学督导可以实现教学督导信息全反馈：督导听课——信息反馈——改进或申诉——质量提升，实现传统督导以评价为导向转变为以改进为导向。另外，教学督导数据能够较好地与教师专业发展数据对接、与学生评教数据对接、与教学改革数据对接，为教师评价、课程评价和教学改革成效评价提供更多元、更丰富、更完整的数据，增强其科学性。

（三）数据平台支持下的学生成长支持系统

学生成长支持系统是整个智能化平台的核心，也是完全从学生角度，以服务学生成长为目的来设计的一个智能化系统。这个系统不是一个个应用模块的简单组合，而是以学生发展为主线的教育教学、学生管理、就业创业、质量监控相关平台的有机整合。学生成长支持系统通过建立从学生入学到在校期间再到毕业就业全过程的数字化档案，对课内课外学习实践活动的数据进行收集和智能分析，基于智能技术为学生提供课业指导、学习预警、过程性评价、就业创业指导与支持，提高学生学习积极性、主动性，促进学业成长和综合素质发展。

该系统主要从五个方面实现对学生成长的全方位支持：一是目标确认，学生明确知道学习的目标、内容和标准；二是自我管理，智能监控和行为识别督促学生养成自我管理的习惯；三是行为调整，监控和预警使学生及时调整行为，加大学习投入；四是学习支持，课堂测验、资源提供等促进学生深度学习，过程考核和经验分享提高学生学习效率；五是生涯规划，增强学生自我认知，更好地规划学习和职业发展。

在质量标准体系和质量监控体系功能模块基础上，本体系的技术支持还涉及多个功能模块：

“新生档案——迎新系统”，录取新生通过扫描录取通知书附带的软件安装条码，安装翻转校园 App，并使用身份证号码和密码登录，完成资格审查，自动收集新生信息。帮助学生更清晰地认识自己的同时也为学校分析生源基础提供依据。

“日常操行管理”实现了学生操行评定的信息化、透明化，学生能够及时查看，了解自己的操行成绩，辅导员可以更好地了解学生身心的发展情况，及时予以指导。

“创新实践管理”能够通过客户端向学生发送学校各类创新实践活动信

息，鼓励学生积极参与，并及时记录学生参与创新实践的活动的情况和成效，完善学生个人成长的档案，分析学生综合素质的发展情况。

“经验分享”可以根据学生成长各个阶段的需求、困惑和问题，收集信息，分类汇总，形成可共享和参考的经验，解决新生困惑、毕业生焦虑、考研疑问等，帮助学生更好地规划学习和生活。

“奖助贷管理”能够同步记录学生学业奖励和生活困难情况，通过与其他数据平台的对接和综合分析，便于教师关注重点人群，及时为学生提供帮助。

“就业创业指导”，利用大数据技术对学生就业创业意向、需求进行调研、统计，结合学生学业成绩、创新实践、操行评定等系统，深度分析学生的职业能力，为学生匹配就业岗位，提供就业、创业建议和指导。

创新是无止境的。移动互联网带来的教育变革方兴未艾，大数据、人工智能等新信息技术共同驱动并引领高等教育新一轮的创新，成为全球任何一个高校必然要面对的新课题。我们在教育教学创新道路上又迈开了新的一步，今后将继续坚守以学生发展为本的理念，在信息技术与教育教学的深度融合中，形成智能增强型的教育发展模式，驱动教育教学质量的持续提升，驱动学校跨越性的发展。

B.18
党建工作引领民办高校科学发展研究

马家生*

摘　要： 民办高校与公办高校一样承担着培养社会主义建设者和接班人的历史使命。做好民办高校党建工作，坚持以高质量党建领航民办高校科学发展，对于坚持社会主义办学方向、贯彻落实党的教育方针、落实立德树人根本任务等都具有重要意义。本文立足于民办高校实际，首先阐述了河南省民办高校党建工作现状，系统、全面地分析了民办高校党建工作存在的不足和问题，并在此基础上，就党建领航民办高校科学发展提出了切实可行的对策建议。

关键词： 民办高校　党建工作　科学发展

自1978年召开党的十一届三中全会以来，民办高校如雨后春笋般地涌现、发展。民办高校作为我国高等教育的重要组成部分，与公办高校一样承担着培养社会主义建设者和接班人的历史使命。因此，做好民办高校党建工作，坚持以党建领航民办高校科学发展，对于坚持社会主义办学方向、贯彻党的教育方针等都具有重要意义。当前，我国进入了中国特色社会主义新时代，对民办高校发展提出了新要求、新挑战，在这一背景下，如何以党建工作引领民办高校科学发展，是一个值得深入思考和亟待解决的现实问题。

---

* 马家生，郑州科技学院讲师，硕士研究生，主要研究方向：民办高校党建。

一 河南民办高校党建工作现状

作为我国高等教育的重要组成部分，民办高校与公办高校一样，承担着培养社会主义建设者和接班人的历史使命。因此，在坚持党的领导、坚持社会主义办学方向上，无论是民办高校，还是公办高校，都必须旗帜鲜明、立场坚定，坚持党的领导。近年来，各民办高校严格按照《民办教育促进法》《关于加强民办高校党的建设工作的若干意见》等文件的要求，切实加强民办高校党组织建设，使民办高校党建工作取得了巨大的成绩。

（一）河南民办高校基本情况

截至2017年，全省共有民办普通高等学校37所，其中，本科院校17所，专科院校20所；本科在校生27.92万人，专科在校生17.74万人，普通本专科在校生人数占全省本专科在校生总数的22.82%。[①] 17所民办本科高校的在校生人数均已超过1万人。其中，黄河科技学院、郑州科技学院、郑州工业应用技术学院、河南师范大学新联学院、郑州工商学院、商丘学院、郑州升达经贸管理学院和郑州大学西亚斯国际学院等7所民办本科高校的在校生人数均已超过2万人。

（二）河南民办高校党建工作现状

截至2018年，全省37所民办高校均已建立了党委，部分高校由省委高校工委派驻了党委书记，还有一部分高校由驻地市（县）委派了党委书记，并行使了政府督导专员的职责。通过对全省37所民办高校党组织的调研，可以看出，各高校党组织、董事会（理事会）、行政三个决策机构的领导实行了“双向进入，交叉任职”的体制机制，37所高校党委书记是学校董事

① 河南省教育厅：《2017年河南省教育事业发展统计公报》，《河南省教育厅网站》2018年5月4日。

会（理事会）成员。黄河科技学院、郑州科技学院、郑州工业职业技术学院、商丘工学院等本科民办高校均设立了党的独立机构，例如，党办、组织部、宣传部、统战部，有的高校虽然没有专设部门，但设有专职人员负责。其中，24 所高校设置了独立的党委办公室，13 所党政联合办公。另外，各民办高校都设立了业余党校。

（三）民办高校党的各项工作持续推进

1. 党组织的政治核心和监督保证作用能较好地发挥

从调研结果可以看出，大部分民办高校都能按照《关于加强民办高校党的建设工作的若干意见》的要求，立足实际，及时建立党组织、理顺隶属关系，充分发挥党组织的政治核心作用。民办高校党委也能够准确定位，按照“有为、有位、有威”的原则，努力做到“不缺位、不越位”，对保障民办高校坚持社会主义办学方向、贯彻党的教育方针发挥了重要作用。特别是近年来，上级党组织开始向民办高校委派党委书记，民办高校党委在履行“支持、监督”等职能的同时，在法律和政策允许的范围内，还积极争取有关部门对民办高校的理解与支持，并根据实际需要，帮助董事会（理事会）和校行政做好科学决策、规范运作、外部联络、内部协调等方面的工作，为民办高校建立现代学校制度创造条件。

2. 宣传思想政治工作扎实有效

有的民办高校党委通过政治理论学习、专题报告等形式，认真组织了马克思列宁主义、毛泽东思想、邓小平理论、科学发展观、习近平新时代中国特色社会主义思想等的学习，坚持用马克思主义的最新理论成果武装师生头脑，这不仅进一步提高了师生的政治理论水平，也确保了党的路线方针政策的贯彻落实。在做好理论学习的基础上，有的民办高校还制定了学校意识形态工作责任制实施细则，签订了意识形态责任书，在重要的时间节点，校党委要求各总支、直属支部对意识形态工作实行每日一报制度。同时，还利用橱窗、板报、校园网、新媒体等宣传“中国梦”、社会主义核心价值观等主流思想。并通过建章立制，加强对网站、论坛、贴吧、讲座的审查管理，牢牢把握意识形态工作的领导权、主动权和管理权。

3. 基层组织建设不断加强

本着精干、高效和有利于加强党的建设的原则，大部分的民办高校都设立了党委办公室、组织部、宣传部和纪委办公室等工作部门，配备了党政工作人员。各二级学院（部）也按照要求，不断完善总支（支部）建设。各总支（直属支部）围绕学校中心工作，严格党内组织生活，认真落实“三会一课”、党员思想汇报、民主生活会、民主评议党员等制度，将经常性的党内生活作为培育党员的主要方式，努力提升党员的政治素养。按照“控制总量、优化结构、提高质量、发挥作用”的原则，严格把关，保障党员发展的质量。此外，还立足于民办高校实际，进一步完善制度建设。据全省高校党内信息统计数据，截至 2016 年底，上报统计数据的 27 所民办普通高校共有基层党组织 754 个，其中党委 27 个，分党委及党总支 127 个，党支部 600 个；在职教职工党员 5719 人，占在职教职工（21013 人）总数的 27. 19%；在校学生党员 8567 人，占学生总数（390038 人）的 2. 2%；申请入党 112101 人，占师生总数的 27. 27%；确定入党积极分子 37800 人，占师生总数的 9. 2%。①

4. 学生思想政治教育工作成效显著

民办高校党委紧紧围绕高校立德树人的根本任务，在发挥思想政治理论课主渠道作用的基础上，不断创新思想政治教育方式、丰富教育内容、拓宽教育载体，扎实做好大学生思想政治教育工作。有的学校还将校园文化建设与思想政治教育结合起来，开展“礼敬中华优秀传统文化系列活动”“大学生文化艺术节”“文明礼貌月”“社团文化艺术节”“宿舍文化节”“高雅艺术进校园”等活动，培育和引导师生践行社会主义核心价值观。此外，还组织开展了多种形式的宣传教育活动，加强安全保卫、消防、宗教传播等工作的管理，努力营造读书、立德、修身的良好氛围。如郑州升达经贸管理学院举办的思政课活动周，被评为河南省思想政治工作优秀品牌；黄河科技学

① 成迎富：《民办高校党建工作的现状与对策研究——以河南民办高校为例》，《黄河科技大学学报》2017 年 9 月。

院三项成果获得河南省思想政治工作优秀成果奖。

5. 党风廉政建设扎实推进

各民办高校按照要求，认真组织开展好党的群众路线教育实践活动、创先争优、“两学一做”学习教育、依法治教年等活动，在做好规定动作的同时，还立足实际，努力做好自选动作。有的学校领导在活动中，校党委班子成员积极调研走访，倾听广大师生员工、用人单位、学生家长的心声，推动董事会、校行政着力解决关系师生切身利益的事项，得到了师生、学生家长等的一致好评。此外，支持民主党派和群团组织按照各自章程开展活动。

二　民办高校党建工作存在的问题

民办高校党的建设，经过几年的探索和实践，已经积累了一些有益的经验。但从总体上看，民办高校不同程度地存在政治核心作用发挥不充分、人员流动性大、战斗堡垒作用没能充分发挥等问题。

（一）党组织政治核心作用发挥不充分

民办高校因投资主体与公办高校不同，其管理方式、决策机制等也不同于公办高校实行的“党委领导下的校长负责制”。民办高校普遍实行的是董事会决策、校长执行的管理运行机制，党组织主要发挥政治核心作用，这一特点也决定了民办高校党建工作的特殊性。因此，有些人认为，作为民办高校的决策机构，董事会（理事会）有权研究决定学校的一切重要事务，校长有权依法管理学校的各项日常工作，而校党委则完全服从董事会（理事会）的决定，并按照校长的意见执行，没有任何话语权；也有些民办高校党组织负责人存在消极情绪，不能够积极主动地开展党建工作；有些党组织领导同志，对民办高校党建发挥作用存在认知误区，或认识不清；还有些党组织领导思想观念守旧，方法单一，不能与时俱进。这些思想认识上的问题虽然不是普遍现象，但具有一定的代表性，也影响民办高校党组织政治核心作用的有效发挥。

（二）党务干部流动性大

民办高校人员流动性较大，党务工作干部也存在此类问题。有的学校党委成员，除了党委书记是由上级派来的以外，其他班子成员都是学校自己聘用的；有的民办高校党委书记也是学校自己聘请过来的，但是领导班子不稳定、不稳健，时常出现辞职的情况；有的民办高校党委班子里，只有党委书记是校领导班子成员，其他的党委委员都是校内管理机构或教学单位的干部或老师兼任；一些民办高校的党务工作人员，由于缺乏经验对党建工作存在畏难情绪。这些对民办高校党建工作的有效开展影响很大。

（三）党员的先锋模范作用发挥不突出

经调研发现，在全省 37 所独立设置的民办高校中，除了 17 所民办本科高校，其他高校的办学时间普遍较短，存在学校内部管理体制机制和运行机制不完善的情况。大多数民办高校的党组织规模不大，党员队伍不够强大，党员人数少、力量弱，有些党员党性意识薄弱，组织观念不牢固，党建工作存在不同程度的不规范现象。由于民办高校大多采用的是聘任制，用人制度灵活性较强，使党员同志有随时可能被辞退的观念，在工作的主动性和积极性上会稍弱；有些来自公办高校的党员，认为在过去的学校有“主人翁”的感觉，来到民办高校工作后，感觉在为老板打工；有些教职工的临时观念强，拒绝将党组织关系转入民办高校，导致“地下党员”“口袋党员”的出现；还有些党员持随意的态度，组织观念弱，认为“多一事不如少一事”，从而影响了民办高校党组织的向心力和凝聚力。

（四）法人共同治理结构不完善

在调研中，我们发现有的民办高校存在家族化管理现象，存在学校主要创办者的家属或子女进入学校领导层、掌握学校主要领导权的现象，部分民办高校正在进入从最早创始人向第二代进行权力交接的过渡时期。家族化管理实行的是所有权与经营权的高度统一，在具有决策高效优势的同时，极容易形成家长独裁的决策机制，容易出现家族中多个成员担任学校领导中主要职务的现象，把人、财、物等权都控制在家族手上，而且更多地采用经验式管理，内部管理监督缺失。近年来，随着民办高校办学规模的不断扩大和办学层次的逐步提升，出现了学校董事会对待投资、决策、管理等日常事务应接不暇的状况。由于董事会对学校事务介入过多、过深，直接影响了教职工工作的积极性和主动性，使得决策的执行率大大降低。同时，学校党组织缺少一个共同治理结构中依法依章行使权力的环境，阻碍了党组织有效地发挥政治核心作用。

三　党建工作引领民办高校科学发展的对策建议

新时代要有新作为。新时代民办高校党委要坚持以习近平新时代中国特色社会主义思想为指导，立足民办高校实际，从以下几个方面努力，进一步加强民办高校党建工作，激发民办高校发展活力，助推学校的科学发展。

（一）创新管理体制，发挥党委的政治核心作用

民办高校党建工作的特点决定了民办高校的发展需要董事会、党委和行政形成工作合力。因此，民办高校应该结合民办高校党建工作的特点，按照《中华人民共和国民办教育促进法》《关于加强民办高校党的建设工作的若干意见》等的规定，认真落实“董事会决策、校长执行、党委监督”的管理体制。积极探索党委、董事会、校行政班子成员“双向进入，交叉任职”的体制机制，逐步完善党委和董事会协同配合制度、党委和校行政部门联席会议制度，做好民办高校党委政治核心作用的七项职责，建立高效、顺畅的工作机制。河南省自2010年以来，专门选派了富有党建工作经验党员到民办普通本科院校担任党委书记，对提高民办高校党组织建设的专业化、科学化水平，具有积极的推动作用。2010年10月，丁松林、岳修峰、吴延伟分别任黄河科技学院、郑州科技学院、郑州工业应用技术学院党委书记。2012年7月，李成军任商丘学院党委书记。2015年11月，刘兵任商丘工学院党

委书记。2015 年 12 月，张德伟任郑州升达经贸管理学院党委书记。2016 年，由于原党委书记退休和调离，省委组织部、省委高校工委选派李森、刘新华、张树军、李国强分别担任黄河科技学院、郑州科技学院、郑州成功财经学院、郑州财经学院的党委书记。郑州科技学院作为这几所民办高校之一，自 2010 年省委委派岳修峰同志担任书记以来，学校党委、董事会、校行政在立足于民办高校实际、相互尊重的基础上，积极探索“双向进入，交叉任职”的体制机制。通过中心组学习、党政联席会等形式，不断统一思想，凝聚共识，形成了“内聚人心强基础，外树形象促发展”的工作思路，有力发挥了党委的政治核心作用。

（二）推进机构设置，选好配齐党务工作人员

按照教育部《关于加强普通高等学校基层党组织建设意见》，本着有利于党组织开展工作，有利于加强党员教育、管理和监督，有利于扩大党的工作覆盖面的原则，根据学校部门、人员的实际变化情况，及时调整党支部设置，尽可能与教学、科研、管理、服务等组织相对应。凡具备建立党支部条件的行政、教学、科研单位，原则上独立设置党支部，尽量减少跨单位、跨部门设置。① 同时，选好配强党务工作干部，特别是总支、支部书记，并加强对党务干部的培养、教育。逐步落实教学院系专兼职党务工作人员工作量的补助，以及党员活动阵地建设，党建工作活动经费要纳入校、院两级经费预算，搞好党组织建设的基本保障工作。严格落实组织生活制度，扎实落实“三会一课”制度、民主评议党员制度，民主生活会制度、严格管理党员，不断提高党员队伍的整体素质，力争使本部门的党员都能成为“讲政治、有信念，讲规矩、有纪律，讲道德、有品行，讲奉献、有作为”的合格党员。郑州科技学院在完善总支、支部建设的基础上，不断优化基层党组织设置形式，对于在校学生党员，在学生公寓建立由学生党员和入党积极分子组成的“横向”党员工作站，引导学生党员进行自我教育、自我管理等；对

① 岳朝杰、马家生：《让党旗在民办教育高地迎风飘扬》，《河南日报》2017 年 4 月。

于外出实习的学生党员，组建了由教师党员、学生党员和积极分子组成的“纵向”党员工作站，引导党员、积极分子发挥先锋模范作用。同时，有序延伸党组织建设，在有3名以上正式党员的单位设立党小组。学校的组织建设进一步完善，不仅完全实现了党组织的全覆盖，也进一步增强了党组织的凝聚力和战斗力。

（三）强化思想引领，牢牢把握意识形态领域话语权

宣传思想工作关系党的前途，关系国家长治久安，关系民族的凝聚力和向心力。抓好学校的宣传工作，不仅有利于树立民办高校的良好形象，提升社会知名度和美誉度，也有利于巩固马克思主义在意识形态领域的指导地位。要按照《关于进一步加强和改进新形势下高校宣传思想工作的意见》的精神要求，结合民办高校实际，在全校师生中坚持不懈地开展马克思主义理论、中国特色社会主义理论和习近平新时代中国特色社会主义思想的学习，引导和帮助师生全面、准确地理解党的路线、方针和政策，进一步牢固树立师生的政治意识、大局意识、核心意识、看齐意识，自觉在思想上、政治上、行动上与党中央保持高度一致，确保党中央的各项路线、方针、政策得到不折不扣的贯彻执行和扎实落实。同时，使全校师生特别是党员和党员领导干部进一步坚定理想信念、明确政治方向、坚定中国特色社会主义道路自信、理论自信、制度自信、文化自信，不断激发广大师生投身改革开放事业的巨大热情，凝心聚力共筑中国梦。此外，立足民办高校快速发展的实际，不断加强制度建设。郑州科技学院编印了内容涵盖了组织建设、思想建设、队伍建设等内容的《中共郑州科技学院委员会制度汇编》。通过完善党组织政治理论学习制度，明确了党员干部政治理论学习的具体内容、学习规划、学习方式以及要求等，保障了党员干部政治理论的学习，有利于其提高政治理论素养；通过修订及完善部门工作职责，明确了党委各部门工作的职责，为充分发挥基层党组织的战斗堡垒作用提供了保障；通过完善党员干部培训制度，推动了党员干部整体素养和战斗力的提升；通过完善党内组织生活制度和民主制度，推动了高质量

民主生活会的召开，有利于加强自身建设。郑州成功财经学院制定了《郑州成功财经学院国旗教育实施办法》，将国旗教育规范化制度化，并将国旗教育作为新生入学教育的一部分，引导学子从入学即接受国旗知识和爱国教育，并将其贯穿于学生的整个大学生活，使国旗教育成为学校德育主题教育和爱国主义教育的重要载体，成为其特色大学文化内涵之一。

（四）转变工作作风，增强党组织的凝聚力

应坚持不断转变工作作风，加强作风建设，把“服务经济社会发展，办好人民满意的教育”作为工作目标，通过开展“党的群众路线教育实践活动”“三严三实”等活动，落实“为师生服务”的承诺。逐步建立校领导联系部门、院系领导联系班级、党员联系学生制度，深入调研，了解需求，解决困难。继续扎实落实中央的“八项规定”精神，坚决反对“四风”，严格执行《中国共产党廉洁自律准则》，开展师德师风建设，以师德师风促教风，以教风促学风，以学风促校风，形成良好的校风、教风、学风。如：郑州科技学院党委要求，教师党支部围绕教学、科研和专业建设，引导教职工忠于党的教育事业，争取在立德树人等各项工作中取得成效；对于行政管理及后勤保障部门的党支部，要围绕服务师生、后勤保障，引导教职工切实落实管理育人和服务育人；学生党支部要围绕学生的成长、成才、成功，引导学生要将理想信念放在首位，勤于学习、善于思考、勇于实践、乐于奉献，成为理想远大、信念坚定的新一代大学生。

（五）创新教育方式，提升思想政治工作质量

应结合民办高校实际，进一步完善学生思想政治教育工作领导体制和工作机制。同时，明确各部门责任，密切协作，构建全员、全过程、全方位的育人格局，切实将培育师生践行社会主义核心价值观落到实处。郑州科技学院在创新思想政治理论课教学方式的基础上，启动并实施了由影视教育、理论研讨和社会实践三部分组成的“春雨计划”。除此之外，围绕应用型人才培养目标，推进了“启航”综合素质教育工程（包括“两转变、三强化、

四阶段、五引导、六能力、二十专题”），实现了从入学到毕业的全程教育。多年来，黄河科技学院紧紧围绕传承和创新中华优秀传统文化主旋律，以“读书工程”为载体，以《阅读经典》课程建设为手段，以引导学生养成“爱读书、会读书、读好书”良好习惯为目标，不断创新工作思路，持续开展品读经典、礼敬中华优秀传统文化系列活动，取得了良好成效。

（六）推进和谐校园建设，努力营造良好的育人环境

校园文化展现一个学校的个性魅力，折射一个学校的办学水平和人才培养理念。应按照教育主管部门印发的精神文明建设意见有关文件要求，结合各自实际情况，积极推动校园文化建设。同时，还应进一步加强校园网、论坛、讲座、研究会、报告会、社团活动管理，积极抵御和防范校园宗教渗透和邪教传播等工作，切实加强校园文化建设，努力营造良好的育人环境。郑州科技学院以校史馆为阵地，以刘文魁董事长在办学实践中凝练的“博学、笃行、明德、至善”校训和“艰苦朴素创业，大公无私奉献，团结实干拼搏，锐意改革创新”的“四种精神”为主题，开展了具有郑州科技学院价值理念的文化教育活动，逐步形成了具有郑州科技学院特色的大学文化体系。同时，进一步完善学校社会综合治理和安全稳定机构设置，明确职责任务，加强统一领导，分工合作，齐抓共管的工作机制。

（七）抓党群共建，共同推动民办高校健康快速发展

支持民主党派在法律、政策允许的范围内，依照各自的章程开展活动，为民办高校改革、发展、稳定大局服务。通过教代会组织教职工参与学校民主管理，增强学校的凝聚力、向心力，提升教职工归属感，鼓励教职工发挥主人翁精神，为学校发展建言献策，贡献力量。支持工会、共青团、学生会按照各自的章程创造性地开展工作，更好地发挥联系广大师生、联系广大团员青年的桥梁纽带作用。利用现有文体设施，丰富教职工文化体育生活，协助董事会搞好职工福利，增加教职工的幸福指数。保持与民主党派和党外知识分子的密切联系，经常听取他们的意见和建议。支持他们参与学校的教

学、科研等工作，关心他们的生活，帮助解决具体困难。探索建立与民主党派和非党知识分子联系联络的长效机制，共同推动民办高校的科学发展。

参考文献

胡大白主编《河南民办教育发展报告（2017）》，社会科学文献出版社，2017。

B.19

民办应用技术学院发展路径选择

丁富云*

摘　要： 建设高水平的应用技术大学是社会经济发展转型对地方高校的强烈诉求，是民办本科学校持续发展的内在需要。遵循教育发展规律，明确办学定位，深化教育教学改革，坚持走产教研融合的发展道路，坚持科研强校，不断加强双师型队伍建设，是办好中国特色新时代人民满意的民办应用技术学院的必然选择。

关键词： 民办本科　地方性　应用型

一　建设民办应用技术学院的意义

建设高水平的应用技术大学是社会经济发展转型对地方高校的强烈诉求，是当前我国高等教育改革的着重点和关键点。2015 年 11 月，国家教育部、发改委、财政部联合印发《关于引导部分地方普通本科高校向应用型转变的指导意见》，于是包括民办高校在内的地方本科高校转型与应用技术学院建设在全国范围内迅速展开。党的十九大以来，中央继续关注并加大推进地方高校转型发展的力度。2017 年 12 月 5 日，国务院办公厅发布《关于深化产教融合的若干意见》（国办发〔2017〕95 号），对地方本科院校转型发展和应用技术大学建设给予了明确指导，2017 年 12 月 18 日，习近平总

* 丁富云，黄河科技学院，教授，中国民办教育博物馆馆长，研究方向为高等教育研究。

书记在十九大报告中强调要“深化产教融合、校企合作”，实际上是为建设应用型大学指出了发展方向。

地方政府对地方高校转型发展和建设应用技术大学寄予厚望。近年来，一系列国家战略规划、战略平台在河南的一体化推进，为中原建设与发展注入了强劲的前进动力，为河南发展带来了千载难逢的黄金机遇期。为建设“四个河南”，实现“四个强省”的奋斗目标，河南省委、省政府坚持以科技创新为动力，以高素质劳动者和拔尖创新人才为基础，不断深化产业结构战略性调整，推动经济转型升级，加快构建现代产业发展新体系，高度重视各类应用技术大学建设。省政府规划十年内将扶持建设100个品牌专业，激励、引导民办高校整体或专业集群向应用技术学院转型。河南省教育厅《关于加强2013年民办高校品牌专业建设的通知》（教政法〔2013〕540号）规定：对“每个批准立项的品牌专业建设点给予100万元的专项建设经费，学校按照1∶1的比例落实配套建设资金。”2018年2月，省政府出台《关于鼓励社会力量兴办教育进一步促进民办教育健康发展的实施意见》（豫政〔2018〕6号），提出要“建立分类管理制度，对民办学校实行非营利性和营利性分类管理”“扩大民办高校和中等职业学校专业设置自主权，鼓励学校根据国家战略需求和区域产业发展需要，依法依规设置和调整学科专业”。

诞生于改革开放热潮中的河南民办高等教育，以黄河科技学院1984年10月举办高考辅导班为开端，至今已经有34年的办学历史，三十多年来随着地方经济社会的不断发展而产生了质的飞跃。据《2017年河南省教育事业发展统计公报》，河南民办普通高等学校37所，其中本科17所，占全省普通本科院校总数的30.91%；专科20所，占全省普通专科院校总数的25.32%。普通本专科在校生45.66万人（本科27.92万人，专科17.74万人），占全省普通本专科在校生总数的22.82%。显然，民办高等教育已经成为河南高等教育的重要组成部分，在新的历史时期，与地方公办本科高校一起承担起向社会培养和输送高素质应用型人才和创新型人才的历史重任，责无旁贷。加快转型发展建设好应用技术学院，既是民办高校快速回应社会诉求的需要，也是满足民办高校自身持续发展的必然选择。

二　民办应用技术学院的办学优势

民办应用技术学院作为在高等教育深化改革背景下，适应我国经济转型发展和地方经济崛起的产物，在应用技术大学建设中具有比较优势。

（一）办学定位明确

目前，河南民办应用技术学院的主要来源：由民办本科院校包括独立学院整体转型为应用技术学院，部分优秀民办高职院校升本为应用技术学院以及最近几年根据教育部应用科技大学改革试点的建设要求，由民办本科院校与地方政府合并组建新的应用技术学院。这三类民办应用技术学院的产生背景，决定其普遍具有较为明确的办学定位。它们以地方社会发展和经济转型的需求为导向，结合生产、建设、管理和服务的职业要求，以培养紧缺的专业技术型、应用型人才为目标，与传统研究型、教学型大学错位发展。例如，黄河科技学院自开展学历教育以来，始终以建设“具有地方特色的高水平应用型本科院校”作为基本的办学定位和发展目标。民办应用技术学院的办学定位与中央引导地方普通本科高校向应用型转变精神相吻合，与地方经济社会发展需要高度一致。因此，在应用技术大学建设中民办高校重在强化应用型内涵建设，提升办学水平，区别于某些公办高校的转型发展。

（二）机制灵活具有内生动力

我国民办应用技术学院多由私人或企业投资兴办，与公办高校相比拥有较多的办学自主权，在经费的来源与运用方面比较灵活，在用人方面更为自主高效，拥有较大的独立性、自主性、灵活性。就外部环境来说，国家及地方给民办高校提供了较之公办高校更为宽松的办学环境和政策支持，民办应用技术学院在专业设置、招生等方面拥有更多的办学自主权。从内部运行分析，民办应用技术学院注重降低办学成本和提高办学效率，机构精简、队伍精干、行事高效、讲求效率。创办者的利益与学校发展状况相关度高，加之体制外生存等因素影响，创办者往往具有很强的风险意识、忧患意识、机遇意识和发展意识。因此，民办应用技术学院具有很强的内生动力，更有希望在新一轮的高校竞争中实现“弯道超车”。

（三）办学主体与市场联系紧密

民办应用技术学院与市场和企业有着天然的联系，对经济社会需求反应敏捷。无论是企业投资创办，还是私人创办，民办应用技术学院往往更加重视市场调研，自觉捕捉市场信息，快速回应市场需求，根据经济发展和人才市场需求设置、调整专业，强化校企合作，共同确定所需人才的知识、能力和素质结构，制定具体的人才培养模式。例如，黄河科技学院内部管理机制由教育集团和科研集团组成，2016 年以来，根据中原经济区和郑州航空港经济综合实验区建设对人才的需求，挖掘学校教育科研资源，迅速采取行动，增设材料成型及控制工程、城市轨道交通运营管理等专业，整合物流管理、电子商务、物联网等专业，调整信息与计算科学等专业；重点培育电子信息类、生物医药类、文化创意类、机械材料类、经济管理类等五大专业群，实现了专业群与区域产业链的紧密对接，明显提升了专业集群服务经济社会发展的贡献度。

从以上分析不难看出，民办应用技术学院在新的历史发展机遇面前，具有得天独厚的竞争优势。

三　影响民办应用技术学院发展路径选择的因素

地方高校转型与应用技术大学建设对于民办高校来说，从纵向看，是普通民办本科高校从结构到形态、从形式到内涵朝着应用技术型方向强化或转变；从横向看，是服务于地方的普通本科高校差异化发展。民办应用技术学院，大多是“依省而建”或与地市共建，其存在与发展的主要价值在于为地方经济社会服务，影响民办应用技术学院选择发展路径的因素主要有以下三个方面。

（一）区域指向性

从服务方向讲，民办应用技术学院具有明确的区域指向性。民办应用技术学院以地方经济社会发展为主要服务对象，以推进区域发展为主要使命。民办应用技术学院的发展要体现服务区域需求的特点，应发挥地方经济社会发展的人力资源开发基地、科技成果转化基地和地方文化传播基地等功能。

（二）市场导向性

应用技术学院的本质及办学的最突出特点是“应用性”，办学过程具有鲜明的市场导向性。其导向性体现在学科专业建设、课程设置、科研与社会服务等方面。学校的建设发展要密切结合市场需求，要考察市场产品缺口，预测市场发展方向，以市场需求为导向，结合社会岗位的现实需求，搭建好学生从“走出校门”到“走进社会”的沟通桥梁，发挥好向社会培养和输送应用型人才的基地作用和技术服务作用。

（三）地方特色性

我国经济发展呈现东、中、西和东北等几个大的区域经济结构特征，在此基础上，各省针对本省的资源优势和省情提出自己的发展目标，应用技术学院为实现这一目标，开发人力资源，提供人才保障。近年来，河南民办应用技术学院主动跟踪服务中原经济区、郑州航空港经济综合实验区、国家粮食生产核心区建设进程中产业结构调整和转型升级，特别是新型装备制造业、汽车产业、新一代信息技术产业、新能源、新材料产业和新型文化产业等战略性新兴产业对人才培养和技术创新的需求，构建学科体系，创新专业设置，形成鲜明的地方特色。

四　民办应用技术学院发展路径

近年来，有不少民办高校在应用技术学院建设中，不断探索创新，办学实力得到迅速提升，其中以黄河科技学院最为典型。自2016年以来，黄河科技学院被政府、企业及高校公认为地方高校转型与应用技术大学建设的先进典型，客观上发挥了示范引领作用。但也有不少学校在民办应用技术学院建设中仍然处于彷徨状态。根据河南省情和民办教育发展的实际情况，民办应用技术学院的发展应从以下几个方面着手。

（一）明确办学定位

实践证明，准确的办学定位，是建设好应用技术学院的前提。民办应用技术学院的办学定位包括以培养应用型人才为目标，以本科应用型教育为主体，以少数研究生或高职高专为示范或辅助，以区域经济和社会发展为主要服务对象等内容。推动地方高校向应用技术型大学转型，是新的历史时期我国高等教育发展的重要战略举措，突出“地方性”“应用型”的办学定位是党和人民在新的历史时期对于地方高校的期望，是新时期民办应用技术学院建设必须坚守的历史坐标。

近年来，不少民办应用技术学院明确办学定位，在服务河南“三大国家规划战略”“四个河南”建设的大背景下，结合自身的学科优势和专业特长，适应区域经济产业的发展需要，积极探索、创新发展应用型人才培养模式已经取得明显成效。黄河科技学院实施的“本科学历教育与职业技能培养相结合”人才培养模式，很适宜中原经济区建设和郑州航空港经济实验区建设对应用型人才的需求；郑州财经学院坚持开门办学，主动贴近市场，深化校企合作，推动高水平就业，突出应用技术学院办学特色；黄河交通学院实施“三学期制”人才培养模式和“学生中心、能力中心”的现代教学模式；郑州工业应用技术学院遵循应用型人才培养规律，着力推进教学改革，依据地方产业发展需要，构建了先进制造、现代服务、康复养老、城乡建设4个专业集群，依托企业集团办学优势，搭建产学研一体化发展平台，强化“基础技能训练、专业综合实训、企业实战训练”三层对接的实践教学体系，开展应用型人才培养的系列改革，取得一定的成效。

（二）加强学科专业建设及课程体系设置

应用型学科专业建设及课程体系设置，是应用型技术学院办学定位的具体体现。构建应用型学科专业建设及课程体系设置，必须深化教育教学改革。一要紧密结合地方经济发展的需要，坚持以“应用”为指导大力发展高新技术支柱产业、新兴第三产业的相关学科专业，改革专业建设机制，将服务于同一产业链的相关专业组织作为专业集群统筹管理，使学科专业建设产生优势叠加效应。二要建立健全行业、企业、专家及用人单位参与的新专业、课程的设置评议制度，确保教育教学效果。三要建立激励机制，为学科专业建设和课程设置改革注入活力，为落实好学科专业建设课程体系设置提供保障。

黄河科技学院不断贴近地方经济发展需求，采取措施加强学科专业建设，邀请企业、用人单位参与专业课程设置、评价考核全过程，构建新的课程体系，建立健全监督评价机制和奖惩制度，形成了科学严密的教学管理机制。2017 年，新增设了“数据科学与大数据技术”和“智能科学与技术”两个热门专业。一系列改革措施产生了良好的办学效益和社会效益。郑州成功财经学院挖掘优质资源，借鉴台湾高校职业教育的经验，与台湾育达科技大学合作举办了工商管理专业、会计学专业的本科课程合作项目，积极开展两岸文化交流，促进学科专业建设，助推应用技术学院建设发展，也取得了好的效果。

（三）深化产教研融合

“产教融合”原指职业学校根据所设专业，积极开办专业产业，把产业与教学密切结合，相互支持，相互促进，把学校办成集人才培养、科学研究、科技服务于一体的产业性经营实体，形成学校与企业浑然一体的办学模式。其产教紧密结合的人才培养思路，近年来为地方高校转型发展建设应用型技术大学所借鉴、推广。产教研融合，强调实践环节，有利于激发学生的创造能力和创新能力，有利于提高教师的实践能力和业务水平；产教研融合，强调服务地方发展的针对性，有利于提高高素质应用型人才培养质量、有利于科技成果转化，有利于促进并引领区域经济建设。

黄河科技学院、郑州科技学院、郑州工业应用技术学院、郑州财经学院、黄河交通学院等学校坚持产教研融合的办学思路，抢抓机遇，依托当地政府，紧密联系行业与企业，建立产教研密切结合的运行机制，形成了各自的办学特色。归纳其主要做法：一是重视校内实验实训中心和校外实习实训基地建设；二是重视平台与基地建设，构建应用科技研究和实践技术开发与技术成果转化的平台，构建合作教育培养高技能应用型人才的基地和教育模式与人才培养方式改革试验的示范性基地；三是重视职业资格认证，构建职业资格认证基地。

黄河科技学院重视平台基地建设，自 2013 年开始集聚了校内外的优势创新资源，建设了大学科技园，通过引企入园，使企业深度参与人才培养与科学研究，把园区建成了“创客工作室—创客工厂—众创空间—孵化器—加速器”全链条科技创业孵化载体，形成了“科技载体高标准、服务体系可持续、创新创业体系生态化”的特色，探索创新了“课堂 + 园区 + 企业”的“三元合力”人才培养模式，学生进入创客训练营、创客工厂、众创空间等平台，亲历模拟或实战训练，实践能力与综合素质得到了迅速提高。按照“双创教育四年不断线”的思路，建立了“理念培育—项目模拟—实践训练—孵化助推—市场实战”层层递进的“双创”教育体系。在大学科技园中培育了一批高成长性科技企业，打造了不少优秀的典型案例，如，校企共建技术平台案例——河南联合利达新能源科技有限公司和学校交通学院共建的“新能源汽车技术研发中心”；大学生创业典型案例——河南影响未来电子科技有限公司；高层次人才创业案例——河南分秒医配供应链管理有限公司，形成了良好的品牌辐射效应。据了解，黄河科技学院大学科技园建设之所以能够取得显著的成效，主要得益于组建了一支优秀的管理队伍对园区进行专业化的运营管理，实施了规范化的考核机制，能够协同政府为入孵企业提供及时的、有针对性的指导和服务。同时，黄河科技学院重视构建职业资格认证基地，目前拥有 60 余个包括机械、建筑、电子、汽修、通信、心理咨询等行业的初中级技能培训和鉴定认证资格。历年大学生职业资格鉴定通过率达到了98%左右，为学生就业、创业打下了坚实的基础。

实践证明，坚持深化产教研融合，坚持“统筹协调，共同推进；服务需求，优化结构；校企协同，合作育人原则”，是推进民办应用技术学院发展的重要途径。

（四）坚持应用科学研究

应用技术学院的主要使命是培养高素质应用型技术人才和创新人才，促进科学技术以及新工艺及时转化为社会生产力，服务于地方经济社会发展。应用技术学院坚持应用科研强校战略，把握学科专业及技术发展前沿，有利于促进提高教育教学质量，提升学校的办学实力和社会美誉度，有利于主动服务于经济社会发展。

应用科学研究具有明确的指向性，以科研内容的地域性、科研目标的实用性为原则，以企业为主要合作对象。应用科学研究要贴近实践、服务地方、面向技术转化，以解决当地经济和社会发展中急需解决的科学技术问题为研究内容，通过科研为地方推广高新实用技术，有针对性地为企业发展制定科研项目，帮助企业改良传统技术、引进新技术，增强企业的市场竞争力，提升企业的科技含量，提高产品的技术水平和科技成果转化能力。

（五）加强师资队伍建设

“所谓大学者，非谓有大楼之谓也，有大师之谓也”，学习的主体是学生，而教育的主体则是教师。民办应用技术学院发展，必须重视师资队伍建设，建设一支理论知识过硬、实践能力够强的双师型教师队伍。双师型教师不仅要具备较高的本专业理论水平，还应具有丰富的相关工作经验，在课堂教学中能够将书本上的理论知识与具体的操作实践联系起来，帮助学生深化对知识的理解；在实习实训过程中，能够有针对性地指导学生实践，帮助学生提升实践应用能力。然而，目前民办应用技术学院双师型教师队伍建设现状，与应用型人才培养的需要还相差甚远。据查阅有关资料，台湾地区应用技术大学的双师型比例多在60%以上，而大陆地区目前民办应用技术学院拥有业界实务经验及产教合作应用型研究能力的教师比例普遍较低，教师拥有证照的比例多数学校不及30%。民办应用技术学院双师型师资队伍建设，任重道远，迫在眉睫。

双师型队伍建设，可以采取自我培养和企业引进相结合的方式。要鼓励专业教师到企业挂职锻炼，支持教师参加有关职业任职资格及创业咨询师培训，采取多种形式加强“双师双能型”教师的培养。同时，要建立适应学校体系、企业体系的人才引进办法，聘请高水平的校外“双创”人才，包括成功校友、企业家等组成创业导师团队，对学生创新创业活动进行帮扶和指导。双师型教师队伍建设要着眼长远，重视制度建设，建立健全培养引进制度、管理及考评制度，明确考核标准和考核办法，强化对实际贡献度和创新性成果的考核，激励、引导双师型教师队伍的健康发展。总之，要多措并举打造一支与应用型教学相适应的高素质、高水平的“双师型”教师队伍，为建设高水平的应用技术学院提供师资保障。

参考文献

[1] 阙明坤：《建设我国高水平民办应用技术大学的对策研究》，西北师范大学，2015。

[2] 朱琳：《地方新建本科高校向应用型高校转型发展研究》，西华师范大学，2016。

[3] 应用技术大学（学院）联盟，地方高校转型发展研究中心：《地方本科院校转型发展实践与政策研究报告》，2013年第11期。

[4] 庞菊秋：《台湾技职院校双师型教师队伍建设的经验和启示》，《宁波职业技术学院学报》2014年第18（02）期，第21~24页。

[5] 侯长林、罗静、叶丹：《应用型大学视域下新建本科院校办学定位选择》，《教育研究》2015年第4期，第61~69页。

[6] 陈宝华：《应用技术大学与本科职业教育》，《中国职业技术教育》2017年第36期，第86~89页。

B.20

民办中职实训基地建设探索

李 萍 谢留枝*

摘 要： 民办教育是我国教育事业的重要组成部分，民办职业教育承担着培养适应经济社会发展所需的高素养技能型和应用型复合人才的重要责任，特别是在服务于地方经济促进区域经济发展中发挥着独特的优势作用。近年来河南民办教育特别是中等职业教育取得了很大发展，河南民办中等职业教育实训基地建设在面临良好发展机遇的同时也面临着严峻的挑战。研究探讨河南民办中等职业教育实训基地建设路径与策略对于河南中等职业教育和河南社会经济发展来说是迫在眉睫的事情。

关键词： 民办教育 中等职业教育 实训基地

近年来河南民办职业教育特别是中等职业教育取得了很大发展，河南民办中等职业教育在面临良好发展机遇的同时也面临着严峻的挑战。本文结合河南民办中等职业教育实训基地的发展现状，研究探讨河南民办中等职业教育实训基地路径与策略，如民办中等职业教育实训基地建设发展现状和存在的问题等，探索河南民办中等职业教育实训基地建设新路径，以期为中国特别是河南民办职业教育实训基地的发展提供一些建议和参考。

---

* 李萍，黄河科技学院副教授，黄河科技学院职业技术学院院长，硕士研究生，从事职业教育研究。谢留枝，黄河科技学院讲师，硕士，从事中国近现代史研究。

一 我国民办职业教育发展现状

（一）总体状况

我国十分重视职业教育的发展，以 2002 年国务院颁发的《关于大力推进职业教育改革和发展的决定》为新的起点，我国的职业教育进入了快速发展时期。进入 21 世纪以来，随着经济社会的发展，职业教育作用日益凸显，引起了党和国家对职业教育的高度重视并加大了投入力度。国家相继制定了《国务院关于加快发展现代职业教育的决定》《现代职业教育体系建设规划（2014～2020）》《职业院校管理水平提升行动计划（2015～2018）》《关于推进职业院校服务经济转型升级面向行业企业开展职工继续教育的意见》等文件。从法律层面保障和支持职业教育的发展。同时，社会各界也意识到职业教育对社会经济发展特别是地方经济的重要服务作用，职业教育也得到社会各界应有的重视。党的十八大以来，党和国家提出要大力发展职业教育，把职业教育发展与发展经济、促进就业、建设和谐文明的小康社会联系起来。我国职业教育的“春天”到来，职业教育遇到了前所未有的发展机遇，进入新的发展阶段，并逐渐发展壮大。

鉴于实训基地在职业教育中的重要作用，教育部早在《2003～2007 年教育振兴行动计划》中就提出各省、自治区、直辖市要根据区域经济和劳动力市场的现实需要，建立大批实训基地，更快地培养现代化急需的应用技能型人才。2005 年 11 月国务院发布的《关于大力发展职业教育的决定》中明确要求要重视和加强职业学校学生实践能力和实践技能的培养，建设门类齐全的优质教育实训基地。

（二）河南民办中等职业教育发展现状

河南作为华夏文明的重要发祥地之一，在我国社会发展和经济发展中自古至今都具有其他省区无可替代的重要作用。国务院印发的《“十三五”现代综合交通运输体系发展规划》明确提出，将地处中华腹地的郑州建设成为全国12个最高等级的国际性综合交通枢纽之一。郑州作为“一带一路”的核心节点城市和支撑中部地区崛起的增长极，无论对带动中原城市群发展，还是对国家实施“一带一路”倡议和中部崛起新十年规划，都将发挥不可或缺的重要作用。面临中部崛起、中原城市群等国家发展战略和将河南建设成为国际性综合交通枢纽、国家中心城市、郑州航空港经济综合实验区、河南自由贸易试验区等重大国家战略发展千载难逢的良好机遇，培养适应河南经济结构调整，社会产业转型升级和新产业、新业态、新商业模式需要的应用型技能型人才成为当前河南经济发展对职业教育的迫切要求。

民办职业教育也得到了河南省的重视，为贯彻《中华人民共和国民办教育促进法》和《国务院关于鼓励社会力量兴办教育促进民办教育健康发展的若干意见》精神，河南省人民政府颁发的《河南省人民政府关于鼓励社会力量兴办教育进一步促进民办教育健康发展的实施意见》再次提出省财政要加大对民办教育的支持力度，市、县级政府要结合本地实际，安排专项资金支持民办教育发展，要保证落实民办教育和公办教育同等的资助政策。

在省政府和各级政府及社会各界的共同重视和关注下，近年来河南民办职业教育取得了很大发展，根据河南省教育厅《2017年河南教育事业发展统计公报》，截至2017年，河南民办中等职业学校达186所，占河南省全省独立设置中等职业学校789所的23.57%；河南民办中等职业学校在校生23.30万人，占在全省独立设置的中等职业学校在校生133.23万人的17.49%。由此可以看出，民办中等职业教育在河南中等职业教育中占有相当大的比例，在社会经济特别是河南经济社会发展中发挥着举足轻重的作用。

二　民办中等职业教育和实训基地建设的重要性

（一）民办职业教育的重要性

职业教育承担着培养适应经济社会发展所需的高素养技能型和应用型

复合人才的重要责任，特别是在服务于地方经济、促进区域经济发展中发挥着独特的优势作用。民办职业教育已经成为我国社会主义教育事业的重要组成部分。随着我国经济社会发展对技能型人才的需求，特别是进入21世纪，在信息化、工业化、市场化、国际化大发展的时代潮流下，在我国全面建成小康社会、建设创新型国家的历程中，作为我国教育发展中一种新兴教育形式之一的职业教育，其特征和其他教育不可替代的重要性日益突出。

（二）实训基地建设的作用和重要意义

实训基地是职业院校按照职业教育培养应用型人才的规律，在以就业为导向的课程计划规范下，以实践场所装备职业技术配置为核心任务，实施真实或仿真职业技能训练、职业素质培养并把多种实践教学资源科学合理整合的体系。职业教育实训基地的内涵是在职业教育中结合理论教学而设置的为学生提供实践教学、保证学生掌握一定职业技能、养成职业素质所需要的实践场所、实践设备、实践教学人员、实践教学教具和教学计划等各种要素的统一体，是实现职业技能教育目标的基础条件。从教学功能上来说，实训基地具有教育教学的功能，是学生掌握职业技能和职业素养的场所，也为社会各种行业进行职业资格鉴定、技术交流和技术孵化提升提供服务平台。根据实训基地承办方和功能的不同，我国实训基地主要分为校内实训基地、企业（行业）内实训基地和公共实训基地；根据应用实训基地主体的不同，可以分为专业性校办开放式实训基地、校际校企共享型实训基地、区域综合性实训基地。

实训基地是职业院校培养学生的实践动手能力，使学生熟练掌握职业岗位所需要的技能，以快速适应社会企业生产一线对应用技能型人才需求的重要场地。

职业院校主要培养的是应用技能型人才，既要重视学生理论知识的学习，更要注重学生动手实践能力的培养。学生在经过学校理论学习后再经过实训基地的系统实践培训，可以将职业岗位能力需求与学习内容有机地结合起来，可以将学到的理论知识及时转化为实践操作技能，从而培养自己的岗位实际技能；同时，通过实训基地学生相当于提前进入了社会职业环境，可以提前了解并培养职业岗位要求的素养。因此，职业教育实训基地可以解决职业院校毕业生理论脱离实际即动手实践能力不能满足实际的岗位要求、毕业生难以适应社会行业工作环境、职业院校学生就业率低等制约职业教育发展等一系列的瓶颈问题。职业院校通过实训基地能顺利实现职业教育为社会培养高素养的专业技能过硬的应用技能型人才的教学目标，提高职业教育质量，同时也是彰显职业教育特色的重要基本保障。

双师型教师队伍是实现职业教育培养目标、实现职业院校长远发展的关键保障。目前在职业院校从教的大多是理论型教师，缺乏实践操作技能，限于工作条件也缺乏对专业前沿知识的了解。通过实训基地建设，职业院校教师可以了解行业发展与专业当前前沿发展的动态状况，丰富理论知识架构，提高教师综合能力，成为社会和学校急需的“双师型”教师，从而提高教学水平，提高职业教育教学质量。

实训基地通过职业资格鉴定、技能竞赛、技术交流和技术孵化提升和教师科研等社会服务功能的发挥，可以增强职业学校与社会与企业的紧密联系，以便更能充分地发挥职业教育服务于地方经济、促进区域经济发展和服务社会的功能。

三　当前河南民办中等职业教育实训基地存在的问题

随着河南教育的发展，河南民办中等职业教育也得到了快速的发展，但河南民办中等职业教育在面临良好发展机遇的同时也面临着严峻的挑战。尽管民办中职院校已加大投入建设实训基地，但实训基地建设仍然存在一系列问题。

（一）经费紧张导致实训基地资金投入不足

民办教育经费紧张是个共性问题，河南民办中等职业教育也不可避免地面临经费紧张这一困境。在我国民办中等职业院校没有财政性教育经费，生均教育经费主要靠办学资金。学校的日常运营主要依靠学费。

河南民办中等职业学校的日常运营也主要依靠的是学生交的学费，政府财政性拨款非常有限。经费紧张导致河南民办中等职业学校没有足够的资金投入到实训基础建设和管理方面。经费资金投入的不足直接导致实训基地配套硬件条件较差，各种配套设施不齐全和设备年久未能及时更新而老化陈旧，有些设备更是超过了使用期却仍在超负荷使用。在这样过期老化设备的条件下，很难培养出了解并掌握当前经济发展所需技能的应用型人才。

（二）实训基地建设落后于专业变化，跟不上社会发展要求

职业学校专业设置和发展随着社会经济的迅速发展而快速发展，专业的发展和变化对职业学校毕业生提出了新的要求。但是，由于民办中等职业学校受实训场地和经费的限制，无法长期、持续性的对实训基地进行充分的投入，特别是部分新开设专业的实训设备跟不上专业的发展需求，满足不了社会需要的实训要求。因此，有些学校实训课不得不尽量减少或者取消，从而也直接影响到学生实践操作能力的培养和提高。

（三）实训基地缺乏整体规划，对其整体功能地位认识模糊

当前河南民办中职学校的实训基地仅仅是出于部分专业的需要而设置的，缺乏整体规划，导致实训基地整体规划不合理。一些民办中等职业学校对实训基地建设的重要性认识不足，仅仅是出于应付上级检查和完成国家规定的实训教学任务，没有慎重考虑实训基地建设是否与专业相吻合，是否能适应行业及地方经济发展的需要。实训基地建设仅仅是为了日常教学，没有考虑到实训基地同时可以用作职业技能鉴定、教师科研、职业技能竞赛和社会服务等方面，导致实训基地设备设施的利用率较低，购买的已有实训设备仅仅满足了上级检查和评估的要求，浪费仅有的实训设备，更不能最大限度地利用实训资源实现社会效益和经济效益。

（四）双师型师资力量薄弱，不能满足学生的实训需求

职业学校实训基地建设需要与之相对应的双师型师资队伍，只有雄厚的实训指导师资力量才能给学生实训提供有效的指导。但是由于客观原因，一些职业学校极度缺乏双师型教师，虽然有少部分民办职业学校请到一些企业退休的一线技术人员来补充实训指导教师力量，但是由于这类人员理论知识水平不高，很难很好地给实训学生指导。学校多的是理论知识水平高但缺乏企业实践工作经验和实训工作经验的教职工，双师型教师的缺乏，无法充分保证职业院校应用型技能人才的培养目标和质量，从而导致民办职业院校毕业的学生不能满足社会需求，使职业教育的特色不能彰显。

（五）实训基地管理不规范，缺乏稳定性持久性

目前民办职业学校的实训基地管理基本上处于各个学校各自为政的状态，没有统一、长效、规范的管理制度和机制，没有完全符合学生实训需要的管理规则，更没有专职实训管理人员。往往是学生到实训基地后完全按照企业的一套制度进行，大部分学校规定学生在校的辅导员兼任实训管理人员。管理制度因专业而异，变化快而且不稳定，今年这样，明年可能就有很大变化。因此，民办职业院校实训基地普遍存在实训管理制度不规范、缺乏稳定性和持久性的问题，导致实训效果不理想，达不得预期的教学目标。

（六）学生参与实训的积极性不高，存在消极应付甚至躲避现象

职业学校的部分学生，一方面对于实训的重要性和意义认识不足，也不了解当前社会对职业学校毕业生的要求；另一方面，由于现在家庭生活条件普遍提高，学生普遍缺乏劳动锻炼的吃苦精神，认为实训就是在吃苦受累，所以，对实训存在消极应付的现象，有部分学生想方设法找理由逃避实训，甚至有些家长直接出面到学校帮助学生找不参加实训的理由。面对这样的情况，学校很难将实训严格按照教学目标和要求执行下去。

四　民办中等职业院校实训基地建设的策略与途径

（一）争取政府支持，多方融资，筹备充分的资金力量

面对经费紧张的问题，民办中等职业学校要认真领会、紧跟国家大政方针，找准国家财政资助点，尽最大努力争取国家财政的支持。国家的支持体现在一方面可以提供充足的资金，另一方通过相关优惠政策，如税收、实训场地和公办学校同等资助政策，可以有更充足的条件投资建设实训基地。除了争取政策支持外，民办中等职业学校也可以从企业行业和区域经济发展的共同需求出发，找到其和学校的利益共同点，积极争取他们在设备、资金技术等方面的支持。如校企合作式，校企双方双赢既解决了学校资金不足的问题，节约实训基地建设资金，也为企业解决了人才需求问题。

（二）积极完善实训基地设施设备

民办中等职业学校要深刻认识到实训基地对职业学校发展的重要作用和意义，实训基地建设要跟上社会发展和专业发展的要求，必须根据各专业实训教学内容要求引进相关先进的实训设施设备，在完善实训基地硬件设施的同时也要完善实训基地软件建设。如，会计电算化和电子商务专业要建立以计算机为主的实训室，通过电子账目和电子商务网上运营环境为学生搭建实践操作平台，使学生学到的理论知识通过真实的实训操作得到深化，真正提高学生的实践操作能力，培养学生的职业综合能力。

（三）整体规划实训基地并使其功能明晰化

民办中等职业学校要综合考虑学校所设专业的具体情况，在通盘考虑的前提下，结合学校实际和社会需求整体规划实训基地，并使其功能明晰化。首先从职业教育总的教学目标出发，而不是从单一的专业出发建设实训基

地。其次，要以长远的眼光进行实训基地建设，不能仅仅为了当前上级检查或者考核评估。最后，要多方努力，充分发挥实训基地的多种功能和实效，如实训基地可以对外开放，用作职业资格鉴定、职业技能竞赛等多种社会服务方面，尽可能地发挥其使用价值和经济价值。

（四）建设双师型师资队伍

民办中等职业学校要认识到双师型师资队伍是职业教育人才培养的重要保障。为了弥补当前职业学校双师型教师欠缺的问题，可以让学校教师定期深入到企业，通过到企业的锻炼，真正地学习和掌握专业最新的生产技能。对企业来说，既减少了用人成本，也得到了学校科学的理论支持。同时，学校要放低学历门槛，积极引进虽然学历不高但具有熟练技术的一线人才补充到教师队伍，并定期聘请各专业的技术专家、名师、高级技能型人才为学生做专题报告或讲座或者到校兼职任教，扩充双师型教师队伍。

（五）规范实习基地管理，建立健全持久稳定的管理制度

科学规范的实习基地管理制度可以帮助职业教育实训教学目标的顺利实现。民办中等职业学校要建立长效健全的实训基地管理制度，包括实训设备管理、实训固定资产管理、实训技术管理、实训人员管理，各项目管理等各项制度。使实训基地做到人员安排结构合理，岗位明确，职责清晰，运行有条不紊，规范有序。除了建立健全长效的管理制度外，要使实训基地的各项设备健康良性运转就必须对管理人员进行严格培训，使其掌握必要的实训设备管理、维护维修和保养等相关知识，并增强责任心。

民办中等职业学校也要加强并提高实训教学的管理水平。只有加强实训教学的管理，才能保障实训学生具备较高的技能和职业素养，得到实训企业的认可和好评，从而保证企业和民办中等职业学校长期合作的实现。学校要明晰实训学生管理细则，通过在实训过程中实训教师对实训学生的表现进行科学有效的管理，达到实训教学目标，提高实训效果。

（六）提高学生对实训教学作用和意义的认识，激发学生参加实训活动的积极性

民办中等职业学校教师要在平时的教学过程中渗透职业教育与普通教育的不同之处，使学生深刻理解实训对个人的专业成长及职业发展的重要性和意义，引导学生参与实训活动的主动性和积极性。首先，可以利用成功人士的案例启迪学生，使其更深刻地认识到参与实训的必要性和重要性；其次，通过就业形势分析，让学生清晰认识到当前严峻的就业形势，给他们必要的就业压力，让其压力转化为实训学习的动力；最后，在教学过程中对学生进行必要的艰苦奋斗、吃苦耐劳等优良传统教育，使其认识到吃苦耐劳、勤奋刻苦是个人成才的保障。从而激发学生参与实训教学的积极性和主动性，克服其对实训的消极被动或者躲避现象。

民办中等职业院校实训基地的建设是民办中等职业院校能够实现可持续发展的关键保障，实训基地兴，则职业学校兴；实训基地强，则职业学生强。对民办职业学校来说，实训基地建设是实现职业教育培养目标的基础保障，是实现职业教育服务地方区域经济的前提和基础。然而，当前河南民办职业学校在实训基地建设过程中面临现实困境，存在较多的问题，民办职业学校要不断努力，想方设法克服所有难题，突破当前的困境，才能真正实现职业教育的培养目标，为社会培养优质应用型技能人才，服务于地方经济和社会经济发展。

参考文献

［1］王婷：《高职院校实训基地的建设与管理》，《经营管理者》2016 年第 10 期，第 223 页。
［2］李赫贺：《高职院校实训室建设与管理实践》，《科技创新导报》2015 年第 4 期，第 182 ~ 183 页。
［3］巩楠：《高职院校财会专业校内实训基地建设研究》，《经济师》2017 年第 1

期，第 208 ~ 210 页。
[4] 杨西京等:《高职院校实训室管理模式探索》,《陕西青年职业学院学报》2008 年第 4 期。
[5] 易康平:《关于高职实施开放式实验教学的思考》,《职业教育研究》2007 年第 5 期。
[6] 任延冬:《创新会计实训教材促进高职教育发展》,《教育研究》2009 年第 6 期。
[7] 许景期:《民办高职院校进行实习实训基地建设的模式探讨》,《长春理工大学学报》(高教版) 2007 年第 9 期。
[8] 李倡平:《高职实训基地功能定位与建设原则探析》,《教育与职业》2010 年第 8 期。
[9]《教育部关于全面提高高等职业教育教学质量的若干意见》(教高〔2006〕16 号), 2006 年 11 月 16 日。
[10] 梁影晖:《浅谈高校专业培养如何实现以就业为导向》,《广西轻工业》2009 年第 2 期。
[11] 吴晓天:《公共实训基地的实践与探索》, 中国劳动社会保障出版社, 2011。

B.21
民办高校科技创新环境建设研究

李大海　齐仁龙　余 涛　张玉华*

摘　要： 近年来，国家推出加快建设创新型国家的方针，实施创新驱动发展战略，优化创新生态，形成多主体协同、全方位推进创新局面。新形势下，民办高校应当充分发挥在人才培养、科学研究、社会服务等方面的职责使命，构建符合自身发展的科技创新环境，加强科技创新制度建设、基础条件建设、平台建设，实现科技经济一体化。

关键词： 民办高校　科技创新环境　产学研　创新平台

实施创新驱动发展战略，优化创新生态，形成多主体协同、全方位推进科技创新局面，已经成为国家发展的战略方针和科技进步的标杆。李克强总理在十三届全国人大一次会议上所做的政府工作报告中指出要加强国家创新体系建设，落实和完善创新激励政策，促进大众创业、万众创新上水平，扩大科研机构和高校科研自主权，改进科研项目和经费管理，深化科技成果转移转化，明确高等院校科技创新是国家创新体系的重要组成部分。新形势下，高等院校特别是民办高校如何发挥在人才培养、科学研究、社会服务方面的职责使命，如何构建符合自身发展的科技创新环境成为亟待思考和研究

* 李大海，郑州科技学院讲师，硕士研究生，主要研究方向：物理电子学、科研管理学。齐仁龙，郑州科技学院副教授，硕士研究生，主要研究方向：电学、科研管理学。余涛，郑州科技学院助教，本科，主要研究方向为科研管理学。张玉华，郑州科技学院讲师，硕士研究生，主要研究方向为科研管理学。

的问题。本文以郑州科技学院为例，就目前民办高校科技创新环境和建设进行了初步分析和探索。

一　民办高校科技创建环境建设内涵

民办高校科技创新环境是民办高校实施创新教育的基础，是影响新工科应用型人才创新能力形成的重要因素，也是民办高校自身科技创新人才培养的基石。①

科技创新活动的开展是建立在科技创新环境建设的基础之上的，科技创新环境的建设对于民办高校的发展与变革具有划时代的意义。科学技术是当前社会发展的助推剂，而科技创新环境建设是科学技术发展的基本条件。面对“工业 4.0”的到来，应当充分发挥民办高校的科技创新在国家创新体系中的作用，为社会输送优质的创新型人才，推动科学技术快速发展，这是进行民办高校科技创新环境建设的初衷。②

二　民办高校科技创新环境现状分析

民办高校科技创新环境主要针对民办高校自身而言，科技创新在民办高校的发展与壮大的过程中影响深远，民办高校科技创新环境建设显得尤为重要。民办高校科技创新环境的建设只有从自身出发，才能促进学校科技创新改革，才能产出符合学校特色的科技创新。目前，对于民办高校科技创新环境建设的研究还不成熟，相关理论的提出也没有充分结合民办高校实际，阻碍了民办高校科技创新的发展，因此，需要建立一套完整、合理的民办高校科技创新环境体系。

---

① 陈进：《论高校创新环境与创新人才的培养》，《山西农业大学学报》2004 年第 2 期，第 75 ~ 77 页。

② 彭娜：《大学生科技创新活动现状分析》，《商业文化》2011 年第 10 期，第 216 ~ 217 页。

（一）民办高校现行科技管理制度不能很好地适合自主创新的需要

目前，民办高校的科研管理机制基本上是模仿公办高校传统的科研管理模式，程序化管理，按部就班。这种管理模式没有从民办高校自身出发，也忽视了快速更新的社会，遏制了民办学校的发展壮大。制度创新滞后是民办高校科技创新建设缓慢的根本所在。

首先，科研管理制度的设立基本上照搬公办高校，没有从实际出发，相关制度也常常只注重过程而不在乎结果。其次，民办高校现行科研管理基本依托教学单位，当教学与科研发生冲突时，主要考虑教学，而民办高校的教学任务相对较重，这种矛盾显得更加突出。再次，民办高校的科技工作由于急于出成果，所以往往缺少长期、持续发展的目标。最后，民办高校还存在科技工作定位不清晰，科技政策和考核、评价体系以及激励机制不健全、不成熟等现象。

（二）高校科技创新环境的基础支撑薄弱

1. 硬件设施

基础设施不完备是制约民办高校科技创新环境建设的关键因素。同时存在相关设施不能满足科研的要求、实验室利用率低等问题，有的甚至仅仅成了学校宣传、展示的工具。

2. 科研经费

民办高校的科技创新同时面临着科研经费不足和科研资源利用效率低下等问题。政府在项目申报及经费政策上往往都倾向于公办学校，而民办高校自身的科研经费又十分紧张，严重制约了民办学校的科研发展。民办高校在科研经费支出方面，模仿性研究和实验研究占到了很大的比重，应用研究比重小。另外，从数据来看，民办高校能够用于科技创新的资源对于竞赛性质的学科专业更为倾斜，而对于一些具有实际意义以及见效缓慢但潜力巨大的科研项目并没有足够重视。

3. 学科建设

学科建设是实现民办高校科技创新的关键，形成独具特色、创新性强的学科，是实现科技创新的基础。当前，许多民办高校由于基础薄弱，对新兴学科缺乏深入研究和真正了解，因而即使建立了新兴专业也未能很快健全发展，或名不符实，或缺乏后续的支持，导致学科建设对学校科技创新建设效果不显著。

4. 队伍建设

实现科技创新的核心是人、是队伍、是群体，没有富有创新精神和能力的优秀群体，要想实现科技创新是不可能的。民办高校教师结构不合理，青年教师过于年轻，老教授年龄过大，科研力量分散，教师流动性大，常常出现项目立项之后项目团队成员变动的情况，导致科研进展缓慢。另外，只注重大学生创新意识培养，忽视大学生科技创新能力的实战和应用，导致这部分有生力量成长较慢、不能尽快在科技创新活动中发挥作用。①

5. 科技创新平台建设

组建科技创新平台可以集中民办高校有限的优势力量，使资源最大化地利用，集中攻关，从而获得满足科技创新发展需要的重大原始科技成果。目前，民办高校科技创新平台建设存在重申报、轻建设，平台作用的发挥考虑不足。而且民办高校科技平台“各自为政”的现象比公办高校更加突出。

（三）科技成果质量、转化率不高，产业化观念淡薄、与社会脱节

（1）民办高校的科技成果转移转化效率低。相对来讲，民办院校更应重视科技成果的应用性和科研成果的尽快转化，但由于科研基础的薄弱与成果较少，容易产生急功近利的思想，一心想着早出成果、快出成果，因此成果的科技水平、成熟度较低，在转化时困难较多，大部分科技成果束之高阁。

---

① 章晓波、巴志新、王章忠：《科技创新活动助力材料类应用型木科人才创新能力培养》，《中国冶金教育》2014 年第 4 期，第 61 ~62、65 页。

（2）民办高校内部科研人员进行专业技术考核时往往只注重数量，忽视了成果的应用价值，致使科研人员的出发点发生偏离，而且对从事科技成果转移转化的人员缺乏相应的奖励政策。

（3）科技创新与市场需求结合程度差。由于民办高校的学术交流相对薄弱，使得教师的研究方向与经济社会发展脱节，研究未从企业一线考虑，量产困难，资源浪费严重。

由于民办高校产学研合作机制不完善、支持力度不够、信息不畅，民办高校科技创新脱离企业需求，研发成果不能适应市场需求，制约了民办高校科技创新能力的持续提高。

三　加强自主创新、构建民办高校科技创新新环境

（一）加强科技创新制度建设

民办高校必须进行制度创新，探索发现符合自身特点的科技管理体制和运行机制。

要强化在科研项目实施中的过程化管理，确保科技创新项目的优越地位，建立创新项目与成果的动态追踪管理。由于民办高校的科研氛围、科研积累都相对薄弱，所以这样的过程管理尤为重要。民办高校应特别注意“有所为有所不为”的工作思路，把有限的科研骨干力量用在自己的优势科研方向上。主管部门应对这些情况了如指掌，及时与科技创新工作者沟通，为他们排忧解难，营造优质科技创新环境，为项目的开展亮绿灯。

为加强科技自主创新体制机制建设，郑州科技学院专门组织专家对相关科研管理制度进行了修订、补充，并且随着学校科研工作的提升，不断进行修改、补充，使管理工作更加符合学校特点，更加有利于补短板、上水平。

郑州科技学院在升本初期，重点培养科研队伍、增强教师队伍的科技创新意识。制定了有关项目管理、成果管理、奖励办法等基本管理制度，在这些制度中尽可能突出了对创新成果的倾斜。在学校科研局面已有较大改观

时，及时修改相关制度，大幅度提高对创新性项目的支持力度和对创新性成果的奖励力度。同时，在学校的研究机构普遍建立起来之后，为进一步推动学校科研基础建设，营造良好的科研环境，及时出台了《郑州科技学院科研基础平台建设奖励办法》，对建设高层次科研平台给予激励和支持。

为全面贯彻落实党和国家关于创新创业人才培养的重要战略部署，学校建立了创新实验室，出台了创新实验室管理办法，使一批涵盖多个专业的实验室成为广大师生创新活动的基地。学校有关制度，既和学生的学分挂钩，又和教师的工作量挂钩，这些制度的出台，保证了师生创新积极性的持续发挥。《郑州科技学院大学生创新创业训练计划项目管理办法》和《郑州科技学院大学创业基金管理办法》等则保证了创新创业活动的顺利进行。

（二）加强科技创新基础条件建设

郑州科技学院建立了科技创新新平台——高新技术应用研究院，实现科研相关的人力、物力、信息的科学合理运作，全方位提升学校创新能力。高新技术应用研究院整合学校现有各类重点实验室、研究机构和工程中心，统合科研人员的使用，集中力量承接大项目、重点项目，学校给予重点支持。在对外科技合作、产学研结合、成果转化等方面也可以发挥重要作用。

民办高校要牢固树立企业是科技投入主体的思想，研究的重点和方向应该接地气，面向企业和市场，引进社会资本。为此，郑州科技学院从管理队伍到研究队伍不断提升产学研合作与技术服务的工作力度，2017 全年共签订横向合作项目，获得经费 576.13 万元，已超过从主管部门获得的科研经费。其中承接横向委托开发项目 12 项、开发经费 504.38 万元，企业咨询服务 3 家、政府部门 1 家、服务经费 37.75 万元，技术转让服务 3 项、服务经费 54 万元，虽然规模还不大，但已经在弥补科研经费的缺口、支持创新科研的开展等方面起到明显的作用。尤其重要的是，从事科研创新的师生从中积累了经验、提高了能力，也增强了服务质量。

加强学科建设，增强民办高校科技创新源泉。郑州科技学院根据新工科建设和应用型本科生培养的目标，为适应科技创新学科建设的需要，专门成立了条件一流的智能制造学院、全球供应链 & 跨境电商学院、泛 IT 学院等作为学校的创新实践基地，这些跨学科的实践基地开辟了新的研究领域和方向，使科技创新保持活力，在学科前沿建设上硕果累累。

加强科技人才和创新团队建设，民办高校应当视野更开阔，政策更灵活，态度更谦恭，事业留人、待遇留人、感情留人这几个方面的体现应更加突出。民办高校应该做好高级人才的引进，组建创新团队，争取重大项目和重大攻关课题的突破，实现具有自主知识产权的创新性成果，与企业建立人才交流机制，让企业选派工程技术人员和业务骨干参与学校科研项目、技术开发和学术研讨。

（三）加强科技创新平台建设

科技创新平台建设是民办高校科技创新环境建设的重要一环。在组织队伍、整合力量、创造物质条件等方面，学校应当做更多的工作，以使有限的力量得到凝聚、学校的优势得以显现，同时发挥民办高校灵活的管理机制，做好校内的协调，与兄弟高校的合作，与当地主管部门及企业的联系。对建立的科研平台应大力支持，争取早出成果、多出成果。这样既能证明自己的科技创新能力，得到主管部门的认可，又有可能从社会得到更多的支持，同时在校内树立了样板。民办高校切记一定不能把申报的科研平台仅仅作为一个标志，作为一种展示。

郑州科技学院组建了大学科技园、众创空间、创业孵化基地等，通过努力工作所取得的成绩，申请并获批了“郑州市科技企业孵化器”“河南省众创空间”“河南省创业孵化示范基地”等平台。事实证明，这些平台的建立和建设，为创新创业进一步的开展提供了有利的条件，充分调动了全校师生的科技创新积极性，提升了工作效果。

以这些平台为依托，学校加大对学生科技创新活动的指导和扶持力度，形成由指导教师带队、学生为主体的创新创业团队，并使之成为国家、省、市级“大学生创新创业训练计划”项目的实践基地。在这些平台上，举办了知识产权创新培训班，针对在校大学生和教师进行知识产权创新挖掘培训。联合郑州市社会和劳动保障中心举办大学生 SYB 创业培训班，提高创业成功率，以创业促创新。

同时，对这些创新创业综合孵化平台进行统筹规划功能分区，形成了食品安全快捷检测、物联网 & 大数据、装饰设计、3D 打印技术、太阳能光伏技术、动漫 & 文化传媒、智能楼宇、节能电气 8 个具有行业特色的创客空间。在 3D 打印技术创客空间，由学生自主研发的“桌面彩色 3D 打印机”“陶瓷 3D 打印机”等一大批作品多次在国内外大赛中获得金奖或一等奖，与多家知名企业建立合作关系。郑州科技学院众创中心目前入驻孵化有 31 个中小微企业和创新创业团队，为科技创新增添了活力和后备力量。

（四）科技经济一体化

民办高校面向企业，加强科研横向联合对加强自身的科技创新能力有特殊的意义。民办高校的专业应用性强，和企业的结合有自身的优势，应当充分利用。在各个实践环节，在和基层部门、中小型企业的联系中，抓住科技成果转化为现实生产力这个关键点，逐步形成专业发展、科研立项、成果产出以市场需求为导向，高校主动和企业相结合，形成符合创新型国家建设的新型产学研合作模式，拓宽校企合作宽度，提升校企合作质量。

在对民办高校进行考核评估时，应当充分衡量学校的产学研情况，在高校评价及教师科研考核体系中，把在产学研合作的科技创新产出和校企科研经费支持作为重要内容，引导民办高校以多种形式进入企业。

为更好地服务于企业经济发展，郑州科技学院设立专项资金成立了技术转移孵化中心，面向社会开展产学研合作与技术咨询服务工作。形成了以服务区域企业科技创新为目标，主要从事技术转移、科技成果转化的高科技服务机构，也是学校开展科技成果转化、技术转移工作的重要平台。在开展这些工作的过程中，学校深感在科技创新活动中企业需要高校，高校也需要企业，两者的互补性是很强的。民办高校应当注意眼睛向下，更多关注中小企业，在那里也是大有可为的。服务企业的同时，学校的科技创新队伍能够得到磨炼，科技创新能力和成效也会在产学研过程中得以迅速提高。

四　小结

民办高校科技创新潜力巨大，在“大众创业、万众创新”的新趋势下，要提供全方位的创新创业服务，推进民办高校科技创新环境建设，鼓励开放创新资源，发展平台经济、共享经济，打造“双创”升级版。

B.22 民办教育转型发展研究

李储学*

摘　要： 中国特色社会主义进入新时代，我国社会主要矛盾的变化对民办教育提出新要求，经济转型升级重构民办教育新生态，国家政策支持扩展民办教育新空间，创新创业成为民办教育新增长点。只有正确认识新思想、新变化、新目标，才能加快推动民办教育实现新的跨越发展。新时代民办教育的转型发展应把握四个维度，即由规模扩张转向质量提升，由行政管理转向协同治理，由单一标准转向多元评价，由要素驱动转向创新驱动。深入推动河南民办教育转型发展，亟须解决政府政策支持力度仍然不足、民办学校法人治理结构有待完善、人才队伍建设瓶颈突出、教育教学模式没有摆脱路径依赖、创新创业教育质量不高等瓶颈。在转型发展中，应加大政府扶持力度，优化引导服务职能；健全法人治理结构，推进多元参与办学；强化引进培育工作，打造一流人才队伍；探索特色发展模式，形成民办教育品牌；重视创新创业教育，提升学生综合素质，通过综合改革推动民办教育提质转型升级。

关键词： 新时代　河南　民办教育　转型发展

---

* 李储学，河南民办教育研究院研究员，黄河科技学院新闻中心理论部副部长，主要研究方向为民办教育管理与战略创新。

党的十九大报告明确指出，中国特色社会主义进入新时代，我国社会主要矛盾已经转化为人民日益增长的美好生活需要和不平衡不充分的发展之间的矛盾。并且强调，建设教育强国是中华民族伟大复兴的基础工程，必须把教育事业放在优先位置，加快教育现代化，办好人民满意的教育。民办教育作为我国教育事业的重要组成部分和新增长点，在新时代应更多更好地承担起“培养德智体美全面发展的社会主义建设者和接班人”的历史重任。河南作为人口大省，对优质教育资源的需要越来越强烈，优质教育资源的供需矛盾将更加突显。进入新时代，河南加快推进“四个强省”建设，民办教育不仅不能缺位，而且应得到更多的重视和支持，扮演更重要的角色和功能，在决战全面小康、让中原更出彩的伟大实践中做出更大的贡献。

一　民办教育转型发展的时代背景

进入新时代，产业转型升级加速、技术更新换代加快、新模式新技术新方法频频出现、社会服务需求日趋多元，对人才培养和教育转型提出了新的挑战，同时也不断重塑着教育的新生态。民办教育改革发展进入新阶段，在政策支持、发展空间、教育需求、社会认可等方面都面临着前所未有的机遇，只有认清新形势，抢抓新机遇，才能实现新飞跃。

（一）社会主要矛盾变化对民办教育提出新要求

我国总体上实现小康，人民美好生活需要日益广泛，对教育的要求日益增长，特别是对优质教育、个性化教育、多元化教育的需求更加凸显。随着教育和创新在发展中的地位越来越重，以及生活水平的不断提升，人民对教育的重视程度增强，受教育观念和追求已经转向“上好学”“接受更好的素质教育”等。长期以来，民办教育一直作为公立教育的“补充”地位而存在，并且在很多时候被贴上了很多负面标签，在社会舆论中也形成了民办学校“管理不规范”“师资力量薄弱”“教育教学质量不高”“社会认可度低”等认识误区和偏见，制约着民办教育的健康持续发展。民办教育凭借着体制机制灵活优势、特有的创新创业基因、敢为天下先的勇气，从“在夹缝中求生存”，发展到在各级教育中树立起民办教育品牌，用实际行动为扩大教育资源、满足多样化教育需求、促进教育改革创新、培养输送高素质人才等方面做出了巨大贡献。随着我国社会主要矛盾发生深刻变化，民办教育在整个国民教育体系中的地位、角色和作用，必将发生根本性的转变。民办学校同公立学校一样，将成为推动教育改革的主力军。人民群众对多元、优质、特色教育的需求，是民办教育不断发展壮大、实现跨越发展的动力。

（二）经济转型升级重构民办教育新生态

2017 年，党和政府适应把握引领经济发展新常态，坚持以提高发展质量和效益为中心，深化供给侧结构性改革，推动经济实现健康稳步发展，但经济下行压力、转型升级压力依然较大，这些压力也通过各种方式传导到教育领域，对教育综合改革特别是创新型人才培养提出了更高的要求。经济结构调整，产业转型升级，数字经济、共享经济、“互联网 +”等新业态层出不穷，科技、产业与教育融合发展的速度和规模空前加速，等等，这些都在不断重构着教育的新生态，对民办教育的生态环境带来深刻的影响。一方面，民办学校与外界的联系更频繁、更密切，广度和深度亦在不断增加。民办教育的外部边界被逐渐打开，“象牙塔”“围墙”等物理空间的概念被淡化，“走出去”与“引进来”成为民办教育加强与政府、行业企业、社区等加强合作、建立新型伙伴关系的现实选择。另一方面，民办学校既有的办学理念和教育方式面临着新的冲击和挑战。教育模式、教学方式等不再是单一的、单向的、单独的、封闭的，而更倾向于多元、交互、协同、开放，强化跨界思维、融合思维、“互联网 +”思维、共建共享的发展理念等成为民办学校管理者及教育工作者们的必修课。与此同时，有远见的民办学校的领导者们已经意识到这些挑战和危机，并充分发挥体制机制的灵活优势，抢抓新一轮国家政策机遇，创新发展思路，推动民办学校转型升级，在内涵发展、特色发展、质量提升、品牌建设等方面先行先试，取得了显著成效。

（三）国家政策支持扩展民办教育新空间

近年来，关于实现民办教育与公办教育同等待遇的呼声强烈，党和政府对民办教育的重视程度及政策支持力度也在不断加大。新修订的《民办教育促进法》于2017年9月1日起正式施行，为保障民办学校、民办学校师生的合法地位、合法权益等提供了法律依据。其中，在第三条、第五条、第二十八条和第三十二条中分别作出规定，“民办教育事业属于公益性事业，是社会主义教育事业的组成部分”“民办学校与公办学校具有同等的法律地位”“民办学校的教师、受教育者与公办学校的教师、受教育者具有同等的法律地位”“民办学校教职工在业务培训、职务聘任、教龄和工龄计算、表彰奖励、社会活动等方面依法享有与公办学校教职工同等权利”。这些具体的规定使新时代深入推动民办教育改革发展“有法可依”，为民办教育开辟了新的法治空间和社会舆论空间。2018年1月，中共中央、国务院发布了《关于全面深化新时代教师队伍建设改革的意见》，更加明确地提出，要“维护民办学校教师权益”“完善学校、个人、政府合理分担的民办学校教师社会保障机制”“依法保障和落实民办学校教师在业务培训、职务聘任、教龄和工龄计算、表彰奖励、科研立项等方面享有与公办学校教师同等权利”。这一政策为攻克长期以来制约和困扰民办学校健康持续发展的师资问题带来了公平机遇，民办教育将在人才引进、人才发展、人才留用等方面逐步缩小与公办教育的差距，为享受同等待遇创造公平的制度环境。

（四）创新创业成为民办教育新增长点

自2014年李克强总理在夏季达沃斯论坛上公开提出“大众创业、万众创新”后，“双创”迅速成为各领域的热词，并上升为国家战略，创新创业教育改革成为推动教育综合改革的着力点和突破口。党的十九大提出加快建设创新型国家的要求，强调要鼓励更多社会主体投身创新创业，建设知识型、技能型、创新型劳动者大军。提升全社会的创新意识、创业精神和创新创业能力，关键是要依靠教育，依靠教育创新。民办教育自诞生之日起就具有天然的创新基因，民办学校的发展历程本身就是一部部敢为人先的创业史，在不断改革发展的过程中，民办学校普遍注重开拓创新、艰苦创业，对政策、市场、社会需求具有敏锐的嗅觉，能够将自身体制机制的灵活优势快速转化为创新和迭代的实际行动。党的十九大继续大力倡导和支持“双创”，并强调优先发展教育事业，支持和规范社会力量兴办教育。这些要求释放出明确的改革信号和政策红利。在新一轮的教育市场竞争大潮中，“双创”是民办学校转变模仿追随模式、探索民办特色发展道路、实现跨越式起跳的大好机遇。“双创”将成为民办教育新的增长点，凭借自身比较优势，民办学校有意愿、有能力在创新创业教育这一领域深耕出好模式、好经验、好做法。

二　民办教育转型发展的方向

新时代的民办教育改革及转型发展，不是零敲碎打，也不是点滴式改革，而是全面、综合、纵深式的创新，这一创新既包括量上的累积，也包括质上的突破；既包括规模的扩大，也包括结构的优化；既包括管理的转型，也包括模式的创新；既包括方式方法的变革，也包括发展动力的转换。具体而言，民办教育的转型发展可以从以下四个维度分析。

（一）由规模扩张转向质量提升

近年来，民办教育改革发展的政策环境及社会环境更加公平、自由、宽松，特别是党的十八大以来，政府对民办教育的管理、引导和服务职能更加优化，对民办教育改革发展的支持力度不断加大，各级各类民办教育在办学规模上得到持续快速的增加（参见表1）。2017年1月，国务院发布了《关于鼓励社会力量兴办教育促进民办教育健康发展的若干意见》，教育部等五部门印发了《民办学校分类登记实施细则》，教育部等三部门印发了《营利性民办学校监督管理实施细则》；2017年8月，国务院复函教育部，同意建立由教育部牵头的民办教育工作部际联席会议制度。民办教育迎来新一轮的政策机遇期和发展黄金期。

表1　2012～2016年全国民办教育发展总体情况

单位：万所，万人

	2012年	2013年	2014年	2015年	2016年
全国各级各类民办学校数	13.99	14.90	15.52	16.27	17.10
全国各级各类民办学校招生数	1454.03	1494.52	1563.84	1636.68	1640.28
全国各级各类民办教育在校生数	3911.02	4078.31	4301.91	4570.42	4825.47

数据来源：全国教育事业发展统计公报。

河南省也先后出台支持民办教育改革发展的政策文件，引导和规范民办教育的健康发展，2015年12月，河南省人民政府出台了《关于加快推进民办教育发展的意见》；2017年7月，河南省教育厅发布了《关于进一步规范民办学校办学行为促进民办教育健康发展的通知》。政府引导和支持为河南民办教育发展提供了政策推力，创造了良好的政策环境和社会舆论环境。河南作为人口大省，却不是教育强省，在教育经费投入等方面相对不足，公立教育资源规模和总量相对偏小，这也为河南民办教育的快速发展提供了持续而强大的需求拉力。在这双重力的作用下，河南民办教育一直保持着强劲的发展态势，规模不断扩大，参见表2。河南民办教育的结构日趋合理，水平不断提升。

表2　2013～2017年河南省民办教育发展总体情况

单位：万所，万人

	2013年	2014年	2015年	2016年	2017年
全省各级各类民办学校数	1.42	1.53	1.67	1.77	1.93
全省各级各类民办学校在校生数	454.98	471.14	525.68	566.27	617.87
全省各级各类民办学校教职工数	31.19	34.71	39.98	43.35	48.41

数据来源：河南省教育事业发展统计公报。

进入新时代，党的十九大报告明确提出“必须坚持质量第一、效益优先”，提出要建设“质量强国”。这对我国各个领域、各个行业的改革发展提出了新要求，民办教育发展也必须摒弃贪大、求全、图快的旧路子，静下心来练好内功，根据国家相关政策要求，不断探索具有民办教育特色的发展模式和质量标准，走质量提升的内涵式发展道路，切实提升办学水平和教育教学质量，以精立业，以质取胜，以新图强，以实实在在的办学成效改变社会长期以来形成的“民办教育比不上公立教育”这一刻板印象。

（二）由行政管理转向协同治理

创新治理理念成为政府、民办学校及社会的共识。对民办教育而言，一个最主要的发展方向是由行政管理走向协同治理，这体现在三个层面：第一个层面是政府层面。政府对民办教育的管理更加注重宏观管理，特别是随着“放管服”改革的深入推进，政府由过去单纯的对民办教育进行监督和管控，到综合运用多元化的方式方法，特别是近年来党和政府对民办教育的重视程度不断加强，更加注重推动教育公平发展，强化对民办教育的引导、支持和服务，民办学校与各级政府及相关部门的互动更加密切，双向沟通、相互了解更上一层楼。政府在制定教育发展政策、发展规划等方面注重吸纳民办学校、民办教育管理者及师生的意见建议，在推动教育治理体系和治理能力现代化的过程中注重发挥民办学校的作用，倾听来自民办教育界的声音，维护民办教育举办者、工作者及受教育者的合法权益。这些转变都体现了政府对民办教育治理的转型，即向协同治理发展。

第二个层面是民办学校层面。民办学校自身不断完善内部治理结构，更加注重依法办学、依法治校、依法治教，更加注重参与治理、民主治理、协同治理。在外部，充分利用行业企业、社会组织、公民个体等多元力量，共同参与办学，为学校的健康持续发展争取更多的社会资源和更好的社会声誉，也强化学校与经济社会的互动，提升教育的针对性、应用性和创新性。在内部，充分发挥管理者、教育者、受教育者等主体的作用，建立健全相关委员会、教育教学组织、学生组织、社团等，协同为学校的发展贡献智慧和力量。

第三个层面是社会层面。通过政府部门的宣传引导，以及民办教育自身的不断发展，社会舆论对民办学校的认可度不断提升，新闻媒体、行业组织、社会组织、企业等越来越多的相关主体与民办学校建立合作伙伴关系，构成了民办学校协同治理的一个重要方面。

（三）由单一标准转向多元评价

长期以来，民办学校多是模仿和追随公立学校的教育教学模式，其评价标准也与公立学校基本一致。但民办学校有自身的发展定位和办学历史，民办学校的师资结构、学生构成等也与公立学校有着较大的差异，简单套用公立学校的模式和标准，不仅限制了民办学校体制机制优势的发挥，也不利于办出特色，从而影响教育教学质量的提升。

进入新时代，教育综合改革向纵深推进，民办学校需要树立机遇意识和危机意识，发挥体制机制的灵活优势，摆脱对公立学校发展模式的路径依赖，大胆探索适合自身特点、适应自身定位、符合自身实际的教育教学模式，建立健全质量标准体系，以多元评价倒逼教育教学及管理创新。

具体而言，民办学校的办学水平和教育教学质量，应在三个层面打破以往的单一标准，第一个层面是转变由上级主管部门对民办学校的单一评价，第二个层面转变由教师对学生学习成绩的单一评价，第三个层面是转变社会对民办学校排名划分等级的单一评价。改革的走向应坚持分类评价、多元评价、综合评价等原则，分类是指对民办学校的评价不应“一刀切”，不能拿“一把尺子”来衡量所有的学校，应鼓励引导不同类型、不同特色的民办学校发展，支持民办学校争创一流，形成自己的“高峰”“品牌”；多元是指对民办学校教育教学质量、学生学习成效及能力的评价等不应由政府部门“一家说了算”，也不应通过期末考试成绩“一锤定音”，而是让政府、企业、社会、家长、师生共同参与评价；综合是指注重对学生学习及实践全过程进行综合考核。

（四）由要素驱动转向创新驱动

民办教育起步晚，办学基础相对薄弱，在人力、物力、财力等方面与老牌公立学校存在一定的距离。因此，早期诞生的民办学校走的是滚动发展的道路，比如改革开放以来全国第一所民办普通本科高校黄河科技学院，就是以三十元起家，攻坚克难，滚动发展，逐步发展成为一所现代化民办大学的。民办学校在这一发展过程中，采取的策略是不断追加投入，补足师资队伍、基础设施、实验条件等方面的短板，扩大办学规模，增加招生数量，获得更多的办学资金，从而实现持续建设发展。

从时间上可以将民办教育的改革发展大致划分为三个阶段：第一个阶段是规模扩展阶段。即从诞生开始到党的十八大召开，这一时期是民办教育的规模扩张阶段，民办教育千方百计地扩大办学规模，在政策支持相对较少、社会认可相对较低的环境下左右突围，不断开拓发展领域，抢占教育市场，“招生”“办学条件”“社会声誉”等是这一时期被普遍关注的核心词汇。第二个阶段是过渡阶段。即从 2012 年到 2017 年，这一阶段民办学校以贯彻落实党的十八大精神为契机，开始推进全面深化改革，“转型”“改革”“品牌”“内涵”等成为这一时期民办教育的关键词，创新驱动已经正式提出，成为民办学校及管理者们的发展理念，但还未能融入到改革发展的具体实践中。第三个阶段是创新驱动发展阶段。即从 2017 年开始，新修订的《民办教育促进法》正式施行和党的十九大胜利召开开启了民办教育改革发展的新时代。“创新”“创业”“特色”“质量”“模式”等成为高频热词，引领新阶段民办教育的发展规划和改革实践。

进入新时代和创新驱动发展的新阶段，民办教育的改革发展更多地依靠广大师生的创新创造和创业热情、精神、能力，依靠模式创新、组织创新、管理创新和技术创新，知识本身不仅是传输的对象，而知识再生产和知识创新也将反过来成为推动民办学校改革发展的强劲动力。

三　河南民办教育转型发展的主要瓶颈

河南民办教育转型发展所面临的既有同全国民办教育一样的瓶颈，也有本省实际的问题；既有长期以来累积的矛盾，也有新问题新挑战。总的来说，要深入推动河南民办教育转型发展，亟须解决的突出瓶颈主要有五个方面。

（一）政府政策支持力度仍然不足

一直以来，“穷省办大教育”是河南的省情，作为人口大省，河南省重视优先发展教育，不断加大教育财政投入，支起教育发展“千斤顶”，但从统计数据来看，公共财政教育经费占公共财政支出比例却呈现下降趋势（参见表3）。此外，从《河南省教育经费执行情况统计公告》公布的情况来看，里面并没有涉及对民办教育财政支持的具体统计，说明还缺乏制度化、常态化的支持政策及分配机制。政府颁布的政策的新意和亮点并不能完全兑现，其实现程度是打折扣的，甚至出现政策失灵的情况。河南省在对民办教育的政策支持上与部分省份比较而言相对滞后，例如，2017 年，安徽省人民政府出台的《关于鼓励社会力量兴办教育　促进民办教育健康发展的实施意见》，明确提出“加大财政投入力度”“创新财政扶持方式”“落实同等资助政策”等政策支持措施；甘肃省人民政府出台的《关于进一步促进民办教育健康发展的实施意见》，也提出“加大公共财政对民办教育的扶持力度”“建立基金奖励制度”“加强师资队伍建设”等支持措施；云南省人民政府出台的《关于鼓励社会力量兴办教育促进民办教育健康发展的实施意见》、湖北省人民政府出台的《关于鼓励社会力量兴办教育促进民办教育健康发展的实施意见》等，也都从明确财政支持等方面，制定了较为详细、具体、可操作性的措施，积极落实《中华人民共和国民办教育促进法》《国务院关于鼓励社会力量兴办教育促进民办教育健康发展的若干意见》的精神要求。相对而言，河南省出台意见较晚，对民办教育转型发展的引导、支持和服务缺乏创新，扶持力度仍然不足，且在加大公共财政对民办教育的扶持力度、落实同等资助政策、加强教师队伍建设等方面的规定比较笼统，缺乏可操作性的细化措施，具体的后续配套政策亟须“创新”“升级”，对标国家最新法律、政策要求，加快研究制定出台具有可操作性、可执行性的实施方案和实施意见，同时加强监督、检查、评估和反馈工作。

表 3　2012～2016 年河南省教育经费执行情况

单位：亿元，%

	2012 年	2013 年	2014 年	2015 年	2016 年
全省教育经费总投入	—	—	—	—	1890.26
公共财政教育经费	1051.17	1102.47	1097.58	1150.62	1245.01
公共财政教育经费占公共财政支出比例	21.00	19.75	18.21	16.92	16.70

数据来源：全国教育经费执行情况统计表、河南省教育经费执行情况统计公告。

（二）民办学校法人治理结构有待完善

世界私立教育的发展经验表明，构建起一套完备的学校法人制度，是实现民办教育良善治理、维系民办学校稳健运行的关键所在和基础要件。随着近年来国家对民办学校加大引导支持力度，特别是新修订的《民办教育促进法》的实施，民办学校治理在制度上逐步朝着现代学校制度方向演变，组织制度不断完善，治理形态也逐步走向“法治”。学校治理结构主要包括决策机构、执行机构和监督机构三大块，但是，目前民办教育产权关系不清，法人财产权没有落实，党建及思政工作不到位，党的机构不健全或被虚置化，与董事会、校行政关系不协调，工会组织力量薄弱，教职工代表大会等民主管理和民主监督制度难以有效发挥作用等，这些焦点、难点、痛点问题依然没有得到有效解决。学校章程在很大程度上是学校的宪法大纲，是学校办学管理重要的依据。很多民办学校都制定了学校章程，但仍然存在按照老规矩办事的现象，存在重经验轻制度、重行政轻教学、重管理轻参与、重监控轻互动等问题，制约着民办学校的健康持续发展。

（三）人才队伍建设瓶颈突出

近年来，民办学校注重内涵发展，特别是推进人才强校，在人才引进、人才培育及人才评价制度改革等方面都加大了投入，师资队伍建设取得了长足的发展，但是仍面临诸多瓶颈难以突破。首先，在数量上，民办学校依然存在人才引进难、人才流失率高等问题，民办学校的教师队伍总量保持了稳定状态，但很多人才仍然将民办学校当作一个跳板，取得成绩、评了职称以后，选择跳槽到公立学校或者更大的平台。其次，在质量上，由于民办学校属于“民办非企业”，不属于事业单位，教师不能享受编制内待遇，在人才招聘方面，民办学校与公立学校相比处于劣势地位，因此民办学校高层次人才相对不足，教师教育教学能力、科研能力、创新能力相对薄弱，经验丰富的教师相对缺乏。最后，在结构上，民办学校教师的学历结构、学缘结构等与公立学校相比，也存在一定的差距，民办学校教师更趋向于同质化。师资队伍建设，特别是高水平人才引进与培育一直是民办学校的短板和瓶颈，虽然得到了很大的改善，但由于起步晚、底子薄，平台相对少，发展晋升空间不足，且面临公立学校的竞争，社会舆论也没有给民办教师以同等的社会地位和声誉，诸多因素制约着民办学校突破师资瓶颈。

（四）教育教学模式没有摆脱路径依赖

长期以来，民办学校都是将公立学校作为自己学习的对象，在办学模式、教育教学模式及管理模式上，都是追随和模仿公立学校，学习和借鉴公立学校改革发展的经验做法，民办学校体制机制的灵活优势没有得到充分的发挥，没有探索出完全适合民办学校特色的教育教学模式，表现为三个突出的矛盾，一是没有充分研究把握民办学校生源的特点，对民办学校学生的基础、需求、优势等总体情况缺乏研究性的分析，对不同个性化需求缺乏精准的掌握。二是没有充分研究新常态、新经济、新时代对人才培养提出的新需求，对经济社会快速发展和转型升级的回应明显滞后，不能做到同向、同频、同步，甚至出现了教育教学落后的现象。三是没有充分研究及把握民办学校教师的教育教学能力和发展需求，以公立学校的管理模式、评价标准来管理和评价民办学校教师，限制了教师积极性、事业心和创新意识的发挥。总体来说，民办学校依然对公立学校教育教学模式存在路径依赖，短期内还没有找到出路。

（五）创新创业教育质量不高

民办学校具有天然的创业基因，各级各类民办学校的创办发展历程就是一部部创新创业史。但民办学校并没有完全将这种基因很好地转化到创新创业教育中，特别是随着“大众创业、万众创新”国家战略向纵深方向推进，民办学校“体制机制灵活”“具有敏锐的市场意识”“能够快速形成统一行动”“集中力量办大事”等特点逐渐失去竞争优势，在创新创业教育改革的道路上从原来的同一起跑线又渐渐被公立学校拉开距离，主要原因就在于民办学校存在上面四个方面的短板，虽然一些民办学校发挥了“快”的优势，抢占了先机，在创新创业教育改革中夺得了出彩的机会，实现了新突破、新跨越，但与公立学校相比，缺乏持久的动力机制，改革发展的后劲不足，这个问题在2017年已经开始显现。总体来说，民办学校的创新创业教育还停留在1.0版本，即抢抓政策机遇、搭建双创平台、完善教育体系、争夺国家项目等方面，距离创新创业教育的2.0版本还有很大一段距离，即推进创新创业教育与经济社会发展融合、创新创业教育与专业教育融合、平台与教学融合、理论与实践融合，推进教育链、人才链与产业链、创新链相互融合，打造创新创业教育的良性生态体系。而公立学校由于有着扎实的基础、优质的资源，更能真正推进创新创业教育深化改革及转型升级，民办学校要想取得同样的成绩、实现同样的发展，必须付出更大的努力和投入，找准短板、补好课，狠练内功、扎好马步。

四　新时代河南民办教育转型发展的建议

一系列国家战略规划和平台相继落户河南，叠加效应日益增强，为河南建设“四个强省”、全面决战小康、让中原更出彩创造了历史机遇。进入新时代，河南经济社会的发展需要民办教育支撑，河南教育的综合改革需要民办学校的创新探索。面对新变化、新目标、新要求，深入推进河南民办教育转型发展，有以下五个着力点。

（一）加大政府扶持力度，优化引导服务职能

深入推进民办教育改革发展，关键在于全面落实新修订的《民办教育

促进法》及配套政策，把“1+3”落到实处，不是落到“膝盖上”“脚面上”，是落到实处，给民办教育开出一片新天地。各地方间的政策竞争将成为民办教育新政实施的重要特征，地方实施民办教育新政要坚持市场取向，进行民办教育政策创新。作为人口大省，如何引导支持民办教育更快更好地发展，提供更优质、更丰富、更多元的教育服务，变人口红利为人才红利，加快推进“四个强省”建设，是河南绕不开、躲不掉的关键问题之一。进入新时代，面对周围日趋激烈的竞争形势，河南省应加快推进思想转型，切实转变教育工作理念，正确认识民办学校的公共性、公益性和服务性，树立“公办、民办教育一体化发展”的观念，大力引导、支持和服务全省民办教育转型发展。一是出台全面落实民办学校与公立学校同等权益的实施方案和具体实施细则，全面落实《民办教育促进法》《关于全面深化新时代教师队伍建设改革的意见》等法律和政策要求，尽快研究制定配套政策和可操作可执行的具体办法等。二是建立统一领导和组织实施机制，加强对落实情况的监督检查，真正确保民办学校，特别是非营利性民办学校能够真正享受到同等权利、同等地位、同等待遇。三是加大对民办学校转型发展的财政支持，尽快研究建立财政支持制度，确定财政支出比例，并根据改革发展需要不断加大投入。四是深入推进“放管服”改革，对民办教育转型发展应更注重宏观引导，扩大民办学校办学自主权，引导民办学校健全现代治理结构，全面推进依法办学、依法治校、依法治教。同时为民办学校转型发展提供更多的优惠政策和公共服务，助力民办学校攻克发展瓶颈。五是加快推进分类管理政策落地，尽快研究出台具体政策措施，“对营利性、非营利性两类民办学校、对不同办学规模和办学层次民办学校的差别化扶持方式和力度”。

（二）健全法人治理结构，推进多元参与办学

在民办教育发展的新形势下，需要集智聚力，健全并完善中国特色的民办教育治理体系，激发民办教育和民办学校改革和发展的新动能。从治理的内涵及主要特征出发，民办学校应该建立健全法人治理结构，重视“多元”

“参与”“互动”“合作”等关键词。一是完善包括宏观管理体制在内的民办教育外部治理制度，这涉及政府部门、行业企业等多元主体，政府应该在这个过程中发挥好宏观管理、政策引导、资金支持、牵线搭桥、公共服务和监督考核等职责作用，行业企业应积极参与协同办学、教育教学、人才培养、师资培训、科研创新等活动，通过政府、行业企业、民办学校的共同努力，构建“政—产—学”协同的治理生态体系。二是健全民办学校内部法人治理制度，特别是改变过去重行政轻教学的现象，突出一线教师的地位和话语权，转变治理理念，真正让行政、管理、服务和资源等都围绕教育教学这一中心来转动，完善学校章程，健全决策机构，建立民主科学的决策制度，发挥普通教师、专家委员会的作用，构建由利益相关者多方参与的共同治理格局。

（三）强化引进培育工作，打造一流人才队伍

从政府层面来讲，应加大政策支持和财政投入力度。一是大力保障民办学校教师同等发展的机会。各级政府及相关部门应全面消除不公平的政策歧视和标准歧视，确保民办学校教师在资格认定、职称评审、进修培训、课题申请、评先选优、国际交流、专业建设支持等方面与公办学校教师享有同等的待遇。二是加大对落实民办学校教师同等权益的财政支持。建立民办学校教师从教津贴制度；民办学校教师的“五险一金”，单位和个人缴费办法、缴费基数和比例按现行公办高校规定执行，地方补贴、生活补贴和教龄补贴部分，参照公办学校的做法，由政府财政支出。三是支持民办学校加强高层次人才引进及创新团队建设。设立民办学校教育发展专项资金“强师工程”，提升民办学校教师的综合能力。支持民办学校加强高层次教学科研创新平台建设，对引进和入选的高层次人才，所需经费由政府和民办学校同担，保证薪酬福利、“五险一金”等与公办学校基本相同，用于留住优秀骨干教师和引进优秀人才。从民办学校自身角度来讲，应从“引才”“育才”“用才”“留才”四个方面着力提升教师队伍建设水平。

（四）探索特色发展模式，形成民办教育品牌

进入新时代，我国社会主要矛盾变化对民办教育提出了新的要求，即要求民办学校提高教育质量、提供特色服务、提升学校品牌。因此，在未来转型发展中，民办教育应秉持“质量第一、增量第二”的原则，民办学校必须牢固转变办学理念，以质量求生存，以特色促发展，向品牌要效益。首先，民办学校应摆脱过去对公立学校的“模式崇拜”，克服对公立学校教育教学模式及管理模式的简单模仿套用，应充分发挥自身的比较优势，结合办学实际、发展阶段和资源禀赋等大胆探索，可以借鉴学习先进经验，但关键还是要“走自己的路”。其次，民办学校应加强内涵建设，在转型发展中改变过去对数量、规模、速度的过度依赖性，下定决心在内涵建设上下功夫，加大投入力度，加强教学实验基础设施建设，加强高水平人才队伍引进培育，加强教育教学模式改革创新，坚持目标导向、问题导向、结果导向，倒逼制度转型、组织转型、管理转型，让平台、资源、信息、能量等都服务于教育教学这一中心，大幅提升办学质量。再次，民办学校应坚持有所为、有所不为，改变过去贪大求全、要数量不要质量的做法，集中力量重点打造适合自身办学传统、发展历史、实际情况的特色项目，通过持续的试点、持续的投入和持续的改革，逐渐形成一批品牌项目，在未来激烈的市场竞争中打造核心竞争力。

（五）重视创新创业教育，提升学生综合素质

创新创业教育是民办教育全面深化改革的着力点和突破点，必须放在更重要更突出的位置来推进。对政府而言，应在资金支持、平台建设、导师培育、产教融合、公共服务等方面给予民办学校更多的优惠政策，引导民办学校将创新创业教育融入人才培养的全过程，将应用型创新人才培养融入地方经济社会发展的全过程，提升民办学校创新创业的教育能力。对民办学校而言，应着力补齐短板，一是补齐师资短板，加强专业化、高水平、专兼职结合的创新创业教育导师队伍建设，加强校企联合培养，提升创新创业师资的

理论水平和实战经验；二是补齐教学短板，在创新创业教育教学大纲、课程教材、教学方法等方面进行全面的创新，改变传统“满堂灌”“教师讲学生听”的方式，强化案例教学、项目教学、模拟教学、实践教学等新的教学方法，提升课堂吸引力和有效性，激发学生创新创业的兴趣，增强学生创新意识、创新精神和创新创业能力；三是补齐产教融合、校企合作的短板，民办学校应大力发挥体制机制灵活优势，深入实施开放发展战略、协同发展战略，主动创新产教融合的形式，构建创新创业教育及人才培养利益共同体，摆脱过去校企合作空对空、走过场等问题，让产教融合、校企合作真正发挥作用、惠及学生、服务社会，真正实现推动民办学校转型、产业升级、企业发展的多赢局面。

参考文献

［1］阎凤桥：《民办教育政策推进为何缓慢？——基于组织行为决策视角的考察》，《华东师范大学学报》（教育科学版）2017 年第 6 期。

［2］董圣足：《我国民办教育治理制度：变革与创新》，《华东师范大学学报（教育科学版）》2017 年第 6 期。

［3］周海涛、景安磊、刘永林：《助力支持和规范民办教育发展》，《教育研究》2017 年第 12 期。

［4］吴华：《地方实施民办教育新政要坚持市场取向的变革方向》，《教育发展研究》2017 年第 3 期。

［5］史少杰：《民办教育改革与发展研讨会综述》，《教育研究》2017 年第 2 期。

B.23
民办高校党建工作研究

——以黄河科技学院为例

成迎富*

摘　要： 坚持党的领导，加强党的建设，是办好中国特色社会主义民办高校的最大政治优势和根本政治保证。黄河科技学院是我国民办高等教育事业的开拓者，也是我国民办高校党建工作的先行者。始终把坚持党的领导、加强党的建设作为学校创业发展、改革创新的力量源泉，形成鲜明的特色和品牌。建校初期积极寻求建立党的组织，“十年找党”传为佳话。在探索实践中，坚持“围绕中心抓党建，抓好党建促发展”的工作理念，形成了“党委发挥政治核心作用，参与学校重大决策”的长效机制，提出了“以党建为核心，全面加强思想政治工作”的思政模式，创立了“以党校和校卫队为抓手，积极培养发展学生党员”的组织格局，为促进学校事业科学发展提供了坚强的政治保证。

关键词： 河南　黄河科技学院　党的建设

习近平总书记在全国高校思想政治工作会上指出，“我们的高校是党领导下的高校，是中国特色社会主义高校”，“办好我国高等教育，必须坚持

---

* 成迎富，黄河科技学院党委办公室副主任，讲师，硕士研究生，研究方向：民办高校党建与思想政治教育。

党的领导，牢牢掌握党对高校工作的领导权，使高校成为坚持党的领导的坚强阵地”。作为我国民办高等教育的开拓者，黄河科技学院在党建工作中勇当先行者，历经了“寻求、探索、创新、提升”四个发展阶段，形成了自己的特色和品牌，得到了上级党组织的肯定和褒扬。截至2017年底，学校党委下辖1个分党委、18个党总支，103个基层党支部（含6个直属党支部），共有党员2837名，其中教职工党员1027名，学生党员1810名。党的十八大以来，学校党委坚持以习近平新时代中国特色社会主义思想为指导，紧扣“培养什么人、如何培养人、为谁培养人”的根本问题，充分发挥政治核心作用，认真落实立德树人的根本任务，为促进学校事业科学发展提供了坚强的政治保证。

一 “十年找党”传佳话，党的建设引领学校艰苦创业

党的建设作为黄河科技学院艰苦创业奋斗史的重要组成部分，经历了艰苦曲折、探索前进的历程。创办人胡大白在这个“千磨万击还坚劲”的过程中，始终坚定对党的信仰，持之以恒地追寻党组织。

（一）迫切要求建立党组织

1984年，学校创办初期，胡大白就积极要求建立党的组织。原因主要有三：其一，办学的初衷是要办一所社会主义民办大学。她认为，民办高校只有形成一个坚强的政治领导核心，才能保证党的教育方针得以认真贯彻落实，坚持社会主义办学方向，才能促进学校持续健康发展。其二，民办高校同样是培养社会主义事业的建设者和接班人。她认为，同公办高校相比，民办高校录取的学生高考成绩较低，但是他们的基本素质和创造能力不低，要把学生培养成既有理论知识又有实践能力的合格人才，客观要求民办高校必须更加重视加强党的建设，促进学校在激烈的竞争中以质量求生存，以特色求发展。其三，民办高校需要建立一支既有凝聚力又有战斗力的教职工队伍。她认为，建立一支热爱民办教育、勇于开拓创新、

乐于无私奉献的教职工队伍，离不开强有力的思想政治工作，而只有建立党的组织，有了党领导思想政治工作的优势，才能在教职工中形成坚强的思想基础和精神动力。

（二）建立党组织之路异常艰难

由于当时上级对民办学校建立党组织没有明文规定，所以追寻建立党组织的道路并不平坦。起初，学校先建立了团组织，挂靠在郑州大学团委。之后，胡大白就以学校的名义先后多次主动请示区、市、省乃至更高一级的有关部门，表达学校要求建立党组织的愿望。但是，当时对于民办学校要不要建立党的组织、如何建立党组织、隶属关系如何等问题都没有明确的政策规定，也没有先例，上级有关部门都没有给予明确的答复。党组织虽然没有及时建立，但学校对干部、师生加强党的教育一刻也没有停止过。在当时，作为一个没有党组织的单位，谈不上收阅党内文件的相关政治待遇。没有文件，胡大白要么到公办单位借，要么从报刊上剪，然后组织班子成员、干部职工、广大学生认真地学习。这样的情况一直持续了好几年。

（三）苦苦追寻党组织，终获建立

随着招生形势越来越好，学校规模越来越大，胡大白要求建立党组织的脚步一天也没有停息。在苦苦地追寻中，功夫不负有心人，1989 年 5 月，经郑州市委直属机关党委批准，学校建立了临时党支部，开始了党的组织活动。1994 年 6 月，参照“科技系统的民营机构可以建立党组织”的有关政策，经上级组织部门批准，学校建立了党总支，组织关系挂靠郑州市科委党委，标志着学校正式建立了党的组织。胡大白“十年找党”的故事，也随之传为佳话。这比 2000 年 6 月中共中央组织部、中共教育部党组联合下发的《关于加强社会力量举办学校党的建设工作的意见》中有关“及时在社会力量举办学校建立党的组织，理顺党组织的隶属关系”的规定，整整提前了 6 年。

（四）在探索中加强党的建设

学校获准建立党组织之后，胡大白聘请了一些有党务工作经验的同志担任党总支和基层党支部的负责人，积极组织开展党的活动。这些党组织负责人大部分是来自公办院校、党政机关、军队中退休或转业的同志，虽然都有一定的党务工作经验，但在民办高校中如何建好党的组织，开展好党的活动，并保证党组织在学校的建设和改革发展中发挥应有的作用，这对他们来讲还是个新课题，没现成的模式或经验可以借鉴。于是，胡大白就同党组织的负责同志一道，做了大量的探索研究和实践工作。学校党组织经过三年的建设和发展，于 1997 年 5 月，经郑州市委组织部批准建立了党委，成为全国第一个建立党委的民办高校。2000 年，胡大白作为民办高校党委书记的代表，参加了第九次全国高校党建工作会议，开创了民办高校参加此类会议的先河；同年 10 月，学校党委被中共河南省委组织部授予“河南省高等学校先进党委”。2001 年，全国第一次民办高校党建与思想政治工作研讨会在黄河科技学院召开。2003 年，学校党建工作经验在第十二次全国党建工作会议上进行了书面交流。2004 年，根据省委组织部要求，学校党组织关系由中共郑州市委组织部划归中共河南省委高校工委管辖，学校党的建设也随之进入稳定规范、创新发展的阶段。2010 年，中共河南省委组织部和中共河南省委高校工委向学校委派了党委书记，学校党的建设逐渐进入巩固基础、提升发展阶段。2011 年，学校在省委组织部、省委高校工委组织的全省高校党建工作评估中，被评为“河南省高等学校党建工作先进单位”；同年 4 月，中央宣传部主管的《党建》杂志社派出调研组，对黄河科技学院的党建工作开展专题调研，并刊发了调研报告。2012 年 6 月，在全省创先争优活动表彰大会上，学校党委被中共河南省委授予“全省创先争优先进基层党组织”称号；同年 7 月，教育部党组副书记、副部长杜玉波在全国民办高校党建工作座谈会上的讲话中，对黄河科技学院在党建工作中进行的有益探索和取得成绩给予了充分肯定。2016 年 6 月，在河南省庆祝建党 95 周年大会上，学校党委被中共河南省委授予“全省先进基层党组织”称号。

这些，在民办高校党建工作中都是名副其实的创举，黄河科技学院不愧是民办高校党建工作的先行者。

二 建立发挥作用的长效机制，强化党委政治核心地位

在黄河科技学院，党委支持董事会和校长依法行使职权，根据上级要求，党委书记和另 3 位党委班子成员进入董事会，通过建立和落实“党委发挥政治核心作用”的“四项机制”，积极参与学校决策，强化政治核心地位，保证社会主义办学方向。

（一）党委书记与董事长、校长沟通机制

凡是学校的重大问题和涉及安全稳定的敏感问题，党委主要负责人都要从大局出发，及时与董事长、校长沟通，开诚布公地交换意见，在思想上取得共识，行动上取得一致，做到心往一处想，劲往一处使，形成合力。

（二）党政领导联席会议机制

党政联席会议是学校集体领导的主要形式。校长和党委书记在会前沟通的基础上，讨论决定涉及学校教学、科研、学科建设、专业建设、师资队伍建设以及行政管理方面的重大事项，诸如参与“十三五”发展规划制定、年度工作要点安排和实施、创新创业教育改革、本科教学工作审核评估、硕士学位授予权立项建设和干部调整等工作，保证党和国家方针政策的贯彻实施。

（三）共同负责分工协作机制

党政领导对学校工作全面负责，凡重要工作和重大活动，校长和书记均为第一责任人。同时，按照上级“双向进入、交叉任职”的要求，党委委员中有 2 人担任副校长。这就使党委直接参与了学校改革发展稳定的各项工作，保证了学校的办学方向。

（四）党委中心组理论学习机制

党委长期坚持中心组理论学习制度，使科学理论入耳、入脑、入心，成为学校工作的指南，促进了领导班子成员的政治素质和理论水平不断提高，提升了班子成员领导和驾驭学校改革发展的能力。

三 紧密结合自身实际，扎实做好党的建设各项工作

黄河科技学院党委始终以改革创新精神推进党的建设，找准切入点，抓好着力点，扎实推进党建各项工作深入开展，为促进学校又好又快的发展提供了强有力的政治保证。

（一）加强领导班子建设

党委始终坚持把加强党组织领导班子建设放在突出位置，着力加强政治建设、思想建设、组织建设、作风建设、制度建设和反腐倡廉建设，不断提高领导班子的政治理论水平和工作能力，为学校全面贯彻党的教育方针，坚持社会主义办学方向，促进又好又快的发展，发挥了积极作用。

（二）加强基层组织建设

一是强化组织建设，规范党员管理。首先，实现基层组织全覆盖。在学校规模不断扩大和专业设置不断增加的情况下，积极推进组织建设，做到党的建设同步谋划、党的组织同步设置、党的工作同步开展。教师党支部按照教研室或研究室设置，学生党支部按照年级或专业设置，机关党支部按照部门（处、室）设置。选好配强党务干部，16 个二级学院分党委、党总支，均配备了专职书记，学生较多的学院还配了副书记，每年开展党务干部开展专题培训。各基层党组织书记认真履行“一岗双责”，并开展党组织书记抓党建工作年度述职评议。按期对基层党组织进行换届，2016 年学校召开第四次党代会进行党委换届，并在此基础上于 2017 年底前对所有到届的基层

党组织按时完成换届。其次，加强党员管理。凡是学校的专职人员，只要能证明党员身份，都要编入党的支部，参加党的组织活动。二是强化党员教育，提高党性觉悟。首先，开展日常教育。充分利用“三会一课”等形式，开展经常性教育活动，提高教育效果。其次，开展学英模、重传统教育。通过邀请英雄模范、成功人士来校做报告，组织党员到革命圣地井冈山、西柏坡等地参观学习，提升思想政治素质。最后，开展专题和主题教育。认真组织开展创先争优、“两学一做”等专题活动和践行社会主义核心价值观等主题活动。这些教育活动，使广大党员在各项工作中保持了先进性和纯洁性。三是强化中心工作，充分发挥党员的作用。紧紧围绕学校中心任务抓党的建设，教育广大党员在本职岗位上发挥先锋模范的作用，这是有效完成各项工作的根本途径。通过在教师党员中先后开展“我是党员我争先，立足岗位做贡献”“践行公开承诺，服务学生成才”等主题活动，使教师党员增强奉献意识，加强师德修养，严谨治学，争做教学改革的先锋、教书育人的模范、科学研究的中坚，成为学生欢迎和爱戴的优秀教师。仅 2017 年，党员教师在科研工作发挥先锋作用，带领全校教师共获得地厅级以上课题 334 项，其中国家级课题 2 项，省部级课题 50 项，地厅级课题 282 项；发表学术论文 941 篇，其中全国中文核心 227 篇，SCI 检索 38 篇；获得国家授权专利 504 件，其中发明专利 64 项；获得科研成果奖 69 项，其中省部级奖项 25 项，实现成果数量与质量齐头并进、大幅提升。通过在学生党员中先后开展“为党旗增辉，为祖国成才”“党员做先锋，文明伴我行”“学雷锋、树新风，做表率、创佳绩”等主题活动，使学生党员坚定理想信念，刻苦学习专业知识，提高综合素质，促进全面成长成才。以学生党员为骨干的参赛选手，在 2017 年的各类学科竞赛中荣获省级以上奖励 2090 项，其中国家级 277 项，省级 1813 项。广大党员锐意进取，开拓创新，充分发挥先锋模范作用，促进了学校事业又好又快的发展。

（三）加强党员发展工作

紧紧围绕培养人才的需要，创立了“以党校和校卫队为抓手，积极培养发展学生党员”的组织工作格局。一是坚持早发现、早选苗，着力扩大入党积极分子队伍。在新生入校的军训中，我们就注重入党教育，激发广大学生积极追求政治进步的热忱，每年都有90%以上的新生提出入党申请。二是坚持把党校作为培养入党积极分子和党员的主要阵地。申请入党人在成为正式党员之前，必须参加“积极分子、培养对象、发展对象、预备党员”四个层次的党校培训。十八大以来，共举办各级培训班294个班次，培训学员51232人次，党校先后被授予“郑州市先进基层党校”和“全省先进基层党校”称号。三是坚持把校卫队作为考察入党积极分子的有效载体。校卫队是在校党委直接领导下，由学生党员和入党积极分子组成的先进学生自律组织。我们规定，入党积极分子入党前，必须在校卫队中接受培养考察。一方面加强思想再教育，另一方面以校卫队为抓手，要求同学校中心工作相结合，让他们以实际行动接受组织的考察。四是坚持标准，严格程序，切实保证党员的发展质量。严格按照发展党员的方针，从培养环节、材料审查、规范程序等方面严格把关，把真正优秀的学生吸纳入党，切实保证发展质量。十八大以来，共发展党员5713名，截至2017年底，普招本专科在校生党员比例为5.29%，在学生中形成了积极靠拢党组织、追求政治进步的良好氛围，增强了党的凝聚力和战斗力。

（四）加强党建制度建设

制度建设是保持和发展党的先进性、提高党建工作科学化水平的重要保证。党委制定或完善了《党委会议事规则》《党政联席会议议事规则》《党委民主生活会制度》《校院两级理论中心组学习制度》《民主评议党员制度》《反腐倡廉工作制度》《发展党员工作细则》《党员政治理论学习制度》《党员联系服务群众制度》《“三会一课”制度》《基层党组织考核评价制度》等多项制度，并把基层党组织贯彻制度、开展活动等党建工作列入院系年度绩效考核之中，作为年终评优奖励的重要依据之一，还把每年召开的党建工作会议作为一项制度认真地贯彻落实，有效推进了党建工作制度化、规范化、科学化发展。

（五）加强党风廉政建设

坚持把党风廉政建设与学校事业发展放在同等重要的位置，严格执行党风廉政建设责任制，强化和落实党委抓党风廉政建设的主体责任和纪委监督责任。严格落实党委书记的第一责任人责任、党委领导班子的集体责任、分管领导班子成员的领导责任和各有关单位、有关部门的具体责任，形成“人人有责、人人尽责”的党风廉政建设工作机制。党委每年都把党风廉政建设纳入学校整体工作一起部署，纪委每年都与各单位负责人签订《党风廉政建设责任书》《廉洁自律承诺书》等，明确和强化领导班子和主要领导干部的廉政责任。通过深入开展党性、党风、党纪教育活动，增强党员、干部的廉洁自律意识；通过开展廉洁文化进校园、反腐倡廉艺术展演、廉政文化作品大赛等活动，增强廉政文化的渗透力和感染力。加大对招生考试、商品采购、工程招标等重点领域和环节的监管力度，预防腐败行为的发生。

（六）加强对统战群团工作的领导

重视加强对统战、群团工作的领导，不断扩大群众基础和工作覆盖面。认真贯彻党的统战方针政策，成立了统战工作领导小组，出台了《黄河科技学院关于加强统战工作的若干意见》、《黄河科技学院关于建立健全无党派人士政治引导长效机制的实施意见》和十项统战工作制度；在基层党组织中设立了统战委员，制定了《统战委员基本职责》和《统战工作联络员基本职责》，积极开展统战活动，荣获首批“河南省高校统战工作示范单位”。不断加强教代会和工会工作，健全教代会制度、工会组织与妇工委，充分发挥教职工在学校民主管理、民主监督中的作用，荣获“河南省模范职工之家”“全国三八红旗集体”。坚持以党建带团建，将共青团工作纳入党委议事日程和党建工作总体规划，加强对共青团工作的领导，发挥共青团的作用，荣获“全国五四红旗团委”“河南省高校党建带团建先进单位”的称号。

四　落实立德树人的根本任务，切实强化思想政治工作

黄河科技学院充分发挥党组织在思想政治工作中的政治优势和组织优势，积极实践“以党建为核心，全面加强思想政治工作”的思政模式。2016 年以来，学校认真贯彻全国、全省高校新形势下思想政治工作会议精神，紧密结合实际，出台《关于加强和改进新形势下高校思想政治工作的实施意见》，召开学校思想政治工作会议，进一步动员全面加强思想政治工作。2017 年 3 月和 2018 年 1 月，学校党委先后在中共河南省委召开的全省高校思想政治工作会议和全省高校加强和改进思想政治工作座谈会上做了典型发言。

（一）构建“大思政”工作格局

紧扣立德树人的中心环节，从全员、全过程、全方位上加强思政工作。一是形成“党委统一领导、党政群齐抓共管、相关部门各负其责、师生员工积极参与”的全员思政教育工作格局。二是形成“入学教育—日常管理—创业就业”三位一体的全过程思政教育服务体系。三是形成“课程育人、科研育人、实践育人、文化育人、网络育人、心理育人、管理育人、服务育人、资助育人、组织育人”相结合的全方位思政教育工作合力。

（二）加强思想政治理论课改革

按照规定开设课程，优选教材，配齐配强师资。在加强理论教学上，任课教师兼任授课年级的辅导员，授课年级的辅导员兼任课程助教，使理论课教学与学生思想实际紧密结合。在强化实践教学上，将理论课教学实践与学生社会实践相结合。在深化理论课考试改革上，将理论课考试与学生平时的学习态度、实际表现相结合。

（三）抓好思政工作队伍建设

严把“进口关”，将政治素质作为引进和聘用思政课教师和辅导员的首

要条件。2017 年，学校有思政课专职教师 56 人，兼职和外聘教师 26 人，其中高级职称占 65.8%，博士占 17.9%，硕士以上占 78.6%；严格按照不低于 1∶200 的标准配备专职辅导员，147 名专职辅导员全是共产党员，通过外派培训、以会代训、专题讲座、经验交流、学习考察等形式，有计划、有步骤地加强培训，推进辅导员职业化、专业化建设，保持辅导员队伍的稳定性。同时，注重加强心理健康教育队伍建设，具有执业资格的专职人员有 5 人，辅导员中也有 98 人获得国家心理咨询师资格。

（四）积极推进师德师风建设

按照“四有”好老师标准，加强政治理论学习，强化理想信念教育，提升思想政治素质。制定有《黄河科技学院教师职业道德规范》《黄河科技学院关于加强和改进师德建设的意见》《黄河科技学院教师上课“十做到”“十不准”》等制度，大力加强师德师风建设，通过“道德讲堂”等载体开展宣传师德典型、深化学术诚信教育等活动。严格落实师德“一票否决制”，增强教书育人的责任担当。

（五）强化校园安全稳定工作

紧密结合学校实际，发挥各级党组织和广大党员在维护安全稳定中的重要作用。以构建和谐校园为目标，以树立安全意识为主线，以强化管理责任制为核心，以落实具体措施为重点，建立维护安全稳定工作长效机制，确保学校在防控有力、安定有序的环境中发展。学校连续 17 年被授予“郑州市维稳安保工作先进集体”。

（六）积极关注师生利益诉求

在党组织的关注和推动下，学校每年为教职工例行免费体检、发放生日礼品，为困难教职工发放生活补助，举办青年教职工集体婚礼。不断提高教职工的工资和福利待遇，建设且分配了经济适用房，提高了学生的奖学金比例，设立了贫困生自立自强基金等。这些工作得到了广泛认可，赢得了广大师生的信任和拥护。

总之，黄河科技学院的实践证明，民办高校要持续健康地发展，必须在政治上坚定不移地依靠党的领导，坚持“学校中心工作推进到哪里，党的建设就跟进到哪里”，做到党的建设与中心工作同频共振、相互促进，形成左右对接、上下联动的党建工作局面，使基层党组织的战斗堡垒作用和广大党员的先锋模范作用得到充分发挥，有力推动学校事业的全面发展。

案 例 篇

Case Studies

B.24
郑州市民办教育发展报告

胡旭洲　苗 伟*

摘 要： 近年来，郑州市民办教育在丰富教育资源供给，满足人民群众日益增长的多样化教育需求等方面发挥了重要作用。然而，还应清楚地认识到郑州市民办教育存在学前教育参差不齐、培训市场亟待规范等问题，应把民办教育的重要作用发挥出来，将有关促进民办教育发展的政策落到实处。

关键词： 民办教育　规范管理　郑州

近年来，在郑州市委、市政府的正确领导下，全市民办教育围绕“落实

---

* 胡旭洲，郑州市人民政府办公厅；苗伟，郑州市教育局。

政策、营造环境、搞好服务、规范管理”的思路，以“简政放权、放管结合、优化服务”为抓手，促进民间资本进入民办教育领域，加强民办学校内涵发展，使民办教育在丰富教育资源供给，满足人民群众日益增长的多样化教育需求，加快人才培养，在推动教育体制的创新与改革方面发挥了重要作用。

一 郑州市民办教育现状及分析

（一）郑州市民办教育现状

1. 多元共赢的办学模式已经形成

截至2017年底，全市各级各类民办学校（幼儿园、教育机构）已发展到2488所，在校生达86万余人，教职工有61826人，固定资产为189.72亿元。

郑州市民办教育在发展过程中，创造了五种办学模式：“滚动发展模式”“企业集团投资模式”“校企联姻办学模式”“优质教育资源倍增模式”“集团发展模式”。基本形成了小、中、高三个教育层次共存，非学历教育、学历教育并举，高等教育、中等职业教育与基础教育、学前教育共同发展的合理格局。

2. 民办教育的作用日益凸显

郑州市民办幼儿园742所，占全市幼儿园总数的74.5%，在园儿童数占全市在园儿童总数的52.8%；民办中小学182所，占全市中小学学校数的30.4%，在校生数占全市中小学在校生数的20.6%；民办中专55所，占中专总数的67.1%，在校生数占全市中专在校生总数的46.7%；民办高校11所，占高校总数的57.9%，在校生数占高校在校生总数的48.6%。从以上数据可以看出，在数量上，民办教育已经占据半壁河山，成为郑州市教育事业发展的重要增长点和促进教育改革的重要力量，发挥着越来越重要的作用。

3. 民办教育的发展环境日益优化

市委、市政府认真贯彻落实国家、省、市关于支持鼓励民办教育发展的政策，从资金、培训、评先表优、深化放管服改革工作等方面加大扶持服务力度，促进民办教育发展。一是开展免费的师生体检。落实民办教育专项资金重在惠民的原则，十八大以来累计拨付900余万元对民办学校师生进行免费的健康体检。二是开展形式多样的主题培训。组织学校安全管理人员、财务人员、办公室主任等专业人员进行业务能力培训；每年组织市管民办学校校长、各县（市、区）教育局主管民办教育工作副局长、科长，到北京、上海、杭州等民办教育发达地区进行研修培训；对未取得任职资格的民办幼儿园园长、民办学校校长进行任职资格培训，确保其持证上岗。三是奖励先进，引领发展。为发挥优秀民办学校的示范引领作用，市政府、市教育局每年组织对本年度表现优秀的民办学校、先进个人进行表彰，每年评选十所“十佳民办学校”、30名“民办杰出人物”和100名“民办优秀教师”进行资金奖励，十八大以来累计拨付奖励资金近4000万元。四是贯彻公民办同等法律地位，落实国家省市关于完善城乡义务教育经费保障机制，促进义务教育公平的相关精神，每年足额向市管义务教育阶段民办学校学生拨付教科书费、作业本费及公用经费，五年来累计拨付5000余万元。五是深化行政审批和“放管服”改革。严格按照国家省市关于行政审批制度改革的要求，下放行政审批权限，开展一个窗口受理，压缩行政审批时限，制定行政审批标准化流程，做到“六公开”、采取“四个办”、开展“五个一”。除保留民办高中（完中）和中专的行政审批权限外，其他一律予以下放或取消，行政审批时限也由民办教育促进法规定的三个月压缩到四天，并实现了审批全部上网，极大地提高了行政审批效率，方便了群众办事。同时积极开展“放管服”活动，严格做到简政放权、放管结合、优化服务，降低审批门槛，加强事中事后监管，切实优化行政服务质量，支持民办教育发展。六是围绕民办教育热点问题，搞好服务。进一步完善民办小升初评价政策，保障社会广泛关注的民办初中学校招生工作平稳有序进行。答复人大代表、政协委员关注的加强校外培训机构管理、午托等民生热点提案、议案50余件，满意率达100%。

4. 规范管理力度进一步加大

针对民办学校数量多、层次多的情况，我们首先加强常态管理，狠抓年检、开学检查、学校信息公开、学校信访投诉查处通报等制度的落实，确保学校平稳健康发展。每年组织专家从教育政策落实、办学行为实施、硬件设施安全等多方面对民办学校进行实地年度检查，并在《大河报》《郑州日报》等媒体公布年检结果，同时对年检中发现的问题进行回访，督促学校整改。春季和秋季开学，都要全面检查学校的开学准备情况，重点检查食品安全、消防安全、教育教学设施安全和安全管理等方面情况，对发现的问题，登记在册，要求学校及时整改，并不定期开展“回头看”。其次，坚持问题导向，对民办关注的热点问题开展专项治理活动。比如，开展“公参民校”专项治理，对公办学校举办或参与举办的民办学校进行专项整治，印发了《关于进一步规范公办学校参与举办民办学校办学行为的意见（试行）》。对培训机构进行专项治理，推进民办教育培训机构转型发展，探索新型的教育服务体系，印发了《郑州市教育局关于推进基础教育阶段文化教育类民办培训机构转型发展的指导意见》。对无证办学机构进行专项治理，对无证办学机构进行清查，加大执法力度，净化办学环境。同时，严肃处理违规违纪学校，采用通报、约谈、年检结果降级、责令做出保证等手段严肃处理违规招生、虚假宣传等不法办学行为。

（二）现状分析

1. 学前教育参差不齐

按照国务院、省教育厅的要求，2017 年 12 月中旬，郑州市教育局对全市幼儿园（包括附设学前班、幼教点以及未取得办学许可证的幼儿园）在办园条件、安全卫生、保育教育、教职工队伍、内部管理等方面的办园行为进行了专项督导检查。从督查情况看，就民办幼儿园来说，数量多，但规模小，无证园也占有一定比例。政府有关部门据此进行了处理。截至 2017 年底，全市省级、市级园 996 所，其中公办园 254 所、民办园 742 所。

2. 培训市场亟待规范

新时代让教育培训市场有了新的特色，新的十年，教育培训市场呈现出几个重要的变化：①新的城市移民对教育的普适性的需求，导致今天二、三、四、五线城市文化教育类培训都非常红火。②“二孩”政策以及消费升级，使新的一些消费特征出现。新的消费特征强调“渠道下沉”，有越来越多的新增长点来自新的消费群体，他们需要的是消费升级后的新教育服务。他们对环境、对体验、对学习流程透明化、对学习的可视化、对学情的关注、对学生进步数据化的要求都与上一代消费者截然不同。③知识分享时代的来临，就是越来越多的人习惯通过移动互联网来获取知识、信息、经验，越来越多的人通过互联网去学习。④招生政策的变化。过去十年教育行业高增长的一大因素是高考扩招，高考扩招形成人人都能上大学的社会现象，也因此为补习提供了巨大的市场，从而形成洪流，整个行业从一千多个亿的规模增长到了八千多亿的规模。如今不再扩招，但招生政策的变化仍是引导教育行业发展的重要因素。当前教育改革使选修类课程获得了新的爆发点，在未来除了必选的语数外三科之外其他的课程都可选，从而导致学生在培训的时候选择专业的多元化。⑤技术的变化。2013 年大量的资金涌入互联网教育，使得互联网技术在教育行业里的应用得到了空前的发展。

新的市场特点，也引发了培训市场“乱象重重”，引起了顶层领导的高度重视。教育部陈宝生部长在 1 月 23 日全国教育工作会上强调，要大力规范校外教育培训机构，“这件事迟早要做，迟做不如早做，小修不如大修”。2018 年要出台《促进校外教育培训机构规范有序发展的意见》，探索建立负面清单制度和联合监管机制，使其成为学校教育的有益补充者而不是教育秩序的干扰者。

陈宝生部长讲话后，教育部先后在 2 月 12 日、2 月 22 日以教基厅 2018 年 3 号、4 号、5 号三份文件对 2018 年中小学招生工作、学科竞赛命名工作、培训机构专项治理工作进行部署，尤其是 5 号文件是教育部、民政部、人社部、工商总局联合下发的文件，要开展校外培训机构专项治理行动，明确了治理分工、治理步骤和有关要求。

3. 基础教育提高质量

截至 2017 年底，全市共有民办中小学 182 所，其中高中 24 所、完中 20 所、初中 31 所、小学 65 所、九年一贯制学校 42 所。就 2017 年幼升小、小升初、中招到民办中小学就读的学生比例来看，还明显偏高。

之所以出现这样的现象，一个是全省适龄孩子向郑州流入；二是郑州新兴经济组织的壮大，使越来越多的进城子女入学；三是郑州公办教育建设速度明显迟缓于适龄孩子的增长速度；四是郑州的一些民办中小学已经有了良好的社会声誉。但是，从民办中小学整体来分析，学校的教育教学质量亟待提高，以适应新课教改的需求，适应新的核心素养的需求，适应新时代学生发展的需求。

4. 职业教育创新发展

郑州市职业教育借国务院、省政府职业教育发展意见的东风，锐意创新，采取公办、民办携手发展的形式，开创了校企合作、校企融合的办学模式，尤其是在民办职业教育方面，更是超前谋划，先后组建了几个民办职业教育集团。2015 年 4 月张德江委员长视察了郑州城规交通中等职业学校。2015 年 6 月、9 月河南省人大专门对《职业教育法》在民办学校的执行情况进行了专题调研。郑州市民办职业教育的发展受到了各级领导的好评，也得到了社会的认可和学生的点赞。

5. 高等教育提升质量

2017 年 12 月 6 日，郑州市人民政府召开加快引进优质高等教育资源新闻发布会，印发《郑州市人民政府关于加快引进优质高等教育资源的意见》，通过顶层设计引进高等教育资源，“弯道超车”助力招才引智，举全市之力加快引进优质高等教育资源，助力国家中心城市建设。“城市 + 大学”的双向互动，实现城市繁荣与高校林立“共生”。设立 100 亿元高等教育发展专项资金，用于支持引进优质高等教育机构。

2018 年 1 月 11 日，郑州市人民政府与北京大学经济学院友好合作框架协议的签约，意味着郑州市政府与北京大学经济学院第一个合作项目——北京大学经济学院中原教学科研基地正式落户郑州。根据《郑州市人民政府关于加快引进优质高等教育资源的意见》，郑州市要用 5 年左右的时间，引进 57 个优质高等教育机构（含国内外优质应用型技术大学），10 个左右的高校研究院、人才培养基地、技术研究中心等机构。驻郑高校本科生培养国际化水平不断提高，研究生培养规模进一步扩大。到 2030 年，郑州市引进优质高等教育资源层次结构更加优化、开放合作特色明显，高等教育支撑创新驱动的能力进一步增强，基本形成充满生机活力的人才高地和创新高地。

二 郑州市民办教育存在的问题

（一）发展民办教育的思想还不够解放

受传统思想以及民办学校在发展过程当中自身出现的一些问题的影响，政府一些部门对民办教育不理解、不支持，社会上相当一部分人对民办学校缺乏认同感，对民办教育发展的意义、对民办教育的地位和作用还缺乏深刻的认识。目前，还没有站在国家中心城市建设的高度，还没有站在与国际接轨的高度，还没有站在满足社会对教育的多元化需求的民生高度来发展民办教育。

（二）规范民办教育的思路还不够开阔

郑州民办教育经过多年的发展，在全国有一定的影响力，在全省一直是佼佼者。但是，随着 9 月 1 日新修订的《民办教育促进法》的施行，郑州民办教育的发展遇到了前所未有的瓶颈。前几年准备以政府的名义出台一些具体的管理办法，比如百姓关注的午托班问题、培训机构管理问题，但是一直出台不了，原因是没有上位法。按照《立法法》的规定，可以由市人大出台条例或者由市政府出台文件，来解决这些问题。为百姓解决学位问题，为民办学校解决法律缺位问题。现在可以借新法实施的契机，让郑州民办教育进入新时代，迈向新征程，开启新发展。

（三）促进民办教育的力度还不够

民办学校用地、校舍建设、税收、水、电、气、排污等方面与公办学校享受同等待遇的政策尚未完全落实。教育是一个城市的软实力，能否解决孩子的入学问题至关重要，在某种意义上，一些投资人实际上就是奔着郑州的民办学校来的。2017 年 8 月 20 日深圳市发布了 5 个扶持民办教育发展的文件。其中，民办学校小学生每年学位最高补贴从 5000 元上涨至 7000 元，初中生学位每年最高补贴从 6000 元上涨至 9000 元，连续任教 3 年的老师每月发放津贴从 300 元涨至 450 元。2018 年 1 月 1 日开始实施的智慧郑州人才引进工程，引进大批有志之士来郑州谱写人生新篇章。但是，教育是否能够跟得上，能否满足孩子上学的需要，会不会引起有志之士满怀激情而来等，都是政府和社会需要关注的问题。

三　郑州市民办教育发展的思考

（一）进一步解放思想，真正把民办教育的重要作用发挥出来

用招商引资的思想，来吸纳民间资金兴办教育。本着“不为我所有，只为我所用”的思想引进民间资金；本着“你发财，我发展”的服务引进教育品牌。政府及相关部门要进一步加强发展民办教育的领导和统筹力度，提供政策支持，优化发展环境，营造良好氛围，切实把民办教育提高到与公办教育同等地位上，把民办教育事业纳入到全市教育事业的整体发展规划中，为民办教育营造更加良好的发展环境。

（二）进一步加大教育服务力度，真正把有关促进民办教育发展的政策落到实处

用培育城市名片、提升城市软实力的思路服务民办学校。2017 年 9 月，国务院公布了《关于同意建立民办教育工作部际联席会议制度的函》，对协调相关部门共同规范、服务民办教育将发挥重要作用，建议郑州市建立相关部门联动机制，促进郑州市民办教育健康、持续地发展。

（三）进一步提高民办学校的教育教学质量，真正让民办教育发展成为建设国家中心城市的教育名片

郑州市民办学前教育和民办中小学，已经成为全省孩子涌向省会的名片，已经成为中小微企业投资人来郑投资的强大吸引力。政府应该加大奖励力度，加大对民办学校的扶持力度，加大对民办学校教师的关心力度，加大对郑州民办教育品牌的培育力度，从而为建设国家中心城市打造具有郑州特色的民办教育名片。

B.25

黄河科技学院创新创业工作报告

李海霞*

摘　要： 党的十九大对高校人才培养提出了新要求，迫切需要培养大批真正具有引领能力的创新创业人才。近年来，黄河科技学院围绕高水平应用技术大学建设目标，坚持创新引领，充分集聚政府、企业、高校资源，以提高人才培养质量为核心，以体制机制创新为重点，以产学研科技创新和创新创业孵化平台搭建为关键，将创新创业融入办学全过程，培养了一大批高素质创新创业人才，走出了一条新时代高水平民办大学的特色发展之路。

关键词： 黄河科技学院　民办高校　创新创业

黄河科技学院是全国第一所民办本科高校，创办于1984年。办学34年来，学校始终秉承"三为"的办学宗旨，认真践行"办一所对学生最负责任的大学"的办学愿景，坚持"创新引领创业、创业带动就业"的发展理念，创新"以学生为中心"的人才培养模式，建设全链条创新创业载体，整合和集聚国内外创新资源，营造良好的创新创业生态环境，突出创新与创业相结合，教育与产业相结合，理论培养与创业实践相结合，培养了一大批高素质应用型创新人才，闯出了一条中国民办高校创新发展之路，积极服务于地方经济社会发展。

---

* 李海霞，河南民办教育研究院研究员，副教授，研究方向：高等教育教学改革。

一　强化顶层设计，构建“1234”“双创”推进体系

学校围绕高水平应用技术大学建设目标，坚持全员参与，面向全体学生，深化创新创业教育改革，深入推进“1234”创新创业工作体系。“1”即是明确“全力打造黄河科技学院创新创业育人品牌”这一目标。“2”即是组建校内外紧密结合的创新创业教师队伍与校外创业导师团队两支队伍。“3”即是建立“学历教育—职业技能教育—创新创业教育”三位一体的教育教学体系、仿真化全链条创新创业实践体系、开放式产学研合作的“双创”能力培养体系三个体系。“4”即是以全链条创新创业生态体系为载体，构筑公共服务、科技支撑、金融扶持和双创教育四个平台。

二　创新体制机制，确保创新创业工作常态化开展

学校将深化体制机制改革作为创新创业的重要推动力，创新办学模式，完善组织机构，通过“三个机制”建设，推动全校创新创业教育工作顺利开展。

一是集团化办学的互动机制。学校构建“教育 + 科技”集团，并将深化体制机制改革作为创新创业的重要推动力。通过教育集团，实现普通教育和职业教育及继续教育的充分沟通和有机衔接，搭建现代职业教育体系。通过科技集团，集聚高校、政府、企业、行业优势资源，加快创新创业载体建设，充分释放“双创”活力。建立特色产业园区，吸引优势科技企业入驻孵化，同时促进校内科技成果转化；设立产权基金，建立技术转移中心，为科技园、孵化器、创业园内创业、孵化和入驻企业提供资金服务，形成技术研发、生产性实训、创新创业的有机互动，促进教育链与产业链的深度融合，搭建起教育、科技、产业“三位一体”的创新创业型组织结构。

二是强有力的组织管理机制。成立“双创”工作领导小组，由校长、党委书记任组长，涉及学生、教学、科研工作的相关部门负责人为成员，形

成了高效的“双创”工作网络。领导小组统一组织协调全校创新创业工作，研究创新创业教育改革的重大事项，定期研讨交流，破解制约创新创业的重点难点问题。学校还建立了“大众创业、万众创新”专题调研观摩与交流制度，成立调研观摩组，每月对全校的创新创业工作情况开展实地考察、汇报交流，并进行评比，月冠军、二等奖、三等奖分别可获得5万元、2万元、1万元的奖励。

三是自加压力的激励考核机制。学校认真贯彻落实国家、省市有关创新创业的文件精神，将创新创业工作作为学校转型发展的重要突破点，在学校“十三五”规划中明确了“以深化创新创业教育改革为突破口，全面提高学校服务区域经济社会发展和创新驱动发展的能力”的目标，并依据工作实际，制订“双创”教育改革实施方案，强调目标导向，明确职责分工，加强监督考核，强化工作执行力。

三　完善培养机制，推进“专创深度融合”

学校围绕应用型创新人才培养目标，将“专业教育与双创教育深度融合”理念作为创新创业教育改革的出发点，加快推进校地、校企、校校、校所合作育人，探索形成较为完善的创新创业教育体系和人才培养生态链，全面提升人才培养质量。

一是创新人才培养模式。第一，学校遵循应用型创新人才培养目标定位，探索了“课堂＋园区＋企业”“三元合力”的人才培养模式，创客工厂、众创空间等面向学生开放，使他们能够亲身模拟或实战训练；强化产学研融合，依托大学科技园，吸引企业入驻学校，与企业共建实体公司，与企业联合开展技术研发等，通过实施项目化教学，使企业在人才培养的全过程能够深度参与。第二，构建“理念培育—项目模拟—实践训练—孵化助推—市场实战”层层递进的“双创”教育体系，实现了“双创教育四年不断线”。第三，为提升学生的创新创业能力，设立了人才培养改革创新试验区，开辟了创新创业人才培养“试验田”，鼓励跨学科、跨专业学习。设立了“临床医学本科创新班”，学生可享受全额奖学金，学习过程中实施全英教学。2016 年，学校成功获批河南省首个数据科学与大数据技术和智能科学与技术专业，设立“数据科学与大数据技术”和“智能科学与技术”两个创新班。学校全额资助创新班学生到纽约州立大学石溪分校进行 50 天的海外游学。

二是创新教学管理。第一，制定创新创业分类教学实施方案。2016 年，对人才培养方案进行新一轮的修订，从职业发展的角度考虑，设置就业、创业、升学三类，学生可自行选择。第二，建立创新创业学分积累与转换制度。制定了《创新创业学分转换实施办法》，学生获得各类技术技能等级证书、学科竞赛、课外科技活动（含课外实验活动）、创业训练与实践等情况可折算为学分；制定《培养创新创业人才跨专业选修课程实施办法》，允许跨专业选修课程，计入学分；完善《学籍管理实施细则》，允许学生调整学业进程、保留学籍休学创业。在弹性学制下，学生修业年限放宽至 10 年，

三是创新质量监控与评价体系。第一，创建了基于数据分析的教学管理平台，实施数字化校园建设，无线网络全覆盖，全面推行“翻转校园”APP，启用课堂点名、随堂测试、学业预警等学业跟踪系统，开展人才需求的深度调研工作，初步建成“教、学、管、评”一体的信息化平台。第二，建立了多元化的质量保障机制，持续推行专业、课程和学院评估等多元化自我评估制度，先后开展对 60 个本科专业、11 门公共课程及 13 个二级学院的评估；强化对考试、实验教学、课程设计、毕业设计（论文）等重点教学环节的质量监控，且利用维普、知网系统实施毕业设计（论文）双重检测；每年邀请企业、高校专家实施第三方评价。近三年教育厅抽检毕业设计（论文）合格率达 100%。

四　创新课程体系建设，构建“一体两翼四平台”创新创业教育体系

按照“双创教育四年不断线”的思路，学校建立了“一体两翼四平台”的创新创业教育体系，开展了对学生层层递进的“双创”教育训练。

一是建设创新创业普及教育平台。着重开展“双创”基础理论教育，注重精神培养和文化引领。增设“创业基础”等创业类课程22门，利用智慧树、尔雅等网络教育平台，开设视频网络课程73门。充分利用在校生、优秀校友、优秀企业家资源，建立创业典型案例库资源321个，形成了有机衔接的创新创业课程群。同时，引导学生参加职业生涯规划设计大赛、企业调研等活动，激发学生创新意识。

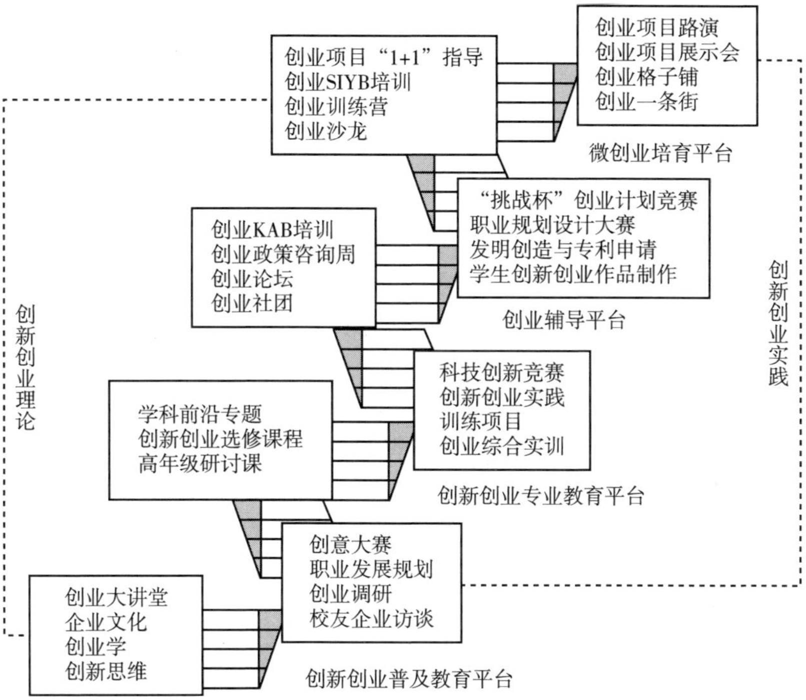

图1　创新创业教育体系

二是建设创新创业专业教育平台。对接行业标准，确保人才培养标准的契合度，教学内容贴近前沿、贴近社会现实，在专业课程中设置学科研究前沿、实践应用前沿专题课程（讲座）等，将创新创业教育融入人才培养全过程，设立包含创新创业课程在内的多个专业双创课程群。鼓励和支持学生参加各类专业科技大赛、技能培训等，并认定相应的学分。

三是建设创新创业辅导平台。着重对有创新创业意向和潜质的学生开设有针对性的强化课程和实践训练。通过“创业沙盘模拟”等课程和创业沙龙、GYB 培训等，使学生了解法律法规、市场调查、企业组建等知识。鼓励学生积极申报“国创”项目，开展创新创业实践，加入各种创新创业协会，培养学生的创业能力。

四是建设微创业培育平台。着重于学生创业项目的初期孵化，建成黄河众创咖啡、黄河众创空间，为学生创业团队提供办公场地、融资指导等全方位服务和支持。

五　推动校政企联动，建设全链条创新创业实践平台

学校充分利用科技集团的优势，依托学校“国家—省市—校内”三级创新创业实践平台，按照校内实验室、实验实训基地、校外企业实习实训基地、校企合办公司、建立职业技能鉴定所“五轴联动”的思路，通过引企入校、收购企业和建立企业三种方式，实现了实践教学与企业生产实际的无缝对接，为学生创新创业提供了充足的空间。

一是创客工作室、创客工厂、实验室三位一体的实验平台，助力学生创意落地。学校加强校企、校政、校校合作，建立了一批高层次实验实训平台，全天候为学生开放。与美国 ICU、惠普等共建创新创业基地，集聚了一批高层次人才和科技资源。学校建立了创客工作室，可供学生开展创意交流、实践实验，共有文化创意类、建筑工程类等工作室 43 个；创客工厂可供创客将零配件转换为手板模型，也可供其展销产品、转让技术，占地 1.2 万平方米，面向机械、交通、材料等学科的学生开放；实验室可供学生开展指定实验、自带项目实验、科研项目实验等，学校的省级重点实验室、省级实验教学示范中心、博士后研发基地等高层次科研平台、16 个研发中心、15 个实验实训中心、208 个实验室全部对学生开放。

二是黄河众创空间、孵化器、加速器三位一体创业园区，满足不同创业阶段的学生需求。黄河众创空间于 2015 年被科技部认定为国家级众创空间，

能够提供216个工位，能够为学生创业提供网络、社交及便利化服务；孵化器面积有1.34万平方米，可为学生小微企业提供基础设施、技术指导和高水平孵化服务，嘉禾智慧农业在物联网研发中心的指导下，已拥有土地4000亩，流转土地近4万亩，加速器面积为1.86万平方米，一方面通过引进河南大广电子科技有限公司等高新技术企业为学生提供实践工位，培养学生的创新及实践能力；另一方面为学生企业留足发展空间。毕业生李威，在孵化器的支持下与学校共建技术研发中心，所创办公司的产品远销60多个国家和地区，拥有国内外核心技术专利40余项，入选第二批“智汇郑州·1125聚才计划”创业紧缺人才，获评河南省首届大学生创新创业标兵第一名。

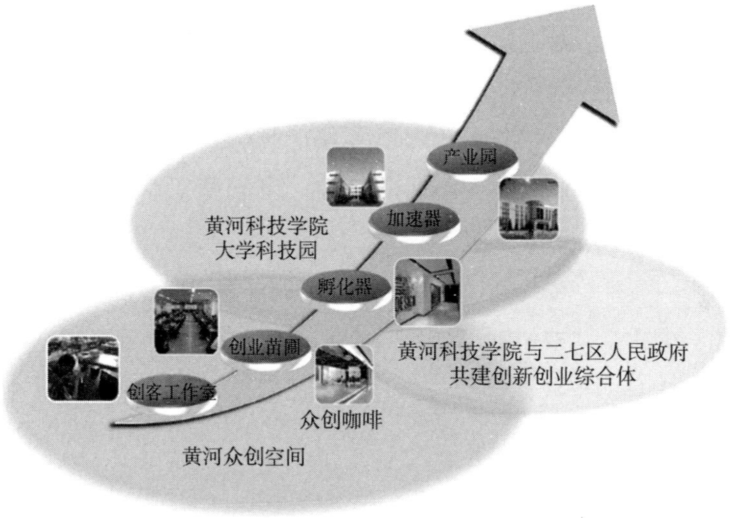

图2　黄河科技学院创业实践平台

三是黄河众创咖啡、创新创业综合体、创业服务中心三位一体的服务平台，提供优质服务。黄河众创咖啡为成功创业学生提供融资、技术、员工培训等后续服务，设有种子基金300万元，对接众筹网、顺势创投等投资服务机构，为学生创业提供资金支持；与政府共建的“U创港”创新创业综合体，为创客提供工商、财务、税务、融资等“一站式”服务，4个工作日即可完成工商注册及税务登记手续；创业服务中心为学生提供项目论证、政策咨询服务，为入驻园区的公司提供财务代理、法律咨询等服务。毕业生赵杰，创办郑州影响未来科技有限公司，获得真格基金1300万元和阿里创投1亿元投融资。

六 加强“内培外引”，建立“三位一体”的创新创业导师团队

学校通过“内培外引”，建立了一支由校内、校外、校友组成的三位一体的创新创业导师队伍，满足了学生创业的全方位需要。

一是注重对校内导师的培养。出台政策，鼓励教师到企业挂职锻炼、参加理论研讨、考取资格证书、参加教学大赛等。完善绩效考评和职称评聘办法，注重对教师创新创业业绩的评价，不断激励教师提升自身业务水平。目前校内共有国家高级创业咨询师、KAB教育讲师等各类导师45人；近三年，有300余名教师考取了高级创业咨询师资格证书，满足了全校创新创业教学的需要。例如张红玉老师，采用案例引导、模拟实践等教学方法，曾获河南省首届高校创业指导课程教学大赛第一名，被评为“河南省优秀教学标兵”。

二是吸引校外、校友导师加入。建立了以优秀创业校友为代表的社会企业导师团，创建了“双创”导师库，通过“创业1+1工程”对已创业的学生进行对口指导、帮扶；目前，已有350余人进入导师库，能够全程、持续、有效地对学生的创新创业活动进行帮扶和指导。还聘请了一大批专家学者、风险投资人、创业培训师来校做报告或指导，包括中国工程院院士刘人怀、欧美同学会2005委员会的李开复、徐小平、邓峰等。

七 提升服务能力，构建全方位的创新创业保障体系

学校充分调动和整合政府、科研院所、行业企业的各类资源，不断加大资金投入，建立起体制机制完善、功能要素齐全、服务体系完备、运作实施高效的创新创业保障体系。

一是完善指导服务体系。学校成立创业服务中心，为学生提供开业指

导、创业培训等政策咨询服务，为入驻园区的公司提供财务代理、法律咨询、专利代理、物业管理等全程化服务，全程指导学生进行创新创业实践。建有创业服务网、大学科技园网，开通黄河众创空间、黄河众创咖啡官微，及时发布最新的创新创业政策，提供资讯服务；发布创业项目、技术，提供对接服务；介绍创业典型，提供示范引领，受到广大学生的关注和好评。

二是完善帮扶支持体系。学校深入实施“大学生创业引领计划”，做到“机构、场地、人员、经费四到位”，设置了就业创业指导中心（正处级），建立了创业指导教研室和创业指导工作室，建成了8000平方米的集项目孵化、项目推介、指导服务、咨询帮扶于一体的黄河众创空间，有专职创新创业指导服务人员38人。为解决学生在工商、财务、税务等方面的难题，2015年学校投入创新创业工作经费300余万元，与政府共建公共服务平台，提供一站式服务，半个工作日即可完成办理。目前已协助完成133个团队的公司注册、40个创业企业的创业补贴申请、36家企业的科技型中小企业备案。完善科技成果转移转化机制，提高教师的分配收益，鼓励科技合作、技术入股、专利转让，支持校内教师将科技成果产业化，涌现出皇甫尚华、史岩等教师创业典型，带动数百名学生积极参与科研活动和创新创业实践。依托校内技术支持平台，将优秀科技成果向毕业生创设的中小微企业优先转移转化。如黄河科技学院毕业生创办的郑州飞轮威尔实业有限公司与河南嘉禾智慧农业科技有限公司等在孵企业，充分依托学校物联网与自动化控制科研优势，积极将科研成果实用化、产业化，企业取得长足的发展。

三是构建资金保障体系。学校将创新创业教育经费纳入学校年度预算，设立了300万元的创业种子基金，面向创投机构、创业组织、行业协会等开放，吸引了上百个国内知名投融资机构、河南省小微商会等入驻科技园，与中关村软件园、中国大学生创业网等紧密合作，积极推进资本、技术、人才、市场等要素不断融合，为创新创业提供了全方位的增值服务；以黄河众创咖啡为载体，天鹰资本、秉鸿资本、乾彭资本、中国风投、众筹网等机构和一大批活跃的投资人助阵，利用互联网金融、股权众筹融资等方式，完善了投融资模式，吸引了社会资本进园区，为学生创业争取到了各类资金600

多万元。学校河南校友企业联合会还为创业大学生提供金融服务和商务对接平台服务，校友资金池已达2000万元。

八　提升科技创新能力，强化产学研用结合的创新体系建设

学校围绕区域产业转型升级和企业技术需求开展应用性研究，探索产学研创新机制，加快高层次科技创新平台建设，积极推进技术转移、成果转化、企业孵化。

一是建设高层次的科研平台和创新团队。建有河南省工程技术研究中心、河南省院士工作站、河南省优秀博士后研发基地等省级创新平台8个，郑州市重点实验室、郑州市工程技术中心等地市级科研平台13个；纳米功能材料研究所、人工智能研究所等校级科研平台27个。其中，纳米功能材料研究所由毕业于哈佛大学的化学博士王建方教授担任所长，2016年获批河南省民办高校中首个省级重点实验室。新药研发中心与美国升阳药物公司合作建成河南省小分子新药研发国际联合实验室，2017年获批全省民办高校中首个省级国际联合实验室。依托这些科研平台，获批教育部新世纪优秀人才支持计划1个，建成河南省区域性重要抗肿瘤活性研究创新型科技团队等省级科技创新团队4个、市级科技创新团队3个。入选“智汇郑州·1125聚才计划”项目6个，获政府产业化引导扶持基金1200万元。特别是首批创新领军人才吕志俭教授，成功入选河南省第四批“中原百人计划”（全省共17人）。

二是科研成果数量和层次不断提高。近5年承担国家自然科学基金课题13项、省科技攻关项目215项；获省部级奖励88项、地厅级奖励662项；发表论文5713篇，其中SCI收录148篇，最高影响因子17.49；获国家授权专利1793件，连续两年在全省高校专利授权量上名列第二，师生的30项专利成果在18个企业成功转化，利用专利成果孵化公司6个；举办高端学术研讨会21场，其中国际会议4场，2014年、2015年连续承办国际（河南）新药研发交流与技术转移对接会。在减肥药、丙型肝炎药和抗癌药等方面取

得重大研究进展；“混沌振动系统制备纳米粉体新技术”推动了微纳材料关键技术在城轨高铁、军工器械等领域的研发应用；“LTE无线传播模型技术”的研发，弥补了河南该领域研究的不足。

三是社会服务能力持续增强。学校16个研发中心实现了技术产业化，孵化了河南晟翔医药有限公司、美国Sunnylife Pharma Inc.等一批高科技公司。纳米功能材料研究所一批性能处于国际先进水平的大型仪器设备，全部列入河南省大型科学仪器协作公用网，服务高校院所和企业40余家。与企业、科研院所开展横向课题研究，解决企业的关键技术问题，30余项研究成果被企事业单位采用，产生了良好的经济效益和社会效益。如，“多层连续式药丸微波干燥杀菌型工艺装备的研制及应用（2013）”被多家制药企业应用，为企业创造了上千万元的年经济效益；“玫瑰花微波热风复合干燥新型工艺装备的研制及应用”（2015）效益初步显现。杨雪梅教授团队的调研成果被河南省政府发展研究中心采用，并获河南省社会科学优秀成果二等奖；喻新安教授团队承担的偃师市、南乐县、商水县等“十三五”规划编制咨询服务项目，获经费70万元；贾安博士团队与河南康祺药业股份有限公司开展了“火炬计划产品‘解郁丸’深度开发及产业化”研究，其研究成果已应用到企业生产，获100万元经费；《基于WEB的磨削加工科学数据共享平台的开发》获得河南省科学技术进步奖三等奖，成功转让给北京万方数据股份有限公司；新药研发中心连续承办了两届（河南）国际新药研发交流与技术转移对接会。

九　集聚创新资源，为提升创新创业工作水平提供支持

学校建设高端智库，为政府决策提供服务。2016年，经河南省委宣传部批准，学校建立了中国（河南）创新发展研究院，与省政府发展研究中心合作，共建河南新经济研究院。学报已成功举办三届“中原创新发展论坛”，陆续召开“地方视域下的产业政策理论研讨会”“发展新经济培育新动能研讨会”“郑州建设国家中心城市研讨会”“构建空中丝绸之路研讨会”

“河南高校智库建设研讨会”等学术活动20多次，在引领社会舆论、回应社会关切方面，发挥了积极作用；完成的“区域经济研究丛书”获省政府发展研究奖一等奖；出版了国内首部省级双创蓝皮书《河南省创新创业发展报告》，阐述了河南双创发展的总体思路和重点任务，为推进河南双创发展提出了对策建议；受省发改委委托，承担了河南省首批双创示范基地的第三方评估工作，正在开展河南自贸区量化改革研究、跨境电商与工业互联网耦合联动研究等课题；受国家发改委委托，正在进行两项中央、地方双创合作研究课题。《河南日报》先后发表研究院成果9个专版；河南电视台新闻联播8次播报研究院活动消息，产生了良好的社会反响。学校民办教育研究院组织编写的全国首部省级民办教育蓝皮书《河南民办教育发展报告(2017)》，针对河南民办教育发展状况进行分析预测，为推进河南民办教育发展提供了理论依据和实践参考。学校还发起成立了河南省高校创新创业协会，目前已有近百所高校加入，杨雪梅院长担任会长，与南阳市政府共同举办了2016年年会，参与人员近千人，影响力不断扩大。与美国升阳药物公司合作建成河南省小分子新药研发国际联合实验室，一批性能处于国际先进水平的大型仪器设备，全部列入河南省大型科学仪器协作公用网，服务高校院所和企业40余家。建成河南省全媒体科普传播中心创作基地1个，市科普示范基地2个，全天候对社会开放。郑州市政府专门发文，大力支持学校加快建设高水平应用技术大学服务郑州国家中心城市建设，将在学校建设郑州市大数据应用及人工智能等创新平台、“U创港”创新创业综合体、郑州智库等方面给予重点支持。

十　培养“双创”人才，打造学校育人品牌

学校的创新创业教育改革取得较好的成效。学生创新创业能力显著提升，2017年大学生创新创业训练计划省级立项数量名列全省高校第二；获国家级学科竞赛奖励1317项，在全国“互联网+”大学生创新创业大赛中获2银3铜，学校荣登“2012～2016年全国普通高校竞赛评估结果（本科）TOP300”

民办高校榜单。学校的黄河众创空间获全国首批众创空间，并与学校的大学科技园共同被纳入国家级科技企业孵化器管理服务体系，已入驻企业和团队130余个，其中年产值千万元以上的企业15家、高新技术企业3家；学校获评教育部首批“应用技术大学战略改革试点”、首批“全国深化创新创业教育改革示范高校”、首批“全国高校创新创业工作50强”、首批“全国大学生创业示范园”、首批“全国社会组织教育培训基地”、首批省“示范性应用技术类型本科院校”、首批省“高校科研院所双创基地”等。在教育部召开的全国首批“全国高校创新创业工作50强”表彰会上，黄河科技学院还成为四所典型发言高校之一，并在河南省教育工作会议、河南省高校思想政治工作会议和河南省高校教育工作会议等多个会议上做先进典型发言。2017年7月20日，国务院“双创”培育发展新动能专题督查调研组到黄河科技学院调研，对学校工作给予了高度评价。22日，新华社以《“四链”融合全程“孵化”——这所民办高校建成“双创”高地》为题对黄河科技学院的“双创”工作成效进行了专门报道。郑州市市长批示祝贺。《人民日报》、《新闻联播》和《华盛顿邮报》等国内外知名媒体对学校转型发展和人才培养成效多次报道。《光明日报》以《黄河科技学院：深化产教融合、校企合作，让学子人生更出彩》为题，对黄河科技学院深化产教融合，与企业共建行业学院等情况进行了专题报道。中央电视台的《新闻联播》以黄河科技学院为典型，以学校入驻企业的成功之路为案例，报道了河南省创新创业的工作成果。国务院政府网、新华网、人民网等对黄河科技学院学生马维祥带领家乡人民脱贫致富的创业典型进行了专题报道。华谊兄弟（天津）实景娱乐公司、清华大学、德国雅各布大学等200余家著名企业、兄弟院校来校调研交流。

参考文献

《国务院办公厅关于深化高等学校创新创业教育改革的实施意见》，http：//www. moe. gov. cn/jyb_ xxgk/moe_ 1777/moe_ 1778/201505/t20150514_ 188069. html. 2015。

B.26
民办幼儿园特色建设的探索

王艳丽　付佳琳*

摘　要： 新的《民办教育促进法》实施后，民办教育面临着新的发展机遇，也面临着一系列挑战。教育行业上市的出现，教育资源的稀缺性正在下降，如何在日益饱和的教育市场创建自己的品牌，成为教育行业经营者共同面对的问题。十九大报告明确指出，要努力让每个孩子都能享有公平而有质量的教育。“有质量”清晰地指明了未来教育发展的一大着力点。这表明教育从“广覆盖”向“有质量”迈进。怎样办“有质量”的幼儿园是当前民办学前教育亟须解决的问题。而走特色发展道路无疑是让幼儿园的发展由原来的统一模式到办成有质量有特色的幼儿园的重要途径。本研究从对幼儿园特色建设的现状分析入手，通过“主动学习”理念的落地和引领者——郑州贝林斯敦幼儿园游戏特色的成功案例及以森林教育为特色的郑州思璞幼儿园成功案例的分享，以及对当前幼儿园特色建设进行探索和研究，给民办幼儿园特色建设一些建议，找出符合地区实际的幼儿园特色建设之路。

关键词： 幼儿园　特色建设　主动学习

* 王艳丽，河南一森教育咨询有限公司董事长，河南民办教育研究院研究员，硕士研究生，主要研究方向：幼儿园运营管理。付佳琳，贝林斯敦幼儿园总园长，河南民办教育研究院研究员，学士学位，主要研究方向：幼儿园课程管理与开发。

一　幼儿园特色建设的意义

新的《民办教育促进法》实施后，民办学前教育面临着新的发展环境。新时代中国幼儿教育的基本矛盾之一，应该说是僵化传统的办园体制、单一的培养方法和幼儿成长需要的多元化、特色化发展之间的矛盾。这为民办幼儿教育的发展提供了广阔的空间，也提出了许多新的课题，其中最重要的是特色建设。幼儿园特色建设为师生进步、幼儿发展提供了多种可能。只有这样，各类民办幼儿园才能通过特色建设实现转型升级，拥有可持续发展的能量。

二　民办幼儿园特色建设现状分析

（一）由外在形式向特色内涵发展阶段

长期以来，党和政府大力扶持民办教育，使民办幼儿园如雨后春笋般地涌现。特色办园成为民办幼儿园生存的必要条件，但由于教育水平的参差不齐，办园指导思想的混沌不清，民办幼儿园的发展中存在诸多问题，比如，一些幼儿园在特色建设中只注重表面，认为得了几个特色的奖项就是特色，或者错误地认为特色幼儿园就是重点培养幼儿一种或几种特长和技能，便自称幼儿园特色或特色幼儿园。如“体操特色幼儿园”“美术特色幼儿园”等。这种将特色教育游离于幼儿园正常的教育教学之外，满足于表层的展示和表演，没有将特色渗透在幼儿园的整体工作中、根植于大多数教师的思想中并反映在全体儿童的发展上的所谓“特色”，无疑是有悖于《幼儿园教育指导纲要（试行）》（以下简称《纲要》）和《3～6岁儿童学习与发展指南》（以下简称《指南》）的指导精神的。还有的幼儿园的办园特色缺乏时间的考验和文化的积淀，为了追求特色而“特色”，盲目跟风，在短时间内频繁地更换特色项目或速成办园特色。这类所谓的“特色”含金量低，且持续时间较短，不能持之以恒地抓长远建设，忽视了特色应该具有的内涵发展，容易停留在特色表面。在新的《民办教育促进法》实施之后，民办学校进入了一个以质量求生存的市场化阶段，幼儿园特色建设也进入了由外在形式向特色内涵的发展阶段。一些有远见的民办幼儿园开始重新审视特色建设，慢慢呈现出自己优质、独特和稳定的个性特点，体现幼儿园的教育特色，展现文化内涵、精神内涵和外在形象，成为自信和品质的综合表现。比如，郑州贝林斯敦幼儿园以“主动学习”为核心理念的游戏特色的呈现，对于民办幼儿园特色的创建起到了借鉴和指导作用。他们通过区角游戏、社会联合游戏等创造性游戏的开展，将主动学习的理念很好地贯穿到一日生活、环境、老师的支持、幼儿的学习当中，最终目的是为孩子的终身发展奠基。这样的特色建设符合《纲要》和《指南》的精神，明确了特色幼儿园的建设方向。

（二）由“拿来主义”向园本创新发展阶段

民办教育作为一种选择性教育，满足了人民群众日益增长的差异化教育需求，于是，针对各类差异需求的民办学校应运而生，为择校创造了一个较为公平的市场环境，这也给民办学校提供了生存和发展的机会。在这种大环境的影响下，很多民办幼儿园开始寻求自身发展的突破口，他们在招生时都会把特色作为招生宣传的利器，特色建设也决定了其能否长远发展。所以，现阶段幼儿园特色定位进入了由“拿来主义”向园本创新发展阶段。重视教育创新，其实并不仅仅是提高保教质量，更重要的是家长心目中建立幼儿园保教“高质量”的印象，这就需要不断变化的思维。当然，初期的“模仿”是客观存在的现实也是可行的，但一味地“拿来主义”而忽视自身实际情况的特色建设一定会进入瓶颈，所以在优质高效完成幼儿教育全面发展教育的目标基础上，结合自身实际情况，总结前人经验，学习他人建设之路，发挥自身优势，拥有自己的特色，是当下幼儿园特色建设发展的必要途径。

三 河南民办幼儿园特色建设的成功案例

（一）以“主动学习”为核心理念的游戏特色的探索与实施

《指南》明确提出幼儿园教育应以游戏为基本活动，关注个别差异，促进每个幼儿富有个性的发展。这一指导思想充分体现了游戏的重要性。《指南》也明确指出“幼儿是积极主动的学习者”，这也是《指南》着重强调的理念之一。我们要尊重幼儿的学习方式和学习特点，尊重幼儿发展的个体差异，支持幼儿主动学习。为此，贝林斯敦幼儿园以课程园本化实践为依托，探索和研究陈鹤琴的活教育理念，以及瑞吉欧的方案教学理论及美国高瞻课程体系，从主动学习游戏环境的创设、师幼互动策略、幼儿发展评价、家长工作坊等方面进行了研究，开创了以“主动学习”为核心理念的游戏特色。

1. “主动学习”理论——游戏特色建设的理论研究依据

我国教育家陈鹤琴先生明确提出游戏对儿童发展的意义，游戏是儿童的第二生命，游戏本身就是孩子主动学习的重要途径。科学研究表明，幼儿“建造”或者是“构建”他们的知识世界，是通过他们自己与人、物、事及观念的直接经验探索出世界是如何运作的。没有人能够代替幼儿获得经验，他们必须通过自己的主动学习获取经验并建构知识。在这种学习过程中，教师和幼儿是合作伙伴。在幼儿选择材料、探索材料以及与他人互动时，教师应该为他们搭建学习的“鹰架”，支持幼儿向更高等级发展。这个过程就是孩子主动式学习的过程，他们以思考者、学习者以及工作者的形式发展和成长。贝林斯敦幼儿园正是将主动学习 5 要素（材料、操作、选择、儿童的语言和思维以及成人的“鹰架”支持）作为游戏课程设置的原则和理论依据，形成了独有的游戏特色。

2. 丰富独特的游戏特色环境

皮亚杰认为“环境的创设应该着眼于丰富幼儿的知识和经验，发展和提高幼儿的能力，激发幼儿的好奇心和求知欲望”，随着幼儿园的游戏活动内容越来越丰富，涵盖的知识点和技能也越来越多，创设有效的游戏环境，推进游戏活动顺利地开展就成为最重要的一点。

（1）主动学习区角游戏环境

贝林斯敦幼儿园致力于为孩子创设一个材料充足、关键经验材料丰富和互动频繁的学习环境，颠覆了传统区角游戏环境封闭、限制人数等要求，建构开放丰富的布局设置，将空间分成不同的兴趣区域，让空间有吸引力，使空间适合开展活动和收纳物品，且开放并易于出入。在材料的选择上，也尽可能地准备能反应幼儿生活化、多样化的低结构材料。材料的收纳方式也遵循“看得到，找得到，拿得出来，放得回去”的原则，利于孩子发现、使用和归还。

主动参与式学习源于这样支持性的环境。在这个环境当中，他们可以自由地研究材料，并与人进行交流，自发地思考，发挥想象做到“眼到、手到、心到”，让区角游戏真正成为孩子的生活主题。

（2）儿童社会联合游戏中心——贝林小镇

幼儿园的“镇园利器”当属位于负一层的神秘“贝林小镇”。这是郑州市首家在幼儿园内为孩子打造的社会联合游戏中心。这里有美式乡村风情的装修风格、曲折环绕的走廊、种类丰富的体验设施。贝林小镇共设有十几个不同类型的体验馆，每个体验馆代表一种职业，馆内都设有相应的设备、服装、道具，并且在贝林小镇流通自己独创的货币——贝林币，孩子们在这里就像大人在现实世界的生活一样，通过模拟和体验成人的职业和角色，来了解和接触真实的世界，寻找其中的乐趣。

贝林小镇优雅的环境、真实的体验，给予了幼儿自由的游戏空间和自主的游戏氛围，是幼儿自我学习、自我发现、自我完善的理想基地。对幼儿语言、社会交往、动手操作等各方面能力的发展起到了至关重要的作用，让孩子的童年也更加丰富多彩。

3. 游戏活动中师幼互动策略的研究与实施

如何有目的地、有效地把学习领域的核心内容教给幼儿，是当前学前教育研究的焦点。

传统的师幼互动模式中，教师有可能是“城管老师”。比如，“你这里太闹了，明天做一个安静的孩子。”老师总是用说教的方式，希望当场有结果。再比如保姆老师：“你这护士衣服扣子扣错了，我帮你扣上。”老师总是包办代替，剥夺孩子学习的机会。对于教师来说，无论是“儿童主导”还是“成人主导”的活动，教师都要通过创造一个支持性的环境以及“鹰架”来发挥教育者的作用。正如儿童早期教学委员会在其研究报告《渴望学习》中所言：“儿童需要机会来主动发起活动并追随自己的兴趣，但是在这些儿童发起并主导的活动中，教师并不是消极被动的。同样，教师应该利用自身发起并主导的活动引导儿童积极投入并对这些活动做出积极的回应。在孩子游戏时，师幼互动的模式应该是‘做有准备的教师、玩有意图的游戏’。”支持型的教师不是“教”，也不是“代替”或“引导”，而是孩子在前，老师在后，帮助孩子成功实现自己的意图。比如，孩子在游戏时遇到困难，老师要做的不是代替他解决，而是支持他在这个过程中面对问题和获得解决问题的方法，多次成功的经验和体验，才能真正培养幼儿解决问题的能力和信心。再比如：孩子展示作品时，需要的不是空洞的表扬，而是和你一起讨论他的作品，讨论他做过的事情。

孩子们在游戏时，教师必须观察幼儿的游戏行为，看懂幼儿游戏行为所蕴含的发展水平，并预测在当前活动中幼儿可能获得的发展，即善于在游戏中发现幼儿正在进行的无意性学习，并给予及时支持，或者善于从游戏中捕捉与教学目标相关且与幼儿发展需要相适应的内容，从而使幼儿在游戏中获得自主发展。

总之，在开展角色游戏的实践过程中，教师应给予幼儿最少的干预，最多的观察、最大的耐心、最有效的指导，尊重幼儿的兴趣和愿望，充分发挥幼儿的自主性、积极性、创造性，使游戏发挥出应有的教育价值。

4. 幼儿观察评价体系的研究与实施

根据《指南》的标准，结合高瞻主动学习课程理论，贝林斯敦幼儿园将幼儿在游戏活动中涉及的领域和关键经验进行了梳理，将其分为学习态度领域、社会和情感领域、健康领域、语言领域、数学领域、艺术领域、科学领域、社会学习领域。每个领域都有不同的关键指标。每个关键指标都有8个评价等级，像鹰架一样支持着孩子获得全面的发展。

如何对孩子的诸多项目进行评价呢？最常用的就是基于观察的真实性评价。在日常生活的场景中，选择可以表现幼儿个性或某方面发展的有价值的行为，运用记叙性和描述性语言记录他们的动作、语言和活动，并且加以适当的分析，从而使我们更深入地了解孩子，获得孩子真实具体的信息。这样既能对孩子进行横向分析，显示出孩子的发展轨迹，又能通过纵向分析，了解孩子在群体中所处的发展水平。这种评价是在日常游戏情景或者模拟的儿童熟悉的游戏情景中进行的，这种真实性评价能够更准确地反应儿童通常的行为和真实的能力，为老师提供有价值的信息。

教师评价幼儿的目的是了解他们的发展状况，并测量课程对幼儿成长的作用。运用幼儿主动学习评价体系支持教师有效的鹰架儿童，让老师在幼儿区角活动中，从“保姆老师”、“法官老师”变为“支持型教师”，从引导变为孩子在前，教师在后，从无目的的观察指导变为有目的的、科学有效的支持，支持孩子实现自己的意图。一系列的实践证明，幼儿主动学习评价体系是在区角活动中支持教师与幼儿互动的有效依据。

5. 家长工作坊的开展与实施

从教育角度来讲，儿童必须至少在家庭和学校这两个世界活动。对于儿童来说适应不同的环境是个不小的挑战，何况每个场所对儿童的期待以及提供的经验都有所不同。教师越多地将家庭和学校联系起来，儿童就越容易适应和转换。因此，创造机会搭建幼儿园与家庭互动的桥梁尤为重要，这样可以有效增进成人对儿童的了解，与家长分享儿童的发展状况，让家长从每一个孩子身上都看到成功的希望。

贝林斯敦幼儿园每个月的家长工作坊，主题主要来源于家长的需求。可以围绕如何实施课程以及如何将课程中的基本要素运用到家庭教育中来讨论，也可以让家长提出他们感兴趣或者困扰的话题。比如，如何为孩子们选择玩具、如何处理兄弟姐妹间的打闹等。另外，采用主动参与式的学习原则来组织家长工作坊，让家长也像孩子一样运用体验操作的方式，理解儿童的发展，并学会运用“主动学习”式的师幼互动方式支持孩子，并坚信每一个孩子都能在自己的支持下获得成功。

在全球化的今天，孩子未来是否有能力参与世界的竞争，与儿童时期接受的教育有着密不可分的联系。为了培养孩子成为有智慧的主动学习者，首要原则就是主动参与式学习，这也是贝林斯敦幼儿园将“主动学习”作为游戏特色的核心理念的重要原因，也只有这样，才能培养能适应未来全球化发展的人才。

（二）以森林教育为特色的探索与实施

德国教育家福禄贝尔非常重视教育的自然适应性原则，认为对儿童进行合理的教育，必须观察和遵循自然万物发展的正确道路，顺从儿童的自然天性。思璞幼儿园正是将森林学校和幼儿园自然结合，充分顺应幼儿的天性，让幼儿在大自然中感受万事万物的神奇与美妙，在自然中陶冶性情，形成了“森林自然生长教育”的园所特色。

1. 以自然教育思想为办学理念

森林教育是一种长期性的教育，它最大限度地发挥了户外环境的优势，让参与者经过多次对林地环境进行考察与探险，通过自身体验在户外获得学习经验。丰富多样的自然林地资源可以多方面地提高参与者的生活技能、学习能力、专注力、情感认知力、人际交往能力等。森林学校是以过去150年的众多关键教育理论家（福禄贝尔、斯坦纳、维果茨基、蒙台梭利、杜威、加德纳等）的“以儿童为主、追随儿童、允许儿童、并支持儿童探索这个世界”教育理论为基础而发展起来的。

2. 以真实、自然的环境为中心

一个理想的森林场地应该具有足够大的活动使用空间，并有灵活的多样性，既富有挑战性又具备持续发展的稳定性，此外，还要靠近基础设环境。思璞幼儿园就将森林学校设在了位于国家AAA级旅游区、国家级森林公园具茨山（始祖山）脚下，占地200余亩，环境集合了丘陵、沟壑、梯田等多种自然环境，场地错落有致，高低起伏。在这片近乎原始的森林中，有童话中出现的小木屋、有孩子们自己建造的泥巴厨房、有放置各种森林探索需要的工具房……来自英国的课程和督导、专业有趣的男幼教天团、充满挑战的自然环境，为学龄前孩子系统地提供每周一天森林课程。

【日志圈】日志圈是森林场地的核心，这里是孩子和老师们最常用的地方。每次森林课前老师在此讲解安全规则，课程计划，分配小组；课后在此总结回顾；以及举行一些森林活动。思璞森林学校的日志圈是把轮胎埋在地下，然后围成圈，在上面搭建篷布，在恶劣天气下能为孩子们遮风挡雨。

【体能区】体能训练区设计是专门用来锻炼孩子们的体能。思璞森林学校的体能区有大滑梯、滑索、滚筒滑梯、梅花桩、平衡木、秋千、轮胎墙、吊桥、大沙坑等。这些设备全部采用原生态树木或材料制作的，安全性更高。

【操作区】在这里，孩子们可以利用自然材料，使用不同的工具，发挥想象力、创造力去制作。这个区域需要设立边界线，确保使用工具者的安全，以及那些在这个区域里不参加活动者的安全。

【营火圈】在森林学校，会设有专门的营火圈，让孩子建立安全意识，并且学会一些野外求生技能。

【功能区】在这里，有泥巴厨房、地网，与孩子身高持平的打地鼠区、迷宫战壕、果树林、家禽区等。

总之，森林教育不是简单的概念型“学校”，而是以自然环境为主，让孩子或成人通过在自然环境中进行一系列“有计划、有设计、有主题、有目的”的户外活动，从而培养和提高自信与自尊，逐步实现孩子德、智、体、美、劳的全面发展。

3. 以独有的“4 +1”模式为支撑的课程模式

由于场地的限制，森林学校只能建在偏远的郊区，思璞幼儿园将幼儿园课程和森林自然课程有机地结合，形成了“4 +1”的课程模式，也就是 4 天在幼儿园，1 天在森林学校，确保孩子们一周有一天的时间可以到森林学校学习森林课程。幼儿园采用英国的森林课程，根据森林学校实际的林地环境，在不同的季节设计不同的主题活动。让孩子自己探险，加上丰富多趣的课程以及森林老师的指导，提高了孩子的自尊心和自信心，培养了孩子的社交技能，培养了孩子的艺术感、想象力和创造力……

【课前准备】

风险评估——每次户外活动开展之前，森林学校的管理人员都会亲临活动现场，全面检查活动的区域，辨认各种可能存在的新的危险因素，努力降低、减少或者清除风险障碍。风险评估报告会详细记录在管理手册上，确保每个活动的参与人员都共同知晓和掌握。

主题确定——森林课程的主题，一般会根据不同的季节、不同的天气，以及林地的材料来设定。

目标设定——通过活动主题的确定，进一步细化课程目标，准备相关材料，教师进行备课。

【课程实施】

提出问题——讨论。在日志圈展开主题内容的讨论，这个问题可能是上次课程遗留下来的，也可能是当前季节的一种自然现象，或是孩子们感兴趣的。

解决问题——体验。通过孩子们自身的体验来验证他们自己所提出来的观点，最后得出结论。

分享成果——回顾。回到日志圈，回顾这次活动，通过对主题活动的梳理，分享自己的收获，建立起孩子们的逻辑性思维。

【课程结束】

场地清扫——每次课程结束，老师会带领孩子把场地收拾干净，培养孩子的责任意识。

课题引申——根据孩子的热爱程度做出不同的课程设置。如果有些主题是孩子们非常感兴趣，结束之后仍然意犹未尽的，老师会进行课程的延续，并在结束时给孩子提出新的问题。

课程反思——每次课程结束，老师们都会进行课程反思，总结出此次活动出彩的地方，以及存在的不足。

坚信“大自然是最好的课堂”“让教育自然发生”，让孩子在大自然的环境中自由活动，主动体验，让孩子回归到大自然中。教师要遵循他们的天性来教学。

4. 被森林滋养的孩子会是什么样?

【玩要和发现】

A. 发现和探索——森林学校提供给孩子各种资源，使孩子自由探索，发表自己的观点，检验自己的看法以及得出自己的结论。

B. 在玩要中运用所学知识——这是儿童自娱自乐，结合自己的知识和理解并发挥想象力，以更细致的方式进行探索的有效途径。

C. 乐于尝试——孩子通过自主玩要，能够找到自己的乐趣，冒险尝试如何实现，从而养成执着坚定的态度以达到自己想要的学习目标。

【主动学习】

A. 融入和专注——重点体现了孩子关注和专注学校为自己提供的各种机会，可以自己独立进行或和他人一同进行。

B. 坚持尝试——面对困难表现出勇气的孩子能学会适应和改变行为方式，更好地应对意外问题。

C. 享受达到既定目标的过程——这种学习要素指的是我们顺利完成某项任务时获得的满足感。这是一种发自内心的感觉，而非来自他人的认可和表扬。

【创造力和批判性思维】

A. 有主见——这涉及批判性和创造力领域及想出新的观点和方法，孩子其实很有创造力，在寻求挑战的过程中，他们会面临一些需要解决的新问题。

B. 借助现有知识学习新的知识——这指的是儿童利用现有的知识发展和链接新的概念。他们会采用思维过程、按顺序、原因和效果寻求意义。

C. 寻找解决问题的方法——孩子如何完成某项有目标的活动，如何做出有条理的选择和决定以便完成任务。这指的是他们计划和控制所发生的事情，同时调整方法以取得想要的结果。

就这样，孩子们在分辨花草、分辨五谷、分辨寒暑更替中，也依四时依自然而健康生长，正如龙应台说“让孩子上 100 堂美术课，不如让他去亲近大自然”。

四　民办幼儿园特色建设实施建议

（一）准确定位幼儿园特色

1. 结合当下社会需求

随着社会政治、经济、文化的发展，人们对教育有了更高的期望，上至国家层面对教育发展的导向，下至家长对幼儿园教育需求的越来越多元化，都是幼儿园在选择特色定位时需要考虑的重要方面，因为市场需求决定了民办幼儿园生存的空间。

比如，中华优秀传统文化是习近平总书记治国理政思想的重要来源之一。十八大以来，无论在国内考察还是国外出访，习近平多次强调中华传统文化的历史影响和重要意义。习近平要求“以古人之规矩，开自己之生面”。在当今社会，大到国家小到社会的一分子，都需要传承和弘扬中华优秀传统文化，实现中华文化的创造性转化和创新性发展。在这种大的社会环境下，选择以传统文化为幼儿园特色也不失为一种很好的选择。

再比如，当下信息化时代要求的人才是多元的，而幼儿园需要培养的是能适应未来世界变化的多样型人才。郑州贝林斯敦幼儿园正是看到了这种社会需求和时代需要，将以“主动学习”为核心理念的游戏特色作为幼儿园特色，旨在让孩子在自主选择、主动参与的各类游戏活动中获得社会交往、语言表达、解决问题等内隐品质及主动学习的能力，在当下为指导幼儿园特色建设起到了借鉴作用。

总之，社会飞速发展，未来社会环境需求的人才也在不断更新，幼儿园要想生存和发展，就要在时代发展潮流中不断更新理念，走专业的特色发展道路，培养满足时代需要的人才。

2. 结合幼儿园自身的优势

每个幼儿园自身的品牌、环境、师资、课程、设备、服务等优势的不同，造就了特色定位的不同。如，结合国家对幼教的方针政策和幼儿园自身的文化底蕴，对幼儿园的环境、地域、师资、文化背景等进行深度剖析，就能找到自身的优势，并将其放大，定位成幼儿园特色。再或者我们吸取先进的办园理念，不断创新，做别人不敢做的，探索别人没有探索的领域，并不断地加以丰富完善，就有可能形成自己鲜明的特色。幼儿园自身的优势在哪里，特色就在哪里，这样能充分体现幼儿园个性特征的特色会明显优于其他幼儿园，也会让幼儿园具有市场竞争力。

3. 因地制宜

构建幼儿园特色文化首先要因地制宜，结合城市特点和幼儿园的特点，构建出特色文化体系建设框架。由于每个园所在地域、环境、周边文化资源等的不同，不能搞“一刀切”，要因地制宜，灵活运用，才能达到目的。比如农村园在地域和可利用资源上与城市园不同，就可以因地制宜，利用周边环境资源，发掘地域民俗，打造原生态特色的园所。同时，应加强文化环境建设，发挥文化环境潜移默化的作用，增强他们的认同感，也使社会认同幼儿园的特色建设，使之慢慢转化成长远的、持续的幼儿园文化。

（二）创建实施特色建设的团队

创建特色幼儿园，必须重视和调动教师团队的主动性，提升教师的整体素质，发挥教师的特长，形成特色发展的联动机制，营造特色发展的人文环境，按照特色发展规划，分阶段、有步骤地推进，这样才能取得教育的最佳境界和效益，办出幼儿园的特色来。幼儿园最终的育人目标是要由教师来完成的，因此，配备一支有特色的高水平教育队伍是幼儿园特色建设的必然途径。所以，教育管理的具体工作中，必须围绕幼儿园特色建设目标，抓好教师的个人学习，提升教师的整体水平，使特色变成所有教职工共同追求的目标。

（三）持续发展，彰显幼儿园特色文化

幼儿园的特色建设是一个需要不断传承、创新、发展的过程，并非一朝一夕就能实现的。其中需要有理论的指引，专家的引领和参与者对特色文化的正确认知，只有这样才能在文化梳理构建过程中找准定位，理清思路，明确方向。不断的实践摸索，使其体现出与众不同的特色，以促进幼儿园的长远、健康、稳定发展。

五　结语

新的《民办教育促进法》实施后，民办教育特别是民办幼儿教育在资本介入后，将出现两大发展趋势：第一，由最初的规模扩张发展到以提高质量为主；第二，由最初的热钱涌入高回报到热钱慢慢凉下来，向回报可持续发展方向转变。这两大发展趋势决定了拼口碑、拼特色将是今后的主旋律。

长久以来，关于幼儿园特色建设一直是民办幼儿园重点关注和亟待解决的问题，本报告不能囊括所有民办幼儿园在特色建设中的问题和解决方案，仅旨在给民办幼儿园的特色建设一些启示和借鉴，帮助民办幼儿园找准、凸显各自特色。河南民办教育已经进入一个大的发展阶段，相信特色建设的实施会让河南民办幼儿园百花齐放、各彰特色。

参考文献

［1］《3～6岁儿童学习与发展指南》解读，2012年11月第1版。
［2］陈鹤琴：《活教育》。
［3］〔美〕Ann S. Epstein.《有准备的教师》、《学前教育中的主动学习精要》。

综　述　篇

Summaries

B.27
2017年民办教育研究综述

河南民办教育研究院课题组*

摘　要： 在对2017年民办教育研究总体情况做了较为全面的回顾之后，梳理了民办教育研究全年的整体情况，本文主要从七个方面对2017年的民办教育研究进行了介绍和分析，并在此基础上指出了研究的不足和今后应加强研究的方向。

关键词： 民办教育　教育改革　办学体制

2017年我国的民办教育研究总体呈现出较强的现实关怀意识，在一定程度上回应了民办教育发展变迁过程中的理论及实践问题。具体而言，针对

---

* 课题负责人：贾全明；成员：王建庄、王道勋、樊继轩、陈冠玉；执笔：贾全明。

《民办教育促进法》（新修法）及其相关的“1+2”或“1+3”的民办教育新政策的讨论较为深入，分类管理成为重要的研究话题；“互联网+”及教育教学新技术条件下民办教育发展的调适和创新取得了一定的新进展，“创新创业教育”的探讨进一步深化；办学体制的研究较为深入，“混合所有制”成为一个新的研究热点；如何开展更高层次的教育开始进入研究的视线，民办院校研究生培养工作成为年度研究的亮点；民办教育史的研究，更加细致地深入，并引入了新的研究视角。

一 2017年民办教育研究的概况

为了较为全面地了解和掌握2017全年的民办教育研究的进展，课题组于2018年2月初，以“民办教育”为主题词，对中国知网（CNKI）全文数据库收录的期刊、会议、报纸、硕博士论文进行了检索，共检得全文期刊、会议、报纸、硕博士论文1439篇，较2016年的1525篇、2015年的1620篇略有减少。同时，课题组也检索了2017年度《中国版本图书馆月度CIP数据精选》中按中图法主题词表与教育理论有关的G4、G5、G6、G7部分的相关图书约800种。为了更准确地估计与民办教育研究相关的图书数量，课题组又利用深圳文献港和国家图书馆的书目检索系统，以“民办教育”为主题词，分别检得书目29种和19种，考虑到教育类的理论著作中，含有与民办教育相关的章节或者可以同时用于指导一般教育和民办教育实践的图书较多，课题组估计于2017年全年出版民办教育相关的图书不会低于200种。

我们借助中国知网的“计量可视化分析”，可以较为方便地对主题为“民办教育”的全文文献做初步的分析。我们发现民办教育研究的成果涉及学科广泛，载体多元，层次多样。以中国知网所收录的全文文献1439篇为例，其学科分布涉及哲学人文科学、工程技术Ⅰ辑、经济与管理科学、社会科学Ⅰ辑以及社会科学Ⅱ辑；研究获得的基金支持有国家社会科学基金资助项目16篇，全国教育科学规划1篇，国家科技支撑计划1篇，中国博士后科学基金1篇，国家自然科学基金1篇，江苏省教育厅人文社会科学基金课题4篇；来源期刊较多者为《中国教育报》54篇，《人民政协报》41篇，《浙江树人大学学报》39篇，《中国教育学刊》8篇，《中国成人教育》8篇，《黄河科技大学学报》7篇，《才智》7篇，《中国高教研究》5篇，《复旦教育论坛》5篇，《教育研究》4篇，《考试周刊》4篇；主要来源作者，余中根12篇，周海涛7篇，徐绪卿7篇（含合著），吴华5篇（含合著），景安磊3篇（含合著），张宝兵3篇，杨刚要3篇；文献的机构来源较多者，北京师范大学18篇，信阳师范学院13篇，浙江树人大学13篇，黄河科技学院10篇，西安翻译学院5篇，华东师范大学4篇。有博士论文6篇，硕士论文159篇，其中广西师范大学12篇，华中师范大学6篇，河北师范大学、西南大学、东北师范大学各5篇。

经“计量可视化分析”，我们找到了“民办教育促进法”等几个文献聚类关键词，通过对这几个关键词的进一步检索，发现在1439篇中，“民办教育促进法”出现了467篇次，“分类管理”出现了356篇次，“分类登记”出现了64篇次，“非营利性”出现了365次，“扶持”出现了328次，“举办者”出现了310次，“办学者”出现了81次，“党建”出现了58次，“现代大学制度”出现了151篇次。这也说明了对《民办教育促进法》（修正案）及其配套的政策文件的关注和对建立现代大学制度的探讨，成为本年度的研究重点。

二　对《民办教育促进法》（修正案）及其配套文件的探讨

2016年11月7日，《中华人民共和国民办教育促进法（修正案）》（以下简称“修正案”）在第十二届全国人大常委会第二十四次会议上表决通过，决定于2017年9月1日起实施。2017年初，《国务院关于鼓励社会力量兴办教育促进民办教育健康发展的若干意见》《关于加强民办学校党的建设工作的意见（试行）》《民办学校分类登记实施细则》《营利性民办学校监督管理实施细则》相继颁布。《修正案》以及这些文件中的其他几个文件，被研究者称为“民办教育‘1+2’文件”（王烽）或“民办教育‘1+

3'文件"（叶芸），与《全国人民代表大会常务委员会关于修改〈中华人民共和国民办教育促进法〉的决定》共同在顶层设计上完善了我国民办教育发展的法律制度框架。

《修正案》刚一落地，法律出版社就于2016年出版了《中华人民共和国民办教育促进法（最新修正版）》单行本。袁曙宏、李晓红、许安标主编了《中华人民共和国民办教育促进法释义》，黄薇主编了《中华人民共和国民办教育促进法实用问答》，《释义》与《实用问答》对《民办教育促进法》及其修正案的新旧条文进行了对照解读，两书于2017年1月由中国民主法制出版社出版，及时地为进一步研究《修正案》提供了基础性资料。

《修正案》通过后，北京师范大学、浙江树人学院等院校，以及浙江省教育厅、湖南省教育厅等多个省市级教育主管部门都先后组织了相关的学术研讨活动。北京师范大学教育学部高等教育研究所、中国民办教育研究院、中国教育政策研究院于2017年1月20日共同主办了"民办教育改革与发展研讨会"，会上将《修正案》及系列相关文件视为"党中央对民办教育的形势新判断、发展新定位、制度新安排"，认为"在我国由教育大国迈向教育强国的新形势下，民办教育应该坚持质量第一、增量第二的理念，坚定不移地推动分类管理，努力提高办学质量，促进民办教育有序健康发展"。

随着对《修正案》及相关文件讨论的深入，《中国政协报》《中国教育报》等报刊，推出了系列的访谈文章，钟秉林、周海涛、王海英等教育界的专家就《修正案》通过的意义、扫除新法实施的障碍、普惠性民办幼儿园由谁来办等谈了自己的意见及研究心得，《浙江树人大学学报》也及时推出了"民办教育促进法修正案专题"、"贯彻落实《民办教育促进法修正案》专题"，邀请有关学者如李连宁、董圣足、徐绪卿、周朝成、张利国等发表了系列笔谈文章。这些文章为《修正案》受到社会的更多重视，带来了良好的舆论效果，辽宁、陕西、安徽、湖南、天津等二十多个省、区、市相继于2017年9月1日《修正案》开始实施前后，召开了学术研讨活动，就各自省及区域的《修正案》实施细则的制定实施做了研讨和论证。

这些文章尽管对《修正案》的贯彻落实起到了极大的推动作用，但是从整体上说，《中国政协报》和《中国教育报》所刊登的多为政策宣讲性的文章，务虚的色彩较浓，对理解《修正案》相关条目、对省级政府制定实施细则只能起到宏观的指导作用。而袁征、李清刚、闫凤桥则从法律的逻辑入手，对“民办教育”概念问题（袁征），民办教育政策“元设计”（李清刚），《民办教育促进法》修改过程中的合法性问题（闫凤桥）等做了论证，在一定程度上起到了认识上的正本清源的作用。

袁征认为按照逻辑学的基本规则，定义应该用肯定判断。由于在定义中接连使用“以外”和“非”之类否定性的表达，留下了大量任意的空间。而且“民办学校”的概念也混淆了公立教育与私立教育的界线，使私立学校特有的权利（比如可以给学生提供特殊的学习与生活条件，可以进行任何合法的教育改革），得不到清楚的认识，对私立学校的法律地位造成了严重的消极影响。公立学校性质上属于全体人民，是用全体人民的公共资金开办和维持的，私立学校的举办者、学生和家长实际上也在支持公立学校。而“民办学校”概念的使用，造成了一个假象，好像公立性的学校与私立学校是同类机构，可以相互竞争，结果就造成了对私立教育的进一步挤压。在中国有效的国际法，比如联合国《经济、社会、文化权利国际公约》和《儿童权利公约》中关于教育的条文，早就为私立学校的权利提供了有力的保障，立法者、管理者和办学者都应该认真考虑、严格执行这些规定，它们的有效实施，会很快地推动中国私立教育的发展。

李清刚提出立法或者政策设计绝不是固化举办者的利益，而要考虑民族和国家的利益，注重创新和新知。民办教育政策元设计，指的是民办教育改革要在分类清理的基础上实现颠覆性的根本性的政策设计，要真正设计出鼓励实施学历教育的民办学校选择非营利性道路、实施非学历教育的民办培训机构选择营利性道路的政策，区隔各种利益诉求，把不同价值和利益的追求与社会正义需求恰当匹配起来，让不同追求都有相对博弈的场域，共同致力于民办教育的优质发展。以这种理念为前提，他提出了“有限分类管理”的主张，即实施学历教育的民办教育归属于非营利性性质，民办非学历教育机构则可以登记为营利性法人，走产业化道路（民办非学历教育机构如果自愿选择登记为非营利性性质也是完全可以的）。

闫凤桥则把新旧《民办教育促进法》核心思想的调整，视为一种制度或合法性的转变。认为在修法过程中，虽然民办教育新法和某些国家私立教育制度有相似性，但仍然保持了中国历史的痕迹。修法的政治基础建立在官方的改革和创新意识上，修法的核心内容则采纳了专业人士的研究成果，修法的推进取决于权力部门的引导和协调，修法通过立法者投票表决而完成。修改《民办教育促进法》的过程中，各种不同的参与者遵循各自的行动逻辑，靠强有力的协同才能完成。

比较而言，方建锋、鞠光宇等学者从制度层面，分别对民办学校分类管理的制度设计的基本走向，民办学校的产权制度、治理结构以及退出制度进行了研究；吴华、王习、周海涛、王一涛、叶芸、余中根等学者则对《修正案》的分类管理，营利性、非营利性的标准，各学段营利性、非营利性学校设置的法律依据，非营利性以及营利性学校的发展前景，税收、财务、扶持等政策及其落实办法等进行了深入的探讨，能够引导学界和业界对《修正案》相关条款的深入理解和实践。丁力玮、唐艳、曾赛刚等则从推动教育立法、推动民办学校依法依规进行分类登记和构建学校的法律服务与支持体系等几个方面对海南的民办教育发展提出了建议。这些成果为地方政府制定《修正案》实施细则有较大的参考价值。

在2017年有关《修正案》的研究中，也有一些值得注意的不当倾向。首先，部分研究者有蹭研究热点之嫌疑。如某研究者全年发表12篇有关民办学校分类管理的文章，出版民办学校的合法性研究的专著一部，这些文章和著作尽管是其2012年博士论文的深化或延续，但部分文章稍有重复研究之嫌。其次，研究缺少相关专业背景，研究视角较窄。研究者中极个别具有法律专业的研究背景，导致研究缺少质疑性的成果，仅有王康注意到了《民办教育促进法》营利性和非营利性民办学校的分类与《民法总则》存在的冲突与漏洞，认为从现有立法来看，《民法总则》的法人分类模式本身在体系性和逻辑性上就存在诸多问题，《民办教育促进法》也存在着规定不够细致、宣示性条款较多等弊端。研究视野大多限制在营利与非营利的分类上，甚至局限在某一两个条款上。仅有黄崴、李文章提出绝对的营利性和非营利性民办高校的数量都非常少，多数民办高校属于第三种类型。应摒弃简单的“二元”对立思维，走一条中间路线，建立第三种民办高校，寻求政府、举办者、社会等利益相关者之间的利益平衡，进而保持举办者办学内在动力，扩大民办高校发展空间，促进民办高等教育持续健康发展。最后，研究成果不平衡，存在着“三多三少”的情况。一是关注“非营利性”的多，关注“营利性”的少；二是关注高等教育的多，关注基础教育和幼儿教育的少；三是关注学历教育的多，关注非学历教育的少。

三　研究层次多样，重大研究成果分布广泛

2017 年的民办教育研究专著既有从国家层面对政策文本、行业发展进行的宏观研究，又有从省、区、市等区域层面进行的中观研究，还有从学校层面甚至从教师和学生层面进行的微观研究。不同的研究层次中都取得了重大的研究成果，而且无论是北京、上海、浙江等发达地区，还是河南、江西等中西部地区都有分布。

北京师范大学教育学部、中国民办教育研究院、中国教育政策研究院周海涛教授、钟秉林教授主编的《中国民办教育发展报告 2015》于 2017 年 1 月由北京师范大学出版社出版，并于 2017 年 1 月 20 日在北京师范大学教育学部举办了发布会。该《报告》是北京师范大学民办教育科研团队的研究成果，共分三个部分。第一部分是“民办高校师生发展总报告”，全面统计和量化分析上海、浙江、广东、重庆、湖北、陕西、甘肃等 10 余个省份的 70 多所民办高校的 7168 名教师和 43574 名学生的有效发展信息，从宏观上评判我国民办高校师生的发展基本状况；第二部分是“民办高校学生发展报告”，主要从情绪管理、双创基础、学习力、能力发展、获得感五个方面对民办高校学生发展状况进行实证性分析，分析显示，全国民办高校学生发展状况良好。从整体上说，学生情绪管理、学习力、能力发展和获得感相对较好，但学生情绪调节能力还有一定的提升空间，学生想象力创新素养的水

平不高，学生学习毅力稍弱，学生专业技能发展水平略低，学生认同感有待提高。所以，需进一步发挥心理咨询中心的作用，疏导学生的不良心理；优化教学模式和考核方式，通过活动激发学生的创新能力；强化教学的中心地位，重视提高学生的学习质量；合理设计课程结构，发展学生的专业技能；积极培育学生的获得感，提高学生的社会认同感。第三部分是“民办高校教师发展报告”，主要从教学效能感、职业倦怠、环境待遇、职业培训四个方面对民办高校教师发展状况进行实证分析。分析指出，全国民办高校教师发展状况良好的同时，还存在一些较为突出问题：第一，教师对学生投入度不够；第二，教师情绪衰竭情况值得关注；第三，教师的职业待遇亟待提高。在此基础上，提出了问题解决的主要途径：首先转变教师管理模式，促进民办高校师生交流的制度化；其次要制定相应的措施，预防并缓解教师的情绪衰竭。最后，要清理各类歧视政策，落实民办高校教师各项待遇。

报告数据显示，“有信心”和“很有信心”创业的比例在全国民办高校学生中分别达32.7%和5.7%，而创业知识的储备则明显不足，认为自己创业知识“够用”和“非常够用”的学生仅占9.7%，38.1%的学生认为自己创业知识“欠缺”，10.3%的学生认为创业知识“很欠缺”，两者相加接近受访学生的半数。调查还显示，创业自信度和知识储备量方面男生都高于女生；农村和城镇学生创业自信度高于地级市、省会城市和直辖市的学生，但创业知识储备量低于省会城市和地级市的学生；家庭经济水平很富裕和富裕的学生创业自信度和创业知识储备量都较高；专科生的创业自信度和创业知识储备量都高于本科生。

报告显示，大学生创业知识储备不足与学生创新素养水平不高直接相关。创新素养是大学生创业的基础，主要包括冒险性、好奇性、挑战性和想象力四个测量指标。报告显示，全国民办高校学生创新素养均值为3.49，在指标指数（1～5）中均值较低，学生创新素养能力有待提高。另外值得关注的是，学生想象力均值为3.32，在指标体系中均值最低，还有一定的提升空间。报告建议，民办高校应打破人才培养模式的传统束缚，从学时、学制、课程设计，以及教学方式、方法与考核形式等方面进行系统化的探索和创新，形成特色优势，从而激发学生的创造欲望，提高学生的创新、创业能力。

周洪宇主编的《中国教育黄皮书（2017）》，即《长江教育研究院2017年度教育报告：以五大发展理念制定“十三五”教育发展规划》由湖北教育出版社于2017年2月出版，是长江教育研究院近年来连续推出的第八本《中国教育黄皮书》，讨论的主题是“关于国家教育事业发展‘十三五’规划的建议”。全书主要包括年度主题与年度综述两大部分，其中上编为年度主题，主要由政策建议、名家论坛、理论探索、改革实践组成，下编为年度综述，主要由发展综述、聚焦热点、教育大事记组成。下编“年度综述”中的“发展综述”，从学前教育、义务教育、高中教育、高等教育、职业教育、特殊教育、民办教育等方面，对在过去一年里所取得的成绩、存在的问题及对策做了综述；而“聚焦热点”，主要收录了关于教师工资制度改革方面的思考。

杨东平主编的《中国教育发展报告2017》由社会科学文献出版社于2017年4月出版，中国民办教育面临的重大变革和创新实践是其重点关注和评述的内容之一。其中，由吴华、章露红执笔的“《民办教育促进法》修订及其影响前瞻”认为，修订后的《民办教育促进法》明确了分类管理的基本政策框架与改革路径，中国民办教育发展的政策环境由此发生了重大改变。新《民促法》在加强民办学校中党的组织建设、确立分类管理的法律框架、优化民办学校治理结构、完善民办学校教师养老保障制度、明确存量民办学校转设的基本办法等方面做出重要修订；在明晰身份属性、明确产权制度、放宽营利性民办学校准入和放松价格规制等方面实现了重大的制度变革。在分类管理的法律框架下，民办教育行业格局的调整不可避免，地方政策创新大有可为，举办者需要审慎决策，但回归育人本质、坚守内涵发展才是民办学校应对外部环境变化的永恒良方。周详、刘植萌执笔的“迈向教育法治现代化2016年教育法制进程回顾”指出，随着依法治国方略的实施，教育法制的完善将随着我国依法行政进程的加快持续推动我国教育事业深化改革。《教育法》《高等教育法》《民办教育促进法》三部教育领域基础法律的修订，是我国教育法律体系建设的里程碑，为全面推进教育治理体系和治理能力的现代化以及教育现代化发展提供了坚实的法律保障，将教育立法推向了一个新的阶段。这是我国第一次采用“一揽子”的特殊机制进行的修法活动，对现行法律不适应社会发展的部分进行了集中调整，在我国立法史上是一种创新。2016 年是教育法治发展历史上的重要分水岭，标志我国教育立法技术与法治观念迈上了一个新的台阶。这些都是该《报告》的重要研究成果。

以上成果立足于宏观的国家层面，对民办教育全行业做了全息扫描，具有全面权威的指导作用和意义。中观层面来说，江西、上海、河南，乃至地市层面上的温州、台州，就各自区域内的民办教育发展状况也都进行了较为深入的研究。

沈栩、詹斌、陈上仁著的《江西民办教育现状与发展研究》由江西高校出版社于 2017 年 3 月在南昌出版，对江西民办教育发展的历程进行了全面的回顾，分三部分对江西民办教育的发展现状、江西民办学前教育的发展、江西民办高等教育的发展进行了研究，对民办教育发展遇到的艰难困惑进行了系统梳理，对江西民办教育未来发展做出了展望和思考。

黄清云主编的《求索中崛起——上海民办高等教育发展与改革历程》由华东理工大学出版社于 2017 年 4 月出版。全书共分为两篇：第一篇从历史、教学、科研、招生、就业、人事以及交流与合作、管理体制、上海市对民办高校的管理等方面，对改革开放以来上海民办高等教育进行了分析与论述；第二篇对上海各民办高校的发展进行了回顾与展望，由上海各民办高校共同撰写，是上海民办高校集智聚力而形成的集体成果。较全面地梳理了改革开放以来上海民办高等教育事业的发展与改革脉络，体现了上海民办高校的办学成就、经验和特色，具有较高的应用和史料价值。

胡大白主编的《河南民办教育蓝皮书：河南民办教育发展报告（2017）》由社会科学文献出版社于 2017 年 9 月出版并在黄河科技学院举行了发布会，全国人大常委、全国人大教科文委副主任、中国民办教育协会会长王佐书，社会科学文献出版社副总编辑蔡继辉，浙江大学教育研究院院长吴华出席了发布会。由社会科学文献出版社出版的该《报告》是反映我国省级民办教育发展的第一本“蓝皮书”，填补了国内省级民办教育蓝皮书的空白。全书由总报告、综合篇、高等教育篇、职业教育篇、中等教育篇、初等教育篇和学前教育篇等组成，系统反映了河南各级各类民办教育的基本情况。所取得的主要成就及其对河南经济社会发展的主要贡献，分析了当前河南民办教育的特点，指出了面临的主要难点和焦点问题，就新的《民办教育促进法》的实施做了初步预测，并对河南民办教育的发展提出了对策建议。

胡卫的《特色之路：上海民办中小学发展历程》由上海教育出版社于2017 年 12 月出版，对上海民办中小学在过去二十年中的探索历程、改革经验和发展成就的系统回溯与全面总结，汇聚了上海民办基础教育领域办学体制机制创新、教育教学改革以及教育现代化、信息化、国际化方面的诸多好做法、好经验、好典型和好模式。其中，既有政府扶持和促进民办学校特色优质发展方面的做法和经验，也有学校自身不断深化改革、创新发展、优化治理方面的做法和经验，同时还反映了社会组织、行业协会和第三方力量对民办教育的支持和推动情况。上海民办基础教育所取得的成就与经验，不仅有利于在新的起点上更好地谋划上海民办教育事业的长远发展，也必将对全国民办教育事业的良性发展起到辐射和带动作用。

戚德忠、卢志文、董圣足主编的《温州民办教育发展报告 2010 ~ 2015》由科学出版社于 2017 年 6 月出版，分前言、综合报告、类别报告、专题报告、典型案例、外部观察和附录等部分。通过概括介绍温州改革开放的宏阔背景，简略回溯温州教育发展的历史脉络，点出民办教育在温州经济社会发展中独特地位及重要作用为起点，全面综述温州民办教育改革发展背景及推进情况，全面反映所取得的重要成绩及主要经验，客观剖析所面临的瓶颈问题及深层原因，在深入分析全国及全省教改形势基础上，立足实践，展望未来，探寻进一步深化温州民办教育综合改革的路径及措施。

陶仙法主编的《携手耕耘教育这块地：台州市民办学校特色创建》由吉林大学出版社于 2017 年 6 月出版，全书分教育改革、教学创新、学校管理、校园文化、民教论坛和考察纪实六个部分进行汇编，对台州市民办学校办学特色进行分析与透视，是该市民办学校举办者和管理者长期探索和实践的结晶，是展示台州民办学校风采的重要平台。

就微观层次来说，胡大白主编的《民办高校现代大学制度建设》由社会科学文献出版社于2017年7月出版，以中国建设现代大学制度和世界一流大学为背景，以大学章程制订的框架为主轴，首先从宏观上研究民办高校现代大学制度建设的理念和价值；继而对民办高校的董事会、党组织、行政管理、学术管理、民主管理的运行进行了系统研究；最后对几所国内外经典大学的章程制定进行了深度分析。全书结合民办高校现代大学制度建设的实际进行研究，既站在中国民办高校现代大学制度建设研究的高端，注重前沿理论的研究；又脚踏实地，挖掘一线民办高校现代大学制度运行的案例，做到了使理论研究不缺乏案例的支撑，实践研究不缺少理论的指导，是立足于院校微观层面的既有理论价值探讨，又有实践路径指引的著作。

四　信息化背景下的教育教学改革继续受到关注

随着社会整体信息化水平不断提升，信息技术对教育的革命性影响日趋明显。2017年的民办教育研究中，关注信息化背景下的教育教学改革，使“互联网+”“创新创业”“互联网+下的创新创业”成为研究的“热词”。

冷震洲、刘洋、周小丰、张崇玺、杨佩月、徐娜、黄广妮、李丹、金媛媛、童艳、张涵宇等分别研究了“互联网+”背景下的民办高校的创新创业教育，虽发表在不同的刊物，选取的案例或有不同，但研究的程式化倾向较为明显，没有较大的差别。大多认为在“互联网+”的大背景下，各行各业都需要具有“双创”思维和能力的毕业生。民办高校在转设升级的发展过程中，应该及时构建和完善多元化创新创业教育模式，通过设置创新创业课程，树立创新创业教育理念，进一步完善创新创业实践体系，构建基于“互联网+”思维的大学生创新创业系统平台，以此提升大学生的创新创业实践能力。只有这样，才能适应时代的发展，培养适合社会需要的人才。但部分研究成果，甚至题目都完全雷同，篇幅短小，不足一页，没有多少参考价值。

创新创业、双创有一部分研究成果与此相似，有蹭“热词”热度之嫌。如某些文章除了题目提到创新创业教育之外，文中几乎与“创新创业”毫无关系。

就研究民办高校的创新创业来说，也有较为认真的研究者，如李储学研究了民办高校创新创业教育生态圈战略及其构建的问题，认为未来高校的竞争将是生态圈的竞争。民办高校创新创业教育生态圈包含三个层次：合作、互利、共生。民办高校加快实施创新创业教育生态圈战略有四个着力点：筑牢教育教学子系统，培养学生创新创业精神；扩展实践平台子系统，强化学生创新应用能力；打造协同创新子系统，汇聚多元要素形成合力；完善公共服务子系统，提供一站式全方位支持。郑志慧、王宏伟以黑龙江省某民办高校外语专业学生为例研究民办高校创新创业教育与专业教育的融合发展问题，认为民办高校创新创业教育应当面向全体学生，融入人才培养的全过程。在融合发展的过程中构建有效的教学方式，建立符合民办高校的双创课程体系，以创新创业课程、讲堂、训练、竞赛、成果孵化为主要内容，加强校校合作、校地合作、校企合作的“三个合作”体制机制，是开展双创教育的有效途径。

贾孝魁以郑州成功财经学院利用实验室空余时间，为在校生提供实习实训和创业平台“商务运作中心”的经验为例，论述了“商务运作中心”培养模式下，成功学院国贸专业根据商务运作中心的实践经验，为适应社会需求，从教学计划入手，调整课程结构，修改教学大纲，挖掘国贸专业课程体系中能够提高学生能力的实践点，强化理论联系实际，保证实习实践和教学内容的统一，设置了六大模块课程体系的培养方案。国贸专业毕业生适应工作岗位快，工作质量高，就业情况明显改善，就业率大幅提高的现状，认为通过“商务运作中心”模式，不但提高了学生的能力，还提高了教师的教学水平。

课题组认为，创新创业仅有理念是不够的，关键在于行动和能力的培养，能不能为师生提供一个行动的样板和指南就变得极为重要。由黄河科技学院院长杨雪梅教授主编的《“互联网+”创新创业概论》，全书40万字，系统介绍了“互联网+”背景下创新创业相关理论知识与实战技能，易被人文经管类、工学类等专业的学生及广大入门创业者所理解与掌握。理论知识体系合理、难易适中，逻辑严密。实践知识体系内容完善，提供丰富案例与技术层面的实操指导。每个独立章节之间既有独立性又有关联性，每个章节都包含案例导入、理论知识点传授，再配合思考题与实践题，可有效地帮助大学生和有创业意向的读者理解创新创业知识，提升创新创业能力。由黄河科技学院副院长杨保成教授主编的《“互联网+”创新创业指南》，全书46万字，侧重实训，重点解决“如何做”的问题，给大学生和所有创新创业者提供全真与实战并蓄、学习与实践共融的创新创业工具。结合主题，本教材打破传统教材的编写体例，按照案例导入、任务发布、知识准备、运用案例、思考题、实训报告的框架提供知识和实训方法，有些章节增加了课堂训练模块，为读者提供工具使用和技能实训方法。该书是2017全年出版的50多种创新创业读本、指南中最为切合民办高校实际的两种。

五　“混合所有制”成为办学体制研究中的新热点

混合所有制的概念与办学体制相联系，最早出现在研究独立学院办学体制的文章中，从2004年起至2013年每年涉及混合所有制办学的期刊全文文章多为1~4篇。2013年11月，《中共中央关于全面深化改革若干重大问题的决定》发布，《决定》指出要积极发展混合所有制经济。此后，经济领域的混合所有制逐渐受到教育研究者的重视，2014年相关的文章由2013年的2篇，增加到了21篇，2015年为29篇，2016年就达到了50篇。2017年共发表“混合所有制办学”主题的期刊文章103篇，硕士论文1篇即西南大学李琴的《契约学校设计构想——教育治理视域下的现代学校制度研究》；博士后出站报告1篇即华东师范大学万卫的《混合所有制职业院校治理研究》，合计占检索所得1439篇全文的7%还多，“混合所有制”成为2017年度办学体制研究的新热点。

黄藤主编的《中国民办教育研究2017》由华东师范大学出版社于

2017 年 12 月出版，该书分理论探索、改革与发展、教育教学、教育政策与管理以及教育史和比较教育学五个专题，精选了 2016 ~ 2017 年发表的有关民办教育的理论与实践论文 50 余篇。其中理论探索部分 10 篇中就选录了两篇有关“混合所有制”的文章，分别是董圣足的《教育领域探索“混合所有制”：内涵、样态及策略》（2016），姚翔、刘亚荣的《混合所有制高等院校发展的宏观治理结构探索》（2016），足见选编者对“混合所有制”的重视。

除博士后出站报告外，万卫在 2017 年共发表“混合所有制”办学的文章 6 篇，成为这方面的重点研究者。在《面向 2030 职业教育结构的调整与政策供给》中，万卫认为面向 2030 年，我国职业教育结构既面临着“少子化”“老龄化”等外部挑战，还面临着纵向衔接乏力、横向融通不足、职前与职后不协调的内部矛盾。为了应对双重挑战，职业教育结构调整的基本方向应该是：中职与高职协调发展，办学主体更加多元化，专业结构适应经济社会的需求，最终建立现代职教体系。为此，政府应该供给的政策包括：建立国家职业资格体系，推动公办职业院校的合并、加强质量保障体系的建设、提高职业教育的财政支出。

万卫还认为我国职业院校治理属于行政性治理，致使职业院校成为政府的附属机构。职业院校治理的价值性目的是“产教深度融合”，操作性目的是“提高利益相关者的参与度”，底线目的是“变革行政性治理”。混合所有制改革有可能成为改善职业院校治理的一个突破口。混合所有制职业院校发展的制度条件主要有：尽快落实顶层设计，调整教育产权政策，优化学校治理结构，建立风险防范机制。

在《混合所有制职业院校治理转型》中，万卫认为，现有的混合所有制职业院校的单边治理已经陷入困境，混合所有制职业院校应该由单边治理向共同治理进行转型，这样有利于改善混合所有制职业院校的决策，有利于增强混合所有制职业院校的监督，有利于确保混合所有制职业院校的公益性。混合所有制职业院校对董事会领导下的校长负责制进行改造，应健全董事会制度，完善监事会制度，处理好党委会与董事会、职代会与董事会、工会与校长的关系。

他还以混合所有制职业院校的典型代表齐齐哈尔工程学院为例，说明制度环境影响着混合所有制职业院校的治理。齐齐哈尔工程学院的治理既遵循传统，又有所创新；齐齐哈尔工程学院的治理受产权明晰、市场竞争、政府控制、文化认同等制度环境的影响；齐齐哈尔工程学院的治理既受制度环境的约束，还是行动者算计的结果。

而混合所有制职业院校的兴起是职业教育办学体制的一次重要变革。混合所有制职业院校的兴起是经济体制的改革、法制环境的改善、办学体制的变革以及社会力量、地方政府共同努力下的结果。其中，社会力量和地方政府的利益损益是影响混合所有制职业院校兴起的关键因素。职业院校委托管理是混合所有制在职业教育领域的重要实现形式，具有以契约为三方联结纽带、以实现办学目标为主旨、本质上是委托代理关系等性质。职业院校委托管理是在教育管办评分和市场竞争的背景下，职业院校提高办学质量的一次实践探索，具有提高受援方的办学质量、提升管理方的品牌价值、增强政府购买公共服务的能力、优化职业教育资源配置的价值。促进职业院校委托管理工作的发展，可以采取加强对管理方的监督、重视对管理方的激励、促进教育中介组织的开展、正确处理好几对关系等策略。

其他学者如陈丽婷、姜庆伟、王俊杰、韩喜梅、刘强、赵小东、陈春梅等分别从办学的困境与出路、基本定位及实践路径、推进策略、所有权界定及治理模式、法人属性、2030 年内部治理展望等几个方面对“混合所有制”办学进行了较为深入的研究。

六　如何开展研究生教育成为研究的亮点

在 2011 年开展的“服务国家特殊需求人才培养项目”中，北京城市学院、黑龙江东方学院、吉林华侨外国语学院、西京学院、河北传媒学院 5 所民办本科院校获批学士学位授予单位开展培养硕士专业学位研究生试点单位。据学者统计，2014 年前，民办新建本科院校中有联合培养研究生的所占比例为 42.1%，但是这项工作长期以来并没有引起研究者的注意。

2017 年，黑龙江东方学院的王霞，郑伟，孙崇宏，钱镭，蔡柏岩，马凤鸣等有鉴于专业学位硕士研究生招生数量不断增加，教育规模不断扩大，其教育质量日渐成为人们关注焦点的情况，结合自身的工作实际，就如何提高硕士研究生的培养质量，特别是对于硕士研究生培养毫无经验的民办高校，提供了黑龙江东方学院的有效经验。该校葛晓昱、晁永刚、郑伟等通过分析目前我国民办高校研究生教育信息化存在的主要问题，并提出解决问题的办法，即通过手段信息化解决民办高校研究生教育信息化建设基础问题，通过研究生管理信息化来解决研究生教育信息化理念问题。利用网络资源实现资源共享、利用制度优势实现优势互补，解决民办高校研究生教育信息化的水平问题。

为获得专业硕士学位授予权，湖北省民办本科高校选取优势特色专业，利用优厚条件吸引生源，采取与公办本科高校联合培养的方式开展专业硕士研究生教育，积累了一定的办学经验，但仍然存在培养方式单一、合作院校层次较低、考生认可度不高、政府支持乏力等问题。胡晓峰通过对湖北省民办本科高校开展专业硕士研究生教育的现状调查，认为要解决这些问题，民办本科院校应加强学科专业建设、导师队伍建设等，政府也应引导公办本科高校加强对口帮扶，启动专业硕士授予权培育专业建设。

漆尉琦、薛婧、敖玮婧等以民办高校艺术专业硕士研究生教育为研究对象，指出在“双创”背景下，艺术专业硕士研究生培养的全面普及将成为民办高校的发展趋势，着重介绍在“双创”背景下我国艺术专业硕士研究生的培养所面临的机遇与挑战并存的现象。同时，总结了民办高校开展艺术专业硕士研究生教育的教育理念、教育机制，并提出进一步提升艺术专业硕士研究生培养质量的意见和建议。

尽管成果不多，但毕竟是曙光初现，相信随着民办本科高校培养研究生工作的逐渐开展，会有更多的研究者对这一问题加以关注，将更有助于民办本科院校高层次人才的培养能力的提高。

七　民办教育史的研究更加深入

2017 年的民办教育史研究收获颇丰，2017 年 1 月，刘海峰著的《考试历史的现实观照》、张良才著的《教育历史与文化的沉思》先后由北京师范大学出版社出版，胡全华著的《五十五年幼教风云》由武汉大学出版社；2 月，王力点校的《贵州硃卷闱墨集成》由贵州人民出版社出版，杨冰著的《陶行知教育思想传播史》由河海大学出版社出版；3 月，黄思记著的《二程书院教育活动寻迹》由科学出版社出版；9 月，何军新著的《近代湖南私立学校教育理念研究》由九州出版社出版，王铁成著的《晚清的书院与私学》由哈尔滨地图出版社出版。这些教育史著作的出版，或为进一步开展民办教育史的研究提供了借鉴，或为继续深入研究指引了方向，值得深入学习和探讨。

八　今后研究值得关注的问题

首先，要关注民办教育改革发展的新特点。一是民办教育的主要矛盾更加突出。未来一段时期，西部地区和农村地区教育资源供给不足的矛盾较为突出，普惠性民办幼儿园和民办中小学有较大的发展空间；发达地区对个性化、选择性教育服务需求旺盛，高质量、有特色、品牌化的民办学校将更受欢迎。二是民办教育新法新政的稳步实施，外部环境趋好，只有为社会提供更多优质化、多元化、可选择的教育服务，才能获得更多政府支持。三是民办教育将从国家主导走向地方主导，如何把握和利用好政策导向，将是不同地区、不同层次民办学校的重要选择。四是治理水平进一步提升。随着教育“放管服”改革推进，政府将进一步转变职能，改进政府管理方式，健全监督管理机制，规范学校办学行为，民办教育治理体系和治理能力将逐步走向现代化。

其次，要注意 2017 年颁布的一系列教育相关的法律、法规和指导性文件。2017 年，党中央、国务院站在党和国家事业发展全局的高度，为中国教育未来五年及更长时间的发展指明了方向。1 月，国务院印发的《国家教育事业发展“十三五”规划》，提出未来五年教育现代化要取得重要进展，教育总体实力和国际影响力要显著增强，推动我国迈入人力资源强国和人才强国行列，为实现中国教育现代化 2030 远景目标奠定坚实的基础。3 月，《高中阶段教育普及攻坚计划（2017～2020 年）》发布，提出到 2020 年，全国普及高中阶段教育，同时提出增强课程的选择性和适宜性，实行普职融通，为学生提供更多的选择机会。9 月，中共中央办公厅、国务院办公厅印发《关于深化教育体制机制改革的意见》，要求健全立德树人的系统化落实机制，强调要构建以社会主义核心价值观为引领的大、中、小、幼一体化德育体系。强调要鼓励多种形式办园，“理顺学前教育管理体制和办园体制”，鼓励社会力量举办幼儿园，支持民办幼儿园提供面向大众、收费合理、质量合格的普惠性服务。10 月，党的十九大第一次把“推动城乡义务教育一体化发展”写入党的代表大会报告中，成为全党的意志。并对基础教育提出具体要求：高度重视农村义务教育，办好学前教育、特殊教育和网络教育，普及高中阶段教育，努力让每个孩子都能享有公平而有质量的教育。健全学生资助制度，使绝大多数城乡新增劳动力接受高中阶段教育、更多地接受高等教育。支持和规范社会力量兴办教育。加强师德师风建设，培养高素质教师队伍，倡导全社会尊师重教。12 月，教育部正式修订印发了《义务教育学校管理标准》，为学校内涵发展、建章立制提供参照坐标，推动义务教育治理体系和治理能力现代化。要将研究的注意力从《修正案》转移到这些重要的文件上来，研究新政策，发现新问题，找到新办法。

最后，要把对人的研究摆在更加重要的位置。改变偏重政策和制度研究的倾向，多注意研究新形势下教师的成长和发展，要注意多研究学生的发展变化，把握物质贫乏年代与物质富裕年代成长起来的学生的巨大差异，要意识到传统社会与信息化社会成长来的学生迥然不同。只有了解了学生的真实特点和状态，教育才能找到有效的方式方法，才有真实的学习、真实的价值观形成和真实的成长，教育目标才能实现。

B.28

地方政府落实《民办教育促进法（新法）》实施意见综述

河南民办教育研究院课题组*

摘　要： 2016年国务院出台《关于鼓励社会力量兴办教育促进民办教育健康发展的若干意见》，截至2018年4月25日，全国共有16个省市制定了实施细则。从过渡期、资产过户、税费优惠及财政扶持、收费、投融资、并购及产权流转及退出机制及其他七个方面整理分析，提出预测。

关键词： 地方政府　民办教育　实施意见

2016年11月7日，十二届全国人大常委会第二十四次会议审议通过关于修改《民办教育促进法》的决定，为新时代发展民办教育的制度设计和政策完善奠定了法律基础。2016年12月29日，国务院出台《关于鼓励社会力量兴办教育促进民办教育健康发展的若干意见》。2016年12月30日，教育部等有关部委联合印发《民办学校分类登记实施细则》和《营利性民办学校监督管理实施细则》。2017年7月7日，教育部等14个中央有关部门印发《中央有关部门贯彻实施〈国务院关于鼓励社会力量兴办教育促进民办教育健康发展的若干意见〉任务分工方案》。这些积极措施，为民办教育事业发展提供了政策支持，营造了良好的发展环境。

---

* 课题负责人：王道勋；成员：王建庄、贾全明、樊继轩、陈冠玉；执笔：王道勋。

一　总体情况

全国人大常委会关于修改《民办教育促进法》的决定要求省、自治区、直辖市制定具体办法。截至2018年4月25日，全国32个省、自治区、直辖市中辽宁、安徽、甘肃、天津、云南、湖北、上海、浙江、河北、内蒙古、陕西、河南、海南、江苏、青海、广东（按时间顺序排列）等16个省市自治区出台了相关实施细则（具体情况如表1）。此外，吉林等地经过多次讨论，广泛征求意见，已公布本省的实施方案，现在进入了内部讨论阶段。

总的来看，地方性的实施细则出台速度逐步加快。2017年9月30日，辽宁率先公布实施意见；2017年10月，安徽公布实施意见；2017年11月，甘肃公布实施意见；2017年12月，天津、云南、湖北、上海、浙江、河北等省市公布实施细则；2018年1月，内蒙古、陕西公布实施意见；2018年2月，河南、海南、江苏、青海公布实施意见；2018年4月，广东公布实施意见。

表1　全国出台相关实施细则情况

地区	省份、时间
东北地区	辽宁(2017.9)
华东地区	安徽(2017.10)、上海(2017.12)、浙江(2017.12)、江苏(2018.2)
西北地区	甘肃(2017.11)、陕西(2018.1)青海(2018.2)
华北地区	天津(2017.12)、河北(2017.12)、内蒙古(2018.1)
华中地区	湖北(2017.12)、河南(2018.2)
西南地区	云南(2017.12)
华南地区	海南(2018.2)、广东(2018.4)

二　政策特点

通过对比各地的实施意见与国务院《关于鼓励社会力量兴办教育促进

民办教育健康发展的若干意见》可以看出，大部分省份的实施意见与《国务院关于鼓励社会力量兴办教育促进民办教育健康发展的若干意见》《民办学校分类登记实施细则》《营利性民办学校监督管理实施细则》和《中央有关部门贯彻实施〈国务院关于鼓励社会力量兴办教育促进民办教育健康发展的若干意见〉任务分工方案》基本一致。有的如辽宁、安徽、天津把《国务院关于鼓励社会力量兴办教育促进民办教育健康发展的若干意见》《中央有关部门贯彻实施〈国务院关于鼓励社会力量兴办教育促进民办教育健康发展的若干意见〉任务分工方案》两个文件融合到一起，有的只是明确了过渡期，没有针对本地特点的实施意见等。

为更直观、清楚地梳理各地的实施意见，从以下几个方面简述并附表2：过渡期、资产过户、税费优惠及财政扶持、收费、投融资、并购及产权流转及退出机制、其他等。

（一）过渡期

辽宁、甘肃、天津、青海、广东五地没有明确的过渡期。

湖北原则上在2020年9月1日前完成分类登记。

云南在2021年11月7日前全部实现分类登记。

上海规定主要实施高等学历教育的学校在2021年12月31日前完成登记，其他学校应当在2020年12月31日前完成。

海南在2022年8月31日前完成分类登记。

河北、陕西在2022年9月1日前完成。

浙江最晚到2022年底。

河南民办高校在2022年底前完成分类登记，其他学段由市县制定。

安徽民办高校须在2022年年底前完成分类登记，其他学段由各市、省直管县决定。

内蒙古最晚在2023年8月31日前，过渡期内没有做出选择的，默认为非营利性学校。

江苏原则上要求2020年12月31日前完成分类登记，最晚到2022年底。

（二）资产过户

辽宁、江苏规定举办者或出资人将所拥有的土地以原值过户到学校名下时，只收取证照工本费和登记费。

安徽规定投入民办学校的货币资产，要经法定验资机构验资后过户，非货币资产要经有资质的中介机构评估后过户，未完成资产过户的民办学校应于重新分类登记前完成过户。

云南规定举办者或出资人将所拥有的土地以原值过户到学校名下时，按照国家关于不动产登记收费有关规定执行。

其他同国务院文件规定。

（三）税费优惠及财政扶持

辽宁规定民办学校提供技术开发、技术转让和与之相关的技术咨询、技术服务，符合相关规定的，免征增值税。一个纳税年度内，居民企业技术转让所得不超过500万元的部分，免征企业所得税；超过500万元的部分，减半征收企业所得税。鼓励企业接收学生实习、实训、学徒。企业因接收实习生所实际发生的与取得收入有关的、合理的支出，按现行税收法律规定在计算企业所得税应纳税所得额时扣除。

安徽规定出资人以不动产用于办学，原有不动产过户到民办学校名下且不属于买卖或交换行为的，免除办理过户手续中的行政事业性收费。

甘肃规定普惠性民办幼儿园的奖补资金，从甘肃省学前教育专项资金中安排；对捐助民办教育发展有影响力的组织和个人给予物质或荣誉奖励。

天津对符合税收政策规定条件的民办幼儿园提供的保育教育服务和从事学历教育的民办学校提供的教育服务免征增值税。

湖北鼓励县级以上人民政府创设公募性质的民办教育福利基金，主要为民办学校师生提供救助性的福利保障。

浙江规定为教师办理事业单位社会保险的民办学校，地方政府可给予一定比例的补助。

陕西省级财政设立民办高等教育发展专项资金，每年拿出4亿元支持非营利性民办高校内涵发展。

河南市县政府专门安排资金支持民办教育发展。

海南规定登记为营利性民办学校的，分类登记前减免的税收和规划建设相关费用不再补缴。科研项目获得的财政拨款符合不征税收入条件的，不收企业所得税。

江苏规定非营利性民办学校按照税法规定进行免税资格认定后，其符合条件的收入免征企业所得税。对取得社会力量办学许可证的非营利性民办学校承受土地、房屋权属用于教学的，免征契税。从事学历教育的民办学校，对经有关部门审核批准收取的学费、住宿费等免征增值税。民办学校中的一般纳税人，提供非学历教育服务，可选择适用简易计税方法按照3%征收率计算缴纳增值税。对财产所有人将财产赠给学校所立的书据，免征印花税。对从事学历教育的营利性民办学校提供的教育服务免征增值税。

其他同国务院文件规定。

（四）收费

云南和内蒙古明确民办学校实施自主定价，湖北明确民办学校实行市场调节价，其他省份部分实行市场调节价或自主定价。

辽宁非营利性民办学校除中小学学历收费实行政府定价外，其他自主定价。

安徽放开营利性民办学校收费和非营利性民办学校非学历教育收费，在试点基础上有序放开非营利性民办学校的学历教育收费。民办义务教育阶段学校同等享受义务教育生均公用经费基准定额补助政策，民办学校在获取生均公用经费补助后，要等额减收在校学生的学费。

天津选择部分非营利性学历教育民办学校进行市场化改革试点。对已经具备充分竞争，且符合《中华人民共和国民办教育促进法实施条例》规定的民办非营利教育收费实行市场调节价。随着民办教育的发展和市场竞争条件的成熟，逐步扩大实行市场调节价管理的范围，直至收费标准完全由市场形成。

浙江实行更加开放的分类定价机制。非营利性民办幼儿园收费实行市场调节价，具体收费标准由民办幼儿园自主确定；非营利性民办中小学校收费政策由各级政府按照市场化方向确定；非营利性民办高等学校学费和住宿费实行市场调节价。

河北逐步落实民办学校收费自主权。营利性民办学校和除本科及以上学历教育以外的其他非营利性民办学校收费实行市场调节价，非营利性民办学校本科及以上学历教育收费暂实行审批制，待条件成熟后，实行市场调节价。

江苏放开营利性民办学校收费和非营利性民办学校非学历教育（除幼儿园外）收费，具体收费标准由民办学校自主确定。在试点基础上有序放开部分学段的非营利性民办学校的学历教育收费。

青海规定非营利性民办学校收费实行政府定价（含政府指导价），逐步实行市场调节价。营利性民办学校收费项目及标准由学校自主确定，报价格主管部门备案。

其他同国务院文件规定。

（五）投融资

辽宁探索民办学校固定资产抵押、担保中心信用贷款等业务；依托辽宁省教育基金会，引入公益融资机制。

安徽支持社会资金和民办学校利用 BT（建设—移交）、BOT（建设—经营—移交）、企业债券、项目收益债、中期票据等融资工具投入学校项目建设。允许营利性民办学校以各种方式引入风险投资、战略投资，发行专项债券，通过资本市场进行规范融资。

天津支持鼓励融资担保机构为民办学校的发展提供融资担保服务。

湖北依托现有的融资性担保机构，加大对民办学校的融资支持；鼓励民办教育行业组织组建担保公司，积极开展业务，服务民办学校。在风险可控的条件下，各地可实施民办学校低息贷款政策，支持民办学校融资；对于办学规范、信誉良好的民办学校，当地政府可提供贴息贷款。

浙江民办学校学费、住宿费收费权可用于质押，质押登记信息报批准设立的审批机关备案后，在中国人民银行应收账款质押登记公示系统登记。民办学校功能清晰、产权独立的非教育教学不动产可用于学校自身债务抵押，抵押登记信息报批准设立的审批机关备案后，由相关登记机关办理抵押登记手续。

内蒙古探索和支持非义务教育阶段公办学校引入非公有资本参与办学，或以国有控股形式交由社会力量管理。

河南鼓励和支持企事业单位等利用非财政性资金依法以独资、合资、合作等形式兴办学校。

江苏鼓励组建教育融资担保公司，为民办学校提供贷款担保等服务，对产权明晰、办学行为规范、诚信度高的民办学校发放信用贷款。

其他同国务院文件规定。

（六）产权流转及退出机制

安徽、湖北、上海、陕西四地明确了产权流转、退出补偿和奖励办法。

安徽鼓励民办学校通过兼并、收购、联合办学等方式，实现连锁、联盟和集团化发展。建立民办学校产权流转制度，规范举办者股权转让行为。产权流转要纳入所在地政府产权交易平台，规范操作。

湖北规定 2016 年 11 月 7 日前设立的民办学校，选择登记为非营利性民办学校的，终止时，举办者在 2017 年 9 月 1 日前的出资可纳入补偿或奖励范围，清偿后的剩余资产可按不高于经确认的出资额返还，仍有结余的，可视情况给予举办者学校净资产（扣除国有资产、捐赠、土地房产增值部分）15% 的奖励。

上海规定补偿金额为出资金额与该出资的历年折算利息之和，在扣除出资者历年取得的合理回报与合理回报相应的历年折算利息后的金额，但不得超过剩余财产扣除财政扶持和社会捐赠形成资产后的金额。奖励金额以学校停止办学或者办学许可失效的先以时间前5年内的最高年度学费总收入金额为基数，以2017年9月1日之后历年年度检查的结果为系数予以折算，奖励金额最高不超过清偿后的剩余财产扣除财政扶持和社会捐赠形成的资产以及补偿后的金额。

陕西规定民办学校终止时，根据出资者的申请给予一定的补偿，数额为原始出资额加上追加出资额，总额不得超过剩余的办学资产，还有剩余的，要综合考虑出资者的人力资本投入、办学效益、社会声誉等给予一定的奖励。

江苏规定2016年11月7日前经批准设立的民办学校，选择登记为非营利性民办学校的，终止时依法依规进行财务清算清偿后有剩余的（出资额计算时间为2017年9月1日前），根据出资者的申请，从学校剩余净资产中给予出资者相应补偿，补偿数额为出资额（即学校在登记管理机关登记的开办资金数额）及其增值，增值按照清算当年中国人民银行5年期存款基准利率计算；同时，综合考虑出资者取得合理回报的情况、办学成本、办学效益、社会声誉等因素，可采取一次结算、分期奖励的形式，从民办教育专项资金和民办学校剩余净资产中给予出资者一定的奖励，奖励数额不高于民办学校补偿后剩余净资产的20%，其余财产继续用于其他非营利性学校办学。

（七）其他

辽宁规定民办学校要依法保障教职工带薪休假的权利。

安徽明确党组织隶属关系、党组织活动经费和党务干部工作条件及待遇、思政工作四支队伍、四大阵地等。

云南推动辅导员职业化专业化，打通其职业发展和专业晋升通道。

湖北健全教师工资增长机制，鼓励各地建立公办、民办教师统一管理平台，统一管理教师人事档案。

上海规定一个自然人不得兼任同一所学校的理事（董事）和监事，且变更与终止条款清晰。

浙江加强公办学校在编教师到民办中小学校任职任教的管理。

河北规定公办学校教师和民办学校教师一体规划、一体培养、一体建设。

陕西鼓励民办学校设立学校发展基金会。

河南明确教育项目和资金的评审评估评价有一定比例的民办教育专家参加，用人单位招聘学生要与公办学校一视同仁，支持民办本科院校申报硕士和博士学位授予单位。

海南除国控专业外，民办学校可自主设置、调整学科专业，民办高职可自主确定招生专业和范围。不过，禁止有偿委托代理招生。

江苏明确民办中小学、幼儿园党组织负责人一般从学校管理层中产生，符合条件的董（理）事长、校长经上级党组织同意也可担任党组织负责人；要求民办高校配备专职学生辅导员和专职心理健康教育教师；继续安排民办高等教育发展专项资金，并根据民办高校办学绩效等给予综合奖补；条件成熟的民办本科高校可举办研究生教育；支持民办高校、中等职业学校根据国家相关规定开展中外合作办学项目，引进外方优质教育课程。

青海出台的文件信息量最大，处处结合当地实际情况，坚持以“四个转变”推动“四个扎扎实实”的重大要求落地生根，有不少创新性提法。第一，明确了党员人数不足3名的民办学校和暂不具备建立党组织条件的民办学校加强党建工作的可操作性方法：党员人数不足3名的民办学校可采取联合组建、挂靠组建、派入党员教师单独组建等形式建立党组织；暂不具备建立党组织条件的，要通过选派党建工作指导员、联络员或建立工会、共青团组织等途径开展党的工作。第二，预留教育公共服务用地时充分考虑的因素比较全面，包括：全面二孩政策、人口流动、城镇化、扶贫搬迁等对学龄人口总量、结构、分布的影响。第三，鼓励教职工缴纳个人储蓄型养老保险。第四，明确要求学校财务人员不得为董事会、举办者的亲属或特定关系人，明确了“亲属回避制度”的关键管理岗位包括学校监事会、财务部门。第五，针对本地特点，提出不得为高考移民、无本校学籍的学生办理报名登记手续和高中学业水平考试学籍；学校接受资金捐赠特别是有境外资金投入的基金会捐赠时要报审批机关备案，审批机关依法加强管理，切实防止极端、分裂、恐怖及其他危害国家安全稳定的势力通过民办学校渗透进来；允许民办高等学校和中等职业学校与世界高水平同类学校在学科、专业、课程建设以及人才培养等方面开展交流，特别是要加强同“一带一路”沿线国家的交流交往，主动融入各地对外友好城市的合作格局。第六，明确评奖评优中实行安全稳定一票否决制。第七，明确非营利性民办学校教师的培训费用由各级财政和学校分担。第八，公布了民办教育工作联席会议成员详细名单。

三　综合分析

总体来看，除安徽、湖北、上海、江苏、青海外，其他省份在具体措施上基本没有大的突破，可以理解为这些地方政府是把工作重点放在确保现有民办学校做好选择、平稳过渡上，今后会根据情况出台实施细则或作相应修改。上海明确的登记为民办非企业单位法人的现有学校退出补偿奖励计算办法可行性强。青海明确了党员人数不足 3 名的民办学校和暂不具备建立党组织条件的民办学校加强党建工作的方法，明确要求学校财务人员不得为董事会、举办者的亲属或特定关系人，明确了“亲属回避制度”的关键管理岗位包括学校监事会、财务部门等，值得高度关注。

民办教育支持与规范的政策体系和实施细则亟待完善，各科研院所、智库、国家和地方有关部委应组织专门力量加强政策研究，特别是在税费优惠、财政扶持、投融资、产权流转、退出机制等方面，应出台操作性强，经得起检验、政府、民办学校举办者和社会都满意的方案和政策。相信随着实践的进一步检验，方向会越来越明，纠结和争议会越来越少，体系会更加完善。

上海和浙江是高考综合改革试点省份，浙江同时是全国唯一的民办教育综合改革试点省，上海、浙江可以说是我国教育综合改革的先锋。两大教改重地于 2017 年 12 月 26 日同一天出台民办学校分类许可登记管理办法和实施意见，将对其他省份制定相关政策起到良好的示范和促进作用。浙江省教育厅会同相关部门相继印发《现有民办学校变更登记类型实施办法》《落实民办学校办学自主权实施办法》《民办学校信息公开和信用管理办法》《加强民办学校教师队伍建设实施办法》4 个文件，浙江省财政厅会同省教育厅印发《民办学校财务清算办法》《公共财政扶持民办教育实施办法》《民办学校财务管理办法》3 个文件，这 7 个配套办法与《实施意见》共同组成了浙江省民办教育“1 +7”政策体系，表明浙江民办教育新政坚持问题导向，聚焦难点和热点问题，体现了国家要求、社会需求，总体具有以下特点：一是体现了支持发展的根本要求。浙江省的政策体系强调进一步促进民办教育发展，既大力支持非营利性办学，也鼓励营利性办学。如放宽民办学校办学准入条件、落实民办学校办学自主权、探索多元化举办民办教育等。着力通过制度设计，达到进一步保护举办者的积极性、提升学校的办学活力、促进民办教育持续健康发展的目标。二是体现了规范发展的政策导向。政策体系对加强公办学校在编教师到民办中小学校任职任教管理、民办学校乱招生等社会反映集中、群众呼声强烈的问题予以了积极回应，从关键环节提出了进一步规范的举措，着力营造公平统一的发展环境，着力促进公办民办教育协调发展。三是彰显了内涵提升的价值导向。政策体系对实施民办教育品牌战略，支持教师队伍建设方面进行了进一步的拓展和延伸，彰显了浙江省注重吸引社会力量继续投入教育领域，注重引导民办学校持续优质特色发展的政策导向。①

新时代，中国民办教育面临最好的发展机遇。一批公办名校长纷纷出走体制，加盟民办教育。资本市场逐步向营利性教育机构开放，大量资本的涌入值得关注。打造民办教育品牌，培养一批有理想、有境界、有情怀、有担当的民办教育家值得期待。

---

① 《“1 + 7”！浙江民办教育综合改革有了新政策》，https：//mp. weixin. qq. com/s/UQCauTCPlaXExhJE7jMe9g. 2018 - 5 - 7。

表 2　全国各地出台实施细则比较

省份	过渡期	资产过户	税费优惠及财政扶持	收费	投融资	产权流转及退出机制	其他
辽宁	未明确	举办者或出资人将所拥有的土地以原值过户到学校名下时，只收取证照工本费和登记费	民办学校提供技术开发、技术转让和与之相关的技术咨询、技术服务，符合相关规定的，免征增值税。一个纳税年度内，居民企业技术转让所得不超过500万元的部分，免征企业所得税；超过500万元的部分，减半征收企业所得税。鼓励企业接收学生实习、实训、学徒。企业因接收实习生所实际发生的与取得收入有关的、合理的支出，按现行税收法律规定在计算企业所得税应纳税所得额时扣除	非营利性民办学校除中小学学历收费实行政府定价外，其他自主定价	探索民办学校固定资产抵押、担保中心信用贷款等业务；依托辽宁省教育基金会，引入公益融资机制		民办学校要依法保障教职工带薪休假的权利
安徽	民办高校须在2022年年底前完成分类登记。其他学段由各市、省直管县决定	投入民办学校的货币资产，要经法定验资机构验资后过户，非货币资产要经有资质的中介机构评估后过户，未完成资产过户的民办学校应于重新分类登记前完成过户	出资人以不动产用于办学，原有不动产过户到民办学校名下且不属于买卖或交换行为的，免除办理过户手续中的行政事业性收费	放开营利性民办学校收费和非营利性民办学校非学历教育收费，在试点基础上有序放开非营利性民办学校的学历教育收费。民办义务教育阶段学校同等享受义务教育生均公用经费基准定额补助政策，民办学校在获取生均公用经费补助后，要等额减收在校学生的学费	支持社会资金和民办学校利用BT（建设—移交）、BOT（建设—经营—移交）、企业债券、项目收益债、中期票据等融资工具投入学校项目建设。允许营利性民办学校以各种方式引入风险投资、战略投资，发行专项债券，通过资本市场进行规范融资	鼓励民办学校通过兼并、收购、联合办学等方式，实现连锁、联盟和集团化发展。建立民办学校产权流转制度，规范举办者股权转让行为。产权流转要纳入所在地政府产权交易平台，规范操作	明确党组织隶属关系、党组织活动经费和党务干部工作条件及待遇；思政工作四支队伍、四大阵地

续表

省份	过渡期	资产过户	税费优惠及财政扶持	收费	投融资	产权流转及退出机制	其他
甘肃	未明确		普惠性民办幼儿园的奖补资金,从甘肃省学前教育专项资金中安排;对捐助民办教育发展有影响力的组织和个人给予物质或荣誉奖励				
天津	未明确		对符合税收政策规定条件的民办幼儿园提供的保育教育服务和从事学历教育的民办学校提供的教育服务免征增值税	选择部分非营利性学历教育民办学校进行市场化改革试点。对已经具备充分竞争,且符合《中华人民共和国民办教育促进法实施条例》规定的民办非营利教育收费实行市场调节价。随着民办教育的发展和市场竞争条件的成熟,逐步扩大实行市场调节价管理的范围,直至收费标准完全由市场形成	支持鼓励融资担保机构为民办学校的发展提供融资担保服务		

续表

省份	过渡期	资产过户	税费优惠及财政扶持	收费	投融资	产权流转及退出机制	其他
云南	在2021年11月7日前全部实现分类登记	举办者或出资人将所拥有的土地以原值过户到学校名下时，按照国家关于不动产登记收费有关规定执行		收费实行自主定价			辅导员职业化专业化，打通其职业发展和专业晋升通道
湖北	1~3年过渡期，原则上在2020年9月1日前完成分类登记		鼓励县级以上人民政府创设公募性质的民办教育福利基金，主要为民办学校师生提供救助性的福利保障	收费实行市场调节价	依托现有的融资性担保机构，加大对民办学校的融资支持；鼓励民办教育行业组织组建担保公司，积极开展业务，服务民办学校。在风险可控的条件下，各地可建立民办学校低息贷款政策，支持民办学校融资；对于办学规范、信誉良好的民办学校，当地政府提供贴息贷款	2016年11月7日前设立的民办学校，选择登记为非营利性民办学校的，终止时，举办者在2017年9月1日前的出资可纳入补偿或奖励范围，清偿后的剩余资产可按不高于经确认的出资额返还，仍有结余的，可视情况给予举办者学校净资产（扣除国有资产、捐赠、土地房产增值部分）15%的奖励	健全教师工资增长机制；鼓励各地建立公办、民办教师统一管理平台，统一管理教师人事档案

续表

省份	过渡期	资产过户	税费优惠及财政扶持	收费	投融资	产权流转及退出机制	其他
上海	主要实施高等学历教育的学校,应当在2021年12月31日前完成登记;其他学校应当在2020年12月31日前完成					补偿金额为出资金额与该出资的历年折算利息之和,在扣除出资者历年取得的合理回报与合理回报相应的历年折算利息后的金额,但不得超过剩余财产扣除财政扶持和社会捐赠形成资产后的金额。奖励金额以学校停止办学或者办学许可失效的先以时间前5年内的最高年度学费总收入金额为基数,以2017年9月1日之后历年年度检查的结果为系数予以折算,奖励金额最高不超过清偿后的剩余财产扣除财政扶持和社会捐赠形成的资产以及补偿后的金额	一个自然人不得兼任同一所学校的理事(董事)和监事;变更与终止条款清晰

续表

省份	过渡期	资产过户	税费优惠及财政扶持	收费	投融资	产权流转及退出机制	其他
浙江	最晚到2022年底		对为教师办理事业单位社会保险的民办学校，地方政府可给予一定比例的补助	实行更加开放的分类定价机制。非营利性民办幼儿园收费实行市场调节价，具体收费标准由民办幼儿园自主确定；非营利性民办中小学校收费政策由各级政府按照市场化方向确定；非营利性民办高等学校学费和住宿费实行市场调节价	民办学校学费、住宿费收费权可用于质押，质押登记信息报批准设立的审批机关备案后，在中国人民银行应收账款质押登记公示系统登记。民办学校功能清晰、产权独立的非教育教学不动产可用于学校自身债务抵押，抵押登记信息报批准设立的审批机关备案后，由相关登记机关办理抵押登记手续		加强公办学校在编教师到民办中小学校任职任教管理
河北	5年过渡期，在2022年9月1日前完成			逐步落实民办学校收费自主权。营利性民办学校和除本科及以上学历教育以外的其他非营利性民办学校收费实行市场调节价，非营利性民办学校本科及以上学历教育收费暂实行审批制，待条件成熟后，实行市场调节价			公办学校教师和民办学校教师一体规划、一体培养、一体建设

续表

省份	过渡期	资产过户	税费优惠及财政扶持	收费	投融资	产权流转及退出机制	其他
内蒙古	在2023年8月31日前,过渡期内没有做出选择的,默认为非营利性学校			自主收费	探索和支持非义务教育阶段公办学校引入非公有资本参与办学,或以国有控股形式交由社会力量管理		
陕西	5年过渡期,在2022年9月1日前完成		省级财政设立民办高等教育发展专项资金,每年拿出4亿支持非营利性民办高校内涵发展			终止时,根据出资者的申请给予一定的补偿,数额为原始出资额加上追加出资额,总额不得超过剩余的办学资产;还有剩余的要综合考虑出资者的人力资本投入、办学效益、社会声誉等给予一定的奖励	鼓励民办学校设立学校发展基金会

续表

省份	过渡期	资产过户	税费优惠及财政扶持	收费	投融资	产权流转及退出机制	其他
河南	民办高校在2022年底前完成分类登记，其他学段由市县制定		市县政府专门安排资金支持民办教育发展		鼓励和支持企事业单位等利用非财政资金依法以独资、合资、合作等形式兴办学校		教育项目和资金的评审评估评价有一定比例的民办教育专家参加，用人单位招聘学生要与公办学校一视同仁，支持民办本科院校申报硕士和博士学位授予单位
海南	在2022年8月31日前完成		登记为营利性民办学校的，分类登记前减免的税收和规划建设相关费用不再补缴。科研项目获得的财政拨款符合不征税收入条件的，不收企业所得税				除国控专业外，民办学校可自主设置、调整学科专业，民办高职可自主确定招生专业和范围。不过，禁止有偿委托代理招生

续表

省份	过渡期	资产过户	税费优惠及财政扶持	收费	投融资	产权流转及退出机制	其他
江苏	原则上要求2020年12月31日前完成分类登记，最晚到2022年底	举办者或出资人将所拥有的土地以原值过户到学校名下时，只收取证照工本费和登记费	非营利性民办学校符合条件的收入免征企业所得税。非营利性民办学校承受土地、房屋权属用于教学的，免征契税。从事学历教育的民办学校，对经有关部门审核批准的学费、住宿费等免征增值税。民办学校中的一般纳税人，提供非学历教育服务，可选择适用简易计税方法按照3%征收率计算缴纳增值税。对财产所有人将财产赠给学校所立的书据，免征印花税。对从事学历教育的营利性民办学校提供的教育服务免征增值税	放开营利性民办学校收费和非营利性民办学校非学历教育（除幼儿园外）收费，具体收费标准由民办学校自主确定。在试点基础上有序放开部分学段的非营利性民办学校的学历教育收费	鼓励组建教育融资担保公司，为民办学校提供贷款担保等服务，对产权明晰、办学行为规范、诚信度高的民办学校发放信用贷款	2016年11月7日前经批准设立的民办学校，选择登记为非营利性民办学校的，终止时依法依规进行财务清算清偿后有剩余的（出资额计算时间为2017年9月1日前），补偿数额为出资额（即学校在登记管理机关登记的开办资金数额）及其增值；同时，一次结算、分期奖励，从民办教育专项资金和民办学校剩余净资产中给予出资者一定的奖励，奖励数额不高于民办学校补偿后剩余净资产的20%，其余财产继续用于其他非营利性学校办学	条件成熟的民办本科高校可举办研究生教育；支持民办高校、中等职业学校根据国家相关规定开展中外合作办学项目、引进外方优质教育课程。

续表

省份	过渡期	资产过户	税费优惠及财政扶持	收费	投融资	产权流转及退出机制	其他
青海	未明确			青海规定非营利性民办学校收费实行政府定价（含政府指导价），逐步实行市场调节价。营利性民办学校收费项目及标准由学校自主确定，报价格主管部门备案			明确“亲属回避制度”的关键管理岗位包括学校监事会、财务部门
广东	未明确				鼓励民办学校设立学校发展基金	现有民办学校选择登记为非营利性民办学校的，要综合考虑2017年8月31日前的出资、取得合理回报的情况以及办学效益、继续办学时间长短等因素，按“一校一策”原则对出资者进行补偿或奖励	加强民办学校党建工作机构、队伍、经费的保障；县级以上政府设立民办教育发展专项资金

Abstract

This book is compiled by Henan Private Education Association and Huanghe Science & Technology University (HSTC), which offers a review and summary of the development environment, foundation, development advantages accumulated and existing problems of Henan private education during 2017 to 2018. It introduces the contribution of private education to the economic and social development of Henan, defines the importance of private education of Henan in the whole province and even the whole country at large, analyzes the internal and external environment and the subjective and objective factors, and proposes the countermeasures and suggestions for the future development.

This paper consists of the General Report, School Education, Human Resources, Operation and Management, Monographic Research, Case and Summary, reflecting the basic information of private education systematically at all levels in Henan. The general report is composed by the research group of Henan Private Education Association as a command of each chapter. According to the General Report, the past 40 years since reform and opening up have witnessed the rapid development of private education in Henan. Under the general background of the then social development, the private education overcame a raft of difficulties, such as weak foundations, inadequate funds and low social recognition degree and achieved great-leap-forward development by riding on the wave of educational reform and development. The private education in Henan took the lead in the whole country in terms of its scale and talent cultivation quality in 2017 -2018 and set up an educational system featuring various forms and complete types, thus greatly alleviating the financial burdens of government, offering educational opportunities for almost 6. 2 million students of the province and most importantly, providing important theoretical and practical experience for educational reform. The modern school system is preliminarily being established, the party building and ideological and political work constantly strengthened, the level of participation in decision-making continuously improved, breakthroughs achieved in the study of private education, the professional setting made closer to the development practice and the mode of personnel training continuous innovated, which has laid a solid foundation for the healthy development in the new era. However, the development of private education in Henan Province is still plagued by a number of problems, such as the unbalanced and inadequate policies, funds and building of teaching staff, the low status, unclear thoughts, obsolete management systems, administrative tendency, ambiguous cognition, and unscientific evaluation. The private education of Henan Province in the new era should pay more attention to self-construction. At the meantime, government should encourage and support the development of private education, strengthen classified management and intensify their supports so as to guarantee the sound and sustainable development of private education.

The School Section analyses the status quo of the various types of private schools at all levels in Henan on the basis of the taking into account the current situation of private education within the province, and puts forward the relevant countermeasures and suggestions from various aspects. The Human Resources focuses on the building of teaching staff and the innovation of personnel training mode in private schools. The Operation and Management expounds on the choice between "profit-making" and "non-profit-making", management mechanism, financing mechanism and brand construction of private schools on the basis of the new *Private Education Promotion Law* under the background of classified management. The Monographic Research puts forward suggestions on Party building, practical training and development path of private schools. The Case mainly elaborates on the development of private education in municipalities directly under the central government and the characteristics of private schools. The Summary offers an in-depth study and analysis of research on national private education in 2017 and the opinions on the implementation of the new Private Education Promotion Law issued by different provinces and cities and proposes its own ideas.

Keywords: Henan; Education System; Private Education

Contents

Ⅰ General Report

Abstract: Undergoing the stages of watching, budding and development over the past 40 years since reform and opening up, the private education in Henan has been at the forefront of the whole country. In spite of the certain scales and quality characteristics, the private education in Henan is also plagued by many development problems. The development advantages and difficulties facing the private education in Henan in the new era has been a matter of great concern to government of all levels and all sectors of society. This report proposes the thoughts for development on the basis of analyzing the development background and advantages.

Keywords: Private Education; Education Industry; Henan

Ⅱ The Education Levels

Abstract: The year 2017 has witnessed the stable development of private higher education in Henan Province. Some schools hold a prudent attitude towards the choice between "profit-making operation" and "non-profit operation" after the implementation of the new "Law of the People's Republic of China on Promotion of Privately-run Schools" . However, the private-run schools in Henan Province has made their own choices while waiting for the governmental policies. In spite of the candidness and open mind of the private higher learning institutions, there are still many problems standing in the way of private higher education in Henan. Only through the concerted efforts will the private higher education be brought back to the track of sustainable and healthy development.

Keywords: Private Education; Higher Eeducation; Henan

Abstract: With the deepening of the reform of educational system and mechanism in China, private vocational education, as an important part of vocational education, has made great progress. Possessed of relatively large vocational education scale, Henan, as a populous province, has made great contribution to the economic and social development in Henan at all historical stages. Under the new situation of reform and development, the private vocational education in Henan is confronted with both good opportunities and daunting challenges. It is of paramount significance to further optimize the adjustment of layout and structure, strengthen the school-enterprise cooperation, deepen the integration of production and education and improve the quality of education so as to advance the sound development of the private vocational education in Henan and promote educational fairness.

Keywords: Henan; Private Education; Vocational Education

Abstract: As a populous province in China, Henan has achieved rapid economic development in recent years. However, the level of economic and social development in various provinces is uneven, the population quality is uneven, and the quality of education is not obvious enough. In the new era, Henan began the development of a new journey, writing a new chapter in the development of a new journey, towards the development of high quality in the new target, focusing in the private education of senior high school will usher in a major opportunity to achieve rapid development, but also exposed many problems need to be solved, the healthy development of private education influence high school. This paper focuses on the current situation and development achievements of private education in Henan high school, and points out the problems in Henan's high school private education from the aspects of development quality, policy environment, connotation construction and subjective cognition, and puts forward some corresponding development strategies.

Keywords: Private Education; High School Education; Henan

Abstract: Private middle school is an inevitable outcome of social development after the reform and opening up of China. With the increase of social material living standards, the original unitary educational has been found unable to meet people's demands. Therefore, to pursue better and quality educational model has become the major trend of social selection. However, the problems and deficiencies popping up in the development course also hinder the further development of private middle schools.

Keywords: Private Education; Middle School Education; Henan

B. 6 Research on the Construction of Teaching Staff in Private Primary Schools

Tang Baomei / 088

Abstract: As of 2017, the number of students in the private primary schools accounted for 14.66% of the total number of primary school students in Henan. With this number continuing to rise and education shouldering increasingly heavy responsibilities, dynamic development of teaching staff should be taken into consideration at the overall level. Against the backdrop of the great progress achieved in the construction of teaching staff in private primary schools in Henan and the gradual formation of a modern, featured, diversified and scientific teaching staff team, the government is also phasing in its supportive measures for the construction of teaching staff in private primary schools. However, the current situation of the construction of teaching staff in private primary schools still remains unsatisfactory and is still plagued by some outstanding problems. It is hoped to improve the path and mechanism for the construction of teaching staff and bring it to a higher level through national standardization and adjustment of private education.

Keywords: Private Primary School; Teaching Staff; Henan

B. 7 The Advantages and Challenges of Private Preschool Education in Henan

Sun Min / 102

Abstract: Against the backdrop of times transformation in the academic year from 2017 to 2018, the private preschool education in Henan displays its own development and changes with distinctive regional characteristics under the influence of national market and situation.

Keywords: Private Education; Preschool Education; Advantages; Henan

Ⅲ The Human Resources

B. 8 The Progress and Effectiveness of Faculty Development in Private Schools in Henan *Peng Hua* / 113

Abstract: With the fast development of private colleges and universities and the continuous increase in the number of students, the faculty development in private colleges and universities has been increasingly valued. In recent years, achievements have been made in the talent teams development, the faculty training system and the external teachers management in the private schools in Henan, and the overall level of the teaching staff has been gradually increased.

Keywords: Private Schools; Teaching Faculty; Henan

B. 9 Research on the Talent Training Mode in Private High Schools *Zhai Guofang* / 121

Abstract: Teaching staff is the key factor in the development of private education, whose quality has a direct influence on the quality of talent training and the improvement of teaching quality. At present, there are many problems in the team of private high school teachers. The construction of teaching team and improvement of teachers' professional levels in private high schools must be put on the high agenda of all the tasks. At the same time, it is of prime importance to ensure that private schools and teachers enjoy the equal policy and legal rights and legal status of at private schools and teachers as public schools and their teachers do, make sure that the various measures of safeguarding the rights and interests of teachers from private high schools are put into practice, guarantee their social benefits and pay close attention to their physical and mental health so as to advance the training quality of students and school-running qualities through the cultivation of teacher talents. Meanwhile, it is also demanding to study the laws of students cultivation in the new era and explore new ways of cultivating students.

Keywords: Private Education; High School Education; Talent Training

B. 10 Construction of Competency Model for Double-professionally-titled Teachers from Private Secondary Vocational Schools *Yang Xu* / 133

Abstract: In order to improve the teaching quality of secondary vocational schools in an all-round manner, the relevant state departments have adopted a number of measures to strengthen the construction of double-professionally-titled teachers. Even so, deficiencies still have been found in the quality construction of the double-professionally-titled teaching staff in secondary vocational schools. Competency model can be adopted to evaluate the comprehensive level of double-professionally-titled teachers. The competency model is set up in accordance with the characteristics of education of private secondary vocational schools. The introduction of competency model into the construction of teaching staff in private secondary vocational schools can improve the overall level of the double-professionally-titled teachers and promote the self-development of teachers.

Keywords: Private Education; Secondary Vocational Schools Education; Double-professionally-titled Teachers; Competency Mode

B. 11 Research on the Resource Sharing of Talents Training in Private Colleges and Universities *Jia Quanming* / 145

Abstract: The rising of private higher education in Henan benefited from the general environment of the national educational development and the strong support from the provincial committee and governments after the reform and opening up. In this context, private schools have worked hard to forge ahead by making full use of the various social resources, especially the talent training resources, which contributes to the endogenously-centered and dilatation-supplemented generation of talents training resources in private colleges and universities. The resource sharing of talents training also presents distinct periodic, hierarchical and forward-looking characteristics, which suits the reality of the development of private higher education in Henan.

Keywords: Henan; Private Higher Education; Talents Training

Ⅳ Operation and Management

Abstract: New "Law of the People's Republic of China on Promotion of Privately-run Schools" and relevant supporting documents have specified the classified management of private education, thus setting the basic course for the future reform and development of private education in China. It is an institutional innovation of great strategic significance in the field of private education, which is conducive to the removal of bottlenecks in private educational development, the implementation of supporting policies of local government and expansion of the new space for the private educational development. Since the implementation of "Law of the People's Republic of China on Promotion of Privately-run Schools" on September 1, 2017, local policies and regulations have been formulated all over China to put in place private schools' choice between "profit-making" and "non-profit-making". In spite of the fact that over 10 provinces and cities, including Liaoning, Jiangsu, Shanghai and Henan, have formulated local policies, some provinces and cities are still standing on the sidelines. The policies issued by the national, provincial and municipal governments still offer ambiguous policy positioning of the core issues facing privately-run schools concerning "the attribute of legal person, property ownership and withdrawal mechanism", which results in the privately-run schools' doubt about the choice between "profit-making" and "non-profit-making". In order to help privately-run schools make wise choices, it is demanding for the legislative institutions and relevant departments to strengthen propaganda and legislative interpretation and create a favorable atmosphere and for local government of all levels to carry out a series of scientific and fine institutional design on the basis of the national top-level design and to understand and support "classified management".

Keywords: Classified Management; Privately-run Schools; Profit-making; Non-profit-making

B. 13 The Innovation and Breakthrough of Financing Mechanism of Henan Private School

Abstract: This paper points out the issues popping up in the financing process and offers an in-depth analysis of the reasons for the insufficient educational appropriations in privately-run schools of Henan Province from the perspective of the source of funds in privately-run schools. At the same time, it also proposes the relevant countermeasures from the aspects of government, society and privately-run schools on the basis of the successful financing experiences in foreign privately-run schools.

Keywords: Privately-run Schools; Financing Mechanism; Innovation; Henan

Abstract: The brand building of private education has always received the wide attention from Chinese private educators, whose characteristics of intangible assets has always been the most valuable, reliable, and competitive advantage in the information society. The traditional school differences is gradually being replaced by the differences of its private education brand. The development of private education cannot be achieved without brand awareness, effective brand building, planning and operation. The private educational institutions have paid much more attention to their brand building. To better serve local economy and the development of private education and enhance school-running effectiveness, private educational institutions should pay more attention to brand building, place much stress on the public opinion guiding of private educational institutions through internet thinking and strengthen the social influence and comprehensive competitiveness of private education.

Keywords: Private Education; Brand Building; Competitiveness

Abstract: With the economic and social development, the higher education in China has entered the stage of popularization from the stage of popular development. In this process, private colleges and universities are rising to prominence and have become an important part of higher education in China. The sound policy environment has raised higher requirements for the improvement of the personnel training mode and quality while boosting the rapid development of private colleges and universities. In this process, many problems associated with teaching quality have been found in private colleges and universities. Private colleges and universities have been steadfastly committed to studying how to build up a scientific and reasonable teaching quality monitoring system and constantly improve the personnel cultivation level.

Keywords: Private Colleges and Universities; Teaching Quality; Monitoring System

Abstract: Under the trend of classified management of private education, private schools need to innovate management mechanism system to adapt to the new development trend. This report starts with the introduction to the significance of management mechanism innovation in private schools and takes private colleges as the object of study to clarify the problems existing in the management mechanism of private colleges and universities and put forward the measures of improving the management mechanism of private colleges and universities from the aspects of perfecting the modern university system, defining the relationship between the interest subject and building up the classified management system.

Keywords: Private School; Management Mechanism; Innovation

V The Monographic Research

Abstract: New learning rose after the ending of imperial examination system in 1905. After nearly half a century of exploration, a new educational system of "six-three-three-four" has been basically formed till the establishment of New China. In the process, the new education teaching method is constantly evolving and improving. Different from the "student-centered universities" in early Europe, the universities founded in modern China are "teacher-centered". The teaching methods mainly refer to the one-way teacher-oriented transmission of knowledge to students. In spite of the fact that this method has maintained educational stability and development, it also gives rise to a large number of problems. Along with the economic development and social progress, particularly the popularization of modern science and technology represented by internet, traditional educational teaching method has become the shackle obstructing talent cultivation. Under the guidance of "student development-centered" concept, Huanghe University of Science and Technology develops "Flipped Campus", the mobile terminal-based educational and teaching management application platform on the basis of founding a smart campus with the full coverage of wireless internet. It is aimed at enhancing the quality of education and teaching through the all-dimensional and multi-angle collection of statistics and information related to education and teaching and generating visual report by analyzing the big data in the educational and teaching sectors so as to provide statistical basis for educational and teaching reform, educational quality management and the decision-making for the development of institutions of higher learning and effectively enhance the quality of talent cultivation.

Keywords: Higher Education; Flipped Campus; Smart Campus

Abstract: As public universities do, private colleges and universities also undertake the historical mission of cultivating qualified builders of socialism and successors. Outstanding achievements in party building is of great significance to adhere to the orientation of socialist education and guide the overall scientific development. Based on the reality of private colleges and universities, this article first elaborates on the current state of party building in private colleges and universities in Henan Province, and systematically analyzes the existing inadequacies and problems. On this basis, it also puts forward the practical suggestions for the scientific development of private colleges and universities under the leadership of party building.

Keywords: Private Colleges and Universities; Party Building; Scientific Development

B. 19 Selection of Development Path in Private School of Applied Technology

Ding Fuyun / 233

Abstract: Building up high-level universities of applied technology demonstrates the strong appeal of social and economic development transformation for local colleges and universities and the internal needs of private undergraduate to maintain sustainable development. It is of prime importance to follow the law of educational development, define the school-running orientation, deepen the educational and teaching reform, adhere to the development path integrating industry, teaching and research, strengthen the school through scientific research and constantly intensify the building of double-professionally-titled teaching staff, which is the inevitable choice to build up qualified private schools of applied technology with Chinese characteristics that could satisfy the people in the new era.

Keywords: Private Undergraduate; Local; Applied

B. 20 Exploration of Building up the Practical Training Base in the Secondary Vocational Schools

Li Ping, *Xie Liuzhi* / 243

Abstract: Private education is an important part of the educational course in China. The private vocational education undertakes the important mission of cultivating applied and interdisciplinary talents with high qualities and skills who could accommodate themselves to economic and social development, especially those who could play an important role in promoting regional development. Recent years have seen the great progress in the the private education in Henan, especially the secondary vocational education. The building of practical training base of the private secondary vocational education in Henan is faced up with both good development opportunities and grave challenges. A study of the construction path and strategy of practical training base in private secondary vocational education in Henan is a matter of great urgency to the secondary vocational education and social and economic development of Henan Province.

Keywords: Privately-run Education; Secondary Vocational Education; Practical Training Base

B. 21 Research on the Creation of Scientific and Technological Innovation Environment in Private Colleges and Universities

Li Dahai, *Qi Renlong*, *Yu Tao and Zhang Yuhua* / 254

Abstract: In recent years, the country introduced the policy of speeding up the building of an innovative country, implemented the innovation-driven development strategy and optimized the innovation ecology so as to form an new innovation situation featuring multi-agent collaboration and all-dimensional progress. Under this new situation, private colleges and universities should give full play to their duties in talent cultivation, scientific research and social services, build up scientific and technological innovation environment that suits their own development and strengthen the building of scientific and technological innovation system, basic conditions and platform to achieve the integration of science, technology and economy.

Keywords: Private Colleges and Universities; Technology Innovation Environment; Industry-university-research Cooperation; Innovation Platform

B. 22 Research on the Transformation Development of Private Education

Li Chuxue / 263

Abstract: In the new era of socialism with Chinese characteristics, the changes in the main social contradictions of China has raised new requirements for private education. The economic transformation and upgrading has reconstructed the new ecosystem of private education. The national policy supports the expansion of new space of private education. Under such circumstances, innovation and entrepreneurship has become a new growth point in private education. Only by correctly understanding new ideas, new changes and new goals can the great-leap-forward development of private education be sped up. The transformation and development of private education in the new era should grasp four dimensions, namely, from scale expansion to quality improvement, from administrative management to cooperative governance, from a single standard to multiple evaluation, from factor driven to innovation driven. In order to further promote the transformation and development of private education in Henan Province, it is urgent to solve a number of problems, such as the lack of government policy support, the unimproved corporate governance structure of private schools, the outstanding bottlenecks in the construction of the talent team, the path dependence of educational and teaching mode, and the low quality of innovation and entrepreneurship education.

In the transformation and development, it is necessary to strengthen the government support, optimize the guidance of the service function, improve the corporate governance structure, promote the multi-participation in running a school, intensify the introduction and cultivation work, create a first-class talent team, explore the pattern of characteristic development, form the private education brand, attach importance to the innovation and entrepreneurship education, and improve the comprehensive quality of the students. The comprehensive reform should be launched to increase the quality of private education and the upgrading and transformation of private education.

Keywords: New Era; Henan; Private Education; Transformation and Development

Abstract: Upholding the leadership of the party and strengthening the party's construction is the greatest political advantage and fundamental political guarantee for the establishment of a socialist private college with Chinese characteristics. Huanghe Science & Technology University (HSTC) is the pioneer of the private higher education and the forerunner of party building in private colleges and universities in China. HSTC has always taken the leadership of the party and strengthening of party building as a source of strength of the school's entrepreneurial development, reform and innovation in order to form its own distinctive feature and brand. At the beginning of the founding of the school, the school actively sought to establish the party organization. In the practice of exploration, the school has followed the work concept of "stressing the party building around the center and promoting development through party building", established the long-term mechanism that "party committee gives play to the role of political core and participate in the key decision-making of schools", put forward the mode of "taking party building as the core and comprehensively strengthening ideological and political work" and established the organizational patter of "proactively cultivating and developing student party members", thus providing a strong political guarantee for the scientific development of the school.

Keywords: Henan; Huanghe S&T College; Party Building

Ⅵ Case Studies

B. 24 A Report on the Development of Private Education in Zhengzhou

Hu Xuzhou, Miao Wei / 292

Abstract: In recent years, Zhengzhou private education has played an important role in enriching the supply of educational resources and meeting people's increasingly diversified demands for education. However, the private education in Zhengzhou is still plagued by many problems, such as the uneven preschool education and non-standardized training market. It is necessary to allow the private education to come into full play and put into practice the development policies of private education.

Keywords: Private Education; Standardized Management; Zhengzhou

B. 25 The Work Report on Innovation and Entrepreneurship of Huanghe S&T College

Li Haixia / 301

Abstract: The 19th National Party Congress has presented new requirements for higher learning institutions to cultivate a large number of innovators and entrepreneurs with leading capabilities. In recent years, to build itself into a high-level university of applied technology, Huanghe S & T College (HSTC) has adopted an innovation-led approach and positively gathered resources of governments, enterprises and higher learning institutions to improve talent cultivation, and strengthen institutional innovations.

In addition, focusing on the increase of talent cultivation quality, prioritizing system and institutional innovation and striving to pursue enterprise-university-research institute scientific and technological innovation and establish innovative entrepreneurship incubation platform, HSTC has integrated innovation and entrepreneurship into the school-running process, thus cultivating numerous high-quality innovators and entrepreneurs, and blazing a distinctive path for building a high-level private university in the new era.

Keywords: Huanghe S&T College; Private Higher Learning Institution; Innovation and Entrepreneurship

Abstract: After the implementation of the new *Private Education Promotion Law*, private education is facing new opportunities for development as well as a series of challenges. Against the backdrop of the listing of the education industry and the declining scarcity of educational resources, how to establish one's own brand in the increasingly saturated educational market has become a common problem for the operators of the education industry. The reports of the 19th National Congress of the Communist Party of China has clearly stated that every child should have equal access to fair and quality education. " uality " is a manifestation of the major focus of future education development, showing that education is moving from "broad coverage" to "quality" . How to build quality kindergartens is a problem that needs to be solved urgently in the current private preschool education. Taking the road of characteristic development is undoubtedly an important way to transform from the original unified mode to the building of kindergartens with quality and characteristics. This study starts with the analysis of the status quo of the kindergarten's characteristic building, introduces the successful experience of games in Beilinsidun Kindergarten and forest education concepts of SiPu Kindergarten, two practitioners and forerunners of " active learning ", probes into and studies the characteristics building of existing kindergartens and provides suggestions for the characteristics building in private kindergartens so as to find out a road of characteristic building that is in line with regional actuality.

Keywords: Kindergarten; Characteristic Building; Active Learning

Ⅶ Summaries

B. 27 Review of Private Education Research in 2017

Research Group of Henan Education Research Institute / 328

Abstract: Following the comprehensive review of the general situation of private education research in 2017, this paper introduces and analyzes the private education research in 2017 from seven aspects, pointing out the shortcomings of the research and the direction that should be strengthened in the future on the basis of more in-depth analysis and comparison.

Keywords: Private Education Research; Reform in Education; School Running System

B. 28 Review of the Implementation of the *New Law* on *the Promotion of Private Education by Local Government*

Research Group of Henan Education Research Institute / 347

Abstract: The State Council issued *Several Opinions on Encouraging Social Forces to Initiate Education and to Promote the Healthy Educational Development* in 2016. 16 provinces and municipalities have formulated the enforcement regulations as of April 25, 2018, which put forward the forecast from seven perspectives, namely, transitional period, asset transfer, preferential tax, financial support, fees, investment and financing, merger and acquisition, property right transfer and withdrawal mechanism.

Keywords: Local Government; Private Education; Implementation Opinion

皮书起源

“皮书”起源于十七、十八世纪的英国，主要指官方或社会组织正式发表的重要文件或报告，多以“白皮书”命名。在中国，“皮书”这一概念被社会广泛接受，并被成功运作、发展成为一种全新的出版形态，则源于中国社会科学院社会科学文献出版社。

皮书定义

皮书是对中国与世界发展状况和热点问题进行年度监测，以专业的角度、专家的视野和实证研究方法，针对某一领域或区域现状与发展态势展开分析和预测，具备原创性、实证性、专业性、连续性、前沿性、时效性等特点的公开出版物，由一系列权威研究报告组成。

皮书作者

皮书系列的作者以中国社会科学院、著名高校、地方社会科学院的研究人员为主，多为国内一流研究机构的权威专家学者，他们的看法和观点代表了学界对中国与世界的现实和未来最高水平的解读与分析。

皮书荣誉

皮书系列已成为社会科学文献出版社的著名图书品牌和中国社会科学院的知名学术品牌。2016 年，皮书系列正式列入“十三五”国家重点出版规划项目；2013~2018 年，重点皮书列入中国社会科学院承担的国家哲学社会科学创新工程项目；2018 年，59 种院外皮书使用“中国社会科学院创新工程学术出版项目”标识。

中国皮书网

（网址：www.pishu.cn）

发布皮书研创资讯，传播皮书精彩内容
引领皮书出版潮流，打造皮书服务平台

栏目设置

关于皮书：何谓皮书、皮书分类、皮书大事记、皮书荣誉、
皮书出版第一人、皮书编辑部

最新资讯：通知公告、新闻动态、媒体聚焦、网站专题、视频直播、下载专区

皮书研创：皮书规范、皮书选题、皮书出版、皮书研究、研创团队

皮书评奖评价：指标体系、皮书评价、皮书评奖

互动专区：皮书说、社科数托邦、皮书微博、留言板

所获荣誉

2008 年、2011 年，中国皮书网均在全国新闻出版业网站荣誉评选中获得“最具商业价值网站”称号；

2012 年,获得“出版业网站百强”称号。

网库合一

2014 年，中国皮书网与皮书数据库端口合一，实现资源共享。

S 基本子库
UB DATABASE

中国社会发展数据库（下设 12 个子库）

全面整合国内外中国社会发展研究成果，汇聚独家统计数据、深度分析报告，涉及社会、人口、政治、教育、法律等 12 个领域，为了解中国社会发展动态、跟踪社会核心热点、分析社会发展趋势提供一站式资源搜索和数据分析与挖掘服务。

中国经济发展数据库（下设 12 个子库）

基于"皮书系列"中涉及中国经济发展的研究资料构建，内容涵盖宏观经济、农业经济、工业经济、产业经济等 12 个重点经济领域，为实时掌控经济运行态势、把握经济发展规律、洞察经济形势、进行经济决策提供参考和依据。

中国行业发展数据库（下设 17 个子库）

以中国国民经济行业分类为依据，覆盖金融业、旅游、医疗卫生、交通运输、能源矿产等 100 多个行业，跟踪分析国民经济相关行业市场运行状况和政策导向，汇集行业发展前沿资讯，为投资、从业及各种经济决策提供理论基础和实践指导。

中国区域发展数据库（下设 6 个子库）

对中国特定区域内的经济、社会、文化等领域现状与发展情况进行深度分析和预测，研究层级至县及县以下行政区，涉及地区、区域经济体、城市、农村等不同维度。为地方经济社会宏观态势研究、发展经验研究、案例分析提供数据服务。

中国文化传媒数据库（下设 18 个子库）

汇聚文化传媒领域专家观点、热点资讯，梳理国内外中国文化发展相关学术研究成果、一手统计数据，涵盖文化产业、新闻传播、电影娱乐、文学艺术、群众文化等 18 个重点研究领域。为文化传媒研究提供相关数据、研究报告和综合分析服务。

世界经济与国际关系数据库（下设 6 个子库）

立足"皮书系列"世界经济、国际关系相关学术资源，整合世界经济、国际政治、世界文化与科技、全球性问题、国际组织与国际法、区域研究 6 大领域研究成果，为世界经济与国际关系研究提供全方位数据分析，为决策和形势研判提供参考。

皮书系列

2018年

智 库 成 果 出 版 与 传 播 平 台

社会科学文献出版社
SOCIAL SCIENCES ACADEMIC PRESS (CHINA)

社长致辞

蓦然回首，皮书的专业化历程已经走过了二十年。20年来从一个出版社的学术产品名称到媒体热词再到智库成果研创及传播平台，皮书以专业化为主线，进行了系列化、市场化、品牌化、数字化、国际化、平台化的运作，实现了跨越式的发展。特别是在党的十八大以后，以习近平总书记为核心的党中央高度重视新型智库建设，皮书也迎来了长足的发展，总品种达到600余种，经过专业评审机制、淘汰机制遴选，目前，每年稳定出版近400个品种。“皮书”已经成为中国新型智库建设的抓手，成为国际国内社会各界快速、便捷地了解真实中国的最佳窗口。

20年孜孜以求，“皮书”始终将自己的研究视野与经济社会发展中的前沿热点问题紧密相连。600个研究领域，3万多位分布于800余个研究机构的专家学者参与了研创写作。皮书数据库中共收录了15万篇专业报告，50余万张数据图表，合计30亿字，每年报告下载量近80万次。皮书为中国学术与社会发展实践的结合提供了一个激荡智力、传播思想的入口，皮书作者们用学术的话语、客观翔实的数据谱写出了中国故事壮丽的篇章。

20年跬步千里，“皮书”始终将自己的发展与时代赋予的使命与责任紧紧相连。每年百余场新闻发布会，10万余次中外媒体报道，中、英、俄、日、韩等12个语种共同出版。皮书所具有的凝聚力正在形成一种无形的力量，吸引着社会各界关注中国的发展，参与中国的发展，它是我们向世界传递中国声音、总结中国经验、争取中国国际话语权最主要的平台。

皮书这一系列成就的取得，得益于中国改革开放的伟大时代，离不开来自中国社会科学院、新闻出版广电总局、全国哲学社会科学规划办公室等主管部门的大力支持和帮助，也离不开皮书研创者和出版者的共同努力。他们与皮书的故事创造了皮书的历史，他们对皮书的拳拳之心将继续谱写皮书的未来！

现在，“皮书”品牌已经进入了快速成长的青壮年时期。全方位进行规范化管理，树立中国的学术出版标准；不断提升皮书的内容质量和影响力，搭建起中国智库产品和智库建设的交流服务平台和国际传播平台；发布各类皮书指数，并使之成为中国指数，让中国智库的声音响彻世界舞台，为人类的发展做出中国的贡献——这是皮书未来发展的图景。作为“皮书”这个概念的提出者，“皮书”从一般图书到系列图书和品牌图书，最终成为智库研究和社会科学应用对策研究的知识服务和成果推广平台这整个过程的操盘者，我相信，这也是每一位皮书人执着追求的目标。

“当代中国正经历着我国历史上最为广泛而深刻的社会变革，也正在进行着人类历史上最为宏大而独特的实践创新。这种前无古人的伟大实践，必将给理论创造、学术繁荣提供强大动力和广阔空间。”

在这个需要思想而且一定能够产生思想的时代，皮书的研创出版一定能创造出新的更大的辉煌！

社会科学文献出版社社长

中国社会学会秘书长

2017年11月

社会科学文献出版社简介

社会科学文献出版社（以下简称“社科文献出版社”）成立于1985年，是直属于中国社会科学院的人文社会科学学术出版机构。成立至今，社科文献出版社始终依托中国社会科学院和国内外人文社会科学界丰厚的学术出版和专家学者资源，坚持“创社科经典，出传世文献”的出版理念、“权威、前沿、原创”的产品定位以及学术成果和智库成果出版的专业化、数字化、国际化、市场化的经营道路。

社科文献出版社是中国新闻出版业转型与文化体制改革的先行者。积极探索文化体制改革的先进方向和现代企业经营决策机制，社科文献出版社先后荣获“全国文化体制改革工作先进单位”、中国出版政府奖·先进出版单位奖，中国社会科学院先进集体、全国科普工作先进集体等荣誉称号。多人次荣获“第十届韬奋出版奖”“全国新闻出版行业领军人才”“数字出版先进人物”“北京市新闻出版广电行业领军人才”等称号。

社科文献出版社是中国人文社会科学学术出版的大社名社，也是以皮书为代表的智库成果出版的专业强社。年出版图书2000余种，其中皮书400余种，出版新书字数5.5亿字，承印与发行中国社科院院属期刊72种，先后创立了皮书系列、列国志、中国史话、社科文献学术译库、社科文献学术文库、甲骨文书系等一大批既有学术影响又有市场价值的品牌，确立了在社会学、近代史、苏东问题研究等专业学科及领域出版的领先地位。图书多次荣获中国出版政府奖、“三个一百”原创图书出版工程、“五个‘一’工程奖”、“大众喜爱的50种图书”等奖项，在中央国家机关“强素质·做表率”读书活动中，入选图书品种数位居各大出版社之首。

社科文献出版社是中国学术出版规范与标准的倡议者与制定者，代表全国50多家出版社发起实施学术著作出版规范的倡议，承担学术著作规范国家标准的起草工作，率先编撰完成《皮书手册》对皮书品牌进行规范化管理，并在此基础上推出中国版芝加哥手册——《社科文献出版社学术出版手册》。

社科文献出版社是中国数字出版的引领者，拥有皮书数据库、列国志数据库、“一带一路”数据库、减贫数据库、集刊数据库等4大产品线11个数据库产品，机构用户达1300余家，海外用户百余家，荣获“数字出版转型示范单位”“ 新闻出版标准化先进单位”“专业数字内容资源知识服务模式试点企业标准化示范单位”等称号。

社科文献出版社是中国学术出版走出去的践行者。社科文献出版社海外图书出版与学术合作业务遍及全球40余个国家和地区，并于2016年成立俄罗斯分社，累计输出图书500余种，涉及近20个语种，累计获得国家社科基金中华学术外译项目资助76种、“丝路书香工程”项目资助60种、中国图书对外推广计划项目资助71种以及经典中国国际出版工程资助28种，被五部委联合认定为“2015-2016年度国家文化出口重点企业”。

如今，社科文献出版社完全靠自身积累拥有固定资产3.6亿元，年收入3亿元，设置了七大出版分社、六大专业部门，成立了皮书研究院和博士后科研工作站，培养了一支近400人的高素质与高效率的编辑、出版、营销和国际推广队伍，为未来成为学术出版的大社、名社、强社，成为文化体制改革与文化企业转型发展的排头兵奠定了坚实的基础。

宏观经济类

经济蓝皮书

2018 年中国经济形势分析与预测

李平 / 主编　2017 年 12 月出版　定价：89.00 元

◆　本书为总理基金项目，由著名经济学家李扬领衔，联合中国社会科学院等数十家科研机构、国家部委和高等院校的专家共同撰写，系统分析了 2017 年的中国经济形势并预测 2018 年中国经济运行情况。

城市蓝皮书

中国城市发展报告 No.11

潘家华　单菁菁 / 主编　2018 年 9 月出版　估价：99.00 元

◆　本书是由中国社会科学院城市发展与环境研究中心编著的，多角度、全方位地立体展示了中国城市的发展状况，并对中国城市的未来发展提出了许多建议。该书有强烈的时代感，对中国城市发展实践有重要的参考价值。

人口与劳动绿皮书

中国人口与劳动问题报告 No.19

张车伟 / 主编　2018 年 10 月出版　估价：99.00 元

◆　本书为中国社会科学院人口与劳动经济研究所主编的年度报告，对当前中国人口与劳动形势做了比较全面和系统的深入讨论，为研究中国人口与劳动问题提供了一个专业性的视角。

中国省域竞争力蓝皮书

中国省域经济综合竞争力发展报告（2017 ～ 2018）

李建平　李闽榕　高燕京 / 主编　2018 年 5 月出版　估价：198.00 元

◆　本书融多学科的理论为一体，深入追踪研究了省域经济发展与中国国家竞争力的内在关系，为提升中国省域经济综合竞争力提供有价值的决策依据。

金融蓝皮书

中国金融发展报告（2018）

王国刚 / 主编　2018 年 6 月出版　估价：99.00 元

◆　本书由中国社会科学院金融研究所组织编写，概括和分析了 2017 年中国金融发展和运行中的各方面情况，研讨和评论了 2017 年发生的主要金融事件，有利于读者了解掌握 2017 年中国的金融状况，把握 2018 年中国金融的走势。

区域经济类

京津冀蓝皮书

京津冀发展报告（2018）

祝合良　叶堂林　张贵祥 / 等著　2018 年 6 月出版　估价：99.00 元

◆　本书遵循问题导向与目标导向相结合、统计数据分析与大数据分析相结合、纵向分析和长期监测与结构分析和综合监测相结合等原则，对京津冀协同发展新形势与新进展进行测度与评价。

社会政法类

社会蓝皮书

2018 年中国社会形势分析与预测

李培林　陈光金　张翼 / 主编　2017 年 12 月出版　定价：89.00 元

◆　本书由中国社会科学院社会学研究所组织研究机构专家、高校学者和政府研究人员撰写，聚焦当下社会热点，对 2017 年中国社会发展的各个方面内容进行了权威解读，同时对 2018 年社会形势发展趋势进行了预测。

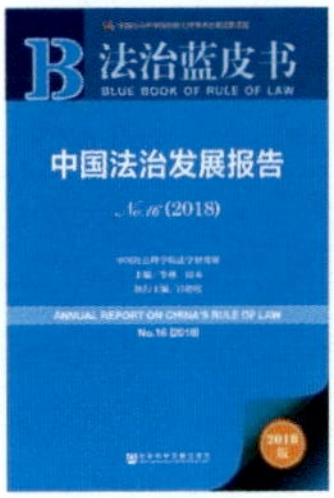

法治蓝皮书

中国法治发展报告 No.16（2018）

李林　田禾 / 主编　2018 年 3 月出版　定价：128.00 元

◆　本年度法治蓝皮书回顾总结了 2017 年度中国法治发展取得的成就和存在的不足，对中国政府、司法、检务透明度进行了跟踪调研，并对 2018 年中国法治发展形势进行了预测和展望。

教育蓝皮书

中国教育发展报告（2018）

杨东平 / 主编　2018 年 3 月出版　定价：89.00 元

◆　本书重点关注了 2017 年教育领域的热点，资料翔实，分析有据，既有专题研究，又有实践案例，从多角度对 2017 年教育改革和实践进行了分析和研究。

社会体制蓝皮书

中国社会体制改革报告 No.6（2018）

龚维斌 / 主编　2018 年 3 月出版　定价：98.00 元

◆　本书由国家行政学院社会治理研究中心和北京师范大学中国社会管理研究院共同组织编写，主要对 2017 年社会体制改革情况进行回顾和总结，对 2018 年的改革走向进行分析，提出相关政策建议。

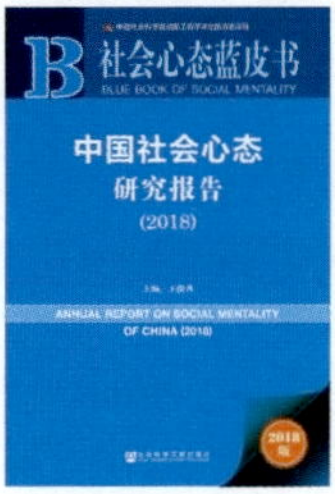

社会心态蓝皮书

中国社会心态研究报告（2018）

王俊秀　杨宜音 / 主编　2018 年 12 月出版　估价：99.00 元

◆　本书是中国社会科学院社会学研究所社会心理研究中心“社会心态蓝皮书课题组”的年度研究成果，运用社会心理学、社会学、经济学、传播学等多种学科的方法进行了调查和研究，对于目前中国社会心态状况有较广泛和深入的揭示。

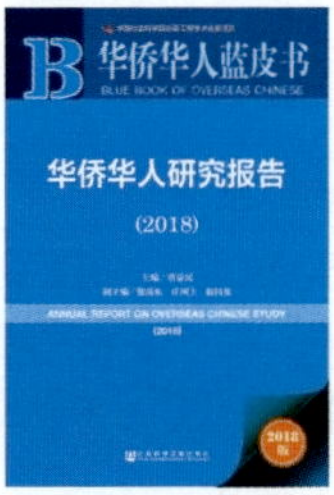

华侨华人蓝皮书

华侨华人研究报告（2018）

贾益民 / 主编　2017 年 12 月出版　估价：139.00 元

◆　本书关注华侨华人生产与生活的方方面面。华侨华人是中国建设 21 世纪海上丝绸之路的重要中介者、推动者和参与者。本书旨在全面调研华侨华人，提供最新涉侨动态、理论研究成果和政策建议。

民族发展蓝皮书

中国民族发展报告（2018）

王延中 / 主编　2018 年 10 月出版　估价：188.00 元

◆　本书从民族学人类学视角，研究近年来少数民族和民族地区的发展情况，展示民族地区经济、政治、文化、社会和生态文明“五位一体”建设取得的辉煌成就和面临的困难挑战，为深刻理解中央民族工作会议精神、加快民族地区全面建成小康社会进程提供了实证材料。

产业经济类

房地产蓝皮书

中国房地产发展报告 No.15（2018）

李春华　王业强 / 主编　2018 年 5 月出版　估价：99.00 元

◆　2018 年《房地产蓝皮书》持续追踪中国房地产市场最新动态，深度剖析市场热点，展望 2018 年发展趋势，积极谋划应对策略。对 2017 年房地产市场的发展态势进行全面、综合的分析。

新能源汽车蓝皮书

中国新能源汽车产业发展报告（2018）

中国汽车技术研究中心　日产（中国）投资有限公司

东风汽车有限公司 / 编著　2018 年 8 月出版　估价：99.00 元

◆　本书对中国 2017 年新能源汽车产业发展进行了全面系统的分析，并介绍了国外的发展经验。有助于相关机构、行业和社会公众等了解中国新能源汽车产业发展的最新动态，为政府部门出台新能源汽车产业相关政策法规、企业制定相关战略规划，提供必要的借鉴和参考。

行业及其他类

旅游绿皮书

2017 ~ 2018 年中国旅游发展分析与预测

中国社会科学院旅游研究中心 / 编　2018 年 1 月出版　定价：99.00 元

◆　本书从政策、产业、市场、社会等多个角度勾画出 2017 年中国旅游发展全貌，剖析了其中的热点和核心问题，并就未来发展作出预测。

民营医院蓝皮书

中国民营医院发展报告（2018）

薛晓林 / 主编　2018 年 11 月出版　估价：99.00 元

◆　本书在梳理国家对社会办医的各种利好政策的前提下，对我国民营医疗发展现状、我国民营医院竞争力进行了分析，并结合我国医疗体制改革对民营医院的发展趋势、发展策略、战略规划等方面进行了预估。

会展蓝皮书

中外会展业动态评估研究报告（2018）

张敏 / 主编　2018 年 12 月出版　估价：99.00 元

◆　本书回顾了 2017 年的会展业发展动态，结合“供给侧改革”、“互联网 +”、“绿色经济”的新形势分析了我国展会的行业现状，并介绍了国外的发展经验，有助于行业和社会了解最新的展会业动态。

中国上市公司蓝皮书

中国上市公司发展报告（2018）

张平　王宏淼 / 主编　2018 年 9 月出版　估价：99.00 元

◆　本书由中国社会科学院上市公司研究中心组织编写的，着力于全面、真实、客观反映当前中国上市公司财务状况和价值评估的综合性年度报告。本书详尽分析了 2017 年中国上市公司情况，特别是现实中暴露出的制度性、基础性问题，并对资本市场改革进行了探讨。

工业和信息化蓝皮书

人工智能发展报告（2017 ~ 2018）

尹丽波 / 主编　2018 年 6 月出版　估价：99.00 元

◆　本书国家工业信息安全发展研究中心在对 2017 年全球人工智能技术和产业进行全面跟踪研究基础上形成的研究报告。该报告内容翔实、视角独特，具有较强的产业发展前瞻性和预测性，可为相关主管部门、行业协会、企业等全面了解人工智能发展形势以及进行科学决策提供参考。

国际问题与全球治理类

世界经济黄皮书

2018 年世界经济形势分析与预测

张宇燕 / 主编　2018 年 1 月出版　定价：99.00 元

◆　本书由中国社会科学院世界经济与政治研究所的研究团队撰写，分总论、国别与地区、专题、热点、世界经济统计与预测等五个部分，对 2018 年世界经济形势进行了分析。

国际城市蓝皮书

国际城市发展报告（2018）

屠启宇 / 主编　2018 年 2 月出版　定价：89.00 元

◆　本书作者以上海社会科学院从事国际城市研究的学者团队为核心，汇集同济大学、华东师范大学、复旦大学、上海交通大学、南京大学、浙江大学相关城市研究专业学者。立足动态跟踪介绍国际城市发展时间中，最新出现的重大战略、重大理念、重大项目、重大报告和最佳案例。

非洲黄皮书

非洲发展报告 No.20（2017 ~ 2018）

张宏明 / 主编　2018 年 7 月出版　估价：99.00 元

◆　本书是由中国社会科学院西亚非洲研究所组织编撰的非洲形势年度报告，比较全面、系统地分析了 2017 年非洲政治形势和热点问题，探讨了非洲经济形势和市场走向，剖析了大国对非洲关系的新动向；此外，还介绍了国内非洲研究的新成果。

国别类

美国蓝皮书

美国研究报告（2018）

郑秉文　黄平 / 主编　2018 年 5 月出版　估价：99.00 元

◆　本书是由中国社会科学院美国研究所主持完成的研究成果，它回顾了美国 2017 年的经济、政治形势与外交战略，对美国内政外交发生的重大事件及重要政策进行了较为全面的回顾和梳理。

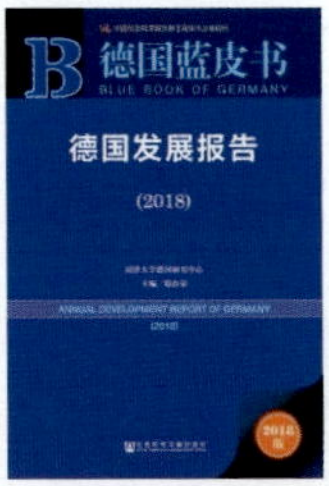

德国蓝皮书

德国发展报告（2018）

郑春荣 / 主编　2018 年 6 月出版　估价：99.00 元

◆　本报告由同济大学德国研究所组织编撰，由该领域的专家学者对德国的政治、经济、社会文化、外交等方面的形势发展情况，进行全面的阐述与分析。

俄罗斯黄皮书

俄罗斯发展报告（2018）

李永全 / 编著　2018 年 6 月出版　估价：99.00 元

◆　本书系统介绍了 2017 年俄罗斯经济政治情况，并对 2016 年该地区发生的焦点、热点问题进行了分析与回顾；在此基础上，对该地区 2018 年的发展前景进行了预测。

文化传媒类

新媒体蓝皮书

中国新媒体发展报告 No.9（2018）

唐绪军 / 主编　2018 年 6 月出版　估价：99.00 元

◆　本书是由中国社会科学院新闻与传播研究所组织编写的关于新媒体发展的最新年度报告，旨在全面分析中国新媒体的发展现状，解读新媒体的发展趋势，探析新媒体的深刻影响。

移动互联网蓝皮书

中国移动互联网发展报告（2018）

余清楚 / 主编　2018 年 6 月出版　估价：99.00 元

◆　本书着眼于对 2017 年度中国移动互联网的发展情况做深入解析，对未来发展趋势进行预测，力求从不同视角、不同层面全面剖析中国移动互联网发展的现状、年度突破及热点趋势等。

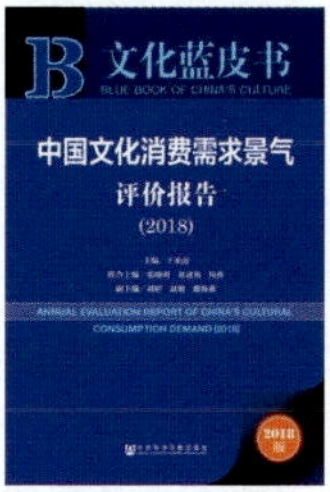

文化蓝皮书

中国文化消费需求景气评价报告（2018）

王亚南 / 主编　2018 年 3 月出版　定价：99.00 元

◆　本书首创全国文化发展量化检测评价体系，也是至今全国唯一的文化民生量化检测评价体系，对于检验全国及各地 " 以人民为中心 " 的文化发展具有首创意义。

地方发展类

北京蓝皮书

北京经济发展报告（2017 ~ 2018）

杨松 / 主编　2018 年 6 月出版　估价：99.00 元

◆　本书对 2017 年北京市经济发展的整体形势进行了系统性的分析与回顾，并对 2018 年经济形势走势进行了预测与研判，聚焦北京市经济社会发展中的全局性、战略性和关键领域的重点问题，运用定量和定性分析相结合的方法，对北京市经济社会发展的现状、问题、成因进行了深入分析，提出了可操作性的对策建议。

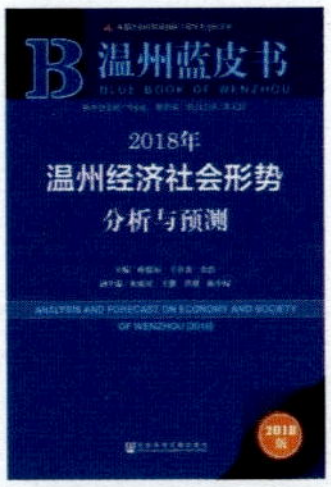

温州蓝皮书

2018 年温州经济社会形势分析与预测

蒋儒标　王春光　金浩 / 主编　2018 年 6 月出版　估价：99.00 元

◆　本书是中共温州市委党校和中国社会科学院社会学研究所合作推出的第十一本温州蓝皮书，由来自党校、政府部门、科研机构、高校的专家、学者共同撰写的 2017 年温州区域发展形势的最新研究成果。

黑龙江蓝皮书

黑龙江社会发展报告（2018）

王爱丽 / 主编　2018 年 1 月出版　定价：89.00 元

◆　本书以千份随机抽样问卷调查和专题研究为依据，运用社会学理论框架和分析方法，从专家和学者的独特视角，对 2017 年黑龙江省关系民生的问题进行广泛的调研与分析，并对 2017 年黑龙江省诸多社会热点和焦点问题进行了有益的探索。这些研究不仅可以为政府部门更加全面深入了解省情、科学制定决策提供智力支持，同时也可以为广大读者认识、了解、关注黑龙江社会发展提供理性思考。

宏观经济类

城市蓝皮书
中国城市发展报告（No.11）
著(编)者：潘家华 单菁菁
2018年9月出版 / 估价：99.00元
PSN B-2007-091-1/1

城乡一体化蓝皮书
中国城乡一体化发展报告（2018）
著(编)者：付崇兰
2018年9月出版 / 估价：99.00元
PSN B-2011-226-1/2

城镇化蓝皮书
中国新型城镇化健康发展报告（2018）
著(编)者：张占斌
2018年8月出版 / 估价：99.00元
PSN B-2014-396-1/1

创新蓝皮书
创新型国家建设报告（2018～2019）
著(编)者：詹正茂
2018年12月出版 / 估价：99.00元
PSN B-2009-140-1/1

低碳发展蓝皮书
中国低碳发展报告（2018）
著(编)者：张希良 齐晔
2018年6月出版 / 估价：99.00元
PSN B-2011-223-1/1

低碳经济蓝皮书
中国低碳经济发展报告（2018）
著(编)者：薛进军 赵忠秀
2018年11月出版 / 估价：99.00元
PSN B-2011-194-1/1

发展和改革蓝皮书
中国经济发展和体制改革报告No.9
著(编)者：邹东涛 王再文
2018年1月出版 / 估价：99.00元
PSN B-2008-122-1/1

国家创新蓝皮书
中国创新发展报告（2017）
著(编)者：陈劲 2018年5月出版 / 估价：99.00元
PSN B-2014-370-1/1

金融蓝皮书
中国金融发展报告（2018）
著(编)者：王国刚
2018年6月出版 / 估价：99.00元
PSN B-2004-031-1/7

经济蓝皮书
2018年中国经济形势分析与预测
著(编)者：李平 2017年12月出版 / 定价：89.00元
PSN B-1996-001-1/1

经济蓝皮书春季号
2018年中国经济前景分析
著(编)者：李扬 2018年5月出版 / 估价：99.00元
PSN B-1999-008-1/1

经济蓝皮书夏季号
中国经济增长报告（2017～2018）
著(编)者：李扬 2018年9月出版 / 估价：99.00元
PSN B-2010-176-1/1

农村绿皮书
中国农村经济形势分析与预测（2017～2018）
著(编)者：魏后凯 黄秉信
2018年4月出版 / 定价：99.00元
PSN G-1998-003-1/1

人口与劳动绿皮书
中国人口与劳动问题报告No.19
著(编)者：张车伟 2018年11月出版 / 估价：99.00元
PSN G-2000-012-1/1

新型城镇化蓝皮书
新型城镇化发展报告（2017）
著(编)者：李伟 宋敏
2018年3月出版 / 定价：98.00元
PSN B-2005-038-1/1

中国省域竞争力蓝皮书
中国省域经济综合竞争力发展报告（2016～2017）
著(编)者：李建平 李闽榕
2018年2月出版 / 定价：198.00元
PSN B-2007-088-1/1

中小城市绿皮书
中国中小城市发展报告（2018）
著(编)者：中国城市经济学会中小城市经济发展委员会
中国城镇化促进会中小城市发展委员会
《中国中小城市发展报告》编纂委员会
中小城市发展战略研究院
2018年11月出版 / 估价：128.00元
PSN G-2010-161-1/1

区域经济类

东北蓝皮书
中国东北地区发展报告（2018）
著(编)者：姜晓秋　2018年11月出版 / 估价：99.00元
PSN B-2006-067-1/1

金融蓝皮书
中国金融中心发展报告（2017～2018）
著(编)者：王力 黄育华　2018年11月出版 / 估价：99.00元
PSN B-2011-186-6/7

京津冀蓝皮书
京津冀发展报告（2018）
著(编)者：祝合良 叶堂林 张贵祥
2018年6月出版 / 估价：99.00元
PSN B-2012-262-1/1

西北蓝皮书
中国西北发展报告（2018）
著(编)者：王福生 马廷旭 董秋生
2018年1月出版 / 定价：99.00元
PSN B-2012-261-1/1

西部蓝皮书
中国西部发展报告（2018）
著(编)者：璋勇 任保平　2018年8月出版 / 估价：99.00元
PSN B-2005-039-1/1

长江经济带产业蓝皮书
长江经济带产业发展报告（2018）
著(编)者：吴传清　2018年11月出版 / 估价：128.00元
PSN B-2017-666-1/1

长江经济带蓝皮书
长江经济带发展报告（2017～2018）
著(编)者：王振　2018年11月出版 / 估价：99.00元
PSN B-2016-575-1/1

长江中游城市群蓝皮书
长江中游城市群新型城镇化与产业协同发展报告（2018）
著(编)者：杨刚强　2018年11月出版 / 估价：99.00元
PSN B-2016-578-1/1

长三角蓝皮书
2017年创新融合发展的长三角
著(编)者：刘飞跃　2018年5月出版 / 估价：99.00元
PSN B-2005-038-1/1

长株潭城市群蓝皮书
长株潭城市群发展报告（2017）
著(编)者：张萍 朱有志　2018年6月出版 / 估价：99.00元
PSN B-2008-109-1/1

特色小镇蓝皮书
特色小镇智慧运营报告（2018）：顶层设计与智慧架
著(编)者：陈劲　2018年1月出版 / 定价：79.00元
PSN B-2018-692-1/1

中部竞争力蓝皮书
中国中部经济社会竞争力报告（2018）
著(编)者：教育部人文社会科学重点研究基地南昌大学中国中部经济社会发展研究中心
2018年12月出版 / 估价：99.00元
PSN B-2012-276-1/1

中部蓝皮书
中国中部地区发展报告（2018）
著(编)者：宋亚平　2018年12月出版 / 估价：99.00元
PSN B-2007-089-1/1

区域蓝皮书
中国区域经济发展报告（2017～2018）
著(编)者：赵弘　2018年5月出版 / 估价：99.00元
PSN B-2004-034-1/1

中三角蓝皮书
长江中游城市群发展报告（2018）
著(编)者：秦尊文　2018年9月出版 / 估价：99.00元
PSN B-2014-417-1/1

中原蓝皮书
中原经济区发展报告（2018）
著(编)者：李英杰　2018年6月出版 / 估价：99.00元
PSN B-2011-192-1/1

珠三角流通蓝皮书
珠三角商圈发展研究报告（2018）
著(编)者：王先庆 林至颖　2018年7月出版 / 估价：99.0
PSN B-2012-292-1/1

社会政法类

北京蓝皮书
中国社区发展报告（2017～2018）
著(编)者：于燕燕　2018年9月出版 / 估价：99.00元
PSN B-2007-083-5/8

殡葬绿皮书
中国殡葬事业发展报告（2017～2018）
著(编)者：李伯森　2018年6月出版 / 估价：158.00元
PSN G-2010-180-1/1

城市管理蓝皮书
中国城市管理报告（2017-2018）
著(编)者：刘林 刘承水　2018年5月出版 / 估价：158.00
PSN B-2013-336-1/1

城市生活质量蓝皮书
中国城市生活质量报告（2017）
著(编)者：张连城 张平 杨春学 郎丽华
2017年12月出版 / 定价：89.00元
PSN B-2013-326-1/1

城市政府能力蓝皮书
中国城市政府公共服务能力评估报告（2018）
著(编)者：何艳玲　　2018年5月出版 / 估价：99.00元
PSN B-2013-338-1/1

创业蓝皮书
中国创业发展研究报告（2017～2018）
著(编)者：黄群慧 赵卫星 钟宏武
2018年11月出版 / 估价：99.00元
PSN B-2016-577-1/1

慈善蓝皮书
中国慈善发展报告（2018）
著(编)者：杨团　　2018年6月出版 / 估价：99.00元
PSN B-2009-142-1/1

党建蓝皮书
党的建设研究报告No.2（2018）
著(编)者：崔建民 陈东平　　2018年6月出版 / 估价：99.00元
PSN B-2016-523-1/1

地方法治蓝皮书
中国地方法治发展报告No.3（2018）
著(编)者：李林 田禾　　2018年6月出版 / 估价：118.00元
PSN B-2015-442-1/1

电子政务蓝皮书
中国电子政务发展报告（2018）
著(编)者：李季　　2018年8月出版 / 估价：99.00元
PSN B-2003-022-1/1

儿童蓝皮书
中国儿童参与状况报告（2017）
著(编)者：苑立新　　2017年12月出版 / 定价：89.00元
PSN B-2017-682-1/1

法治蓝皮书
中国法治发展报告No.16（2018）
著(编)者：李林 田禾　　2018年3月出版 / 定价：128.00元
PSN B-2004-027-1/3

法治蓝皮书
中国法院信息化发展报告 No.2（2018）
著(编)者：李林 田禾　　2018年2月出版 / 定价：118.00元
PSN B-2017-604-3/3

法治政府蓝皮书
中国法治政府发展报告（2017）
著(编)者：中国政法大学法治政府研究院
2018年3月出版 / 定价：158.00元
PSN B-2015-502-1/2

法治政府蓝皮书
中国法治政府评估报告（2018）
著(编)者：中国政法大学法治政府研究院
2018年9月出版 / 估价：168.00元
PSN B-2016-576-2/2

反腐倡廉蓝皮书
中国反腐倡廉建设报告 No.8
著(编)者：张英伟　　2018年12月出版 / 估价：99.00元
PSN B-2012-259-1/1

扶贫蓝皮书
中国扶贫开发报告（2018）
著(编)者：李培林 魏后凯　　2018年12月出版 / 估价：128.00元
PSN B-2016-599-1/1

妇女发展蓝皮书
中国妇女发展报告 No.6
著(编)者：王金玲　　2018年9月出版 / 估价：158.00元
PSN B-2006-069-1/1

妇女教育蓝皮书
中国妇女教育发展报告 No.3
著(编)者：张李玺　　2018年10月出版 / 估价：99.00元
PSN B-2008-121-1/1

妇女绿皮书
2018年：中国性别平等与妇女发展报告
著(编)者：谭琳　　2018年12月出版 / 估价：99.00元
PSN G-2006-073-1/1

公共安全蓝皮书
中国城市公共安全发展报告（2017～2018）
著(编)者：黄育华 杨文明 赵建辉
2018年6月出版 / 估价：99.00元
PSN B-2017-628-1/1

公共服务蓝皮书
中国城市基本公共服务力评价（2018）
著(编)者：钟君 刘志昌 吴正杲
2018年12月出版 / 估价：99.00元
PSN B-2011-214-1/1

公民科学素质蓝皮书
中国公民科学素质报告（2017～2018）
著(编)者：李群 陈雄 马宗文
2017年12月出版 / 定价：89.00元
PSN B-2014-379-1/1

公益蓝皮书
中国公益慈善发展报告（2016）
著(编)者：朱健刚 胡小军　　2018年6月出版 / 估价：99.00元
PSN B-2012-283-1/1

国际人才蓝皮书
中国国际移民报告（2018）
著(编)者：王辉耀　　2018年6月出版 / 估价：99.00元
PSN B-2012-304-3/4

国际人才蓝皮书
中国留学发展报告（2018）No.7
著(编)者：王辉耀 苗绿　　2018年12月出版 / 估价：99.00元
PSN B-2012-244-2/4

海洋社会蓝皮书
中国海洋社会发展报告（2017）
著(编)者：崔凤 宋宁而　　2018年3月出版 / 定价：99.00元
PSN B-2015-478-1/1

行政改革蓝皮书
中国行政体制改革报告No.7（2018）
著(编)者：魏礼群　　2018年6月出版 / 估价：99.00元
PSN B-2011-231-1/1

华侨华人蓝皮书
华侨华人研究报告（2017）
著(编)者：张禹东 庄国土　2017年12月出版 / 定价：148.00元
PSN B-2011-204-1/1

互联网与国家治理蓝皮书
互联网与国家治理发展报告（2017）
著(编)者：张志安　2018年1月出版 / 定价：98.00元
PSN B-2017-671-1/1

环境管理蓝皮书
中国环境管理发展报告（2017）
著(编)者：李金惠　2017年12月出版 / 定价：98.00元
PSN B-2017-678-1/1

环境竞争力绿皮书
中国省域环境竞争力发展报告（2018）
著(编)者：李建平 李闽榕 王金南
2018年11月出版 / 估价：198.00元
PSN G-2010-165-1/1

环境绿皮书
中国环境发展报告（2017～2018）
著(编)者：李波　2018年6月出版 / 估价：99.00元
PSN G-2006-048-1/1

家庭蓝皮书
中国“创建幸福家庭活动”评估报告（2018）
著(编)者：国务院发展研究中心“创建幸福家庭活动评估”课题组
2018年12月出版 / 估价：99.00元
PSN B-2015-508-1/1

健康城市蓝皮书
中国健康城市建设研究报告（2018）
著(编)者：王鸿春 盛继洪　2018年12月出版 / 估价：99.00元
PSN B-2016-564-2/2

健康中国蓝皮书
社区首诊与健康中国分析报告（2018）
著(编)者：高和荣 杨叔禹 姜杰
2018年6月出版 / 估价：99.00元
PSN B-2017-611-1/1

教师蓝皮书
中国中小学教师发展报告（2017）
著(编)者：曾晓东 鱼霞
2018年6月出版 / 估价：99.00元
PSN B-2012-289-1/1

教育扶贫蓝皮书
中国教育扶贫报告（2018）
著(编)者：司树杰 王文静 李兴洲
2018年12月出版 / 估价：99.00元
PSN B-2016-590-1/1

教育蓝皮书
中国教育发展报告（2018）
著(编)者：杨东平　2018年3月出版 / 定价：89.00元
PSN B-2006-047-1/1

金融法治建设蓝皮书
中国金融法治建设年度报告（2015～2016）
著(编)者：朱小黄　2018年6月出版 / 估价：99.00元
PSN B-2017-633-1/1

京津冀教育蓝皮书
京津冀教育发展研究报告（2017～2018）
著(编)者：方中雄　2018年6月出版 / 估价：99.00元
PSN B-2017-608-1/1

就业蓝皮书
2018年中国本科生就业报告
著(编)者：麦可思研究院　2018年6月出版 / 估价：99.00
PSN B-2009-146-1/2

就业蓝皮书
2018年中国高职高专生就业报告
著(编)者：麦可思研究院　2018年6月出版 / 估价：99.00
PSN B-2015-472-2/2

科学教育蓝皮书
中国科学教育发展报告（2018）
著(编)者：王康友　2018年10月出版 / 估价：99.00元
PSN B-2015-487-1/1

劳动保障蓝皮书
中国劳动保障发展报告（2018）
著(编)者：刘燕斌　2018年9月出版 / 估价：158.00元
PSN B-2014-415-1/1

老龄蓝皮书
中国老年宜居环境发展报告（2017）
著(编)者：党俊武 周燕珉　2018年6月出版 / 估价：99.0
PSN B-2013-320-1/1

连片特困区蓝皮书
中国连片特困区发展报告（2017～2018）
著(编)者：游俊 冷志明 丁建军
2018年6月出版 / 估价：99.00元
PSN B-2013-321-1/1

流动儿童蓝皮书
中国流动儿童教育发展报告（2017）
著(编)者：杨东平　2018年6月出版 / 估价：99.00元
PSN B-2017-600-1/1

民调蓝皮书
中国民生调查报告（2018）
著(编)者：谢耘耕　2018年12月出版 / 估价：99.00元
PSN B-2014-398-1/1

民族发展蓝皮书
中国民族发展报告（2018）
著(编)者：王延中　2018年10月出版 / 估价：188.00元
PSN B-2006-070-1/1

女性生活蓝皮书
中国女性生活状况报告No.12（2018）
著(编)者：高博燕　2018年7月出版 / 估价：99.00元
PSN B-2006-071-1/1

汽车社会蓝皮书
中国汽车社会发展报告（2017～2018）
著(编)者：王俊秀　2018年6月出版 / 估价：99.00元
PSN B-2011-224-1/1

青年蓝皮书
中国青年发展报告（2018）No.3
著(编)者：廉思　2018年6月出版 / 估价：99.00元
PSN B-2013-333-1/1

青少年蓝皮书
中国未成年人互联网运用报告（2017～2018）
著(编)者：季为民 李文革 沈杰
2018年11月出版 / 估价：99.00元
PSN B-2010-156-1/1

人权蓝皮书
中国人权事业发展报告No.8（2018）
著(编)者：李君如　2018年9月出版 / 估价：99.00元
PSN B-2011-215-1/1

社会保障绿皮书
中国社会保障发展报告No.9（2018）
著(编)者：王延中　2018年6月出版 / 估价：99.00元
PSN G-2001-014-1/1

社会风险评估蓝皮书
风险评估与危机预警报告（2017～2018）
著(编)者：唐钧　2018年8月出版 / 估价：99.00元
PSN B-2012-293-1/1

社会工作蓝皮书
中国社会工作发展报告（2016~2017）
著(编)者：民政部社会工作研究中心
2018年8月出版 / 估价：99.00元
PSN B-2009-141-1/1

社会管理蓝皮书
中国社会管理创新报告No.6
著(编)者：连玉明　2018年11月出版 / 估价：99.00元
PSN B-2012-300-1/1

社会蓝皮书
2018年中国社会形势分析与预测
著(编)者：李培林 陈光金 张翼
2017年12月出版 / 定价：89.00元
PSN B-1998-002-1/1

社会体制蓝皮书
中国社会体制改革报告No.6（2018）
著(编)者：龚维斌　2018年3月出版 / 定价：98.00元
PSN B-2013-330-1/1

社会心态蓝皮书
中国社会心态研究报告（2018）
著(编)者：王俊秀　2018年12月出版 / 估价：99.00元
PSN B-2011-199-1/1

社会组织蓝皮书
中国社会组织报告（2017-2018）
著(编)者：黄晓勇　2018年6月出版 / 估价：99.00元
PSN B-2008-118-1/2

社会组织蓝皮书
中国社会组织评估发展报告（2018）
著(编)者：徐家良　2018年12月出版 / 估价：99.00元
PSN B-2013-366-2/2

生态城市绿皮书
中国生态城市建设发展报告（2018）
著(编)者：刘举科 孙伟平 胡文臻
2018年9月出版 / 估价：158.00元
PSN G-2012-269-1/1

生态文明绿皮书
中国省域生态文明建设评价报告（ECI 2018）
著(编)者：严耕　2018年12月出版 / 估价：99.00元
PSN G-2010-170-1/1

退休生活蓝皮书
中国城市居民退休生活质量指数报告（2017）
著(编)者：杨一帆　2018年6月出版 / 估价：99.00元
PSN B-2017-618-1/1

危机管理蓝皮书
中国危机管理报告（2018）
著(编)者：文学国 范正青
2018年8月出版 / 估价：99.00元
PSN B-2010-171-1/1

学会蓝皮书
2018年中国学会发展报告
著(编)者：麦可思研究院　2018年12月出版 / 估价：99.00元
PSN B-2016-597-1/1

医改蓝皮书
中国医药卫生体制改革报告（2017～2018）
著(编)者：文学国 房志武
2018年11月出版 / 估价：99.00元
PSN B-2014-432-1/1

应急管理蓝皮书
中国应急管理报告（2018）
著(编)者：宋英华　2018年9月出版 / 估价：99.00元
PSN B-2016-562-1/1

政府绩效评估蓝皮书
中国地方政府绩效评估报告 No.2
著(编)者：贠杰　2018年12月出版 / 估价：99.00元
PSN B-2017-672-1/1

政治参与蓝皮书
中国政治参与报告（2018）
著(编)者：房宁　2018年8月出版 / 估价：128.00元
PSN B-2011-200-1/1

政治文化蓝皮书
中国政治文化报告（2018）
著(编)者：邢元敏 魏大鹏 龚克
2018年8月出版 / 估价：128.00元
PSN B-2017-615-1/1

中国传统村落蓝皮书
中国传统村落保护现状报告（2018）
著(编)者：胡彬彬 李向军 王晓波
2018年12月出版 / 估价：99.00元
PSN B-2017-663-1/1

中国农村妇女发展蓝皮书
农村流动女性城市生活发展报告（2018）
著(编)者：谢丽华　　2018年12月出版 / 估价：99.00元
PSN B-2014-434-1/1

宗教蓝皮书
中国宗教报告（2017）
著(编)者：邱永辉　　2018年8月出版 / 估价：99.00元
PSN B-2008-117-1/1

产业经济类

保健蓝皮书
中国保健服务产业发展报告 No.2
著(编)者：中国保健协会　　中共中央党校
2018年7月出版 / 估价：198.00元
PSN B-2012-272-3/3

保健蓝皮书
中国保健食品产业发展报告 No.2
著(编)者：中国保健协会
中国社会科学院食品药品产业发展与监管研究中心
2018年8月出版 / 估价：198.00元
PSN B-2012-271-2/3

保健蓝皮书
中国保健用品产业发展报告 No.2
著(编)者：中国保健协会
国务院国有资产监督管理委员会研究中心
2018年6月出版 / 估价：198.00元
PSN B-2012-270-1/3

保险蓝皮书
中国保险业竞争力报告（2018）
著(编)者：保监会　　2018年12月出版 / 估价：99.00元
PSN B-2013-311-1/1

冰雪蓝皮书
中国冰上运动产业发展报告（2018）
著(编)者：孙承华 杨占武 刘戈 张鸿俊
2018年9月出版 / 估价：99.00元
PSN B-2017-648-3/3

冰雪蓝皮书
中国滑雪产业发展报告（2018）
著(编)者：孙承华 伍斌 魏庆华 张鸿俊
2018年9月出版 / 估价：99.00元
PSN B-2016-559-1/3

餐饮产业蓝皮书
中国餐饮产业发展报告（2018）
著(编)者：邢颖
2018年6月出版 / 估价：99.00元
PSN B-2009-151-1/1

茶业蓝皮书
中国茶产业发展报告（2018）
著(编)者：杨江帆 李闽榕
2018年10月出版 / 估价：99.00元
PSN B-2010-164-1/1

产业安全蓝皮书
中国文化产业安全报告（2018）
著(编)者：北京印刷学院文化产业安全研究院
2018年12月出版 / 估价：99.00元
PSN B-2014-378-12/14

产业安全蓝皮书
中国新媒体产业安全报告（2016～2017）
著(编)者：肖丽　　2018年6月出版 / 估价：99.00元
PSN B-2015-500-14/14

产业安全蓝皮书
中国出版传媒产业安全报告（2017～2018）
著(编)者：北京印刷学院文化产业安全研究院
2018年6月出版 / 估价：99.00元
PSN B-2014-384-13/14

产业蓝皮书
中国产业竞争力报告 （2018）No.8
著(编)者：张其仔　　2018年12月出版 / 估价：168.00元
PSN B-2010-175-1/1

动力电池蓝皮书
中国新能源汽车动力电池产业发展报告（2018）
著(编)者：中国汽车技术研究中心
2018年8月出版 / 估价：99.00元
PSN B-2017-639-1/1

杜仲产业绿皮书
中国杜仲橡胶资源与产业发展报告（2017～201
著(编)者：杜红岩 胡文臻 俞锐
2018年6月出版 / 估价：99.00元
PSN G-2013-350-1/1

房地产蓝皮书
中国房地产发展报告No.15（2018）
著(编)者：李春华 王业强
2018年5月出版 / 估价：99.00元
PSN B-2004-028-1/1

服务外包蓝皮书
中国服务外包产业发展报告（2017～2018）
著(编)者：王晓红 刘德军
2018年6月出版 / 估价：99.00元
PSN B-2013-331-2/2

服务外包蓝皮书
中国服务外包竞争力报告（2017～2018）
著(编)者：刘春生 王力 黄育华
2018年12月出版 / 估价：99.00元
PSN B-2011-216-1/2

工业和信息化蓝皮书
世界信息技术产业发展报告（2017～2018）
著(编)者：尹丽波　2018年6月出版 / 估价：99.00元
PSN B-2015-449-2/6

工业和信息化蓝皮书
战略性新兴产业发展报告（2017～2018）
著(编)者：尹丽波　2018年6月出版 / 估价：99.00元
PSN B-2015-450-3/6

海洋经济蓝皮书
中国海洋经济发展报告（2015～2018）
著(编)者：殷克东 高金田 方胜民
2018年3月出版 / 定价：128.00元
PSN B-2018-697-1/1

康养蓝皮书
中国康养产业发展报告（2017）
著(编)者：何莽　2017年12月出版 / 定价：88.00元
PSN B-2017-685-1/1

客车蓝皮书
中国客车产业发展报告（2017～2018）
著(编)者：姚蔚　2018年10月出版 / 估价：99.00元
PSN B-2013-361-1/1

流通蓝皮书
中国商业发展报告（2018～2019）
著(编)者：王雪峰 林诗慧
2018年7月出版 / 估价：99.00元
PSN B-2009-152-1/2

能源蓝皮书
中国能源发展报告（2018）
著(编)者：崔民选 王军生 陈义和
2018年12月出版 / 估价：99.00元
PSN B-2006-049-1/1

农产品流通蓝皮书
中国农产品流通产业发展报告（2017）
著(编)者：贾敬敦 张东科 张玉玺 张鹏毅 周伟
2018年6月出版 / 估价：99.00元
PSN B-2012-288-1/1

汽车工业蓝皮书
中国汽车工业发展年度报告（2018）
著(编)者：中国汽车工业协会
中国汽车技术研究中心
丰田汽车公司
2018年5月出版 / 估价：168.00元
PSN B-2015-463-1/2

汽车工业蓝皮书
中国汽车零部件产业发展报告（2017～2018）
著(编)者：中国汽车工业协会
中国汽车工程研究院深圳市沃特玛电池有限公司
2018年9月出版 / 估价：99.00元
PSN B-2016-515-2/2

汽车蓝皮书
中国汽车产业发展报告（2018）
著(编)者：中国汽车工程学会
大众汽车集团（中国）
2018年11月出版 / 估价：99.00元
PSN B-2008-124-1/1

世界茶业蓝皮书
世界茶业发展报告（2018）
著(编)者：李闽榕 冯廷佺
2018年5月出版 / 估价：168.00元
PSN B-2017-619-1/1

世界能源蓝皮书
世界能源发展报告（2018）
著(编)者：黄晓勇　2018年6月出版 / 估价：168.00元
PSN B-2013-349-1/1

石油蓝皮书
中国石油产业发展报告（2018）
著(编)者：中国石油化工集团公司经济技术研究院
中国国际石油化工联合有限责任公司
中国社会科学院数量经济与技术经济研究所
2018年2月出版 / 定价：98.00元
PSN B-2018-690-1/1

体育蓝皮书
国家体育产业基地发展报告（2016～2017）
著(编)者：李颖川　2018年6月出版 / 估价：168.00元
PSN B-2017-609-5/5

体育蓝皮书
中国体育产业发展报告（2018）
著(编)者：阮伟 钟秉枢
2018年12月出版 / 估价：99.00元
PSN B-2010-179-1/5

文化金融蓝皮书
中国文化金融发展报告（2018）
著(编)者：杨涛 金巍
2018年6月出版 / 估价：99.00元
PSN B-2017-610-1/1

新能源汽车蓝皮书
中国新能源汽车产业发展报告（2018）
著(编)者：中国汽车技术研究中心
日产（中国）投资有限公司
东风汽车有限公司
2018年8月出版 / 估价：99.00元
PSN B-2013-347-1/1

薏仁米产业蓝皮书
中国薏仁米产业发展报告No.2（2018）
著(编)者：李发耀 石明 秦礼康
2018年8月出版 / 估价：99.00元
PSN B-2017-645-1/1

邮轮绿皮书
中国邮轮产业发展报告（2018）
著(编)者：汪泓　2018年10月出版 / 估价：99.00元
PSN G-2014-419-1/1

智能养老蓝皮书
中国智能养老产业发展报告（2018）
著(编)者：朱勇　2018年10月出版 / 估价：99.00元
PSN B-2015-488-1/1

中国节能汽车蓝皮书
中国节能汽车发展报告（2017～2018）
著(编)者：中国汽车工程研究院股份有限公司
2018年9月出版 / 估价：99.00元
PSN B-2016-565-1/1

中国陶瓷产业蓝皮书
中国陶瓷产业发展报告（2018）
著(编)者：左和平 黄速建
2018年10月出版 / 估价：99.00元
PSN B-2016-573-1/1

装备制造业蓝皮书
中国装备制造业发展报告（2018）
著(编)者：徐东华
2018年12月出版 / 估价：118.00元
PSN B-2015-505-1/1

行业及其他类

“三农”互联网金融蓝皮书
中国“三农”互联网金融发展报告（2018）
著(编)者：李勇坚 王弢
2018年8月出版 / 估价：99.00元
PSN B-2016-560-1/1

SUV蓝皮书
中国SUV市场发展报告（2017~2018）
著(编)者：靳军 2018年9月出版 / 估价：99.00元
PSN B-2016-571-1/1

冰雪蓝皮书
中国冬季奥运会发展报告（2018）
著(编)者：孙承华 伍斌 魏庆华 张鸿俊
2018年9月出版 / 估价：99.00元
PSN B-2017-647-2/3

彩票蓝皮书
中国彩票发展报告（2018）
著(编)者：益彩基金 2018年6月出版 / 估价：99.00元
PSN B-2015-462-1/1

测绘地理信息蓝皮书
测绘地理信息供给侧结构性改革研究报告（2018）
著(编)者：库热西·买合苏提
2018年12月出版 / 估价：168.00元
PSN B-2009-145-1/1

产权市场蓝皮书
中国产权市场发展报告（2017）
著(编)者：曹和平
2018年5月出版 / 估价：99.00元
PSN B-2009-147-1/1

城投蓝皮书
中国城投行业发展报告（2018）
著(编)者：华景斌
2018年11月出版 / 估价：300.00元
PSN B-2016-514-1/1

城市轨道交通蓝皮书
中国城市轨道交通运营发展报告（2017~2018）
著(编)者：崔学忠 贾文峥
2018年3月出版 / 定价：89.00元
PSN B-2018-694-1/1

大数据蓝皮书
中国大数据发展报告（No.2）
著(编)者：连玉明 2018年5月出版 / 估价：99.00元
PSN B-2017-620-1/1

大数据应用蓝皮书
中国大数据应用发展报告No.2（2018）
著(编)者：陈军君 2018年8月出版 / 估价：99.00元
PSN B-2017-644-1/1

对外投资与风险蓝皮书
中国对外直接投资与国家风险报告（2018）
著(编)者：中债资信评估有限责任公司
中国社会科学院世界经济与政治研究所
2018年6月出版 / 估价：189.00元
PSN B-2017-606-1/1

工业和信息化蓝皮书
人工智能发展报告（2017~2018）
著(编)者：尹丽波 2018年6月出版 / 估价：99.00元
PSN B-2015-448-1/6

工业和信息化蓝皮书
世界智慧城市发展报告（2017~2018）
著(编)者：尹丽波 2018年6月出版 / 估价：99.00元
PSN B-2017-624-6/6

工业和信息化蓝皮书
世界网络安全发展报告（2017~2018）
著(编)者：尹丽波 2018年6月出版 / 估价：99.00元
PSN B-2015-452-5/6

工业和信息化蓝皮书
世界信息化发展报告（2017~2018）
著(编)者：尹丽波 2018年6月出版 / 估价：99.00元
PSN B-2015-451-4/6

工业设计蓝皮书
中国工业设计发展报告（2018）
著(编)者：王晓红 于炜 张立群 2018年9月出版 / 估价：16
PSN B-2014-420-1/1

公共关系蓝皮书
中国公共关系发展报告（2017）
著(编)者：柳斌杰 2018年1月出版 / 定价：89.00元
PSN B-2016-579-1/1

公共关系蓝皮书
中国公共关系发展报告（2018）
著(编)者：柳斌杰　2018年11月出版 / 估价：99.00元
PSN B-2016-579-1/1

管理蓝皮书
中国管理发展报告（2018）
著(编)者：张晓东　2018年10月出版 / 估价：99.00元
PSN B-2014-416-1/1

轨道交通蓝皮书
中国轨道交通行业发展报告（2017）
著(编)者：仲建华 李闽榕
2017年12月出版 / 定价：98.00元
PSN B-2017-674-1/1

海关发展蓝皮书
中国海关发展前沿报告（2018）
著(编)者：干春晖　2018年6月出版 / 估价：99.00元
PSN B-2017-616-1/1

互联网医疗蓝皮书
中国互联网健康医疗发展报告（2018）
著(编)者：芮晓武　2018年6月出版 / 估价：99.00元
PSN B-2016-567-1/1

黄金市场蓝皮书
中国商业银行黄金业务发展报告（2017～2018）
著(编)者：平安银行　2018年6月出版 / 估价：99.00元
PSN B-2016-524-1/1

会展蓝皮书
中外会展业动态评估研究报告（2018）
著(编)者：张敏 任中峰 聂鑫焱 牛盼强
2018年12月出版 / 估价：99.00元
PSN B-2013-327-1/1

基金会蓝皮书
中国基金会发展报告（2017~2018）
著(编)者：中国基金会发展报告课题组
2018年6月出版 / 估价：99.00元
PSN B-2013-368-1/1

基金会绿皮书
中国基金会发展独立研究报告（2018）
著(编)者：基金会中心网　中央民族大学基金会研究中心
2018年6月出版 / 估价：99.00元
PSN G-2011-213-1/1

基金会透明度蓝皮书
中国基金会透明度发展研究报告（2018）
著(编)者：基金会中心网
清华大学廉政与治理研究中心
2018年9月出版 / 估价：99.00元
PSN B-2013-339-1/1

建筑装饰蓝皮书
中国建筑装饰行业发展报告（2018）
著(编)者：葛道顺 刘晓一
2018年10月出版 / 估价：198.00元
PSN B-2016-553-1/1

金融监管蓝皮书
中国金融监管报告（2018）
著(编)者：胡滨　2018年3月出版 / 定价：98.00元
PSN B-2012-281-1/1

金融蓝皮书
中国互联网金融行业分析与评估（2018～2019）
著(编)者：黄国平 伍旭川　2018年12月出版 / 估价：99.00元
PSN B-2016-585-7/7

金融科技蓝皮书
中国金融科技发展报告（2018）
著(编)者：李扬 孙国峰　2018年10月出版 / 估价：99.00元
PSN B-2014-374-1/1

金融信息服务蓝皮书
中国金融信息服务发展报告（2018）
著(编)者：李平　2018年5月出版 / 估价：99.00元
PSN B-2017-621-1/1

金蜜蜂企业社会责任蓝皮书
金蜜蜂中国企业社会责任报告研究（2017）
著(编)者：殷格非 于志宏 管竹笋
2018年1月出版 / 定价：99.00元
PSN B-2018-693-1/1

京津冀金融蓝皮书
京津冀金融发展报告（2018）
著(编)者：王爱俭 王璟怡　2018年10月出版 / 估价：99.00元
PSN B-2016-527-1/1

科普蓝皮书
国家科普能力发展报告（2018）
著(编)者：王康友　2018年5月出版 / 估价：138.00元
PSN B-2017-632-4/4

科普蓝皮书
中国基层科普发展报告（2017～2018）
著(编)者：赵立新 陈玲　2018年9月出版 / 估价：99.00元
PSN B-2016-568-3/4

科普蓝皮书
中国科普基础设施发展报告（2017～2018）
著(编)者：任福君　2018年6月出版 / 估价：99.00元
PSN B-2010-174-1/3

科普蓝皮书
中国科普人才发展报告（2017～2018）
著(编)者：郑念 任嵘嵘　2018年7月出版 / 估价：99.00元
PSN B-2016-512-2/4

科普能力蓝皮书
中国科普能力评价报告（2018～2019）
著(编)者：李富强 李群　2018年8月出版 / 估价：99.00元
PSN B-2016-555-1/1

临空经济蓝皮书
中国临空经济发展报告（2018）
著(编)者：连玉明　2018年9月出版 / 估价：99.00元
PSN B-2014-421-1/1

旅游安全蓝皮书
中国旅游安全报告（2018）
著(编)者：郑向敏 谢朝武 2018年5月出版 / 估价：158.00元
PSN B-2012-280-1/1

旅游绿皮书
2017~2018年中国旅游发展分析与预测
著(编)者：宋瑞 2018年1月出版 / 定价：99.00元
PSN G-2002-018-1/1

煤炭蓝皮书
中国煤炭工业发展报告（2018）
著(编)者：岳福斌 2018年12月出版 / 估价：99.00元
PSN B-2008-123-1/1

民营企业社会责任蓝皮书
中国民营企业社会责任报告（2018）
著(编)者：中华全国工商业联合会
2018年12月出版 / 估价：99.00元
PSN B-2015-510-1/1

民营医院蓝皮书
中国民营医院发展报告（2017）
著(编)者：薛晓林 2017年12月出版 / 定价：89.00元
PSN B-2012-299-1/1

闽商蓝皮书
闽商发展报告（2018）
著(编)者：李闽榕 王日根 林琛
2018年12月出版 / 估价：99.00元
PSN B-2012-298-1/1

农业应对气候变化蓝皮书
中国农业气象灾害及其灾损评估报告（No.3）
著(编)者：矫梅燕 2018年6月出版 / 估价：118.00元
PSN B-2014-413-1/1

品牌蓝皮书
中国品牌战略发展报告（2018）
著(编)者：汪同三 2018年10月出版 / 估价：99.00元
PSN B-2016-580-1/1

企业扶贫蓝皮书
中国企业扶贫研究报告（2018）
著(编)者：钟宏武 2018年12月出版 / 估价：99.00元
PSN B-2016-593-1/1

企业公益蓝皮书
中国企业公益研究报告（2018）
著(编)者：钟宏武 汪杰 黄晓娟
2018年12月出版 / 估价：99.00元
PSN B-2015-501-1/1

企业国际化蓝皮书
中国企业全球化报告（2018）
著(编)者：王辉耀 苗绿 2018年11月出版 / 估价：99.00元
PSN B-2014-427-1/1

企业蓝皮书
中国企业绿色发展报告No.2（2018）
著(编)者：李红玉 朱光辉
2018年8月出版 / 估价：99.00元
PSN B-2015-481-2/2

企业社会责任蓝皮书
中资企业海外社会责任研究报告（2017~2018）
著(编)者：钟宏武 叶柳红 张蒽
2018年6月出版 / 估价：99.00元
PSN B-2017-603-2/2

企业社会责任蓝皮书
中国企业社会责任研究报告（2018）
著(编)者：黄群慧 钟宏武 张蒽 汪杰
2018年11月出版 / 估价：99.00元
PSN B-2009-149-1/2

汽车安全蓝皮书
中国汽车安全发展报告（2018）
著(编)者：中国汽车技术研究中心
2018年8月出版 / 估价：99.00元
PSN B-2014-385-1/1

汽车电子商务蓝皮书
中国汽车电子商务发展报告（2018）
著(编)者：中华全国工商业联合会汽车经销商商会
北方工业大学
北京易观智库网络科技有限公司
2018年10月出版 / 估价：158.00元
PSN B-2015-485-1/1

汽车知识产权蓝皮书
中国汽车产业知识产权发展报告（2018）
著(编)者：中国汽车工程研究院股份有限公司
中国汽车工程学会
重庆长安汽车股份有限公司
2018年12月出版 / 估价：99.00元
PSN B-2016-594-1/1

青少年体育蓝皮书
中国青少年体育发展报告（2017）
著(编)者：刘扶民 杨桦 2018年6月出版 / 估价：99.00元
PSN B-2015-482-1/1

区块链蓝皮书
中国区块链发展报告（2018）
著(编)者：李伟 2018年9月出版 / 估价：99.00元
PSN B-2017-649-1/1

群众体育蓝皮书
中国群众体育发展报告（2017）
著(编)者：刘国永 戴健 2018年5月出版 / 估价：99.00元
PSN B-2014-411-1/3

群众体育蓝皮书
中国社会体育指导员发展报告（2018）
著(编)者：刘国永 王欢 2018年6月出版 / 估价：99.00元
PSN B-2016-520-3/3

人力资源蓝皮书
中国人力资源发展报告（2018）
著(编)者：余兴安 2018年11月出版 / 估价：99.00元
PSN B-2012-287-1/1

融资租赁蓝皮书
中国融资租赁业发展报告（2017~2018）
著(编)者：李光荣 王力 2018年8月出版 / 估价：99.00元
PSN B-2015-443-1/1

商会蓝皮书
中国商会发展报告No.5（2017）
著(编)者：王钦敏　2018年7月出版 / 估价：99.00元
PSN B-2008-125-1/1

商务中心区蓝皮书
中国商务中心区发展报告No.4（2017~2018）
著(编)者：李国红 单菁菁　2018年9月出版 / 估价：99.00元
PSN B-2015-444-1/1

设计产业蓝皮书
中国创新设计发展报告（2018）
著(编)者：王晓红 张立群 于炜
2018年11月出版 / 估价：99.00元
PSN B-2016-581-2/2

社会责任管理蓝皮书
中国上市公司社会责任能力成熟度报告No.4（2018）
著(编)者：肖红军 王晓光 李伟阳
2018年12月出版 / 估价：99.00元
PSN B-2015-507-2/2

社会责任管理蓝皮书
中国企业公众透明度报告No.4（2017~2018）
著(编)者：黄速建 熊梦 王晓光 肖红军
2018年6月出版 / 估价：99.00元
PSN B-2015-440-1/2

食品药品蓝皮书
食品药品安全与监管政策研究报告（2016~2017）
著(编)者：唐民皓　2018年6月出版 / 估价：99.00元
PSN B-2009-129-1/1

输血服务蓝皮书
中国输血行业发展报告（2018）
著(编)者：孙俊　2018年12月出版 / 估价：99.00元
PSN B-2016-582-1/1

水利风景区蓝皮书
中国水利风景区发展报告（2018）
著(编)者：董建文 兰思仁
2018年10月出版 / 估价：99.00元
PSN B-2015-480-1/1

数字经济蓝皮书
全球数字经济竞争力发展报告（2017）
著(编)者：王振　2017年12月出版 / 定价：79.00元
PSN B-2017-673-1/1

私募市场蓝皮书
中国私募股权市场发展报告（2017~2018）
著(编)者：曹和平　2018年12月出版 / 估价：99.00元
PSN B-2010-162-1/1

碳排放权交易蓝皮书
中国碳排放权交易报告（2018）
著(编)者：孙永平　2018年11月出版 / 估价：99.00元
PSN B-2017-652-1/1

碳市场蓝皮书
中国碳市场报告（2018）
著(编)者：定金彪　2018年11月出版 / 估价：99.00元
PSN B-2014-430-1/1

体育蓝皮书
中国公共体育服务发展报告（2018）
著(编)者：戴健　2018年12月出版 / 估价：99.00元
PSN B-2013-367-2/5

土地市场蓝皮书
中国农村土地市场发展报告（2017~2018）
著(编)者：李光荣　2018年6月出版 / 估价：99.00元
PSN B-2016-526-1/1

土地整治蓝皮书
中国土地整治发展研究报告（No.5）
著(编)者：国土资源部土地整治中心
2018年7月出版 / 估价：99.00元
PSN B-2014-401-1/1

土地政策蓝皮书
中国土地政策研究报告（2018）
著(编)者：高延利 张建平 吴次芳
2018年1月出版 / 定价：98.00元
PSN B-2015-506-1/1

网络空间安全蓝皮书
中国网络空间安全发展报告（2018）
著(编)者：惠志斌 覃庆玲
2018年11月出版 / 估价：99.00元
PSN B-2015-466-1/1

文化志愿服务蓝皮书
中国文化志愿服务发展报告（2018）
著(编)者：张永新 良警宇　2018年11月出版 / 估价：128.00元
PSN B-2016-596-1/1

西部金融蓝皮书
中国西部金融发展报告（2017~2018）
著(编)者：李忠民　2018年8月出版 / 估价：99.00元
PSN B-2010-160-1/1

协会商会蓝皮书
中国行业协会商会发展报告（2017）
著(编)者：景朝阳 李勇　2018年6月出版 / 估价：99.00元
PSN B-2015-461-1/1

新三板蓝皮书
中国新三板市场发展报告（2018）
著(编)者：王力　2018年8月出版 / 估价：99.00元
PSN B-2016-533-1/1

信托市场蓝皮书
中国信托业市场报告（2017~2018）
著(编)者：用益金融信托研究院
2018年6月出版 / 估价：198.00元
PSN B-2014-371-1/1

信息化蓝皮书
中国信息化形势分析与预测（2017~2018）
著(编)者：周宏仁　2018年8月出版 / 估价：99.00元
PSN B-2010-168-1/1

信用蓝皮书
中国信用发展报告（2017~2018）
著(编)者：章政 田侃　2018年6月出版 / 估价：99.00元
PSN B-2013-328-1/1

休闲绿皮书
2017～2018年中国休闲发展报告
著(编)者：宋瑞　2018年7月出版 / 估价：99.00元
PSN G-2010-158-1/1

休闲体育蓝皮书
中国休闲体育发展报告（2017～2018）
著(编)者：李相如 钟秉枢
2018年10月出版 / 估价：99.00元
PSN B-2016-516-1/1

养老金融蓝皮书
中国养老金融发展报告（2018）
著(编)者：董克用 姚余栋
2018年9月出版 / 估价：99.00元
PSN B-2016-583-1/1

遥感监测绿皮书
中国可持续发展遥感监测报告（2017）
著(编)者：顾行发 汪克强 潘教峰 李闽榕 徐东华 王琦安
2018年6月出版 / 估价：298.00元
PSN B-2017-629-1/1

药品流通蓝皮书
中国药品流通行业发展报告（2018）
著(编)者：佘鲁林 温再兴
2018年7月出版 / 估价：198.00元
PSN B-2014-429-1/1

医疗器械蓝皮书
中国医疗器械行业发展报告（2018）
著(编)者：王宝亭 耿鸿武
2018年10月出版 / 估价：99.00元
PSN B-2017-661-1/1

医院蓝皮书
中国医院竞争力报告（2017~2018）
著(编)者：庄一强　2018年3月出版 / 定价：108.00元
PSN B-2016-528-1/1

瑜伽蓝皮书
中国瑜伽业发展报告（2017~2018）
著(编)者：张永建 徐华锋 朱泰余
2018年6月出版 / 估价：198.00元
PSN B-2017-625-1/1

债券市场蓝皮书
中国债券市场发展报告（2017～2018）
著(编)者：杨农　2018年10月出版 / 估价：99.00元
PSN B-2016-572-1/1

志愿服务蓝皮书
中国志愿服务发展报告（2018）
著(编)者：中国志愿服务联合会
2018年11月出版 / 估价：99.00元
PSN B-2017-664-1/1

中国上市公司蓝皮书
中国上市公司发展报告（2018）
著(编)者：张鹏 张平 黄胤英
2018年9月出版 / 估价：99.00元
PSN B-2014-414-1/1

中国新三板蓝皮书
中国新三板创新与发展报告（2018）
著(编)者：刘平安 闻召林
2018年8月出版 / 估价：158.00元
PSN B-2017-638-1/1

中国汽车品牌蓝皮书
中国乘用车品牌发展报告（2017）
著(编)者：《中国汽车报》社有限公司
博世（中国）投资有限公司
中国汽车技术研究中心数据资源中心
2018年1月出版 / 定价：89.00元
PSN B-2017-679-1/1

中医文化蓝皮书
北京中医药文化传播发展报告（2018）
著(编)者：毛嘉陵　2018年6月出版 / 估价：99.00元
PSN B-2015-468-1/2

中医文化蓝皮书
中国中医药文化传播发展报告（2018）
著(编)者：毛嘉陵　2018年7月出版 / 估价：99.00元
PSN B-2016-584-2/2

中医药蓝皮书
北京中医药知识产权发展报告No.2
著(编)者：汪洪 屠志涛　2018年6月出版 / 估价：168.00元
PSN B-2017-602-1/1

资本市场蓝皮书
中国场外交易市场发展报告（2016～2017）
著(编)者：高峦　2018年6月出版 / 估价：99.00元
PSN B-2009-153-1/1

资产管理蓝皮书
中国资产管理行业发展报告（2018）
著(编)者：郑智　2018年7月出版 / 估价：99.00元
PSN B-2014-407-2/2

资产证券化蓝皮书
中国资产证券化发展报告（2018）
著(编)者：沈炳熙 曹彤 李哲平
2018年4月出版 / 定价：98.00元
PSN B-2017-660-1/1

自贸区蓝皮书
中国自贸区发展报告（2018）
著(编)者：王力 黄育华
2018年6月出版 / 估价：99.00元
PSN B-2016-558-1/1

国际问题与全球治理类

“一带一路”跨境通道蓝皮书
“一带一路”跨境通道建设研究报（2017～2018）
著(编)者：余鑫 张秋生　2018年1月出版 / 定价：89.00元
PSN B-2016-557-1/1

“一带一路”蓝皮书
“一带一路”建设发展报告（2018）
著(编)者：李永全　2018年3月出版 / 定价：98.00元
PSN B-2016-552-1/1

“一带一路”投资安全蓝皮书
中国“一带一路”投资与安全研究报告（2018）
著(编)者：邹统钎 梁昊光　2018年4月出版 / 定价：98.00元
PSN B-2017-612-1/1

“一带一路”文化交流蓝皮书
中阿文化交流发展报告（2017）
著(编)者：王辉　2017年12月出版 / 定价：89.00元
PSN B-2017-655-1/1

G20国家创新竞争力黄皮书
二十国集团（G20）国家创新竞争力发展报告（2017～2018）
著(编)者：李建平 李闽榕 赵新力 周天勇
2018年7月出版 / 估价：168.00元
PSN Y-2011-229-1/1

阿拉伯黄皮书
阿拉伯发展报告（2016～2017）
著(编)者：罗林　2018年6月出版 / 估价：99.00元
PSN Y-2014-381-1/1

北部湾蓝皮书
泛北部湾合作发展报告（2017～2018）
著(编)者：吕余生　2018年12月出版 / 估价：99.00元
PSN B-2008-114-1/1

北极蓝皮书
北极地区发展报告（2017）
著(编)者：刘惠荣　2018年7月出版 / 估价：99.00元
PSN B-2017-634-1/1

大洋洲蓝皮书
大洋洲发展报告（2017～2018）
著(编)者：喻常森　2018年10月出版 / 估价：99.00元
PSN B-2013-341-1/1

东北亚区域合作蓝皮书
2017年“一带一路”倡议与东北亚区域合作
著(编)者：刘亚政 金美花
2018年5月出版 / 估价：99.00元
PSN B-2017-631-1/1

东盟黄皮书
东盟发展报告（2017）
著(编)者：杨静林 庄国土　2018年6月出版 / 估价：99.00元
PSN Y-2012-303-1/1

东南亚蓝皮书
东南亚地区发展报告（2017～2018）
著(编)者：王勤　2018年12月出版 / 估价：99.00元
PSN B-2012-240-1/1

非洲黄皮书
非洲发展报告No.20（2017～2018）
著(编)者：张宏明　2018年7月出版 / 估价：99.00元
PSN Y-2012-239-1/1

非传统安全蓝皮书
中国非传统安全研究报告（2017～2018）
著(编)者：潇枫 罗中枢　2018年8月出版 / 估价：99.00元
PSN B-2012-273-1/1

国际安全蓝皮书
中国国际安全研究报告（2018）
著(编)者：刘慧　2018年7月出版 / 估价：99.00元
PSN B-2016-521-1/1

国际城市蓝皮书
国际城市发展报告（2018）
著(编)者：屠启宇　2018年2月出版 / 定价：89.00元
PSN B-2012-260-1/1

国际形势黄皮书
全球政治与安全报告（2018）
著(编)者：张宇燕　2018年1月出版 / 定价：99.00元
PSN Y-2001-016-1/1

公共外交蓝皮书
中国公共外交发展报告（2018）
著(编)者：赵启正 雷蔚真　2018年6月出版 / 估价：99.00元
PSN B-2015-457-1/1

海丝蓝皮书
21世纪海上丝绸之路研究报告（2017）
著(编)者：华侨大学海上丝绸之路研究院
2017年12月出版 / 定价：89.00元
PSN B-2017-684-1/1

金砖国家黄皮书
金砖国家综合创新竞争力发展报告（2018）
著(编)者：赵新力 李闽榕 黄茂兴
2018年8月出版 / 估价：128.00元
PSN Y-2017-643-1/1

拉美黄皮书
拉丁美洲和加勒比发展报告（2017～2018）
著(编)者：袁东振　2018年6月出版 / 估价：99.00元
PSN Y-1999-007-1/1

澜湄合作蓝皮书
澜沧江-湄公河合作发展报告（2018）
著(编)者：刘稚　2018年9月出版 / 估价：99.00元
PSN B-2011-196-1/1

欧洲蓝皮书
欧洲发展报告（2017～2018）
著(编)者：黄平 周弘 程卫东
2018年6月出版 / 估价：99.00元
PSN B-1999-009-1/1

葡语国家蓝皮书
葡语国家发展报告（2016～2017）
著(编)者：王成安 张敏 刘金兰
2018年6月出版 / 估价：99.00元
PSN B-2015-503-1/2

葡语国家蓝皮书
中国与葡语国家关系发展报告·巴西（2016）
著(编)者：张曙光
2018年8月出版 / 估价：99.00元
PSN B-2016-563-2/2

气候变化绿皮书
应对气候变化报告（2018）
著(编)者：王伟光 郑国光
2018年11月出版 / 估价：99.00元
PSN G-2009-144-1/1

全球环境竞争力绿皮书
全球环境竞争力报告（2018）
著(编)者：李建平 李闽榕 王金南
2018年12月出版 / 估价：198.00元
PSN G-2013-363-1/1

全球信息社会蓝皮书
全球信息社会发展报告（2018）
著(编)者：丁波涛 唐涛　2018年10月出版 / 估价：99.00元
PSN B-2017-665-1/1

日本经济蓝皮书
日本经济与中日经贸关系研究报告（2018）
著(编)者：张季风　2018年6月出版 / 估价：99.00元
PSN B-2008-102-1/1

上海合作组织黄皮书
上海合作组织发展报告（2018）
著(编)者：李进峰　2018年6月出版 / 估价：99.00元
PSN Y-2009-130-1/1

世界创新竞争力黄皮书
世界创新竞争力发展报告（2017）
著(编)者：李建平 李闽榕 赵新力
2018年6月出版 / 估价：168.00元
PSN Y-2013-318-1/1

世界经济黄皮书
2018年世界经济形势分析与预测
著(编)者：张宇燕　2018年1月出版 / 定价：99.00元
PSN Y-1999-006-1/1

世界能源互联互通蓝皮书
世界能源清洁发展与互联互通评估报告（2017）：欧洲
著(编)者：国网能源研究院
2018年1月出版 / 定价：128.00元
PSN B-2018-695-1/1

丝绸之路蓝皮书
丝绸之路经济带发展报告（2018）
著(编)者：任宗哲 白宽犁 谷孟宾
2018年1月出版 / 定价：89.00元
PSN B-2014-410-1/1

新兴经济体蓝皮书
金砖国家发展报告（2018）
著(编)者：林跃勤 周文
2018年8月出版 / 估价：99.00元
PSN B-2011-195-1/1

亚太蓝皮书
亚太地区发展报告（2018）
著(编)者：李向阳　2018年5月出版 / 估价：99.00元
PSN B-2001-015-1/1

印度洋地区蓝皮书
印度洋地区发展报告（2018）
著(编)者：汪戎　2018年6月出版 / 估价：99.00元
PSN B-2013-334-1/1

印度尼西亚经济蓝皮书
印度尼西亚经济发展报告（2017）：增长与机会
著(编)者：左志刚　2017年11月出版 / 定价：89.00元
PSN B-2017-675-1/1

渝新欧蓝皮书
渝新欧沿线国家发展报告（2018）
著(编)者：杨柏 黄森
2018年6月出版 / 估价：99.00元
PSN B-2017-626-1/1

中阿蓝皮书
中国-阿拉伯国家经贸发展报告（2018）
著(编)者：张廉 段庆林 王林聪 杨巧红
2018年12月出版 / 估价：99.00元
PSN B-2016-598-1/1

中东黄皮书
中东发展报告No.20（2017～2018）
著(编)者：杨光　2018年10月出版 / 估价：99.00元
PSN Y-1998-004-1/1

中亚黄皮书
中亚国家发展报告（2018）
著(编)者：孙力
2018年3月出版 / 定价：98.00元
PSN Y-2012-238-1/1

国别类

澳大利亚蓝皮书
澳大利亚发展报告（2017-2018）
著(编)者：孙有中 韩锋　2018年12月出版 / 估价：99.00元
PSN B-2016-587-1/1

巴西黄皮书
巴西发展报告（2017）
著(编)者：刘国枝　2018年5月出版 / 估价：99.00元
PSN Y-2017-614-1/1

德国蓝皮书
德国发展报告（2018）
著(编)者：郑春荣　2018年6月出版 / 估价：99.00元
PSN B-2012-278-1/1

俄罗斯黄皮书
俄罗斯发展报告（2018）
著(编)者：李永全　2018年6月出版 / 估价：99.00元
PSN Y-2006-061-1/1

韩国蓝皮书
韩国发展报告（2017）
著(编)者：牛林杰 刘宝全　2018年6月出版 / 估价：99.00元
PSN B-2010-155-1/1

加拿大蓝皮书
加拿大发展报告（2018）
著(编)者：唐小松　2018年9月出版 / 估价：99.00元
PSN B-2014-389-1/1

美国蓝皮书
美国研究报告（2018）
著(编)者：郑秉文 黄平　2018年5月出版 / 估价：99.00元
PSN B-2011-210-1/1

缅甸蓝皮书
缅甸国情报告（2017）
著(编)者：祝湘辉
2017年11月出版 / 定价：98.00元
PSN B-2013-343-1/1

日本蓝皮书
日本研究报告（2018）
著(编)者：杨伯江　2018年4月出版 / 定价：99.00元
PSN B-2002-020-1/1

土耳其蓝皮书
土耳其发展报告（2018）
著(编)者：郭长刚 刘义　2018年9月出版 / 估价：99.00元
PSN B-2014-412-1/1

伊朗蓝皮书
伊朗发展报告（2017～2018）
著(编)者：冀开运　2018年10月 / 估价：99.00元
PSN B-2016-574-1/1

以色列蓝皮书
以色列发展报告（2018）
著(编)者：张倩红　2018年8月出版 / 估价：99.00元
PSN B-2015-483-1/1

印度蓝皮书
印度国情报告（2017）
著(编)者：吕昭义　2018年6月出版 / 估价：99.00元
PSN B-2012-241-1/1

英国蓝皮书
英国发展报告（2017～2018）
著(编)者：王展鹏　2018年12月出版 / 估价：99.00元
PSN B-2015-486-1/1

越南蓝皮书
越南国情报告（2018）
著(编)者：谢林城　2018年11月出版 / 估价：99.00元
PSN B-2006-056-1/1

泰国蓝皮书
泰国研究报告（2018）
著(编)者：庄国土 张禹东　刘文正
2018年10月出版 / 估价：99.00元
PSN B-2016-556-1/1

文化传媒类

“三农”舆情蓝皮书
中国“三农”网络舆情报告（2017～2018）
著(编)者：农业部信息中心
2018年6月出版 / 估价：99.00元
PSN B-2017-640-1/1

传媒竞争力蓝皮书
中国传媒国际竞争力研究报告（2018）
著(编)者：李本乾 刘强 王大可
2018年8月出版 / 估价：99.00元
PSN B-2013-356-1/1

传媒蓝皮书
中国传媒产业发展报告（2018）
著(编)者：崔保国
2018年5月出版 / 估价：99.00元
PSN B-2005-035-1/1

传媒投资蓝皮书
中国传媒投资发展报告（2018）
著(编)者：张向东 谭云明
2018年6月出版 / 估价：148.00元
PSN B-2015-474-1/1

非物质文化遗产蓝皮书
中国非物质文化遗产发展报告（2018）
著(编)者：陈平 2018年6月出版 / 估价：128.00元
PSN B-2015-469-1/2

非物质文化遗产蓝皮书
中国非物质文化遗产保护发展报告（2018）
著(编)者：宋俊华 2018年10月出版 / 估价：128.00元
PSN B-2016-586-2/2

广电蓝皮书
中国广播电影电视发展报告（2018）
著(编)者：国家新闻出版广电总局发展研究中心
2018年7月出版 / 估价：99.00元
PSN B-2006-072-1/1

广告主蓝皮书
中国广告主营销传播趋势报告No.9
著(编)者：黄升民 杜国清 邵华冬 等
2018年10月出版 / 估价：158.00元
PSN B-2005-041-1/1

国际传播蓝皮书
中国国际传播发展报告（2018）
著(编)者：胡正荣 李继东 姬德强
2018年12月出版 / 估价：99.00元
PSN B-2014-408-1/1

国家形象蓝皮书
中国国家形象传播报告（2017）
著(编)者：张昆 2018年6月出版 / 估价：128.00元
PSN B-2017-605-1/1

互联网治理蓝皮书
中国网络社会治理研究报告（2018）
著(编)者：罗昕 支庭荣
2018年9月出版 / 估价：118.00元
PSN B-2017-653-1/1

纪录片蓝皮书
中国纪录片发展报告（2018）
著(编)者：何苏六 2018年10月出版 / 估价：99.00元
PSN B-2011-222-1/1

科学传播蓝皮书
中国科学传播报告（2016~2017）
著(编)者：詹正茂 2018年6月出版 / 估价：99.00元
PSN B-2008-120-1/1

两岸创意经济蓝皮书
两岸创意经济研究报告（2018）
著(编)者：罗昌智 董泽平
2018年10月出版 / 估价：99.00元
PSN B-2014-437-1/1

媒介与女性蓝皮书
中国媒介与女性发展报告（2017~2018）
著(编)者：刘利群 2018年5月出版 / 估价：99.00元
PSN B-2013-345-1/1

媒体融合蓝皮书
中国媒体融合发展报告（2017~2018）
著(编)者：梅宁华 支庭荣
2017年12月出版 / 定价：98.00元
PSN B-2015-479-1/1

全球传媒蓝皮书
全球传媒发展报告（2017~2018）
著(编)者：胡正荣 李继东 2018年6月出版 / 估价：99.00元
PSN B-2012-237-1/1

少数民族非遗蓝皮书
中国少数民族非物质文化遗产发展报告（2018）
著(编)者：肖远平（彝） 柴立（满）
2018年10月出版 / 估价：118.00元
PSN B-2015-467-1/1

视听新媒体蓝皮书
中国视听新媒体发展报告（2018）
著(编)者：国家新闻出版广电总局发展研究中心
2018年7月出版 / 估价：118.00元
PSN B-2011-184-1/1

数字娱乐产业蓝皮书
中国动画产业发展报告（2018）
著(编)者：孙立军 孙平 牛兴侦
2018年10月出版 / 估价：99.00元
PSN B-2011-198-1/2

数字娱乐产业蓝皮书
中国游戏产业发展报告（2018）
著(编)者：孙立军 刘跃军 2018年10月出版 / 估价：99.00元
PSN B-2017-662-2/2

网络视听蓝皮书
中国互联网视听行业发展报告（2018）
著(编)者：陈鹏 2018年2月出版 / 定价：148.00元
PSN B-2018-688-1/1

文化创新蓝皮书
中国文化创新报告（2017·No.8）
著(编)者：傅才武 2018年6月出版 / 估价：99.00元
PSN B-2009-143-1/1

文化建设蓝皮书
中国文化发展报告（2018）
著(编)者：江畅 孙伟平 戴茂堂
2018年5月出版 / 估价：99.00元
PSN B-2014-392-1/1

文化科技蓝皮书
文化科技创新发展报告（2018）
著(编)者：于平 李凤亮 2018年10月出版 / 估价：99.00元
PSN B-2013-342-1/1

文化蓝皮书
中国公共文化服务发展报告（2017~2018）
著(编)者：刘新成 张永新 张旭
2018年12月出版 / 估价：99.00元
PSN B-2007-093-2/10

文化蓝皮书
中国少数民族文化发展报告（2017~2018）
著(编)者：武翠英 张晓明 任乌晶
2018年9月出版 / 估价：99.00元
PSN B-2013-369-9/10

文化蓝皮书
中国文化产业供需协调检测报告（2018）
著(编)者：王亚南 2018年3月出版 / 定价：99.00元
PSN B-2013-323-8/10

文化蓝皮书
中国文化消费需求景气评价报告（2018）
著(编)者：王亚南　2018年3月出版 / 定价：99.00元
PSN B-2011-236-4/10

文化蓝皮书
中国公共文化投入增长测评报告（2018）
著(编)者：王亚南　2018年3月出版 / 定价：99.00元
PSN B-2014-435-10/10

文化品牌蓝皮书
中国文化品牌发展报告（2018）
著(编)者：欧阳友权　2018年5月出版 / 估价：99.00元
PSN B-2012-277-1/1

文化遗产蓝皮书
中国文化遗产事业发展报告（2017～2018）
著(编)者：苏杨 张颖岚 卓杰 白海峰 陈晨 陈叙图
2018年8月出版 / 估价：99.00元
PSN B-2008-119-1/1

文学蓝皮书
中国文情报告（2017～2018）
著(编)者：白烨　2018年5月出版 / 估价：99.00元
PSN B-2011-221-1/1

新媒体蓝皮书
中国新媒体发展报告No.9（2018）
著(编)者：唐绪军　2018年7月出版 / 估价：99.00元
PSN B-2010-169-1/1

新媒体社会责任蓝皮书
中国新媒体社会责任研究报告（2018）
著(编)者：钟瑛　2018年12月出版 / 估价：99.00元
PSN B-2014-423-1/1

移动互联网蓝皮书
中国移动互联网发展报告（2018）
著(编)者：余清楚　2018年6月出版 / 估价：99.00元
PSN B-2012-282-1/1

影视蓝皮书
中国影视产业发展报告（2018）
著(编)者：司若 陈鹏 陈锐
2018年6月出版 / 估价：99.00元
PSN B-2016-529-1/1

舆情蓝皮书
中国社会舆情与危机管理报告（2018）
著(编)者：谢耘耕
2018年9月出版 / 估价：138.00元
PSN B-2011-235-1/1

中国大运河蓝皮书
中国大运河发展报告（2018）
著(编)者：吴欣　2018年2月出版 / 估价：128.00元
PSN B-2018-691-1/1

地方发展类-经济

澳门蓝皮书
澳门经济社会发展报告（2017～2018）
著(编)者：吴志良 郝雨凡
2018年7月出版 / 估价：99.00元
PSN B-2009-138-1/1

澳门绿皮书
澳门旅游休闲发展报告（2017～2018）
著(编)者：郝雨凡 林广志
2018年5月出版 / 估价：99.00元
PSN G-2017-617-1/1

北京蓝皮书
北京经济发展报告（2017～2018）
著(编)者：杨松　2018年6月出版 / 估价：99.00元
PSN B-2006-054-2/8

北京旅游绿皮书
北京旅游发展报告（2018）
著(编)者：北京旅游学会
2018年7月出版 / 估价：99.00元
PSN G-2012-301-1/1

北京体育蓝皮书
北京体育产业发展报告（2017～2018）
著(编)者：钟秉枢 陈杰 杨铁黎
2018年9月出版 / 估价：99.00元
PSN B-2015-475-1/1

滨海金融蓝皮书
滨海新区金融发展报告（2017）
著(编)者：王爱俭 李向前　2018年4月出版 / 估价：99.00元
PSN B-2014-424-1/1

城乡一体化蓝皮书
北京城乡一体化发展报告（2017～2018）
著(编)者：吴宝新 张宝秀 黄序
2018年5月出版 / 估价：99.00元
PSN B-2012-258-2/2

非公有制企业社会责任蓝皮书
北京非公有制企业社会责任报告（2018）
著(编)者：宋贵伦 冯培
2018年6月出版 / 估价：99.00元
PSN B-2017-613-1/1

福建旅游蓝皮书
福建省旅游产业发展现状研究（2017~2018）
著(编)者：陈敏华 黄远水　2018年12月出版 / 估价：128.00元
PSN B-2016-591-1/1

福建自贸区蓝皮书
中国(福建)自由贸易试验区发展报告(2017~2018)
著(编)者：黄茂兴　2018年6月出版 / 估价：118.00元
PSN B-2016-531-1/1

甘肃蓝皮书
甘肃经济发展分析与预测（2018）
著(编)者：安文华 罗哲　2018年1月出版 / 定价：99.00元
PSN B-2013-312-1/6

甘肃蓝皮书
甘肃商贸流通发展报告（2018）
著(编)者：张应华 王福生 王晓芳
2018年1月出版 / 定价：99.00元
PSN B-2016-522-6/6

甘肃蓝皮书
甘肃县域和农村发展报告（2018）
著(编)者：包东红 朱智文 王建兵
2018年1月出版 / 定价：99.00元
PSN B-2013-316-5/6

甘肃农业科技绿皮书
甘肃农业科技发展研究报告（2018）
著(编)者：魏胜文 乔德华 张东伟
2018年12月出版 / 估价：198.00元
PSN B-2016-592-1/1

甘肃气象保障蓝皮书
甘肃农业对气候变化的适应与风险评估报告（No.1）
著(编)者：鲍文中 周广胜
2017年12月出版 / 定价：108.00元
PSN B-2017-677-1/1

巩义蓝皮书
巩义经济社会发展报告（2018）
著(编)者：丁同民 朱军　2018年6月出版 / 估价：99.00元
PSN B-2016-532-1/1

广东外经贸蓝皮书
广东对外经济贸易发展研究报告（2017~2018）
著(编)者：陈万灵　2018年6月出版 / 估价：99.00元
PSN B-2012-286-1/1

广西北部湾经济区蓝皮书
广西北部湾经济区开放开发报告（2017~2018）
著(编)者：广西壮族自治区北部湾经济区和东盟开放合作办公室
广西社会科学院
广西北部湾发展研究院
2018年5月出版 / 估价：99.00元
PSN B-2010-181-1/1

广州蓝皮书
广州城市国际化发展报告（2018）
著(编)者：张跃国　2018年8月出版 / 估价：99.00元
PSN B-2012-246-11/14

广州蓝皮书
中国广州城市建设与管理发展报告（2018）
著(编)者：张其学 陈小钢 王宏伟　2018年8月出版 / 估价：99.00元
PSN B-2007-087-4/14

广州蓝皮书
广州创新型城市发展报告（2018）
著(编)者：尹涛　2018年6月出版 / 估价：99.00元
PSN B-2012-247-12/14

广州蓝皮书
广州经济发展报告（2018）
著(编)者：张跃国 尹涛　2018年7月出版 / 估价：99.00元
PSN B-2005-040-1/14

广州蓝皮书
2018年中国广州经济形势分析与预测
著(编)者：魏明海 谢博能 李华
2018年6月出版 / 估价：99.00元
PSN B-2011-185-9/14

广州蓝皮书
中国广州科技创新发展报告（2018）
著(编)者：于欣伟 陈爽 邓佑满　2018年8月出版 / 估价：99.0
PSN B-2006-065-2/14

广州蓝皮书
广州农村发展报告（2018）
著(编)者：朱名宏　2018年7月出版 / 估价：99.00元
PSN B-2010-167-8/14

广州蓝皮书
广州汽车产业发展报告（2018）
著(编)者：杨再高 冯兴亚　2018年7月出版 / 估价：99.00
PSN B-2006-066-3/14

广州蓝皮书
广州商贸业发展报告（2018）
著(编)者：张跃国 陈杰 荀振英
2018年7月出版 / 估价：99.00元
PSN B-2012-245-10/14

贵阳蓝皮书
贵阳城市创新发展报告No.3（白云篇）
著(编)者：连玉明　2018年5月出版 / 估价：99.00元
PSN B-2015-491-3/10

贵阳蓝皮书
贵阳城市创新发展报告No.3（观山湖篇）
著(编)者：连玉明　2018年5月出版 / 估价：99.00元
PSN B-2015-497-9/10

贵阳蓝皮书
贵阳城市创新发展报告No.3（花溪篇）
著(编)者：连玉明　2018年5月出版 / 估价：99.00元
PSN B-2015-490-2/10

贵阳蓝皮书
贵阳城市创新发展报告No.3（开阳篇）
著(编)者：连玉明　2018年5月出版 / 估价：99.00元
PSN B-2015-492-4/10

贵阳蓝皮书
贵阳城市创新发展报告No.3（南明篇）
著(编)者：连玉明　2018年5月出版 / 估价：99.00元
PSN B-2015-496-8/10

贵阳蓝皮书
贵阳城市创新发展报告No.3（清镇篇）
著(编)者：连玉明　2018年5月出版 / 估价：99.00元
PSN B-2015-489-1/10

贵阳蓝皮书
贵阳城市创新发展报告No.3（乌当篇）
著(编)者：连玉明　2018年5月出版 / 估价：99.00元
PSN B-2015-495-7/10

贵阳蓝皮书
贵阳城市创新发展报告No.3（息烽篇）
著(编)者：连玉明　2018年5月出版 / 估价：99.00元
PSN B-2015-493-5/10

贵阳蓝皮书
贵阳城市创新发展报告No.3（修文篇）
著(编)者：连玉明　2018年5月出版 / 估价：99.00元
PSN B-2015-494-6/10

贵阳蓝皮书
贵阳城市创新发展报告No.3（云岩篇）
著(编)者：连玉明　2018年5月出版 / 估价：99.00元
PSN B-2015-498-10/10

贵州房地产蓝皮书
贵州房地产发展报告No.5（2018）
著(编)者：武廷方　2018年7月出版 / 估价：99.00元
PSN B-2014-426-1/1

贵州蓝皮书
贵州册亨经济社会发展报告（2018）
著(编)者：黄德林　2018年6月出版 / 估价：99.00元
PSN B-2016-525-8/9

贵州蓝皮书
贵州地理标志产业发展报告（2018）
著(编)者：李发耀 黄其松　2018年8月出版 / 估价：99.00元
PSN B-2017-646-10/10

贵州蓝皮书
贵安新区发展报告（2017~2018）
著(编)者：马长青 吴大华　2018年6月出版 / 估价：99.00元
PSN B-2015-459-4/10

贵州蓝皮书
贵州国家级开放创新平台发展报告（2017~2018）
著(编)者：申晓庆 吴大华 季泓
2018年11月出版 / 估价：99.00元
PSN B-2016-518-7/10

贵州蓝皮书
贵州国有企业社会责任发展报告（2017~2018）
著(编)者：郭丽　2018年12月出版 / 估价：99.00元
PSN B-2015-511-6/10

贵州蓝皮书
贵州民航业发展报告（2017）
著(编)者：申振东 吴大华　2018年6月出版 / 估价：99.00元
PSN B-2015-471-5/10

贵州蓝皮书
贵州民营经济发展报告（2017）
著(编)者：杨静 吴大华　2018年6月出版 / 估价：99.00元
PSN B-2016-530-9/9

杭州都市圈蓝皮书
杭州都市圈发展报告（2018）
著(编)者：洪庆华 沈翔　2018年4月出版 / 定价：98.00元
PSN B-2012-302-1/1

河北经济蓝皮书
河北省经济发展报告（2018）
著(编)者：马树强 金浩 张贵　2018年6月出版 / 估价：99.00元
PSN B-2014-380-1/1

河北蓝皮书
河北经济社会发展报告（2018）
著(编)者：康振海　2018年1月出版 / 定价：99.00元
PSN B-2014-372-1/3

河北蓝皮书
京津冀协同发展报告（2018）
著(编)者：陈璐　2017年12月出版 / 定价：79.00元
PSN B-2017-601-2/3

河南经济蓝皮书
2018年河南经济形势分析与预测
著(编)者：王世炎　2018年3月出版 / 定价：89.00元
PSN B-2007-086-1/1

河南蓝皮书
河南城市发展报告（2018）
著(编)者：张占仓 王建国　2018年5月出版 / 估价：99.00元
PSN B-2009-131-3/9

河南蓝皮书
河南工业发展报告（2018）
著(编)者：张占仓　2018年5月出版 / 估价：99.00元
PSN B-2013-317-5/9

河南蓝皮书
河南金融发展报告（2018）
著(编)者：喻新安 谷建全
2018年6月出版 / 估价：99.00元
PSN B-2014-390-7/9

河南蓝皮书
河南经济发展报告（2018）
著(编)者：张占仓 完世伟
2018年6月出版 / 估价：99.00元
PSN B-2010-157-4/9

河南蓝皮书
河南能源发展报告（2018）
著(编)者：国网河南省电力公司经济技术研究院
河南省社会科学院
2018年6月出版 / 估价：99.00元
PSN B-2017-607-9/9

河南商务蓝皮书
河南商务发展报告（2018）
著(编)者：焦锦淼 穆荣国　2018年5月出版 / 估价：99.00元
PSN B-2014-399-1/1

河南双创蓝皮书
河南创新创业发展报告（2018）
著(编)者：喻新安 杨雪梅
2018年8月出版 / 估价：99.00元
PSN B-2017-641-1/1

黑龙江蓝皮书
黑龙江经济发展报告（2018）
著(编)者：朱宇　2018年1月出版 / 定价：89.00元
PSN B-2011-190-2/2

湖南城市蓝皮书
区域城市群整合
著(编)者：童中贤 韩未名 2018年12月出版 / 估价：99.00元
PSN B-2006-064-1/1

湖南蓝皮书
湖南城乡一体化发展报告（2018）
著(编)者：陈文胜 王文强 陆福兴
2018年8月出版 / 估价：99.00元
PSN B-2015-477-8/8

湖南蓝皮书
2018年湖南电子政务发展报告
著(编)者：梁志峰 2018年5月出版 / 估价：128.00元
PSN B-2014-394-6/8

湖南蓝皮书
2018年湖南经济发展报告
著(编)者：卞鹰 2018年5月出版 / 估价：128.00元
PSN B-2011-207-2/8

湖南蓝皮书
2016年湖南经济展望
著(编)者：梁志峰 2018年5月出版 / 估价：128.00元
PSN B-2011-206-1/8

湖南蓝皮书
2018年湖南县域经济社会发展报告
著(编)者：梁志峰 2018年5月出版 / 估价：128.00元
PSN B-2014-395-7/8

湖南县域绿皮书
湖南县域发展报告（No.5）
著(编)者：袁准 周小毛 黎仁寅
2018年6月出版 / 估价：99.00元
PSN G-2012-274-1/1

沪港蓝皮书
沪港发展报告（2018）
著(编)者：尤安山 2018年9月出版 / 估价：99.00元
PSN B-2013-362-1/1

吉林蓝皮书
2018年吉林经济社会形势分析与预测
著(编)者：邵汉明 2017年12月出版 / 定价：89.00元
PSN B-2013-319-1/1

吉林省城市竞争力蓝皮书
吉林省城市竞争力报告（2017~2018）
著(编)者：崔岳春 张磊
2018年3月出版 / 定价：89.00元
PSN B-2016-513-1/1

济源蓝皮书
济源经济社会发展报告（2018）
著(编)者：喻新安 2018年6月出版 / 估价：99.00元
PSN B-2014-387-1/1

江苏蓝皮书
2018年江苏经济发展分析与展望
著(编)者：王庆五 吴先满
2018年7月出版 / 估价：128.00元
PSN B-2017-635-1/3

江西蓝皮书
江西经济社会发展报告（2018）
著(编)者：陈石俊 龚建文 2018年10月出版 / 估价：128.00
PSN B-2015-484-1/2

江西蓝皮书
江西设区市发展报告（2018）
著(编)者：姜玮 梁勇
2018年10月出版 / 估价：99.00元
PSN B-2016-517-2/2

经济特区蓝皮书
中国经济特区发展报告（2017）
著(编)者：陶一桃 2018年1月出版 / 估价：99.00元
PSN B-2009-139-1/1

辽宁蓝皮书
2018年辽宁经济社会形势分析与预测
著(编)者：梁启东 魏红江 2018年6月出版 / 估价：99.00
PSN B-2006-053-1/1

民族经济蓝皮书
中国民族地区经济发展报告（2018）
著(编)者：李曦辉 2018年7月出版 / 估价：99.00元
PSN B-2017-630-1/1

南宁蓝皮书
南宁经济发展报告（2018）
著(编)者：胡建华 2018年9月出版 / 估价：99.00元
PSN B-2016-569-2/3

内蒙古蓝皮书
内蒙古精准扶贫研究报告（2018）
著(编)者：张志华 2018年1月出版 / 定价：89.00元
PSN B-2017-681-2/2

浦东新区蓝皮书
上海浦东经济发展报告（2018）
著(编)者：周小平 徐美芳
2018年1月出版 / 定价：89.00元
PSN B-2011-225-1/1

青海蓝皮书
2018年青海经济社会形势分析与预测
著(编)者：陈玮 2018年1月出版 / 定价：98.00元
PSN B-2012-275-1/2

青海科技绿皮书
青海科技发展报告（2017）
著(编)者：青海省科学技术信息研究所
2018年3月出版 / 定价：98.00元
PSN G-2018-701-1/1

山东蓝皮书
山东经济形势分析与预测（2018）
著(编)者：李广杰 2018年7月出版 / 估价：99.00元
PSN B-2014-404-1/5

山东蓝皮书
山东省普惠金融发展报告（2018）
著(编)者：齐鲁财富网
2018年9月出版 / 估价：99.00元
PSN B2017-676-5/5

山西蓝皮书
山西资源型经济转型发展报告（2018）
著(编)者：李志强　2018年7月出版 / 估价：99.00元
PSN B-2011-197-1/1

陕西蓝皮书
陕西经济发展报告（2018）
著(编)者：任宗哲 白宽犁 裴成荣
2018年1月出版 / 定价：89.00元
PSN B-2009-135-1/6

陕西蓝皮书
陕西精准脱贫研究报告（2018）
著(编)者：任宗哲 白宽犁 王建康
2018年4月出版 / 定价：89.00元
PSN B-2017-623-6/6

上海蓝皮书
上海经济发展报告（2018）
著(编)者：沈开艳　2018年2月出版 / 定价：89.00元
PSN B-2006-057-1/7

上海蓝皮书
上海资源环境发展报告（2018）
著(编)者：周冯琦 胡静　2018年2月出版 / 定价：89.00元
PSN B-2006-060-4/7

上海蓝皮书
上海奉贤经济发展分析与研判（2017～2018）
著(编)者：张兆安 朱平芳　2018年3月出版 / 定价：99.00元
PSN B-2018-698-8/8

上饶蓝皮书
上饶发展报告（2016～2017）
著(编)者：廖其志　2018年6月出版 / 估价：128.00元
PSN B-2014-377-1/1

深圳蓝皮书
深圳经济发展报告（2018）
著(编)者：张骁儒　2018年6月出版 / 估价：99.00元
PSN B-2008-112-3/7

四川蓝皮书
四川城镇化发展报告（2018）
著(编)者：侯水平 陈炜　2018年6月出版 / 估价：99.00元
PSN B-2015-456-7/7

四川蓝皮书
2018年四川经济形势分析与预测
著(编)者：杨钢　2018年1月出版 / 定价：158.00元
PSN B-2007-098-2/7

四川蓝皮书
四川企业社会责任研究报告（2017～2018）
著(编)者：侯水平 盛毅　2018年5月出版 / 估价：99.00元
PSN B-2014-386-4/7

四川蓝皮书
四川生态建设报告（2018）
著(编)者：李晟之　2018年5月出版 / 估价：99.00元
PSN B-2015-455-6/7

四川蓝皮书
四川特色小镇发展报告（2017）
著(编)者：吴志强　2017年11月出版 / 定价：89.00元
PSN B-2017-670-8/8

体育蓝皮书
上海体育产业发展报告（2017~2018）
著(编)者：张林 黄海燕
2018年10月出版 / 估价：99.00元
PSN B-2015-454-4/5

体育蓝皮书
长三角地区体育产业发展报（2017～2018）
著(编)者：张林　2018年6月出版 / 估价：99.00元
PSN B-2015-453-3/5

天津金融蓝皮书
天津金融发展报告（2018）
著(编)者：王爱俭 孔德昌
2018年5月出版 / 估价：99.00元
PSN B-2014-418-1/1

图们江区域合作蓝皮书
图们江区域合作发展报告（2018）
著(编)者：李铁　2018年6月出版 / 估价：99.00元
PSN B-2015-464-1/1

温州蓝皮书
2018年温州经济社会形势分析与预测
著(编)者：蒋儒标 王春光 金浩
2018年6月出版 / 估价：99.00元
PSN B-2008-105-1/1

西咸新区蓝皮书
西咸新区发展报告（2018）
著(编)者：李扬 王军
2018年6月出版 / 估价：99.00元
PSN B-2016-534-1/1

修武蓝皮书
修武经济社会发展报告（2018）
著(编)者：张占仓 袁凯声
2018年10月出版 / 估价：99.00元
PSN B-2017-651-1/1

偃师蓝皮书
偃师经济社会发展报告（2018）
著(编)者：张占仓 袁凯声 何武周
2018年7月出版 / 估价：99.00元
PSN B-2017-627-1/1

扬州蓝皮书
扬州经济社会发展报告（2018）
著(编)者：陈扬
2018年12月出版 / 估价：108.00元
PSN B-2011-191-1/1

长垣蓝皮书
长垣经济社会发展报告（2018）
著(编)者：张占仓 袁凯声 秦保建
2018年10月出版 / 估价：99.00元
PSN B-2017-654-1/1

遵义蓝皮书
遵义发展报告（2018）
著(编)者：邓彦 曾征 龚永育
2018年9月出版 / 估价：99.00元
PSN B-2014-433-1/1

地方发展类-社会

安徽蓝皮书
安徽社会发展报告（2018）
著(编)者：程桦　2018年6月出版 / 估价：99.00元
PSN B-2013-325-1/1

安徽社会建设蓝皮书
安徽社会建设分析报告（2017～2018）
著(编)者：黄家海 蔡宪
2018年11月出版 / 估价：99.00元
PSN B-2013-322-1/1

北京蓝皮书
北京公共服务发展报告（2017～2018）
著(编)者：施昌奎　2018年6月出版 / 估价：99.00元
PSN B-2008-103-7/8

北京蓝皮书
北京社会发展报告（2017～2018）
著(编)者：李伟东
2018年7月出版 / 估价：99.00元
PSN B-2006-055-3/8

北京蓝皮书
北京社会治理发展报告（2017～2018）
著(编)者：殷星辰　2018年7月出版 / 估价：99.00元
PSN B-2014-391-8/8

北京律师蓝皮书
北京律师发展报告 No.4（2018）
著(编)者：王隽　2018年12月出版 / 估价：99.00元
PSN B-2011-217-1/1

北京人才蓝皮书
北京人才发展报告（2018）
著(编)者：敏华　2018年12月出版 / 估价：128.00元
PSN B-2011-201-1/1

北京社会心态蓝皮书
北京社会心态分析报告（2017～2018）
北京市社会心理服务促进中心
2018年10月出版 / 估价：99.00元
PSN B-2014-422-1/1

北京社会组织管理蓝皮书
北京社会组织发展与管理（2018）
著(编)者：黄江松
2018年6月出版 / 估价：99.00元
PSN B-2015-446-1/1

北京养老产业蓝皮书
北京居家养老发展报告（2018）
著(编)者：陆杰华 周明明
2018年8月出版 / 估价：99.00元
PSN B-2015-465-1/1

法治蓝皮书
四川依法治省年度报告No.4（2018）
著(编)者：李林 杨天宗 田禾
2018年3月出版 / 定价：118.00元
PSN B-2015-447-2/3

福建妇女发展蓝皮书
福建省妇女发展报告（2018）
著(编)者：刘群英　2018年11月出版 / 估价：99.00元
PSN B-2011-220-1/1

甘肃蓝皮书
甘肃社会发展分析与预测（2018）
著(编)者：安文华 谢增虎 包晓霞
2018年1月出版 / 定价：99.00元
PSN B-2013-313-2/6

广东蓝皮书
广东全面深化改革研究报告（2018）
著(编)者：周林生 涂成林
2018年12月出版 / 估价：99.00元
PSN B-2015-504-3/3

广东蓝皮书
广东社会工作发展报告（2018）
著(编)者：罗观翠　2018年6月出版 / 估价：99.00元
PSN B-2014-402-2/3

广州蓝皮书
广州青年发展报告（2018）
著(编)者：徐柳 张强
2018年8月出版 / 估价：99.00元
PSN B-2013-352-13/14

广州蓝皮书
广州社会保障发展报告（2018）
著(编)者：张跃国　2018年8月出版 / 估价：99.00元
PSN B-2014-425-14/14

广州蓝皮书
2018年中国广州社会形势分析与预测
著(编)者：张强 郭志勇 何镜清
2018年6月出版 / 估价：99.00元
PSN B-2008-110-5/14

贵州蓝皮书
贵州法治发展报告（2018）
著(编)者：吴大华　2018年5月出版 / 估价：99.00元
PSN B-2012-254-2/10

贵州蓝皮书
贵州人才发展报告（2017）
著(编)者：于杰 吴大华
2018年9月出版 / 估价：99.00元
PSN B-2014-382-3/10

贵州蓝皮书
贵州社会发展报告（2018）
著(编)者：王兴骥　2018年6月出版 / 估价：99.00元
PSN B-2010-166-1/10

杭州蓝皮书
杭州妇女发展报告（2018）
著(编)者：魏颖
2018年10月出版 / 估价：99.00元
PSN B-2014-403-1/1

河北蓝皮书
河北法治发展报告（2018）
著(编)者：康振海　2018年6月出版 / 估价：99.00元
PSN B-2017-622-3/3

河北食品药品安全蓝皮书
河北食品药品安全研究报告（2018）
著(编)者：丁锦霞
2018年10月出版 / 估价：99.00元
PSN B-2015-473-1/1

河南蓝皮书
河南法治发展报告（2018）
著(编)者：张林海　2018年7月出版 / 估价：99.00元
PSN B-2014-376-6/9

河南蓝皮书
2018年河南社会形势分析与预测
著(编)者：牛苏林　2018年5月出版 / 估价：99.00元
PSN B-2005-043-1/9

河南民办教育蓝皮书
河南民办教育发展报告（2018）
著(编)者：胡大白　2018年9月出版 / 估价：99.00元
PSN B-2017-642-1/1

黑龙江蓝皮书
黑龙江社会发展报告（2018）
著(编)者：王爱丽　2018年1月出版 / 定价：89.00元
PSN B-2011-189-1/2

湖南蓝皮书
2018年湖南两型社会与生态文明建设报告
著(编)者：卞鹰　2018年5月出版 / 估价：128.00元
PSN B-2011-208-3/8

湖南蓝皮书
2018年湖南社会发展报告
著(编)者：卞鹰　2018年5月出版 / 估价：128.00元
PSN B-2014-393-5/8

健康城市蓝皮书
北京健康城市建设研究报告（2018）
著(编)者：王鸿春 盛继洪
2018年9月出版 / 估价：99.00元
PSN B-2015-460-1/2

江苏法治蓝皮书
江苏法治发展报告No.6（2017）
著(编)者：蔡道通 龚廷泰
2018年8月出版 / 估价：99.00元
PSN B-2012-290-1/1

江苏蓝皮书
2018年江苏社会发展分析与展望
著(编)者：王庆五 刘旺洪
2018年8月出版 / 估价：128.00元
PSN B-2017-636-2/3

民族教育蓝皮书
中国民族教育发展报告（2017·内蒙古卷）
著(编)者：陈中永
2017年12月出版 / 定价：198.00元
PSN B-2017-669-1/1

南宁蓝皮书
南宁法治发展报告（2018）
著(编)者：杨维超　2018年12月出版 / 估价：99.00元
PSN B-2015-509-1/3

南宁蓝皮书
南宁社会发展报告（2018）
著(编)者：胡建华　2018年10月出版 / 估价：99.00元
PSN B-2016-570-3/3

内蒙古蓝皮书
内蒙古反腐倡廉建设报告 No.2
著(编)者：张志华　2018年6月出版 / 估价：99.00元
PSN B-2013-365-1/1

青海蓝皮书
2018年青海人才发展报告
著(编)者：王宇燕　2018年9月出版 / 估价：99.00元
PSN B-2017-650-2/2

青海生态文明建设蓝皮书
青海生态文明建设报告（2018）
著(编)者：张西明 高华　2018年12月出版 / 估价：99.00元
PSN B-2016-595-1/1

人口与健康蓝皮书
深圳人口与健康发展报告（2018）
著(编)者：陆杰华 傅崇辉
2018年11月出版 / 估价：99.00元
PSN B-2011-228-1/1

山东蓝皮书
山东社会形势分析与预测（2018）
著(编)者：李善峰　2018年6月出版 / 估价：99.00元
PSN B-2014-405-2/5

陕西蓝皮书
陕西社会发展报告（2018）
著(编)者：任宗哲 白宽犁 牛昉
2018年1月出版 / 定价：89.00元
PSN B-2009-136-2/6

上海蓝皮书
上海法治发展报告（2018）
著(编)者：叶必丰　2018年9月出版 / 估价：99.00元
PSN B-2012-296-6/7

上海蓝皮书
上海社会发展报告（2018）
著(编)者：杨雄 周海旺
2018年2月出版 / 定价：89.00元
PSN B-2006-058-2/7

社会建设蓝皮书
2018年北京社会建设分析报告
著(编)者：宋贵伦 冯虹　　2018年9月出版 / 估价：99.00元
PSN B-2010-173-1/1

深圳蓝皮书
深圳法治发展报告（2018）
著(编)者：张骁儒　　2018年6月出版 / 估价：99.00元
PSN B-2015-470-6/7

深圳蓝皮书
深圳劳动关系发展报告（2018）
著(编)者：汤庭芬　　2018年8月出版 / 估价：99.00元
PSN B-2007-097-2/7

深圳蓝皮书
深圳社会治理与发展报告（2018）
著(编)者：张骁儒　　2018年6月出版 / 估价：99.00元
PSN B-2008-113-4/7

生态安全绿皮书
甘肃国家生态安全屏障建设发展报告（2018）
著(编)者：刘举科 喜文华
2018年10月出版 / 估价：99.00元
PSN G-2017-659-1/1

顺义社会建设蓝皮书
北京市顺义区社会建设发展报告（2018）
著(编)者：王学武　　2018年9月出版 / 估价：99.00元
PSN B-2017-658-1/1

四川蓝皮书
四川法治发展报告（2018）
著(编)者：郑泰安　　2018年6月出版 / 估价：99.00元
PSN B-2015-441-5/7

四川蓝皮书
四川社会发展报告（2018）
著(编)者：李羚　　2018年6月出版 / 估价：99.00元
PSN B-2008-127-3/7

四川社会工作与管理蓝皮书
四川省社会工作人力资源发展报告（2017）
著(编)者：边慧敏　　2017年12月出版 / 定价：89.00元
PSN B-2017-683-1/1

云南社会治理蓝皮书
云南社会治理年度报告（2017）
著(编)者：晏雄 韩全芳
2018年5月出版 / 估价：99.00元
PSN B-2017-667-1/1

地方发展类-文化

北京传媒蓝皮书
北京新闻出版广电发展报告（2017～2018）
著(编)者：王志　　2018年11月出版 / 估价：99.00元
PSN B-2016-588-1/1

北京蓝皮书
北京文化发展报告（2017～2018）
著(编)者：李建盛　　2018年5月出版 / 估价：99.00元
PSN B-2007-082-4/8

创意城市蓝皮书
北京文化创意产业发展报告（2018）
著(编)者：郭万超 张京成　　2018年12月出版 / 估价：99.00元
PSN B-2012-263-1/7

创意城市蓝皮书
天津文化创意产业发展报告（2017～2018）
著(编)者：谢思全　　2018年6月出版 / 估价：99.00元
PSN B-2016-536-7/7

创意城市蓝皮书
武汉文化创意产业发展报告（2018）
著(编)者：黄永林 陈汉桥　　2018年12月出版 / 估价：99.00元
PSN B-2013-354-4/7

创意上海蓝皮书
上海文化创意产业发展报告（2017～2018）
著(编)者：王慧敏 王兴全　　2018年8月出版 / 估价：99.00元
PSN B-2016-561-1/1

非物质文化遗产蓝皮书
广州市非物质文化遗产保护发展报告（2018）
著(编)者：宋俊华　　2018年12月出版 / 估价：99.00元
PSN B-2016-589-1/1

甘肃蓝皮书
甘肃文化发展分析与预测（2018）
著(编)者：马廷旭 戚晓萍　　2018年1月出版 / 定价：99.0
PSN B-2013-314-3/6

甘肃蓝皮书
甘肃舆情分析与预测（2018）
著(编)者：王俊莲 张谦元　　2018年1月出版 / 定价：99.0
PSN B-2013-315-4/6

广州蓝皮书
中国广州文化发展报告（2018）
著(编)者：屈哨兵 陆志强　　2018年6月出版 / 估价：99.0
PSN B-2009-134-7/14

广州蓝皮书
广州文化创意产业发展报告（2018）
著(编)者：徐咏虹　　2018年7月出版 / 估价：99.00元
PSN B-2008-111-6/14

海淀蓝皮书
海淀区文化和科技融合发展报告（2018）
著(编)者：陈名杰 孟景伟　　2018年5月出版 / 估价：99.0
PSN B-2013-329-1/1

河南蓝皮书
河南文化发展报告（2018）
著(编)者：卫绍生　2018年7月出版 / 估价：99.00元
PSN B-2008-106-2/9

湖北文化产业蓝皮书
湖北省文化产业发展报告（2018）
著(编)者：黄晓华　2018年9月出版 / 估价：99.00元
PSN B-2017-656-1/1

湖北文化蓝皮书
湖北文化发展报告（2017~2018）
著(编)者：湖北大学高等人文研究院
中华文化发展湖北省协同创新中心
2018年10月出版 / 估价：99.00元
PSN B-2016-566-1/1

江苏蓝皮书
2018年江苏文化发展分析与展望
著(编)者：王庆五 樊和平　2018年9月出版 / 估价：128.00元
PSN B-2017-637-3/3

江西文化蓝皮书
江西非物质文化遗产发展报告（2018）
著(编)者：张圣才 傅安平　2018年12月出版 / 估价：128.00元
PSN B-2015-499-1/1

洛阳蓝皮书
洛阳文化发展报告（2018）
著(编)者：刘福兴 陈启明　2018年7月出版 / 估价：99.00元
PSN B-2015-476-1/1

南京蓝皮书
南京文化发展报告（2018）
著(编)者：中共南京市委宣传部
2018年12月出版 / 估价：99.00元
PSN B-2014-439-1/1

宁波文化蓝皮书
宁波"一人一艺"全民艺术普及发展报告（2017）
著(编)者：张爱琴　2018年11月出版 / 估价：128.00元
PSN B-2017-668-1/1

山东蓝皮书
山东文化发展报告（2018）
著(编)者：涂可国　2018年5月出版 / 估价：99.00元
PSN B-2014-406-3/5

陕西蓝皮书
陕西文化发展报告（2018）
著(编)者：任宗哲 白宽犁 王长寿
2018年1月出版 / 定价：89.00元
PSN B-2009-137-3/6

上海蓝皮书
上海传媒发展报告（2018）
著(编)者：强荧 焦雨虹　2018年2月出版 / 定价：89.00元
PSN B-2012-295-5/7

上海蓝皮书
上海文学发展报告（2018）
著(编)者：陈圣来　2018年6月出版 / 估价：99.00元
PSN B-2012-297-7/7

上海蓝皮书
上海文化发展报告（2018）
著(编)者：荣跃明　2018年6月出版 / 估价：99.00元
PSN B-2006-059-3/7

深圳蓝皮书
深圳文化发展报告（2018）
著(编)者：张骁儒　2018年7月出版 / 估价：99.00元
PSN B-2016-554-7/7

四川蓝皮书
四川文化产业发展报告（2018）
著(编)者：向宝云 张立伟　2018年6月出版 / 估价：99.00元
PSN B-2006-074-1/7

郑州蓝皮书
2018年郑州文化发展报告
著(编)者：王哲　2018年9月出版 / 估价：99.00元
PSN B-2008-107-1/1

皮书起源

“皮书”起源于十七、十八世纪的英国，主要指官方或社会组织正式发表的重要文件或报告，多以“白皮书”命名。在中国，“皮书”这一概念被社会广泛接受，并被成功运作、发展成为一种全新的出版形态，则源于中国社会科学院社会科学文献出版社。

皮书定义

皮书是对中国与世界发展状况和热点问题进行年度监测，以专业的角度、专家的视野和实证研究方法，针对某一领域或区域现状与发展态势展开分析和预测，具备原创性、实证性、专业性、连续性、前沿性、时效性等特点的公开出版物，由一系列权威研究报告组成。

皮书作者

皮书系列的作者以中国社会科学院、著名高校、地方社会科学院的研究人员为主，多为国内一流研究机构的权威专家学者，他们的看法和观点代表了学界对中国与世界的现实和未来最高水平的解读与分析。

皮书荣誉

皮书系列已成为社会科学文献出版社的著名图书品牌和中国社会科学院的知名学术品牌。2016 年，皮书系列正式列入“十三五”国家重点出版规划项目；2013~2018 年，重点皮书列入中国社会科学院承担的国家哲学社会科学创新工程项目；2018 年，59 种院外皮书使用“中国社会科学院创新工程学术出版项目”标识。

中国皮书网

（网址：www.pishu.cn）

发布皮书研创资讯，传播皮书精彩内容
引领皮书出版潮流，打造皮书服务平台

栏目设置

关于皮书：何谓皮书、皮书分类、皮书大事记、皮书荣誉、
皮书出版第一人、皮书编辑部

最新资讯：通知公告、新闻动态、媒体聚焦、网站专题、视频直播、下载专区

皮书研创：皮书规范、皮书选题、皮书出版、皮书研究、研创团队

皮书评奖评价：指标体系、皮书评价、皮书评奖

互动专区：皮书说、社科数托邦、皮书微博、留言板

所获荣誉

2008 年、2011 年，中国皮书网均在全国新闻出版业网站荣誉评选中获得“最具商业价值网站”称号；

2012 年，获得“出版业网站百强”称号。

网库合一

2014 年，中国皮书网与皮书数据库端口合一，实现资源共享。